U0149220

紀昀研究論述

— 以閱微草堂筆記為中心

王鵬凱 著

文史哲學集成

文史哲出版社印行

國家圖書館出版品預行編目資料

紀昀研究論述：以閱微草堂筆記為中心 / 王鵬
凱著. -- 初版 -- 臺北市：文史哲，民 98.10
　　頁；　　公分（文史哲學集成；576）
參考書目：　　頁
ISBN 978-957-549-873-3（平裝）

121.2　　　　　　　　　　　　98018666

文史哲學集成 576

紀昀研究論述
── 以閱微草堂筆記為中心

著　　者：王　　鵬　　凱
出版者：文　史　哲　出　版　社
　　　　http://www.lapen.com.tw
　　　　e-mail:lapen@ms74.hinet.net
登記證字號：行政院新聞局版臺業字五三三七號
發行人：彭　　正　　雄
發行所：文　史　哲　出　版　社
印刷者：文　史　哲　出　版　社
臺北市羅斯福路一段七十二巷四號
郵政劃撥帳號：一六一八○一七五
電話886-2-23511028・傳真886-2-23965656

實價新臺幣四八○元

中華民國九十八年（2009）十月初版

引言（代序）

　　紀昀（1724-1805）是乾、嘉時期的重要學者，他以《四庫全書總目》和《閱微草堂筆記》兩書聞名於世。但近來有學者認為《四庫全書總目》之作，不應由紀昀獨攬其功。如果透過研究現存提要稿的修改情形，以及對其他兩位總纂官生平履歷的考察，當可對這項質疑，有澄清的作用。此外紀昀身處於漢學、宋學相爭的時代，因此紀昀曾表達了許多對漢宋學的看法，一般多視之為漢學家，認為他是反對理學的。有別於以往對《閱微草堂筆記》著重在文學上的研究，如果透過紀昀在《閱微草堂筆記》中所刻劃的儒者形象，可以看出紀昀對當時儒者的讚許與厭惡為何。從愛憎之中，可以清楚得知紀昀究竟對漢、宋學的態度為何，對於紀昀的學術思想，也有澄清的作用。基於以上兩項思路，筆者乃著手進行研究，草成數文，然囿於學識，或有所疏漏，未臻完備之處，尚祈各位　先進不吝賜教為幸！

　　本書是將作者近年來已發表、未發表之有關紀昀研究的論著共六篇，約十五萬字，修改後集結成編。筆者試將先進們對紀昀的研究未曾言及之處，或與先進們有不同看法之處，撰寫成文。首先論及《閱微草堂筆記》坊間的流通本，有嚴重的版本問題，呼籲日後在引用或研究《閱微草堂筆記》時，應注意版本的問題。其次有關《四庫全書總目》著作權歸屬的問題，筆者對《四庫全書》另兩位總纂官：陸錫熊、孫士毅的生平作一考察，發現二人其實早在《四庫全書總目》完成前十幾年，就已經離開編纂的工

作。紀昀於《四庫全書總目》確有親力爲之、始終參與、決定去取之功，因此殿本《四庫全書總目》的完成，榮耀歸之於紀昀豈曰不宜！其後三篇論文，分別透過紀昀在《閱微草堂筆記》中儒者形象的刻畫，來探討紀昀對漢學的態度、對理學的態度，以及多被人忽略的紀昀對漢、宋學的持平之論。就通經的方法而言，紀昀崇漢學考據方法的實；而黜宋學空談先天、心性之虛，這是紀昀在治學方法上和程朱理學的立異處。但紀昀重視通經致用的治學態度並不等同於當時偏重於考據方法的漢學，因此只能說他是趨向漢學的治學態度，但不以漢學爲藩籬。再者，紀昀治學方法雖和程朱理學立異，但他在維護社會秩序與行爲規範的目標上，和程朱學說所提倡的並無二致，且可謂殊途而同歸。此外，紀昀並能承認宋儒之長，對漢、宋學之爭也有諸多持平之論。最後一篇論文是將第三、四、五篇探討《閱微草堂筆記》中的儒者形象的文章，綜合整理而成。據此得知紀昀治學趨向爲：趨向漢學的治學態度，但不以漢學爲藩籬、攻訐程朱理學末流之弊，是對程朱理學的修正，而非反對程朱理學、主張消融門戶之見，對漢、宋學之爭能持公允之論。今論述各篇大要如下：

第一篇〈讀書宜求善本 —— 以《閱微草堂筆記》研究上的版本問題爲例〉已被東海圖書館館訊接受，將發表於東海圖書館館訊第 99 期。本文主要是討論《閱微草堂筆記》的版本問題，因爲台灣最早可見的《閱微草堂筆記》印行本，是台北新興書局於 1956 年所出版，其後各書局都據以出版，如文光書局（1971）、大中國圖書公司（1974）、利大出版社（1985）、博元書局（1989）、漢風出版社（1994），各書局又不斷地再版，所以新興書局排印本是坊間流通本的祖本。又因爲深藏於各大圖書館的清刻本，只能借閱而無法影印，故有使用上的不便，因此一般所根據的本子正是新

興書局這一系統的排印本。但是若將新興書局排印本和嘉慶五年刊本相校，錯漏之處甚多，主要有文句錯漏之處、次序錯亂之處、內容闕漏之處。其中最嚴重的問題就是大量內容的闕漏，短少比率約達 1/13，這對完整地認識和研究《閱微草堂筆記》是相當嚴重的問題。簡單地說，從 1956 年到 2004 年近 50 年的歲月，台灣沒有一部內容完整的正體字版《閱微草堂筆記》在市面上流通。而這個《閱微草堂筆記》版本上問題的影響有二，一是坊間通行本《閱微草堂筆記》是許多論文引用所依據的本子，二是中央研究院漢籍電子文獻資料庫所採用的版本。透過本文的討論，日後在《閱微草堂筆記》研究時，當慎選版本，一是要避免使用坊間通行本，其次在使用中央研究院漢籍電子文獻資料庫中的《閱微草堂筆記》資料庫時，也應注意上述提到的問題。

　　第二篇〈紀昀撰《四庫全書總目》說之論析〉發表於東海圖書館館訊第 97 期。本文主要是探討《四庫全書總目》著作權歸屬的問題，雖然自清代以來，學者大多傾向歸於總纂官紀昀，但是也有學者不以為然。反對的理由主要有兩點：《四庫全書總目》展現的是清王朝或是乾隆皇的思想，無法展現紀昀的思想意見、以《四庫全書總目》之作歸功於紀昀，是將其他人的勞績一筆抹殺。筆者試以紀昀私人著作《紀曉嵐文集》中的資料，和《四庫全書總目》做比對，列舉出《四庫全書總目》中紀昀思想見解展現之例，並以古代官修之書，雖奉敕而成，但如今已多能將著作權歸諸於編者，《四庫全書總目》也應該將著作權作一清楚的釐清，不應僅視之為皇帝的著作。其次，筆者參酌近人對提要稿之研究成果，得到各纂修官所撰寫的提要稿，確有經過總纂官或多或少，甚至全篇改寫的情形，方才成為閣本的書前提要，而就現存修改的筆跡來看，是出自紀昀之手。並且從現存文淵、文溯、文津三

閣完整的書前提要來看，不僅彼此互異且水準參差而且又和武英殿本《四庫全書總目》有所出入，足見從閣本的書前提要，到殿本《四庫全書總目》的完成，中間還是有許多修改的工作。但是筆者考察另外兩位總纂官陸錫熊、孫士毅的生平，發現二人早在乾隆 46 年文淵閣四庫全書完成後不久即外放（陸錫熊在乾隆 47 年，孫士毅也應在 47 年），離開了《四庫全書總目》的編輯工作，而武英殿本《四庫全書總目》要到乾隆 60 年 12 月方才告竣，武英殿本《四庫全書總目》可以說是由紀昀所獨力完成的。根據種種的資料顯示，紀昀於《四庫全書總目》既然有親力爲之、始終參與、決定去取之功，因此殿本《四庫全書總目》的完成，榮耀歸之於紀昀豈曰不宜！

　　第三篇〈攻訐乎？抑修正乎？ ── 從《閱微草堂筆記》中的儒者形象看紀昀對程朱理學的態度〉，本文投稿於《彰化師大國文學誌》第十九期，正在審查中。長久以來大家總是認爲紀昀是反對程朱理學的一員大將，但是從紀昀在《閱微草堂筆記》中儒者形象的描寫看來，紀昀所諷刺、揶揄的都是理學末流之弊，並且往往在記述之中提出他修正的意見，他只是遵循著儒家的中庸之道，去修正理學極端化的弊病，藉著批判、譏諷末流之弊來修正程朱理學，以達到他心中理想的境地。特別的是，《閱微草堂筆記》中記載的真君子多是治理學者，紀昀並不會因他們講理學就醜詆他們，也寫出鬼狐對他們的欽敬，因此從紀昀對講學家正反兩面的形象描寫看來，紀昀反對的是理學的末流弊端，痛恨的是虛僞的假道學罷了，對德行醇然、躬行自修的理學家，仍然是心折的。但或許是這世上小人多而君子少，造成寫假道學的篇章多，寫真君子的篇章少，於是讓人產生錯覺，以爲紀昀是攻訐程朱理學的。至於紀昀和理學的扞格不入，是治學方法上的差異，從《閱微草

堂筆記》中紀昀對三綱五常、忠孝節義等倫理道德，仍是不餘遺力地提倡與遵守，全書中忠臣、孝子、節婦獲得鬼神欽敬、呵護的例子比比皆是，在維護社會秩序與行為規範的目標上，和程朱學說所提倡的並無二致，可謂殊途而同歸。

　　第四篇〈從《閱微草堂筆記》中之儒者形象看紀昀的治學趨向〉，本文投稿於《逢甲人文社會學報》第十九期，正在審查中。本文透過對《閱微草堂筆記》中之儒者形象的探析，可以看出，就通經的方法而言，紀昀崇漢學考據方法的實；而黜宋學空談先天、心性之虛，這是紀昀在治學方法上和程朱理學的立異處。他欣賞的是漢學重考據徵實的治學方法，但是透過考據的方法來明瞭經典的真意（通經），最終的目的還是在於落實到經國濟世的「致用」上，如果只是沉湎於復古，導致泥古而食古不化，成為迂腐的學究，甚至陷入繁瑣的考證弊病當中，紀昀也會毫不客氣地給予辛辣的諷刺。正因為如此，紀昀重視通經致用的治學態度並不等同於當時偏重於考據方法的漢學，只能說他是趨向漢學的治學態度，但不以漢學為藩籬。再者，紀昀治學方法雖和程朱理學立異，但他仍能承認宋儒之長，對漢、宋學之爭也有諸多持平之論，可惜的是人們對此並未注意。

　　第五篇〈“屏除門戶，一洗糾紛” ── 論紀昀對漢宋之爭的持平之見〉，本文投稿於《孔孟月刊》，初審通過。紀昀所處的時代正是清代漢學、宋學相爭的時代，因此紀昀曾表達了許多對漢宋學的看法，有人視其為漢學陣營「乾、嘉時代反程、朱的第一員猛將」 ── 這樣功魁般的評價；也有人認為「近世氣節壞、學術蕪，大抵紀昀之罪也」、「數百年風氣之衰，紀氏之過也」 ── 這樣罪首般的評語。如此兩極化的評價，突顯出紀昀的學術態度，在學者的心目中是「揚漢抑宋」的。然而徐世昌在《清儒學案》

中卻評論紀昀為「持論屏除門戶，一洗糾紛」，阮元也說紀昀「考古必衷諸是，持論務得其平……蓋公之學在於辨漢宋儒術之是非，析詩文流派之正偽」。事實上，在《閱微草堂筆記》中，紀昀刻劃出講學者近名好勝的形象，可以看到紀昀對門戶之爭的惋惜與痛恨。因此紀昀對漢、宋二學門戶之分，或是唐、宋詩之爭，多持平之論，可惜的是，人們對此卻多忽視之。本文試圖透過《閱微草堂筆記》中紀昀對門戶之爭的批判，整理出紀昀對漢宋學的意見，以釐清紀昀在漢宋之爭正熾的時代氛圍中，他真正的意圖究竟為何。

第六篇〈從《閱微草堂筆記》中的儒者形象看紀昀對漢宋學的態度〉，本文是將前面第三、四、五篇探討《閱微草堂筆記》中的儒者形象的文章，綜合整理而成。前面三篇文章，有的側重於從《閱微草堂筆記》中的儒者形象來探討紀昀對漢學的態度；有的側重於從《閱微草堂筆記》中的儒者形象來探討紀昀對理學的態度；有的是彰顯紀昀對漢宋學的持平之論。綜合整理這三篇文章，可以透過紀昀對儒者形象的刻劃，完整而全面地探討紀昀的治學趨向。從紀昀在《閱微草堂筆記》中對儒者形象的描寫，可以看到紀昀對講學家種種末流之弊，如空談高論、苛刻不近人情、假道學、迂腐頑固、近明好勝，刻畫得相當傳神與成功。但紀昀也寫出講學家德性醇然真君子的形象，以及對清代漢學家流於泥古、瑣碎之弊的不滿，並且多次提到消融門戶之見，力求公允之論的主張。據此得知紀昀對漢宋學的態度為：趨向漢學的治學態度，但不以漢學為藩籬、攻訐程朱理學末流之弊，是對程朱理學的修正，而非反對程朱理學、主張消融門戶之見，對漢、宋學之爭能持公允之論。雖然他儒者形象的描寫相當地成功，但他主張消融門戶之見的意見卻未獲得重視，要言之仍不失為"穴結"時代的代表人物。

王　鵬　凱　謹誌於南開科技大學 98.10.10

紀昀研究論述

── 以閱微草堂筆記為中心

目　　次

讀書宜求善本

—— 以《閱微草堂筆記》研究上的版本問題為例

一、讀書宜求善本

　　言及讀書宜求善本，在版本學上總會提到幾個例子，今姑且引述兩例以說明讀書宜求善本的重要性。一是宋代姚祐在當杭州教授堂試諸生時，竟然依據錯誤百出的麻沙本出題，以致出錯考題的事，所幸姚祐勇於認錯，反成美談一件：

> 三舍法行時，有教官出《易》義題云：「乾為金，坤又為金，何也？」諸生乃懷監本《易》至簾前請云：「題有疑，請問。」教官作色曰：「經義豈當上請？」諸生曰：「若公試，固不敢。今乃私試，恐無害。」教官乃為講解大概。諸生徐出監本，復請曰：「先生恐是看了麻沙本。若監本，則坤為釜也。」教授皇恐，乃謝曰：「某當罰。」即輸罰，改題而止。然其後亦至通顯。[1]

1　陸游，《老學庵筆記》卷 7，（台北）木鐸出版社，1982，頁 94。葉夢得《石林燕語》卷 8 也載有此事，但都未提及是誰。至朱彧《萍洲可談》卷 1 則直指是姚祐之事：姚祐元符初為杭州學教授，堂試諸生，《易》題出「乾為金，坤亦為金，何也？」先是福建書籍刊板舛錯，坤為金遺二點。故姚誤讀作金，諸生疑之，因上請。姚復為臆說，而諸生或以誠告姚，取官本視之，果釜也。大慚曰：「祐買著福建本」，升堂自罰一直，其不護短如此。其後陶宗儀《説郛》卷 35、董斯張《吳興備志》卷 28、田汝成《西湖遊覽志餘》卷 1 都依據朱彧之說，且都稱讚姚祐「其不護短如此」。

　　另一則是明初名醫戴元禮看到同行叮嚀病人煎藥時要放入錫
一塊，甚感訝異，經詢問後才知是同行根據的醫書版本誤謬，錯
將“餳”字刻成“錫”，所幸並未釀成人命大禍之例：

> 金華戴元禮，國初名醫，嘗被召至南京，見一醫家迎求盈
> 戶，酬應不間。元禮意必深於術者，注目焉。按方發劑，
> 皆無他異，退而怪之，日往觀焉。偶一人求藥者既去，追
> 而告之曰：「臨煎時下錫一塊。」麾之去。元禮始大異之，
> 念無以錫入煎劑法，特叩之。答曰：「是古方爾。」元禮
> 求得其書，乃“餳”字耳。元禮急為正之。嗚呼！不辨
> “餳”“錫”而醫者，世胡可以弗謹哉！[2]

　　正因為古代書籍在流傳的過程中，會因為抄錄、翻刻而產生
錯誤、脫漏等種種問題，進而影響到治學成果。因此前賢在治學
上，都相當注重書籍的版本問題，也都不斷地對後學耳提面命，
再三強調，如張之洞向來就主張「讀書宜求善本」[3]，他首先對“善
本”做了說明：

> 善本非紙白板新之謂，謂其為前輩通人用古刻數本精校細
> 勘付刊，不訛不缺之本也。此有一簡易之法，初學購書，
> 但看序是本朝重校刻而密行細字，寫刻精工者，即佳。善
> 本之義有三：一足本。二精本（一精校，一精注）。三舊
> 本（一究刻，一舊抄）。[4]

　　並提到據善本而校書對讀書的助益：

> 讀書先宜校書，校者以善本與俗本對勘，正其偽脫也，異

2　陸深，《儼山外集》卷八〈金臺紀聞下〉，收入《文津閣四庫全書》第 293
　　冊，（北京）商務印書館，2005，頁 231。
3　張之洞，《輶軒語‧語學第二》之〈讀書通論‧讀書宜求善本〉，收入《書
　　目類編》第 93 冊，（台北）成文出版社，1978，頁 41649-41650。
4　同注 3。

同之間常得妙悟。且校過一次，繁難處亦易記得。但校後宜讀，若校而不讀便成笑柄。[5]

另外他在清末時為學子指示治學途徑所著的《書目答問》中，也指出善本的重要：

讀書不知要領，勞而無功。知某書宜讀而不得精校、精注本，事倍功半。[6]

此外，屈萬里先生也撰文教導學子，說明讀古書為什麼要講究版本，並指出講求版本學的三點作用：「欲辨圖書真偽不能不講究板本」、「欲知圖書有無殘闕不能不講究板本」、「欲免受錯字的欺騙不能不講究板本」[7]。

前賢不僅對 "無缺殘無刪削"、"精校精注"、"舊刻舊抄" 善本書的學術價值或資料價值都給予高度的肯定，不少人甚至還投注相當的精力心血，去從事古籍的校讎工作，以期能成就自我、嘉惠士林。這樣的工作尤其以清人為最，因此清代被譽為「校讎學的鼎盛時期」[8]，大量的古籍經過這些學者的整理之後，嘉惠了後世無數的學子，讓人省卻了多少探索的工夫，少走了多少的冤枉路。時至今日，雖然學風改變，較少有學者願意從事無益於升等的古籍點校工作，所幸仍有一些書局繼續進行這項工作，讓我們仍不斷地有經過點校的善本可以利用。但也因為習慣了閱讀這些精校精注的善本，反倒逐漸忽略了並非每本古籍都有前人的校讎，甚至以為書坊出版的古籍都沒有版本上的問題。筆者以前在研讀《閱微草堂筆記》時，主要還是要依據取得容易坊間流傳的

---

5 同注 3。
6 張之洞，《書目答問・略例》，（台北）新興書局，1966，頁 3。
7 屈萬里，〈讀古書為什麼要講究板本〉，收入《中國圖書文獻學論集》，（台北）明文書局，1983，頁 233-242。
8 蔣元卿，《校讎學史》，（台北）盤庚出版社，1979，頁 161-260。

本子[9]，雖然盧錦堂的大作已指出坊間流傳的本子有內容闕漏的問題[10]，但是清刻諸本因圖書館的使用限制，只能借閱而無法影印，一直要到大陸各書局所出版的《閱微草堂筆記》流入台灣，才解決坊間流傳本因闕漏造成使用上不便的問題。雖然今日已經有容易取得的足本《閱微草堂筆記》，但內容闕漏的坊間流傳本，卻也爲台灣讀者使用了近半世紀，多篇論文所參考的《閱微草堂筆記》就是用坊間流傳的本子，甚至連中央研究院的漢籍全文資料庫也是採用坊間流通本，影響不可謂不大。前事不忘，後事之師，今就以《閱微草堂筆記》爲例，簡介其版本源流，並討論坊間流通本所引發的問題，希望能對《閱微草堂筆記》的讀者和研究者在甄選讀本上，有所助益。篇末並附上筆者對古籍整理的一點淺見，今論述如下。

9　台灣最早可見的《閱微草堂筆記》印行本，是台北新興書局於 1956 所出版，其後爲各書局都據以出版，如文光書局（1971）、大中國圖書公司（1974）、利大出版社（1985）、博元書局（1989）、漢風出版社（1994），各書局又不斷地再版，直到三民書局（2004）和大陸學者合作，所出版的《新譯閱微草堂筆記》，才沒有內容闕漏的問題，其後台灣古籍出版有限公司（2006）的《閱微草堂筆記》還在書名上強調 "完整本"，至此台灣讀者可不再需要依賴大陸所出版的簡體字版《閱微草堂筆記》。從 1956 到 2004 近 50 年的歲月，台灣沒有一部內容完整的正體字版《閱微草堂筆記》在市面上流通。但三民書局和台灣古籍出版有限公司所出版的《閱微草堂筆記》，卻在每則故事前自下標題，不僅失卻原書面貌，還可能讓未見過原書的讀者誤以爲是紀昀所下的標題，實在是無此必要。況且若要下標題，紀昀盡可自行爲之，據英國博物院藏《灤陽消夏錄》卷前清乾隆五十五年重九後四日紀昀再記所言，書賈「每條增立標題，尤犯余本意」，足見此舉爲紀昀所反對，後人又何苦爲之。此外因爲是重新排印，所以需注意手民誤植的問題。

10　盧錦堂，〈紀昀的文學著述〉，國立中央圖書館館刊，新 19：1，1986 年 6 月，頁 86。該文指出坊間通行本在內容上闕漏 91 則，筆者的統計則是 88 則，之所以會有出入，應該是所據的版本不同（筆者據嘉慶五年刻本；盧錦堂據咸豐刻本），對故事分合的計算不同所致。

二、《閱微草堂筆記》版本的簡介

（一）清刻《閱微草堂筆記》的簡介：

《閱微草堂筆記》包括《灤陽消夏錄》六卷，《如是我聞》四卷，《槐西雜志》四卷、《姑妄聽之》四卷、《灤陽續錄》六卷共計五種二十四卷。但全書並非完成於一時，而是從乾隆 54 年（1789）到嘉慶三年（1798），前後共歷時九年才完成，到了嘉慶五年（1800），紀昀門人盛時彥爲之校訂合刊，定名爲《閱微草堂筆記》[11]。可能因爲紀昀是位名人而本書又寫得好，所以一開始就有書賈竊刊的問題發生，也產生了內容上訛漏的問題：「好事者輾轉傳鈔，竟入書賈之手，有兩本刊行。一爲李氏本，所據乃斷爛草稿，訛漏頗多；又每條增立標題，尤犯余本意，曾囑友人戒其勿刻，未知某聽余否也」[12]、「曩撰《灤陽消夏錄》，屬草未定，遽爲書肆所竊刊」[13]、「舊有《灤陽消夏錄》、《如是我聞》二書，爲書肆所刊刻」[14]、「初作《灤陽消夏錄》，又作《如是我聞》，又作《槐西雜志》，皆已爲坊賈刊行……以前三書，甫經脫稿，即爲鈔胥私

---

11 其成書經過，略敘如下：1.乾隆五十四年己酉（1789,66 歲）成《灤陽消夏錄》六卷，繕竟附題二首。2. 乾隆五十六年辛亥（1791,68 歲）七月二十一日，題《如是我聞》序。3. 乾隆五十七年壬子（1792,69 歲）六月自序《槐西雜誌》。4. 乾隆五十八年癸丑（1793,70 歲）七月二十五日，《姑妄聽之》四卷成，並自序。5. 嘉慶三年戊午（1798,75 歲）七月《灤陽續錄》六卷成。6. 嘉慶五年庚申（1800,77 歲）八月《閱微草堂筆記》五種二十四卷，編定刊行，門人北平盛時彥作序。
12 柳存仁，《倫敦所見中國小說書目提要》，（台北）鳳凰出版社，1974，頁 342，引英國博物院藏《灤陽消夏錄》卷前清乾隆五十五年重九後四日紀昀再記言。
13 《如是我聞》序，《紀曉嵐文集》第二冊，河北教育出版社，1991，頁 130。
14 《槐西雜誌》序，《紀曉嵐文集》第二冊，河北教育出版社，1991，頁 240。

寫去。脫文誤字，往往而有。故此書特付時彥校之」[15]，可見在合刊本之前，另有單行本行世，只不過書賈竊刊的本子，在內容上有脫文誤字的情形存在。之後「邇來諸版益漫漶，乃請于先生，合五書爲一編，而仍各存其原第；籌燈手校，不敢憚勞。又請先生檢視一過，然后摹印」[16]直到嘉慶五年才有合刊本，不僅是《閱微草堂筆記》最早的合刻本，也經過紀昀和盛時彥的檢視校對，是最值得信賴的版本。除了嘉慶五年北平盛時彥刊本外，較有名的清刻本另有：嘉慶 21 年（丙子 1816）盛氏重刊本、道光 13 年（癸巳 1833）本，鐫於羊城，有鄭開禧、盛時彥序、道光 15 年（乙未 1835）本，是癸巳本重鐫版，有鄭開禧序、咸豐元年（1851）至咸豐二年（1852）間粵東羊城同文堂校刊本，道光丁未二十七年（1847）嘉平小蓬萊山館主人題識[17]。筆者以所見的嘉慶五年、道光 13 及 15 年、咸豐年間刊本這四種版本對勘，並未發現有重大差異，僅嘉慶五年刊本《灤陽消夏錄》有紀昀的題識語與詩兩首[18]，爲他本所無，另外還有一些字句錯漏的小毛病，這是任何

15　《姑妄聽之》盛時彥跋，《紀曉嵐文集》第二冊，河北教育出版社，1991，頁 491。

16　《閱微草堂筆記》盛時彥序，《紀曉嵐文集》第二冊，河北教育出版社，1991，頁 1。

17　李永忠、趙立新，《閱微草堂筆記》版本考略，文獻季刊，1999 第 3 期，頁 276-279。嘉慶 5 年北平盛時彥刊本，現藏於台北中央研究院傅斯年圖書館紀念室，另上海古籍出版社於 2002 年所出版的《續修四庫全書》第 1269 冊，所據也是此版本。嘉慶 21 年盛氏重刊本，現藏於北京圖書館，筆者則未見。道光 13 年本，現藏於東海大學。道光 15 年本，筆者所據的是上海古籍出版社 2001 排印本。咸豐粵東羊城同文堂校刊本，現藏於台灣大學。

18　紀昀於卷末題曰「右《灤陽消夏錄》三卷，前二卷成於熱河，後一卷則在熱河成其半，還京後乃足成之，故間有今歲事。乃併爲一書，因其原名者，如陸放翁吟咏萬篇非作於一時一地，統名曰《劍南詩集》云爾。庚戌六月二十九日繕淨本竟，因題。」，及題詩二首「平生心力坐銷磨，

版本所不能免的，也因此這四種版本可互收對校之功。值得一提的是，這些刻本在內容上雖無大差異，但是在故事的分則上，卻有出入，有些一分爲二甚至分爲三，所以在統計全書共有幾則時，會有出入，是無法有一致數目的。甚至連書前目錄所載的則數，也和實際的統計數字不同，以嘉慶五年刊本爲例，目錄所載的則數統計爲 1281 則，實際點數的則數是 1172 則，細查每卷末頁，不像有脫落的情形，筆者實是難明其故。因此，只要在內容上沒有缺漏，《閱微草堂筆記》全書共有幾則故事，也就不必細究了。

（二）一錯五十年 —— 坊間通行本的問題：

民國初年有書局以當時流行的石印法印行《閱微草堂筆記》，計有上海錦章圖書局（現藏日本早稻田大學，筆者未見）、文明書局（現藏政治大學）、進步書局（現藏東海大學、中央研究院傅斯年圖書館）。其中之一的石印本，被新興書局收入筆記小說大觀第 28 編中，疑是新興書局於 1956 印行的排印本所據，雖然石印本中僅有盛時彥序，而該排印本前有道光 15 年乙未本鄭開禧序，但錯誤脫落之處，一如石印本，因此筆者認爲新興書局於 1956 印行的排印本並非依據道光 15 年乙未本來排印，而是依據民國初年的石印本所排印。既然新興書局的本子不好，那就不要用它就好了，何必呶呶不休浪費筆墨於此！因爲該本子爲台灣地區近五十年來坊間流通本子的祖本，是其他書局翻印或重新排印本的依據。長期以來，流通既廣、閱讀者眾，自然有必要講明其誤謬之處，一來可免來者重蹈覆轍，二則若有誤加引用者，可據以修正。今試

紙上煙雲過眼多。擬築書倉今老矣，只應說鬼以東坡。」、「前因後果驗無差，瑣記搜羅鬼一車。傳語洛閩門弟子，稗官原不入儒家。」由題語中可知，《灤陽消夏錄》原分爲三卷，後才析爲六卷。

將新興書局排印本和嘉慶五年刊本相校，錯漏之處略述如下，坊間流傳諸本也都延續著新興書局本的錯誤：

　　1.**文句錯漏之處**：任何書籍難免有錯漏之處，校書猶如掃落葉，旋掃旋生，不管如何校對，總是難以盡除誤謬。但若是錯在關鍵處，則尤須注意，今舉新興書局本錯字之一例。《灤陽消夏錄》卷六「牛公悔菴嘗與五公山人散步城南」一則，新興書局石印本和排印本竟誤植爲「朱公晦菴嘗與五公山人散步城南」，致使紀昀所記清人五公山人（王餘祐 1615-1684）之事，成了穿梭時空到南宋和朱熹散步的的怪談。

　　至於小段字句脫落之例有：《槐西雜志》卷一「先祖光祿公」一則文末漏「其地氣轉移歟？抑孤虛之說竟真有之？」、《灤陽續錄》卷三「高冠瀛言」一則文末漏「從此遂絕。此狐可謂無賴矣，然余謂非狐之過也。」

　　大段字句脫落之例有：《槐西雜志》卷二「朱導江言」一則自「此亦足爲少年佻薄者戒也」後漏「時方可村在座，言：「游秦隴時，聞一事與此相類，後有合窆於妻墓者，啓壙，則有男子屍在焉。不知地下雙魂，作何相見。焦氏《易林》曰：『兩夫共妻，莫適爲雌』若爲此占矣。」戴東原亦在座，曰：「《後漢書》尚有三夫共妻事，君何見不廣耶？」余戲曰：「二君勿喧。山陰公主面首三十人，獨忘之歟！然彼皆不畏其夫者。此鬼私藏少年，不慮及後來之合窆，未免縱欲忘患耳。」東原嘳然曰：「縱欲忘患，獨此鬼也哉！」

　　又有刪去題識、跋語、詩作，如《姑妄聽之》無紀昀門人盛時彥所作之跋[19]、《灤陽消夏錄》無紀昀的題識語與詩兩首。而

---

19 該跋文甚長，今不列出。但盛時彥首先點出紀昀的性格「天性孤峭，不甚喜交游」，次言紀昀「先生諸書，雖托諸小說，而義存勸戒，無一非

這些都是藉以瞭解紀昀創作《閱微草堂筆記》旨意和小說觀的最好資料，卻付諸闕如，不免不利於《閱微草堂筆記》的深入研究。

　　2.次序錯亂之處：新興書局本有多處次序錯亂之例，雖然不是內容脫落，但難免會造成使用者的困擾，若根據引用資料要檢點原文，只怕不容易尋獲。次序錯亂之例有在原卷內，如《如是我聞》卷二「歙人蔣紫垣」、「姚安公官刑部日」二則應在「先姚安公言」和「老儒劉挺生言」之間；「余布衣蕭客言」和「呂太常含輝言」之間，新興書局本將這兩則都列在卷末。次序錯亂又有列入他卷之例，如《灤陽消夏錄》卷三卷末「前母張太夫人」、「滄州插花廟尼」、「先太夫入言」三則，清刻本皆在卷三，而新興書局本卻列入卷四。又《如是我聞》卷三卷末「吳惠叔言」、「惠叔又言」二則，清刻本皆在卷三，而新興書局本卻列入卷四。

　　3.內容闕漏之處：新興書局本最嚴重的問題就是大量內容的闕漏，這是書賈偷工減料常見的手法，也因此才會有強調"足本"的書名產生。這應該不是新興書局所為，而是他所依據的石印本印行的書局所為，由於新興書局並未明言他根據的是何本子，因此這也就成了一個謎團。新興書局本又為諸家書局所採用，所以台灣地區讀者有近五十年的時間，一直都採用新興書局這一系統的本子來閱讀或研究《閱微草堂筆記》。新興書局本闕漏之處是在：《槐西雜志》卷一自「人字汪場中有積柴」以下短少 24 則、《槐西雜志》卷二自「石洲又言」以下短少 32 則、《槐西雜志》卷四自「景州方夔典言」以下短少 12 則[20]、《姑妄聽之》卷三自「河間有游僧」以下短少 20 則，共計 88 則。若以嘉慶五年刊本筆者

典型之言」，點出該書創作的意旨及仍為著書之筆而非筆墨遊戲之作，後引紀昀對《聊齋誌異》的看法，從中可以看出紀昀的小說觀。
20 因內容分合的關係，若是道光本和咸豐本則短少 14 則。

計算的則數 1172 則相較，短少比率約 1/13，對完整地認識和研究《閱微草堂筆記》是相當嚴重的問題。

三、坊間通行本《閱微草堂筆記》的影響

因為台灣地區讀者長期以來一直都是使用新興書局這一系統的本子，所以除了影響一般的讀者無法完整地閱讀到《閱微草堂筆記》外，對研究上顯見的影響有二項：

（一）是許多論文引用所依據的本子：筆者查閱許多有關《閱微草堂筆記》研究的論文，所列的參考書目，有些只列著內容短缺的坊間通行本[21]，所幸越晚期的著作除了一般的通行本外，也多能參閱大陸所出版的《閱微草堂筆記》以補其不足。但是這也是在圖書館所藏的善本、孤本只能借閱、不能影印的情況下，才會產生的情形。在趨易避難、方便使用的情況下，自然會採用容易取得的坊間通行本，連筆者本人也不能免。筆者並非贊成使用坊間通行本作為研究參考的版本，但也絕非指責使用坊間通行本者的不是，而是要突顯出圖書館使用上的限制，確實會造成研究的不便，進而希望能改變現有的使用規則，讓大家有更便利的研究環境。侯健先生在其大作中所說的一句話，正可以反映出這個限制所產生的問題：「我用的是台北文光六六年的本子，記得是新興書局的翻版，以版本論當然是糟不可言」[22]，侯先生身為台大教授，而台大又有號稱孤本（館員引以為傲地告訴筆者）的咸豐

---

21 今姑且僅舉出篇名或論文題目，如《聊齋誌異與閱微草堂筆記狐精故事之敘事藝術研究》參考（台南）漢風出版社的本子、〈紀昀反宋學的思想意義--以「四庫提要」與「閱微草堂筆記」為觀察線索〉參考（台南）博元書局的本子、《中國古代男色文學研究》參考（台北）大中國圖書公司的本子、〈閱微草堂筆記的理性主義〉參考（台北）文光書局的本子。
22 侯健，〈閱微草堂筆記的理性主義〉，中外文學，8：1，1979 年 6 月，頁 36。

年間粵東羊城同文堂校刊本，這種使用上的限制，竟然也讓他使用自知不佳的版本作為研究的底本。各大圖書館如果所藏之善本、孤本已有微捲或影印本者（沒有的趕快製作），既然無損於原本，則不妨可以讓人影印出來，方便大家使用，豈不是造福士林的美事一樁！而且也不必在意會讓書商影印拿去出版牟利，因為他肯自負盈虧，去廣佈流傳，也是方便大家研究，讓古籍發揮最大的效用的美事，何必深鎖於庫房之中，以擁有善本、孤本而自傲呢？

　　（二）是中央研究院漢籍電子文獻資料庫所採用的版本：中央研究院一向是執學術界之牛耳，不僅院中濟濟多士，館藏資源更是豐富。以《閱微草堂筆記》而言，所藏版本甚多，除清嘉慶五年刊本外，有（上海）大達圖書供應社、（上海）進步書局、（上海）文明書局、（上海）商務印書館、（台北）新興書局、（台北）新文豐出版公司以及大陸若干書局所出版的《閱微草堂筆記》，這是其他學術單位所無法望其項背的。尤其是其所製作的漢籍電子文獻資料庫，為慶祝 80 周年院慶，開放免費授權使用，實為造福士林之一大佳音。漢籍電子文獻資料庫中收有《閱微草堂筆記》一書，的確對研究《閱微草堂筆記》有莫大的方便。但是令筆者十分不解的是該資料庫所選擇的版本，竟然不是院中館藏的清嘉慶五年刊本，而是問題頗多的新興書局石印本！其原因為何，實在是不得而知。筆者本來尚抱著一絲希望，希望是該資料庫的說明有誤，或是雖然根據新興書局石印本，但已將其中錯誤更正，故而將前文所提到新興書局石印本的缺失，一一查詢該資料庫，然而不幸事與願違。今且舉兩個查詢畫面，以確認該資料庫確實是根據新興書局石印本製成，並未更正其中錯誤。第一個畫面是誤將「牛公悔菴嘗與五公山人散步城南」植成「朱公晦菴嘗與五

公山人散步城南」錯字的例子：

目錄深度 1　　上至第　層目錄　自目錄逐至

檢索條件 晦菴　　　晦菴　GO!

回首頁　資料庫　根目錄　回上層　前文　後文　段/頁　檢索條列

/○閱微草堂筆記/卷六 灤陽消夏錄六

- 3301 -

朱公晦菴。嘗與五公山人散步城南。因坐樹下談易。忽聞背後語曰。二君所論。乃術家易。非？
名曰。江南崔寅。今日宿城外旅舍。天尚未暮。偶散悶閒行。山人愛其文雅。因與接膝究。術？
人言也。非爲聖人言也。聖人從心不踰矩。本無疑惑。何待於占。惟衆人昧於事幾。每兩歧罔決
儒家之本旨也。顧萬物萬事。不出陰陽。後人推而廣之。各明一義。楊簡王宗傳闡發心學。此？

- 3302 -

易。源出王弼者也。陳摶邵康節推論先天。此道家之易。源出魏伯陽者也。術家之易。衍於管？
見仁。理原一貫。後人忘其本始。反以旁義爲正宗。是聖人作易。但爲一二上智設。非千萬世？
也。言人所共由也。曾是六經之首。而詭秘其說。使人不可解乎。二人喜其詞辯。談至月上未？
微哂曰。果爲隱者。方韜光晦　之不暇。安得知名。果爲儒者。方反躬克己之不暇。安得講學
矣。毋污吾耳。　然長嘯。木葉亂飛。已失所在矣。方知所見非人也。

　　第二的畫面是《姑妄聽之》卷三自「河間有游僧」以下短少
20 則闕漏的例子，以「河間有游僧」查詢，並無所得：

目錄深度 1　　上至第　層目錄　自目錄逐至　　頁碼 *******　□插空

檢索條件 河間有游僧　　　河間有游僧　GO!　□部份顯示

回首頁　資料庫　根目錄　回上層　前文　後文　段/頁　檢索條列　檢索總表　上冊　下冊　Help

四、結　語

（一）讀書宜求善本：時至今日對善本的定義，並不需要像古人所開的種種條件，只要舊刻舊抄經過精校精注、內容無缺的點校本，可以方便我們研究使用，都可視之為今之善本書。如果中央研究院漢籍電子文獻資料庫中《閱微草堂筆記》所採用的版本，不是新興書局石印本，甚至不必是清刻本，只要是經過精校的點校本，在使用的正確性上，當會比現在更好。而當我們在使用這些今之善本書時，也應懷著感激的心情，畢竟讓我們省卻了許多時間精力，去處理版本的問題。在此要套用先師　喬衍琯先生（1929-2008）談製作索引的一個觀念：

> 胡適之先生曾說過：「一個人如果自己不能有傳世的著作，而肯花功夫編製一些有用的索引，這樣可以節省他人治學的精力，對學術上的貢獻，也就足以不朽了。」……洪煨蓮先生說：「編纂這些（辭典、類書、索引等）的人，雖算不得有甚麼闡揚聖道，方軌文章的大功；但只就其曾為學者省了一分心血，已可謂是一種功德。」（《引得說》第一篇）這實是煨蓮先生自謙之辭，索引的本身固不足以闡揚聖道，方軌文章。可是闡揚聖道，方軌文章的人，都多多少少曾利用過前人編製的索引。編製索引，最是小道，祇是能細心、有耐心的中下之才，便可勝任。用不到提出長篇累牘的計劃，和勞師動眾開會討論。……甚盼能夠高瞻遠矚的學術或出版機構，能勻出一點力量來編印索引，集腋成裘，那麼也就功德無量了。[23]

23　喬衍琯，〈索引漫談〉，收入《中國圖書文獻學論集》，（台北）明文書局，1983，頁 207-232。

　　點校古籍的情形也是如此，雖然有人認爲是「壯夫不爲」，也不是什麼「闡揚聖道，方軌文章的大功」，但確實是「爲學者省了一分心血」的「一種功德」。在台灣就我所知，已少有學者願意從事這項工作，雖然大陸在這方面成績不錯，點校本書籍取得也很方便，但是我們自己仍然要注重版本學的訓練，如同屈萬里先生所提到版本學的三項作用：「欲辨圖書真僞不能不講究板本」、「欲知圖書有無殘闕不能不講究板本」、「欲免受錯字的欺騙不能不講究板本」，《閱微草堂筆記》沒有真僞的問題，本文所舉例來探討的，正是後兩項的功能。版本學這項紮馬步的功夫不穩，難保那天不會又弄出個版本上的問題出來。

　　（二）在《閱微草堂筆記》版本的選擇上，如果能直接使用清刻諸本那是最好，但有不易取得的問題。大陸所排印的點校本，都是根據清刻諸本點校排印，我所收集的六種本子，還未看到有何嚴重的問題，只是在簡體字的閱讀上多少會覺得不如正體字來得習慣。台灣現在也有足本的正體字版《閱微草堂筆記》，正如同我前文所提到的，妄下標題、手民誤植的情形是我們在使用上要稍加留意的。

　　（三）呼籲各圖書館開放善本古籍的使用限制，讓這些善本、孤本發揮最大的效用。這些讓各大圖書館引以爲傲的善本、孤本、罕本在今日網路時代和兩岸交流的情況下，文獻價值的重要性已不若以往。以《閱微草堂筆記》爲例，中央研究院所收藏的嘉慶五年刊本，上海古籍出版社於 2002 年所出版的《續修四庫全書》第 1269 冊，就是依據北京圖書館所藏的嘉慶五年刊本印出，兩岸交流之後，這些善本、孤本往往對岸也有，又何必再做諸多限制？徒增台灣讀者使用上的不便？又在如今網路世界中，往往有網友將古籍掃描放在網站上供人下載，而且數量、種類相當地龐大、

繁多，多留意的話，經常可以找到自己需要的古籍。甚至也可在
拍賣網站上購得這些善本、孤本，以《閱微草堂筆記》爲例，嘉
慶、道光、咸豐諸版本，筆者都曾看到有人拍賣，且將畫面擷取
如下：

清嘉庆刊本《阅微草堂笔记》(物品编号：98808)

点击下图可看大图

清嘉庆刊本《阅微草堂笔记》

当前价格：**951元**

领先者：无人出价

起拍价：950元　最小加价幅度：50元

运　费：卖家承担（邮递方式：挂号印刷品）

已经结束　　出价记录

剩余时间：已经结束

开始时间：2004-11-27 20:30:02

结束时间：2004-11-30 20:30:02

浏览次数：352 次 出价次数：0次

支持的支付方式：卖家没有设置任何支持的支付方式

清嘉　清嘉　清嘉　清嘉　清嘉

道光木刻版—阅微草堂笔记（二十四卷12册全）(物品编号：498301)

点击下图可看大图

道光木刻版---阅微草堂笔记（二十四卷12册全）

当前价格：无人出价

领先者：无人出价

起拍价：4000元　最小加价幅度：10元

运　费：卖家承担（邮递方式：挂号印刷品）

已经结束　　出价记录

剩余时间：已经结束

开始时间：2006-04-08 11:41:46

结束时间：2006-04-11 11:41:46

浏览次数：177 次 出价次数：0次

支持的支付方式：卖家没有设置任何支持的支付方式

拍主资料

昵称：宝善堂主人（发消息）

真实姓名：孙吉庆

拍卖会员等级：★★★

书店等级：★★★ 进入书店

卖家信用：39 卖家好评率：9

买家信用：29 买家好评率：1

认证：

开通时间：2004-06-11 21:19:54

担保金：109元

地址：济南市中山公园文化市古籍书店区

电话：13793169587

邮编：250001

道光　道光　道光　道光　道光

如是我聞：閱微草堂笔记：清：道光27年：小蓬萊山馆藏板：4卷2册：180x125mm（物品編號：208704）

（***补图贴***）：线装《閱微草堂笔记五种》(存14册)/同文堂藏板（物品編號：2022433）

　　開放使用的限制，看似是各大圖書館的損失，但不妨當作是嘉惠士林、促進學術研究的善舉，Google「數位圖書館」的圖書掃描計畫，在美國能得到如密西根大學圖書館、紐約市公共圖書館等諸多圖書館的響應[24]，或許就在於這些圖書館認為典藏的目

---

24 Google「數位圖書館」的圖書掃描計畫，在美國受到美國作家協會和出版商協會的反對，因被控告有市場壟斷之嫌而引來司法調查。到了歐陸，則出現了政府積極反對，而圖書館則樂觀其成的兩極現象。詳參郭光宇，〈谷歌圖書來勢洶洶，歐陸迎拒兩難〉一文，中國時報，2009.09.06，開卷有書香第 10 版。

的是在於利用，知識的流傳是圖書館的責任。況且不只是學者方便使用，也因為方便取得這些古籍的影本，修版本學的學生還可以藉此訓練點校的工作，合眾人之力或獨自點校一書，最後將成果回饋給該圖書館，讓這項成果公佈在網站供人下載，榮耀歸諸圖書館和學生："某某人據某某圖書館藏某某本之點校本"。

　　比開放影印的限制更方便的作法是將這些古籍掃描成電子圖檔，讓使用者可以透過網路，就可以來進行閱讀、查詢、下載等工作。這當然要看各圖書館能否有此財力、人力來做這項工作，或者是由政府統籌製作，甚至與 Google 或者是任何願意做的機關組織合作。Google Book Search 正在國外如火如荼地在進行這項工作，中央研究院也有了一些將古籍掃描成電子圖檔的成果（傅斯年圖書館善本古籍全文影像檢索系統），只不過限制必須是該院同仁才能使用，看來台灣要有那麼方便的一天，還需等待一段時日。筆者非常希望這個期盼，能有實現的一天，而非終究只是癡人說夢！

　　　　　　【本文將發表於東海圖書館館訊第 99 期，2009.12】

紀昀撰《四庫全書總目》說之論析

一、紀昀撰《四庫全書總目》的正反意見

《四庫全書總目》向來被學者視為治學之指南[1]，其重要性不言可喻。而對於《四庫全書總目》的著作權，自清代以來，學者大多傾向歸於總纂官紀昀。周積明曾將這些說法一一列舉出來[2]，今增益他家說法表列如下：

提出者	出　處	說　法
朱珪	紀曉嵐墓誌銘	公館書局，筆削考核，一手刪定，為《全書總目》，裒然巨觀。
朱珪	祭紀昀文	生入玉關，總持四庫，萬卷提綱，一手編注。
阮元	紀文達公遺集序	高宗純皇帝命輯《四庫全書》，公總其成。凡六經傳注之得失，諸史記載之異同，子集之支分派別，罔不扶奧提綱，溯源徹委。所擬定總目提要，多至萬餘種，考古必衷諸是，持論務得其平。

1　如張之洞《輶軒語・語學》卷一：「今為諸生指一良師，將《四庫全書提要》讀一過，即略知學問門徑矣」；余嘉錫《四庫提要辨證・序錄》：「《提要》之作前所未有，可為讀書之門徑，學者舍此，莫由問津」、「衣被天下，沾漑靡窮，嘉、道以後，通儒輩出，莫不資其津逮，奉作指南，功既巨矣，用亦宏矣」、「夫蠹生於木，而還食其木，柳子厚好讀《國語》，乃能作《非國語》，蓋必與之相習，然後得其要害也。余之略知學問門徑，實受《提要》之賜，逮至用力之久，遂掎摭利病而為書，習慣使然，無足怪者」；王運熙《古典文學文獻及其檢索・序》：「《四庫提要》對我是一位最好的老師，它教給我的東西，比過去學校中任何一位老師教給我的還要多」。
2　周積明，《紀昀評傳》，南京大學出版社，1994，頁 70-73。

劉權之	紀文達公遺集序	（高宗純皇帝）特命吾師總纂。《四庫全書總目》，俱經一手裁定。
陳鶴	紀文達公遺集序	其在翰林校理《四庫全書》七萬餘卷，《提要》一書，詳述古今學術源流，文章體裁異同分合之故，皆經公論次，方著於錄。
江藩	漢學師承記	《四庫全書提要》、《簡明目錄》皆出公手。
昭槤	嘯亭雜錄	北方之士，罕以博雅見稱於世者，惟曉嵐宗伯無書不讀，博覽一時。所著《四庫全書總目》總匯三千年間典籍，持論簡而明，修辭淡而雅，人爭服之。
洪亮吉	北江詩話	乾隆中，四庫館開，其編目提要，皆公一手所成，最爲瞻博。
張維屏	聽松廬文鈔	或言紀文達公博覽淹貫，何以不著書？余曰：文達一生精力，具見於《四庫全書提要》，又何必更著書？
陸敬安	冷廬雜識	《全書總目》二百卷，亦公所撰，說者謂公才學絕倫，而著書無多，蓋其平生精力已畢萃於此書矣。
李元度	紀文達公事略	公胸有千秋，故不輕著書，其所欲言，悉於四庫書發之。
清仁宗	御賜碑文	美富羅四庫之儲，編摩出一人之手。
郭伯恭	四庫全書纂修考	《總目提要》之編纂，原爲各纂修官於閱書時分撰之，嗣經紀昀增竄刪改，整齊劃一而後，多人之意志已不可見，所可見者，紀氏一人之主張而已。
陳垣、尹炎武	影印《四庫全書》原本提要緣起	現行《四庫全書總目》本擷取各書提要而成，後經文達筆削一貫。
余嘉錫	《四庫提要辨證·序錄》	（《四庫全書》書前提要）不及定本（指單刻本《總目》）之善……紀氏恃其博洽，往往奮筆直書，而其謬誤乃益多，有並不如原作（《四庫全書》書前提要）之矜慎者。

張舜徽	中國文獻學	他（紀昀）既寫成了兩百卷的《總目提要》，當時最高統治者苦其繁多，紀氏又另編《四庫全書簡明目錄》二十卷。
（日）前野直彬	論明清兩種對立的小說理論——金聖嘆與紀昀	《提要》是由各方面的專門學者分別執筆，但經總纂官紀昀大加訂正之後才定稿的。雖然小說類這部分的原稿究竟是誰寫的，紀昀的改筆佔多大分量，都不清楚，但反正這部分的論述無疑是爲紀昀所完全同意了的。在這意義上，認爲《提要》的小說論即是紀昀本人的主張也無不可。

　　從前面的資料看來，雖然有不少學者認爲紀昀纂修《四庫全書總目》，而且紀昀本人也曾多次言及他撰述《四庫全書總目》（資料於後詳述），但是也有學者不以爲然，反對將《四庫全書總目》的著作權歸之於紀昀。如「即使《總目》的思想和紀昀完全合轍，也只能說是紀昀的想法正好符合乾隆帝……筆者也主張《總目》表現的是乾隆帝的思想；或者說表現當代學術共識，而非某一位單獨個人的思想概念，至於紀昀等人所扮演的，就如同現代的"總統府發言人"、"新聞局長"或所謂"文膽"之類的腳色，不過是代筆人而已」[3]、「館臣的手筆，傳達的當然是清王朝的意見」[4]、「紀昀所言不實，自我表揚，將其他人的勞績一筆抹殺，似有貪天之功以爲己力之嫌。以此一面之詞爲證據，明顯缺少旁證。紀昀在所撰《進表》及其他文章時又將著作權推給清高宗」[5]。這些

3　楊晉龍，論《四庫全書總目》對明代詩經學的評價，（濟南）第四屆詩經國際學術研討會會議論文，1999。
4　劉九生，循環不息的夢魘 —— 陰陽五行觀念及其歷史文化效應，（北京：國際文化出版公司），1989，頁138。
5　司馬朝軍，紀昀與《四庫全書總目》，圖書館雜志，2007：2，頁72。

反對的理由，主要有兩點：（一）、《四庫全書總目》展現的是清王朝或是乾隆皇的思想，無法展現紀昀的思想意見。（二）、以《四庫全書總目》之作歸功於紀昀，是將其他人的勞績一筆抹殺。所以爭議的關鍵在於：官修著作可否有編者意識？《四庫全書總目》經紀昀"一手刪定"後的著作權問題？今試以紀昀私人著作《紀曉嵐文集》中的資料，參酌近人之研究成果，舉例來說明紀昀確有撰述《四庫全書總目》之功。

二、《四庫全書總目》中紀昀思想見解展現之例

文化水準頗高的乾隆帝，對《四庫全書》的編纂相當的關注，這從《纂修四庫全書檔案》中的上諭就可以看出來[6]，但是乾隆帝身為一個龐大帝國的統治者，日理萬機又非專業的學者，對《四庫全書》的編纂工作是有指導和規範的作用，但在大原則大方向外，很難想像他能深入到細部的工作。以《四庫全書總目》為例，二百卷的份量就讓他難以卒讀，因此才會下旨編纂《四庫全書簡明目錄》，但就算是卷數縮減至十分之一的《四庫全書簡明目錄》，也讓他發出：「簡明目錄從頭閱，向若已驚徒眈洋！」的感嘆，且在詩後自注：「向因編輯全書總目提要，卷帙甚繁，令紀昀別刊簡明書目一編，祇載某書若干卷，注某朝某人撰，以便繙閱，然已多至二十卷，檢查亦殊不易」[7]，相較於他對《四庫全書》中違礙

---

6 在《纂修四庫全書檔案》（中國第一歷史檔案館編，上海古籍出版社，1997）內收的 1550 件檔案中，可以看出乾隆帝關注的焦點，從編纂開始對蒐集書籍求其 "全"，到後來轉變為關注於 "禁毀書籍"。他的諭旨是編纂《四庫全書》的總綱和指導原則，包含了編纂目的、編纂體例、編纂校勘、編書取捨、古籍改編、文化傳播等範圍，詳參戚福康，《四庫全書》乾隆御旨平議，古籍整理研究學刊，2001.6 期、2002.2 期。

7 《欽定四庫全書御製詩》五集，卷六十七，古今體一百十二首題文津閣。

之處的關注，《四庫全書總目》多達 10231 種的提要，乾隆無論是在精力、耐力、興趣、學識上，恐怕無法起多大的指導作用，因此《四庫全書總目》工作的完成，還是有賴於他所信賴的臣工－紀昀[8]等人，王重民認為：

> 1782-1787……所以這五年之內，應該是紀昀專心致志對《四庫全書總目》做整齊劃一工作的時期，進一步充實了它的內容，……1787-1793……當紀昀被罰校閱《四庫全書》錯誤的時候，他奏請認勘「明季國初史部、集部、子部及小說雜記等書」，那都是乾隆認為有問題、最不放心的書籍，有機會由紀昀統閱一過，不但改正了其中違礙的地方，還借此修正了這些書的提要。……尤其是紀昀把明清之間的史、子、集三部書的提要重新修改過了，才決定由武英殿刊版的。刊成的日期約在 1793 年冬季。[9]

因此除了政治上的禁忌與違礙，紀昀必須小心謹慎地仰承聖意，避免批及逆鱗外，而在學術上的見解，這位“文膽”、“代筆人”又豈能將一萬多種提要，件件揣摩聖意後方能下筆，而絕無自己絲毫的見解？甚至反過來看，乾隆對於這萬餘種書籍的了解，恐怕絕大多數還是要靠《四庫全書總目》的學術見解。因此，在乾隆無法親力為之的情況下，《四庫全書總目》的編纂必須依賴

8　乾隆三十三年（1768），紀昀授貴州都勻府知府，乾隆立即下諭以四品銜，仍留庶子任。理由就如嘉慶〈御賜碑文〉中所說的「遂荷先帝特達之知，獨蒙學問素優之譽。一麾出守，劇任恐掩佳才，四品加銜，殊恩特邀破格」（紀昀著，孫致中等校點，《紀曉嵐文集》第三冊，河北教育出版社，1991，頁 723），在此可以看出乾隆對紀昀學問的賞識，日後紀昀得以出任總纂官，是其來有自。況且《四庫全書》書成後，另外兩位總纂官陸錫熊與孫士毅皆外放，獨紀昀仍留京師，繼續於完成《四庫全書總目》的工作，也可看出乾隆對紀昀的看重。

9　王重民，論《四庫全書總目》，北京大學學報，1964 第 2 期，頁 64-65。

乾隆信賴的臣工完成，除了乾隆最關注的政治上違礙問題外，學術上的見解自必是由“文膽”、“代筆人”料理之，其中也自必有這位“文膽”、“代筆人”的學術思想見解。但因爲《四庫全書總目》是官修的書，因而說其中的思想代表著乾隆的思想也未爲不可，因爲該書原名有“欽定”二字，是經皇帝認可後刊行的。若依《呂氏春秋》之例，書成於眾賓客之手而掛名呂不韋，則本書可掛名永瑢，但實際上又有幾人視此書爲永瑢的著作。至於紀昀在〈欽定四庫全書告成恭進表〉中先謙稱「臣等功謝囊螢，識同窺豹」，幸「所賴恭承睿鑒，提玉尺以量才；仰稟天裁，握銀華而照物」，然後「一經聖主之品題，立分白黑」，最後「凡茲獨斷，咸稟睿裁；懿此同情，實孚公義」[10]，把著作權歸之於乾隆，一切意見皆是乾隆意識的展現，這是在帝王時代，官修的書籍“書秉聖裁，垂型萬世”的官樣說法，“欽定”二字向來就是帝王的專利，輕鬆地坐享成果。但時至如今還要依此慣例，而不能還原實際狀況嗎？許多官修的書，雖奉敕而成，但如今已多能將著作權歸諸於編者，如《新唐書》爲宋仁宗下詔重修，至今則視之爲歐陽脩的著作；沈約奉詔撰《宋書》，《宋書》已視爲沈約的著作；《諸病源候論》是隋代太醫博士巢元方等人奉敕所編著，而今有誰會將著作權歸之於隋煬帝？就連清朝幾部官修的書，如《續文獻通考》（清張廷玉等奉敕撰）、《續通典》（嵇璜、劉墉等奉敕撰）、《續通志》（嵇璜、劉墉等奉敕撰），時至今日都能對作者有清楚的交代，惟獨《四庫全書總目》尚視之爲乾隆之禁臠，撰寫人只能是無己見的“發言人”？如果說其中無撰者的學術思想見解，那麼所有官修之書，豈不都只能掛皇帝老爺之名了？接著，筆者

---

10 《紀曉嵐文集》第一冊，河北教育出版社，1991，頁 116-119。

在紀昀的私人著作中，舉出幾處和《四庫全書總目》思想見解契合之例，今陳述如下：

（一）對真德秀《大學衍義》、邱濬 《大學衍義補》的批評

在《閱微草堂筆記》中有一則藉著二位不知是仙是鬼的對談，提出了對張載《西銘》和真德秀《大學衍義》、邱濬《大學衍義補》的質疑，可以視為紀昀藉著鬼仙之口，對宋明理學的批判：

> 左一人曰：「去時方聚講《西銘》，歸時又講《大學衍義》也。」右一人曰：「《西銘》論萬物一體，理原如是。然豈徒心知此理，即道濟天下乎？父母之於子，可云愛之深矣，子有疾病，何以不能療？子有患難，何以不能救？無術焉而已。此猶非一身也。人之一身，應無不深自愛者，己之疾病，何以不能療？己之患難，何以不能救？亦無術焉而已。今不講體國經野之政、捍災禦變之方，而曰吾仁愛之心同於天地之生物，果此心一舉，萬物即可以生乎？吾不知之矣。至《大學》條目，自格致以至治平，節節相因，而節節各有其功力。譬如土生苗，苗成禾，禾成穀，穀成米，米成飯，本節節相因。然土不耕則不生苗，苗不灌則不得禾，禾不刈則不得穀，穀不舂則不得米，米不炊則不得飯，亦節節各有其功力。西山作《大學衍義》，列目至齊家而止，謂治國平天下可舉而措之。不知虞舜之時，果瞽瞍允若，而洪水即平、三苗即格乎？抑猶有治法在乎？又不知周文之世，果太姒徽音而江漢即化、崇侯即服乎？抑別有政典存乎？今一切棄置，而歸本於齊家，毋亦如土可生苗，即炊土為飯乎？吾又不知之矣。」左一人曰：「瓊山

所補，治平之道其備乎？」右一人曰：「真氏過於泥其本，邱氏又過於逐其末。不究古今之時勢，不揆南北之情形，瑣瑣屑屑，縷陳多法，且一一疏請施行，是亂天下也。即其海運一議，臚列歷年漂失之數，謂所省轉運之費，足以相抵。不知一舟人命，詎止數十；合數十舟即逾千百，又何為抵乎？亦妄談而已矣。」[11]

　　試將《四庫全書總目》中《大學衍義》提要所言：「其理雖相貫通，而爲之有節次，行之有實際，非空談心性，即可坐而致者，故邱濬又續補其闕也。」[12]和《四庫全書總目》中邱濬《大學衍義補》提要：

又力主舉行海運，平時屢以為言，此書更力申其說。所列從前海運抵京之數，謂省內河挽運之資，即可抵洋面漂亡之粟，似乎言之成理。然一舟覆沒，舟人不下百餘，糧可抵以轉輸之費，人命以何為抵乎？……然治平之道，其理雖具於修、齊，其事則各有制置，此猶土可生禾，禾可生穀，穀可為米，米可為飯。本屬相因，然土不耕則禾不長，禾不穫則穀不登，穀不舂則米不成，米不炊則飯不熟。不能遞溯其本，謂土可為飯也。[13]

　　與《閱微草堂筆記》所言兩相對照，實無二致，不僅意思相同，連所舉的例子也一樣。在《閱微草堂筆記》這篇長篇大論中，首先提出光是「心知此理」是無法「道濟天下」，還是要有「體國經野之政、捍災禦變之方」的「術」，所以舉「土生苗，苗成

11　〈姑妄聽之〉卷三，紀昀著、孫致中等校點，《紀曉嵐文集》第二冊《閱微草堂筆記》，河北教育出版社，1991，頁453-455。
12　《四庫全書總目》卷92，（北京）中華書局，1997，上冊頁1216-1217。
13　《四庫全書總目》卷93，（北京）中華書局，1997，上冊頁1225。

禾，禾成穀，穀成米，米成飯，本節節相因。然土不耕則不生苗，苗不灌則不得禾，禾不刈則不得穀，穀不舂則不得米，米不炊則不得飯，亦節節各有其功力」之例，來說明《大學》修齊治平「節節相因」，「亦節節各有其功力」，是節節各自有其「有治法在」、「有政典存」。對照《大學衍義》提要所言：「其理雖相貫通，而為之有節次，行之有實際，非空談心性，即可坐而致者」，提要是比《閱微草堂筆記》的批評含蓄客氣多了，接著提要點出因為真德秀所言有所不足，所以邱濬才會補真德秀未盡之處，但紀昀對海運船難所造成物料、人命的損失，「謂所省轉運之費，足以相抵。不知一舟人命，詎止數十；合數十舟即逾千百，又何為抵乎？」、「然一舟覆沒，舟人不下百餘，糧可抵以轉輸之費，人命以何為抵乎？」不論在《閱微草堂筆記》或在《四庫全書總目》，同樣都是嚴詞痛斥不以為然。今將兩者列表對照如下：

	《閱微草堂筆記》	《四庫全書總目》
認為光是「心知此理」是無法「道濟天下」	譬如土生苗，苗成禾，禾成穀，穀成米，米成飯，本節節相因。然土不耕則不生苗，苗不灌則不得禾，禾不刈則不得穀，穀不舂則不得米，米不炊則不得飯，亦節節各有其功力。	此猶土可生禾，禾可生穀，穀可為米，米可為飯。本屬相因，然土不耕則禾不長，禾不穫則穀不登，穀不舂則米不成，米不炊則飯不熟。不能遞溯其本，謂土可為飯也。
批評邱濬海運之失	即其海運一議，臚列歷年漂失之數，謂所省轉運之費，足以相抵。不知一舟人命，詎止數十；合數十舟即逾千百，又何為抵乎？	所列從前海運抵京之數，謂省內河挽運之資，即可抵洋面漂亡之粟，似乎言之成理。然一舟覆沒，舟人不下百餘，糧可抵以轉輸之費，人命以何為抵乎？

（二）對王士禎、趙執信詩論之爭的意見

　　清初王士禎與趙執信兩人的關係及其詩學論爭一直是詩學史研究中的熱門話題，《四庫全書總目》曾對王漁洋、趙執信二人論詩宗旨的爭論，分析其理論產生的背景因素，並加以評述、比較：

> 平心而論王以神韻縹緲為宗，趙以思路劖刻為主。王之規模闊於趙，而流弊傷於膚廓；趙之才力銳于王，而末派病於纖小。使兩家互救其短，乃可以各見所長，正不必論甘而忌辛，是丹而非素也。[14]

> 蓋明詩摹擬之弊，極於太倉、曆城；纖佻之弊，極於公安、竟陵。物窮則變，故國初多以宋詩為宗。宋詩又弊，士禎乃持嚴羽餘論，倡神韻之說以救之。故其推為極軌者，惟王、孟、韋、柳諸家。然詩三百篇，尼山所定，其論詩一則謂歸於溫柔敦厚，一則謂可以興觀群怨，原非以品題泉石、摹繪煙霞。洎乎畸士逸人，各標幽賞，乃別為山水清音。實詩之一體，不足以盡詩之全也。宋人惟不解溫柔敦厚之義，故意言並盡，流而為鈍根。士禎又不究興觀群怨之原，故光景流連變而為虛響。各明一義，遂各倚一偏，論甘忌辛，是丹非素，其斯之謂歟！[15]

> 詩自太倉曆下，以雄渾博麗為主，其失也膚。公安竟陵以清新幽為宗，其失也詭。學者兩途並窮，不得不折而入宋，其弊也滯而不靈、直而好盡，語錄史論皆可成篇。於是士

---

14 〈因園集〉提要，《四庫全書總目》下冊卷 173，（北京）中華書局，1997，頁 1225。

15 〈御選唐宋詩醇〉提要，《四庫全書總目》下冊卷 190，（北京）中華書局，1997，頁 2660。

禎等重申嚴羽之說，獨主神韻以矯之，蓋亦救弊補偏，各明一義。其後風流相尚，光景流連，趙執信等遂復操二馮舊法起而相爭，所作《談龍錄》排詆是書，不遺餘力。其論雖非無見，然兩說相濟，其理乃全，殊途同歸，未容偏廢。今仍並錄存之，以除門戶之見。[16]

在《四庫全書總目》中，除了說明兩家詩論產生的背景外，主要提出兩家詩論「其論雖非無見」，但是「救弊補偏，各明一義」、「各明一義，遂各倚一偏」，因此「論甘忌辛，是丹非素」遂成相爭，如果「使兩家互救其短，乃可以各見所長」，然後「兩說相濟，其理乃全」，最後結論為「殊途同歸，未容偏廢」。

同樣的意見，紀昀也在〈袁清愨公詩集序〉提及，還是認為要「合二家，相濟乃適相成」：

漁洋拈"不著一字，盡得風流"之旨，以妙悟醫鈍根；而飴山老人顧執"詩中有人"之說，以抵瑕而蹈隙。左右佩劍，彼此互譏。論者謂合二家，相濟乃適相成，是亦掃門戶之見也。[17]

甚至還在〈灤陽消夏錄〉卷三中，還記載一則木魅調停趙執信和王漁洋兩家詩說的故事來，除了分析漁洋山人詩的優劣外，也不忘說明一下兩家詩論產生的背景，而最主要的意見，還是在強調「二家宗派，當調停相濟。合則雙美，離則兩傷」的見解：

益都李詞畹言，秋谷先生南遊日，借寓一家園亭中。一夕就枕後，欲制一詩，方沉思間，聞窗外人語曰：「公尚未睡耶？清詞麗句，已心醉十餘年。今幸下榻此室，竊聽緒論，雖已經月，終以不得質疑問難為恨，慮或倉卒別往，不罄

---

16 〈唐賢三昧集〉提要，前揭書，頁 2662。

17 紀昀著、孫致中等校點，《紀曉嵐文集》第一冊，河北教育出版社，1991，頁 198。

所懷，便為平生之歉。故不辭唐突，願隔窗聽揮麈之談，先生能不拒絕乎？」秋谷問：「君為誰？」曰：「別館幽深，重門夜閉，自斷非人跡所到，先生神思夷曠，諒不恐怖，亦不必深求。」問：「何不入室相晤？」曰：「先生襟懷蕭散，僕亦倦於儀文，但得神交，何必定在形骸之內耶？」秋谷因日與酬對，於六義頗深。如是數夕，偶乘醉戲問曰：「聽君議論，非神非仙，亦非鬼非狐，毋乃山中木客，解吟詩乎？」語訖寂然。穴隙窺之，缺月微明，有影蓬蓬然，掠水亭簷角而去。園中老樹參天，疑其木魅矣。詞畹又云：「秋谷與魅語時，有客竊聽，魅謂：『漁洋山人詩，如名山勝水，奇樹幽花，而無寸土藝五穀；如雕欄曲榭，池館宜人，而無寢室庇風雨；如彝鼎罍洗，斑斕滿几，而無釜甑供炊爨；如纂組錦繡，巧出仙機，而無裘葛禦寒暑；如舞衣歌扇，十二金釵，而無主婦司中饋；如梁園金谷，雅客滿堂，而無良友進規諫。』秋谷極為擊節。又謂：『明季詩，庸音雜奏，故漁洋救之以清新；近人詩，浮響日增，故先生救之以刻露。勢本相因，理無偏勝，竊意二家宗派，當調停相濟。合則雙美，離則兩傷。』秋谷頗不平之云。」[18]

對王、趙二人詩論之爭，《四庫全書總目》和紀昀私人著作看法，實無二致，今表列如下，：

	《四庫全書總目》	紀昀私人著作
王、趙二人詩論之爭的看法	使兩家互救其短，乃可以各見所長。然兩說相濟，其理乃全，殊途同歸，未容偏廢。	論者謂合二家，相濟乃適相成。勢本相因，理無偏勝，竊意二家宗派，當調停相濟。合則雙美，離則兩傷。

18 紀昀著、孫致中等校點，《紀曉嵐文集》第二冊《閱微草堂筆記》，河北教育出版社，1991，頁57。

（三）對戴震《聲韻考》的評論

　　自乾隆二十年戴震避禍入京結識紀昀後，兩人相交二十餘年，「東原與昀交二十餘年，主昀家前後幾十年」[19]、「披肝露膽兩不疑，情話分明憶舊時」[20]，紀昀還曾出資將戴震的《考工記圖》付梓，並爲之作序[21]，戴震還因紀昀的推薦進入四庫館任纂修官一職，在在都說明二人的交誼匪淺。但是在學術上兩人還是有一次意見相左的經驗，紀昀於日後在〈與余存吾太史書〉一信中詳述經過，並希望余存吾（廷燦）在刊行《戴東原事略》時能刊改戴震之誤：

> 昀再拜啟，存吾太史閣下：承示《戴東原事略》，具見表章古學之深心，所舉著書大旨，亦具得作者本意。惟中有一條，略須商榷。
>
> 東原與昀交二十餘年，主昀家前後幾十年，凡所撰錄，不以昀為固陋，頗相質證，無不犁然有當於心者。獨《聲韻考》一編，東原計昀必異論，竟不謀而付刻。刻成昀乃見之，遂為平生之遺憾。
>
> 蓋東原研究古義，務求精核，於諸家無所偏主。其堅持成見者，則在不使外國之學勝中國，不使後人之學勝古人。故於等韻之學，以孫炎反切為鼻祖，而排斥神珙反紐為元和以後之說。夫神珙為元和中人，固無疑義，然《隋書・經籍志》明載梵書以十四字貫一切音，漢明帝時與佛經同

19　〈與余存吾太史書〉，前揭書，頁274。
20　〈偶懷故友戴東原〉，前揭書，頁531。
21　〈考工記圖序〉，前揭書，頁157-158。

入中國，實在孫炎以前百餘年。且《志》為唐人所撰，遠有端緒，非宋以後臆揣者比，安得以等韻之學歸諸神珙，反謂為孫炎之末派旁支哉！東原博極群書，此條不應不見；昀嘗舉此條詰東原，東原亦不應不記。而刻是書時仍諱而不言，務伸己說，遂類西河毛氏之所為，是亦通人之一蔽也。若始置此書不言，而括其與江慎修論古音者為一條，則東原平生著作遂粹然無瑕，似亦愛人以德之一端。昀於東原交不薄，嘗自恨當時不能與力爭，失朋友規過之義。故今日特布腹心於左右，祈刊改此條，勿彰其短，以盡平生相與之情。芻蕘之言，是否可采，惟高明詳裁之。[22]

紀昀一方面感慨當年在戴震刊行《聲韻考》時，未能盡朋友規過之義。一方面也點出戴震之用意在於「其堅持成見者，則在不使外國之學勝中國，不使後人之學勝古人」。同樣的意見，也見諸《四庫全書總目》的《重修玉篇》提要：

近時休寧戴氏作《聲韻考》，力辯反切始魏孫炎不始神珙，其說良是。至謂神珙以前無字母之說，神珙字母乃剽竊儒書而托詞出於西域，則殊不然。考《隋書·經籍志》稱婆羅門書以十四音貫一切字，漢明帝時與佛經同入中國，則遠在孫炎前。又《釋藏》譯經字母，自晉僧伽婆羅以下，可考者尚十二家，亦遠在神珙前。蓋反切生於雙聲，雙聲生於字母，此同出於喉吻之自然，華不異梵；梵不異華者也。中國以雙聲取反切，西域以字母統雙聲，此各得於聰明之自悟，華不襲梵；梵不襲華者也。稽其源流，具有端緒。特神珙以前自行於彼教，神珙以後始流入中國之韻書。

亦如利瑪竇後推步測驗參用西法耳，豈可謂歐羅巴書全剿竊洛下，鮮於之舊術哉？戴氏不究其本，徒知神珙在唐元和以後，遂據其末而與之爭，欲以求勝於彼教。不知聲音之學，西域實為專門。儒之勝於釋者，別自有在，不必爭之於此也。[23]

　　文中除了引經據典以辯駁戴震之非相同外，同樣也是點出戴震的用意是「欲以求勝於彼教」，像是出自對戴震熟稔之人的手筆。相較於〈與余存吾太史書〉信中稱「昀於東原交不薄」，因為熟知戴震，才指出戴震「不使外國之學勝中國，不使後人之學勝古人」的用意，兩者批評的思路顯然是相同的，都是對戴震"西學中源"主張的不以為然，今試以表列兩者比較如下：

	《四庫全書總目》	〈與余存吾太史書〉
肯定戴震主張反切始於孫炎之說	力辯反切始魏孫炎不始神珙，其說良是。	故於等韻之學，以孫炎反切為鼻祖。
辨駁戴震主張神珙字母乃剽竊儒書之說	考《隋書·經籍志》稱婆羅門書以十四音貫一切字，漢明帝時與佛經同入中國，則遠在孫炎前。又《釋藏》譯經字母，自晉僧伽婆羅以下，可考者尚十二家，亦遠在神珙前。蓋反切生於雙聲，雙聲生於字母，此同出於喉吻之自然，華不異梵；梵不異華者也。中國以雙聲取反切，西域以字母統雙聲，此各得於聰明之自悟，華不襲梵；梵不襲華者也。稽其源流，具有端緒。特神珙以前自行於彼教，神珙以後始流入中國之韻書。	然《隋書·經籍志》明載梵書以十四字貫一切音，漢明帝時與佛經同入中國，實在孫炎以前百餘年。且《志》為唐人所撰，遠有端緒，非宋以後臆揣者比，安得以等韻之學歸諸神珙，反謂為孫炎之末派旁支哉！
指出戴震用意	欲以求勝於彼教。	其堅持成見者，則在不使外國之學勝中國，不使後人之學勝古人。

23　《四庫全書總目》上冊卷41，前揭書，頁539。

（四）對李商隱〈無題〉詩的分析

　　紀昀用了很多的精力，要去矯正祖唐祧宋兩派詩論的偏頗，希望能於兩派之中取其所長而棄其所短。我們看他評點整理過的書，便可以知道爲何他喜歡對一些有爭議的詩集加以評點和圈閱。如方回的《瀛奎律髓》、李商隱的《玉谿生詩集》，馮舒、馮班批閱的《才調集》等，又對杜甫、蘇軾、陳師道、黃庭堅等人的詩作也曾作過評點。可見紀昀對這些書的評點，正是有意圍繞對此兩派的評價而開展的。而這些意見，同樣地也散見於《四庫全書總目》中，今舉李商隱、陳師道之例於後。早在乾隆十五年，紀昀丁內艱時即完成《玉谿生詩說》一書[24]，中評〈八歲偷照鏡〉二首稱：

> 〈無題〉諸詩有確有寄託者，“來是空言去絕蹤”之類是也。有戲爲艷體者，“近知名阿侯”之類是也。有實有本事者，如“昨夜星辰昨夜風”之類是也。有失去本題而後人題曰〈無題〉者，如“萬里風波一葉舟”之類是也。有與〈無題〉詩相連，失去本題，誤合爲一者，如“幽人不倦賞”是也。宜分別觀之，不必概爲穿鑿。[25]

　　而後出的《四庫全書總目》中，論李商隱〈無題〉詩所言，除字句稍有出入外，幾乎同出一轍，又是紀昀學術意見展現於《四庫全書總目》之一例：

> 然〈無題〉之中有確有寄託者，“來是空言去絕蹤”之類

---

24 《玉谿生詩說》紀昀自題：「秋冬以來，居憂多暇，因整理舊業，編纂成書。乾隆庚午十一月」。

25 《玉谿生詩說》上卷頁 14，（台北）藝文印書館據清光緒丁亥年朱記榮輯刊本影印本，1970。

是也。有戲為艷體者，"近知名阿侯"之類是也。　有失去本題者，"萬里風波一葉舟"之類是也。有與〈無題〉相連，誤合為一者，"幽人不倦賞"之類是也。其摘首二字為題，如〈碧城〉、〈錦瑟〉諸篇，亦同此一例，一概以美人香草解之，殊乖本旨。[26]

　　在此紀昀特別指出李商隱〈無題〉諸詩創作意旨之不同應細分之，提醒觀者避免對李詩本旨之誤解，今將兩者所言表列之：

	《玉谿生詩說》	《四庫全書總目》
有確有寄託者	"來是空言去絕蹤"之類是也。	"來是空言去絕蹤"之類是也。
有戲為艷體者	"近知名阿侯"之類是也。	"近知名阿侯"之類是也。
有實有本事者	如"昨夜星辰昨夜風"之類是也。	
有失去本題而後人題曰〈無題〉者	"萬里風波一葉舟"之類是也	"萬里風波一葉舟"之類是也。
有與〈無題〉詩相連，失去本題，誤合為一者	如"幽人不倦賞"是也。	"幽人不倦賞"之類是也。
推及他類作品		其摘首二字為題，如〈碧城〉、〈錦瑟〉諸篇，亦同此一例。
結語	宜分別觀之，不必概為穿鑿。	一概以美人香草解之，殊乖本旨。

（五）對陳師道作品的評論

　　乾隆二十七年六月，紀昀從座師錢茶山（維城）處借閱《後山集》，至乾隆二十九年七月晦日作序，書於福州使院之鏡煙堂，

26　《李義山詩集》提要，《四庫全書總目》下冊卷151，（北京）中華書局，1997，頁2021。

刪定《後山集》完成。在紀昀〈後山集詩鈔序〉一文中，紀昀對
陳師道各類作品詳加評論，詳述其優劣。

> 其五言古，劖削堅苦，出入於郊、島之間，意所孤詣，殆
> 不可攀；其生硬杈枒則不免江西惡習。七言古，多效昌黎，
> 而間雜以涪翁之格，語健而不免粗，氣勁而不免直；喜以
> 拗折為長，而不免少開合變動之妙。篇什特少，亦自知非
> 所長耶！五言律，蒼堅瘦勁，實逼少陵，其間意僻語澀者，
> 亦往往自露本質。然胎息古人，得其神髓，而不自掩其性
> 情，此後山所以善學杜也。七言律，嶔崎磊落，矯矯獨行，
> 惟語太率而意太竭者，是其短。五、七言絕，則純為少陵
> 遣興之體，合格者十不一二矣。大抵絕不如古，古不如律，
> 律又七言不如五言。棄短取長，要不失為北宋巨手。……
> 其古文之在當日，殊不擅名，然簡嚴密栗，可參置於昌黎、
> 半山之間。雖師子固，友子瞻，而面目精神迥不相襲，似
> 較其詩為過之，顧世不甚傳，則為諸巨公盛名所掩也。[27]

《四庫全書總目》中的《後山集》提要，一樣是對陳師道各
類作品詳加評論，詳述其優劣，而且和〈後山集詩鈔序〉所述，
如出一轍：

> 其五言古詩出入郊、島之間，意所孤詣，殆不可攀，而生
> 硬之處，則未脫江西之習，七言古詩頗學韓愈，亦間似黃
> 庭堅，而頗傷謇直，篇什不多，自知非所長也。五言律詩，
> 佳處往往逼杜甫，而間失之僻澀。七言律詩風骨磊落，而
> 間失之太快太盡。五、七言絕句，純為杜甫遣興之格，未
> 合中聲，長短句亦自為別調，不甚當行。大抵詞不如詩，

詩則絕句不如古詩，古詩不如律詩，律詩則七言不如五言。……其古文在當日殊不擅名，然簡嚴密栗，實不在李翱、孫樵下，殆為歐、蘇、曾、王盛名所掩，故世不甚推。棄短取長，固不失為北宋巨手也。[28]

如果將兩者表列出來，可以更清楚地看出兩者之間，的確是如出一轍。〈後山集詩鈔序〉除了未對詞作評論外，無論是五言古詩、七言古詩、五言律詩、七言律詩、五七言絕句、詩詞的總評、古文的總評都較《後山集》提要詳細，但提要則顯得更為精要。當然也可以看出，紀昀已將自己的學術思想和見解灌注於《總目》內：

	〈後山集詩鈔序〉	《後山集》提要
五言古詩	劖削堅苦，出入於郊、島之間，意所孤詣，殆不可攀；其生硬杈枒則不免江西惡習。	出入郊、島之間，意所孤詣，殆不可攀，而生硬之處，則未脫江西之習。
七言古詩	多效昌黎，而間雜以涪翁之格，語健而不免粗，氣勁而不免直；喜以拗折為長，而不免少開合變動之妙。篇什特少，亦自知非所長耶！	頗學韓愈，亦間似黃庭堅，而頗傷瘦直，篇什不多，自知非所長也。
五言律詩	蒼堅瘦勁，實逼少陵，其間意僻語澀者，亦往往自露本質。然胎息古人，得其神髓，而不自掩其性情，此後山所以善學杜也。	佳處往往逼杜甫，而間失之僻澀。
七言律詩	嶔崎磊落，矯矯獨行，惟語太率而意太竭者，是其短。	詩風骨磊落，而間失之太快太盡。

28　《後山集》提要，《四庫全書總目》下冊卷154，（北京）中華書局，1997，頁2068。

五七言絕句	則純為少陵遣興之體，合格者十不一二矣。	純為杜甫遣興之格，未合中聲。
詞		長短句亦自為別調，不甚當行。
詩詞的總評	大抵絕不如古，古不如律，律又七言不如五言。棄短取長，要不失為北宋巨手。	詞不如詩，詩則絕句不如古詩，古詩不如律詩，律詩則七言不如五言。
古文的總評	其古文之在當日，殊不擅名，然簡嚴密栗，，，可參置於昌黎、半山之間。雖師子固，友子瞻，而面目精神迥不相襲，似較其詩為過之，顧世不甚傳，則為諸巨公盛名所掩也。	其古文在當日殊不擅名，然簡嚴密栗，實不在李翱、孫樵下，殆為歐、蘇、曾、王盛名所掩，故世不甚推。棄短取長，固不失為北宋巨手也。

三、紀昀自稱編撰《四庫全書總目》是個謊言？

　　究竟紀昀是否「將其他人的勞績一筆抹殺」而謊稱他編撰了《四庫全書總目》，筆者試著從下列三個方向來探討：

（一）紀昀的自述

　　除了前面提到的學者認定外，紀昀自己也曾多次提及他和《四庫全書總目》的關係，有的是直言撰寫《四庫全書總目》：

　　　　余初學詩從《玉谿集》入，後頗涉獵於蘇、黃，於江西宗派亦略窺涯涘。嘗有場屋為余駁放者，謂余詆諆江西派，意在煽構，聞者或惑焉，及余所編《四庫書總目》出，始知所傳蜚語，群疑乃釋。[29]

　　　　余於癸巳受詔校秘書，殫十年之力，始勒為《總目》二百

29　〈二樟詩鈔序〉，紀昀著、孫致中等校點，《紀曉嵐文集》第一冊，河北教育出版社，1991，頁 200。

卷，進呈乙覽……凡《易》之象數、義理；《書》之今文、古文；《春秋》之主傳、廢傳；《禮》之王、鄭異同，皆別白而定一尊，以諸雜說為之輔。30

案相人之法，見於左傳，其書《漢志》亦著錄。惟太素脈、揣骨二家前古未聞。太素脈至北宋，始出其授受，淵源皆支離附會，依託顯然。余於《四庫全書總目》，已詳論之。揣骨亦莫所自起。31

此迦陵先生之故硯，伯恭司成以贈石庵相國。余偶取把玩，相國因以贈余。迦陵四六，頗為後來所嗤點，余撰《四庫全書總目》，力支柱之。32

有論及撰寫《四庫全書總目》案語之事：

余作《四庫全書總目》，明代集部以練子寧至金川門卒，龔詡八人，列解縉胡廣諸人前。併附案語曰：「謹案練子寧以下八人，皆惠宗舊臣也。考其通籍之年，蓋有在解縉等後者。然一則效死於故君；一則邀恩於新主，梟鸞異性，未可同居，故分別編之，使各從其類。至龔詡卒於成化辛醜，更遠在縉等後，今亦升列於前，用以昭名教是非、千秋論定。紆青拖紫之榮，竟不能與荷戟老兵爭此一紙之先後」，黃泉易逝，青史難誣，潘生是言，又安可以佻薄廢乎？33

---

30 〈詩序補義序〉，前揭書，頁 156。

31 〈灤陽續錄〉卷一，紀昀著、孫致中等校點，《紀曉嵐文集》第二冊，河北教育出版社，1991，頁 494。在《四庫全書總目》卷 110〈太素脈法〉提要、卷 105〈醫史〉提要都曾批評太素脈法荒誕之說。

32 嘉慶戊午（嘉慶三年，1798 年）十月，紀昀為劉墉（號石庵）所贈硯作硯銘。《閱微草堂硯譜》，紀昀，湖北美術出版社，2002，頁 23。

33 〈姑妄聽之〉卷四，紀昀著、孫致中等校點，《紀曉嵐文集》第二冊《閱微草堂筆記》，河北教育出版社，1991，頁 479。《四庫全書總目》下冊卷 170 案語：「案練子寧以下諸人，據其通籍之年，蓋有在解縉諸人後

也有言及《四庫全書總目》編次：

> 惟《詩》則托始小序，附以辨說，以著爭端所自起，終以
> 范蘜洲之《詩瀋》、姜白岩之《詩序補義》、顧古湫之《虞
> 東學詩》，非徒以時代先后次序應爾也。[34]

> 余作《四庫全書總目》，明代集部以練子甯至金川門卒，龔
> 詡八人，列解縉胡廣諸人前。[35]

> 余校錄《四庫全書》，子部凡分十四家。儒家第一，兵家第
> 二，法家第三，所謂禮樂兵刑國之大柄也。農家、醫家、
> 舊史多退之於末簡，余獨以農家居四，而其五爲醫家。農
> 者民命之所關，醫雖一技，亦民命之所關，故升諸他藝術
> 上也。[36]

又有稱撰寫《四庫全書總目》總序、類序：

> 故余撰《四庫全書·詩部總序》，有曰：「宋儒之攻漢儒，
> 非爲說經起見也，特求勝於漢儒而已。後人之攻宋儒，亦
> 非爲說經起見也，特不平宋儒之詆漢儒而已。」韋蘇州詩
> 曰：「水性自云靜，石中亦無聲。如何兩相激，雷轉空山驚。」
> 此之謂矣。[37]

> 余作《詩類總序》有曰：攻漢學者，意不盡在於經

者。然一則死革除之禍，效命於故君，一則迎靖難之師，貢媚於新主。
薰蕕同器，于義未安。故分列編之，使各從其類。至龔詡卒於成化己醜，
更遠在縉等之後。令亦升列縉等前，用以昭名教是非，千秋論定。紆青
拖紫之榮，竟不能與荷戈老兵爭此一紙之先後也。」（北京）中華書局，
1997，頁 2287。

34　〈詩序補義序〉，紀昀著、孫致中等校點，《紀曉嵐文集》第一冊，頁 156。

35　〈姑妄聽之〉卷四，紀昀著、孫致中等校點，《紀曉嵐文集》第二冊《閱
微草堂筆記》，河北教育出版社，1991，頁 479。

36　〈濟衆新編序〉，紀昀著、孫致中等校點，《紀曉嵐文集》第一冊，頁 179。

37　〈灤陽消夏錄〉卷一，《紀曉嵐文集》第二冊《閱微草堂筆記》，頁 10。

義，務勝漢儒而已。伸漢學者意亦不盡在予經義，
憤宋儒之詆漢儒而已。各挾一不相下之心，而又濟
以不平之氣，激而過當，亦其勢然與！ [38]

余向纂《四庫全書》，作經部詩類小序曰：攻漢學者，意不
盡在於經義，務勝漢儒而已；伸漢學者，意亦不盡在於經
義，憤宋儒之詆漢儒而已。出爾反爾，勢于何極。 [39]

凡《易》之象數、義理；《書》之今文、古文；《春秋》之
主傳、廢傳；《禮》之王、鄭異同，皆別白而定一尊，以諸
雜說為之輔。 [40]

以及校定、勘定《四庫全書總目》之事：

余校錄《四庫全書》，子部凡分十四家。 [41]

余校定《四庫》所見不下數千家，其體已無所不備。 [42]

余勘定四庫書，頗恨其空言聚訟也。 [43]

余校定秘書二十餘年，所見經解，惟《易》最多，亦惟《易》
最濫。 [44]

究竟是紀昀一再地撒謊？還是確有其事？如果是「紀昀所言
不實，自我表揚，將其他人的勞績一筆抹殺，似有貪天之功以為
己力之嫌」，如此一來紀昀倒是個卑鄙無恥之徒了，再則紀昀如此
公開地撒了漫天大謊，為何不見學者群起攻之[45]？就算紀昀當時

---

38 〈詩序補義序〉，紀昀著、孫致中等校點，《紀曉嵐文集》第一冊，頁
156-157。
39 〈周易義象合纂序〉，前揭書，頁 154。
40 〈詩序補義序〉，前揭書，頁 156。
41 〈濟眾新編序〉，前揭書，頁 179。
42 〈四百三十二峰草堂詩鈔序〉，前揭書，頁 207。
43 〈遜齋易述序〉，前揭書，頁 153。
44 〈黎君易注序〉，前揭書，頁 155。
45 雖有李慈銘《越縵堂讀書記》中有「《四庫總目》雖紀文達、陸耳山總

算是顯赫人物，全天下學者竟無一人敢捋虎鬚，乾嘉之後，道、
咸、同、光朝之人，也豈無一人是丈夫？反倒是有多人認爲他寫
成《四庫全書總目》。而紀昀的爲人，究竟是否如此不堪呢？從資
料上看來，紀昀最被常提到的缺點就是好色的問題，如與紀昀同
時之滿清權貴禮親王昭槤《嘯亭雜錄》中稱：「（公）今年已八十，
猶好色不衰，日食肉數十斤，終日不啖一穀，真奇人也」[46]，紀
昀也自稱「昀頗蓄妾媵」[47]。但細究之，這在當時「妾媵猶在禮
法中」[48]，或許這就是紀昀會主張用寬容的態度來看待情慾的原
因，畢竟能達到不起心動念的人少，能「禮不可逾，義不可負，
能自製不行」[49]，就難能可貴了，嚴格的禁止恐怕只會「必激而

其成，然經部屬之戴東原；史部屬之邵南江；子部屬之周書昌，皆各集
所長」一說，但郭伯恭已經詳辨其非了，說見《四庫全書纂修考》，台
灣商務印書館，1984，頁 215-216。著名數學史專家錢寶琮也曾經提出
一說：「四庫天文算法類書……篇後題名者胥屬紀昀、陸錫熊、戴震三
人，昀與錫熊在四庫館皆總纂官之職，天文算法非所諳習。各篇提要皆
出震之手筆無疑」，但司馬朝軍也爲文詳辨之，說見戴震與《四庫全書
總目》一文，圖書館雜志，頁 68-69。但這都是指出某些篇章爲某人所
做，並未有直斥紀昀貪功之說。

46 昭槤，《嘯亭雜錄》卷十，（北京）中華書局，1997，頁 353。清人的筆
記中更有令人難以置信的記載，孫靜庵的《棲霞閣野乘》記載紀曉嵐好
色的故事：「河間紀文達公，爲一代巨儒。幼時能於夜中見物，蓋其稟
賦有獨絕常人者。一日不御女，則膚欲裂，筋欲抽。嘗以編輯《四庫全
書》，值宿內庭，數日未御女，兩睛暴赤，顴紅如火。純廟偶見之，大
驚，詢問何疾，公以實對。上大笑，遂命宮女二名伴宿。編輯既竟，返
宅休沐，上即以二宮女賜之。文達欣然，輒以此誇人，謂爲 "奉旨納妾"
云」、采蘅子纂的《蟲鳴漫錄》卷二也記載「飲食男女，大欲存焉……
紀文達日必五度，否則病。」（廣文書局，1969，頁 46）。

47 〈伯兄晴湖公墓誌銘〉，《紀曉嵐文集》第一冊，河北教育出版社，1991，
頁 379。

48 〈伯兄晴湖公墓誌銘〉，《紀曉嵐文集》第一冊，河北教育出版社，1991，
頁 379。

49 《槐西雜志》卷一，紀昀著，孫致中等校點，《紀曉嵐文集》第二冊《閱
微草堂筆記》，河北教育出版社，1991，頁 247。

蕩於禮法外矣」[50]，產生更多的假道學罷了。除了「頗蓄妾媵」
外這樣的「小德出入」外，紀昀一生的行止並無愧於天地，並未
見紀昀有追逐聲色、犬馬、貨利、喪行敗德的記載，稱他「大德
不踰閒」，也無不可。他唯一的嗜好只有多蓄硯台這項文人雅趣，
如同他在劉墉的贈硯上鐫道「余與石庵（劉墉）皆好蓄硯，每互
相贈送，亦互相攘奪，雖至愛不能割，然彼此均恬不爲意也。太
平卿相，不以聲色貨利相矜，而惟以此事爲笑樂」[51]，話中除了
展現出文人雅趣外，「太平卿相，不以聲色貨利相矜」也可看出紀
昀自豪於身居卿相，卻清廉自守的一面。他的門生汪德鉞曾說出
紀昀清白節儉的情形：「吾師居台憲之首，據宗伯、司馬之尊，登
其堂蕭然如寒素，察其輿馬、衣服、飲食備數而已，其儉也若此」
[52]。筆者曾於 1999 年 7 月造訪紀昀閱微草堂故居，真的就如同汪
德鉞所說的「登其堂蕭然如寒素」，如果不看門口的告示，這棟尋
常人家的建築，讓人很難相信是「居台憲之首，據宗伯、司馬之
尊」紀昀的故居[53]。當時不僅是他自稱清廉，連朝鮮使臣回還，
書狀官沈興永在乾隆六十年（1795）向國內報告中國政治情形時，
也曾提到紀昀「尙書紀昀，文藝超倫，清白節儉」[54]，這在和珅
當權時，導致吏治腐敗的清代官場上，確屬難得，也難怪會引起
朝鮮外交官的注意。紀昀除了廉潔值得敬佩外，不依附權貴、同

50　〈伯兄晴湖公墓誌銘〉,《紀曉嵐文集》第一冊，河北教育出版社，1991，
　　頁 379。

51　《閱微草堂硯譜》，紀昀著，湖北美術出版社，2002，頁 62。

52　〈紀曉嵐師八十序〉,《四一居士文抄》卷四，汪德鉞，《稀見清人別集
　　叢刊》第 12 冊，廣西師範大學出版社，2007，頁 332。

53　筆者造訪時，連續劇《鐵齒銅牙紀曉嵐》尙未播映，該戲後來大受歡迎，
　　紀昀故居也裝修成爲觀光景點，原貌盡失。

54　《紀昀評傳》引《東華續錄》乾隆朝卷 120 語，周積明，南京大學出版
　　社，1997，頁 88。

流合污的操守更是令人敬佩，嘉慶四年（1799）朝鮮書狀官徐有聞報告說「和珅專政數十年，內外諸臣，無不趨走，惟王傑、劉墉、董誥、朱珪、紀昀、鐵保、玉保等諸人，終不依附」[55]，紀昀雖然不以道學自居，但這種儒家道德的實踐功夫，比起道學家來也是不遑多讓的[56]，或許紀昀無法做到「學求有濟於天下」，但至少他做到了「行求無愧於聖賢」了。也難怪在民間傳說、戲劇中，常把紀昀、劉墉說成是和珅的死對頭，可見紀昀清廉剛正的形象早已深植人心。

（二）提要稿的修改

既然從文獻上看來，紀昀並非人品不堪之人，那他公開撒謊的可能性也就不高，但是要如何消除這點疑慮呢？近來對《四庫全書》纂修官所撰寫的提要稿研究的成果，或可為此問題釐清一些疑惑。四庫館設有纂修官和總纂官，纂修官按照發下的校書單，完成校閱和擬定提要初稿後，即送交總纂官審閱核定，送交的提要初稿中，包含纂修官所撰提要、處理意見和記簽記錄。早有學者如葉昌熾、譚獻、黃雲眉、劉承幹、陳垣、尹炎武、郭伯恭、黃愛平等人從評騭意見、篇目內容到風格體例、語言文字提及提

---

[55]　《紀昀評傳》引《東華續錄》嘉慶朝卷 7 語，周積明，南京大學出版社，1997，頁 88-89。

[56]　如果依照滿清貴冑禮親王昭槤的看法，理學之衰和和珅有莫大的關係「自乾隆中，傅、和二相擅權，正人與人梗者，多置九卿閑曹，終身不遷，所超擢者，皆急功近名之士。故習理學者日少，至書賈不售理學諸書。」（《嘯亭雜錄·續錄·理學盛衰》條，（北京）中華書局，1997，頁 503）、「自于、和當權後，朝士習為奔競，棄置正道。黠者訴署正人，以文己過，迂者株守考訂，訾議宋儒，遂將濂、洛、關、閩之書，束之高閣，無讀之者。」（《嘯亭雜錄·書賈語》條，（北京）中華書局，1997，頁 317），紀昀能堅守正道，身體力行聖賢之教，見諸實事而非徒托空言，環視當時「習理學者日少」、「朝士習為奔競，棄置正道」，更是難能可貴。

要稿和後來刊行的《四庫全書總目》相較，發現兩者之間有不同
程度的改易，有的則幾乎另起爐灶，全篇改寫。周積明引諸家之
說而後論言：

> 由此可見，分纂稿誠然為《總目》的撰寫提供了一定的基
> 礎，但從分纂稿到《總目》決非簡單的潤色修飾，而是一
> 種脫胎換骨式的再改造。經過這番改造，原來的分纂稿被
> 整合成以紀昀學術文化觀念為內核的新的提要系統。[57]

但司馬朝軍卻對周氏之言不以為然，他認為：

> 以上各家所論大多只憑印象發言，沒有進行細致的對勘工
> 作。"多所刪改"、"頗多異同"、"面目迥殊、"殊異
> 者殊多"等等，全是模糊語言，並無具體的比較分析，因

---

[57] 周積明，《紀昀評傳》，南京大學出版社，頁 75-77。諸家所言，葉昌熾
《緣督廬日記》卷四云：「乾隆中開四庫館，姚惜抱鼐與校書之列，其
擬進書題以今《提要》勒之，十但採用二三。惜抱學術與文達不同，宜
其枘鑿也。」、譚獻《復堂日記》云：「聞邵二雲先生集諸史提要，語見
淵源，深知玄解，因檢官本互勘，多所刪改矣。」、黃雲眉《邵二雲先
生年譜》指出：「邵之提要與《四庫全書總目提要》所載，字句頗多異
同。若《史記提要》、《後漢書提要》、《新唐書提要》則面目迥殊。」、
劉承幹《四庫全書表文箋釋序》云：「予愛讀《提要》，常欲求分纂提要
諸人之書，以考校其異同。癸丑得翁蘇齋學士所纂提要手稿一百五十
冊，則與今本《提要》殊異者殊多。」、陳垣、尹炎武撰《影印〈四庫
全書〉原本提要緣起》亦指出：「現行《四庫全書總目》本攝取各書提
要而成，後經文達筆削一貫，其間排列次第，與閣中所度，出入固多，
而尤以提要原文，相差太甚。原本提要與現行《總目》相對，無有一編
無異同者，其通編不同，各類皆有，與《總目》互校，異同詳略，亦不
勝列舉也。蓋文達　《總目》原離本書而孤行，復與各類相呼應。……
吻合提要原文，雅非所計。」、郭伯恭《四庫全書纂修》：「漫取文津閣
書二十餘種與《總目》及邵（晉涵）氏分纂稿互校……邵氏原撰之舊已
十不存一……《提要》各稿，嗣經紀氏畫一之後，則原撰者之意趣精神
早已無存。……今之《總目》，則純屬紀氏一家之言矣。試校之《總目》
與邵氏《分纂稿》，當知吾言之不虛也。」、黃愛平《四庫全書纂修研究》：
「《四庫全書總目》與今存各家提要稿，幾乎無一相同」

而不足為據。至於"無有一編無異同者"、"幾乎無一相同"更是與事實不符。《紀傳》隨聲附和，焉能不以訛傳訛、錯上加錯？[58]

所幸近年來對於提要稿的發現與比對的工作，有多位學者投身其中，他們就姚鼐、翁方綱、鄭際唐、程晉芳、余集、邵晉涵諸人的提要稿和《四庫全書總目》相比照，今試將其研究成果引述如下：

> 《惜抱軒書錄》與《四庫提要》頗多不一致處，從中可以看出紀昀是如何"損益"姚鼐提要稿，以使文風、批評標準與他篇保持一致的。[59]
>
> 姚鼐撰寫的提要分纂稿共計八十六篇，計經部十二篇、史部十六篇、子部二十四篇、集部三十四篇，取名《惜抱軒書錄》（以下簡稱《姚錄》），該書收入《惜抱軒遺書，於清光緒五（1879）年刊印行世。此八十六篇提要，筆者粗略與《四庫全書總目提要》（以下簡稱《總目》）對照，發現兩者在編制體例、語言文字、提要內容、觀點看法等方面都存在某些差異，《姚錄》或多或少有所改動，有的改動較小，但尚可看出修改潤飾的痕跡，有的改動較大，面目全非，甚至則另起爐灶，全篇改寫。[60]
>
> （姚氏八十八篇提要）造成姚氏"分纂提要"篇幅變化的主要方式是對姚氏原稿的增改，增與改有時同時進行，分開而言，以增為主的提要有五十二篇，以改為主的提要有

58　司馬朝軍，紀昀與《四庫全書總目》，圖書館雜志，2007：2，頁 73。

59　杜澤遜，讀新見姚鼐一篇四庫提要擬稿，中國典籍與文化，1999：3，頁 43。

60　季秋華，從《惜抱軒書錄》看纂前提要與纂後提要之差異，圖書館工作與研究，頁 40。

三十一篇。[61]

以上六大類（《翁方綱纂四庫提要稿》）總計 1150 條。前三類所占比例為 49.39%，後三類為 50.61% 換言之，一半以上為完全不同的，接近一半的提要稿經過不同程度的修改潤色，其增刪之跡還能比較出來。總之，從分纂官提要稿到《總目》定稿還有一個相當長的過程。[62]

《提要稿》原稿完成後，屢經潤色，再經總纂等人反覆修改。目前，除少數確實撰寫精當者為《四庫提要》全文采用外，《提要稿紀昀撰《四庫全書總目》說之論析》與《四庫提要》多有差異。此正說明《四庫提要》非一次寫定，而曾屢經修改。不僅翁氏《提要稿》如此，見存其它四庫纂修官所撰提要稿，亦多與《四庫提要》內容不同。[63]

三篇提要相比，鄭際唐初稿殊覺疏略，僅羅舉篇目而已……定本除行文更覺凝煉外……有高屋建瓴之趣，所謂"考鏡源流"者是也。蓋《四庫提要》均經紀昀筆削潤色，與原稿多有出入，而持論精闢，文風犀利，俱見紀氏才學迥出諸公之上。唯紀氏筆削提要，多未細檢原書，往往初稿不誤者，定稿反誤。[64]

定稿行文較原稿曉暢，但有原稿不誤而定稿修改致誤者。[65]

---

61 徐雁平，《惜抱軒書錄》與《四庫全書總目》之比較，文獻，2006：1，頁 131-132。

62 司馬朝軍，《四庫全書總目》編纂考，復旦大學博士論文，2003，頁 202。

63 樂怡，翁方綱纂《提要稿》與《四庫提要》之比較研究，圖書館雜志，2006：4，頁 76。此文係根據其碩士論文：翁方綱纂《四庫全書提要稿》研究（復旦大學 2002 碩士論文）節要而成。

64 杜澤遜，讀新見鄭際唐一篇四庫提要擬稿，中國典籍與文化，1998：3，頁 38。

65 杜澤遜，讀新見程晉芳一篇四庫提要分撰稿，圖書館建設，1999：5，

《四庫全書總目》因《四庫全書》的編修需要而產生，是由纂修官分別撰寫各書提要，再由總纂官多次修改、增刪而成。由於總纂官和纂修官的著眼點不同以及學術觀點的差異，總纂官對原撰稿進行了較多的修改，因此，纂修官的原纂稿和《總目》提要均有較大出入。邵氏《分纂稿》中的三十七篇原纂稿亦不例外。筆者曾將《四庫全書提要分纂稿》和《四庫全書總目》一一比對，發現無一篇相同，被總纂官全盤改寫的有《史記》、《後漢書》、《舊唐書》、《新唐書》、《五代史記》、《明史》、《鄭敷文書說》等篇。[66]
余集提要是現存《四庫全書》提要個人編纂的四家中的一家⋯⋯其撰寫體制、內容與總目、閣本提要有諸多明顯的不同，諸如卷數作者生平和敘述內容與方式，以及粘貼處在書種卷目等，為其餘三提要所未見。[67]

這些經過諸家詳細的比對（包括司馬朝軍的統計），而下的結論：「《惜抱軒書錄》與《四庫提要》頗多不一致處」、「《姚錄》或多或少有所改動，有的改動較小，但尚可看出修改潤飾的痕跡，有的改動較大，面目全非，甚至則另起爐灶，全篇改寫」、「（姚氏八十八篇提要）以增為主的提要有五十二篇，以改為主的提要有三十一篇」、「（《翁方綱纂四庫提要稿》）總計 1150 條。前三類所佔比例為 49.39%，後三類為 50.61%，換言之，一半以上為完全不同的，接近一半的提要稿經過不同程度的修改潤色，其增刪之跡還能比較出來」、「除少數確實撰寫精當者為《四庫提要》全文

頁 71。

66 蘇虹，關于邵氏《四庫全書提要分纂稿》，圖書館學刊，2005：4，頁 130。

67 李祚唐，余集《四庫全書》提要稿研究價值淺論，學術月刊，2001：1，頁 79。

采用外,《提要稿》與《四庫提要》多有差異」、「纂修官的原纂稿和《總目》提要均有較大出入。邵氏《分纂稿》中的三十七篇原纂稿亦不例外。筆者曾將《四庫全書提要分纂稿》和《四庫全書總目》一一比對,發現無一篇相同」、「其撰寫體制、內容與總目、閣本提要有諸多明顯的不同」都再再說明了「此正說明《四庫提要》非一次寫定,而曾屢經修改」、「從分纂官提要稿到《總目》定稿還有一個相當長的過程」,各纂修官所寫的提要稿還是和《總目》定稿有一定程度的差異,所以葉昌熾、譚獻、黃雲眉、劉承幹、陳垣、尹炎武、郭伯恭、黃愛平等人所言,並非「全是模糊語言,並無具體的比較分析,因而不足爲據」,因爲結論和具體比較的結果是一致的。而其中也確實有「邵氏《分纂稿》……筆者曾將《四庫全書提要分纂稿》和《四庫全書總目》一一比對,發現無一篇相同」全然不同的情形,因此黃愛平等人所言也並非全然「與事實不符」,進而周積明的推論又豈能說是「以訛傳訛、錯上加錯」?

　　既然弄明白了各纂修官善盡職責地撰寫提要稿,而總纂官也有不同程度的修改,接下來的問題是誰改的?有三位學者依據現存的提要殘稿來分析,一致認爲這些提要稿的批改者是紀昀,今將其說法引述如下:

> 據筆者校閱,稿本中的批語有眉批、簽批、側批多種形式……,批改文字基本上是由一種流暢的行書筆體寫成,與上海圖書館藏本書影對照,行書批校的字體別無二致。據有關專家看後,認爲是當時出任四庫全書館總纂官的紀昀所書。沈津先生通過與北京圖書館、湖北圖書館、福建圖書館所藏紀昀所批善本及上海圖書館藏《三松堂魚素檢

存》所收紀昀書札比照，也判定是紀昀的手筆。[68]

本文以天津圖書館珍藏的《四庫全書總目提要》殘存稿本作為依據，從著錄事項的增訂、提要正文的潤飾等幾方面舉例進行說明……因此，這部《總目》雖然以乾隆第六子永瑢領銜編纂，陸錫熊參與斯事，實際上卻是紀曉嵐總其成的，我們從潤飾筆跡方面也能證明這一點。[69]

本文簡要介紹了天津圖書館珍藏《四庫全書總目》殘存稿本的基本情況……館藏《四庫全書總目》殘稿，可以進一步證明《四庫全書總目》由紀昀總其成。……館藏這部《四庫全書總目》批校稿本，可以進一步證明《四庫全書總目》由紀昀總其成。我們首先從正文留下的眾多刪改筆跡查看：書寫字體草率，不求工整，不講章法，足以看出是出於書法不工者之手；增刪文字，信手拈來，一氣呵成，出口成章，非淹通四部者不能為之；再從文獻記載來看：曉嵐，身為鴻儒學士，然其書法卻是不工，斯事文獻也有披露。"近時紀曉嵐尚書、袁簡齋太使皆以不善書著名"（引清汲修主人撰《嘯亭雜錄》卷十），紀曉嵐也承認自己書法不工，他說："余稍能詩而不能書，從兄坦居能書而不能詩。"（引紀昀傳《閱微草堂筆記》卷四）。"紀昀等奉旨查辦四閣之書，其中提要有須更改之處……今紀昀將底本校勘完竣"云云。（引《纂修四庫全書檔案》2374頁）。三從書法運筆手跡考察：檢故宮博物館藏紀曉嵐詩絕句5首

---

68 黃燕生，校理《四庫全書總目》殘稿的再發現，中華文史論叢，48集，頁209。（本文作者係中國歷史博物館圖書館館員）
69 李國慶，紀曉嵐潤飾《四庫全書總目提要》舉例，山東圖書館季刊，2008：3，頁75。

和天津博物館藏紀曉嵐試帖 12 篇真跡運筆風格比較，顯然筆跡一樣。據以上三點分析判斷，這部《四庫全書總目》批校殘稿，出自總纂官紀曉嵐之手，亦即《四庫全書總目》之潤飾由紀曉嵐總其成。[70]

以現存的資料看來，刪定提要稿的工作既然是由紀昀所為，那麼稱紀昀「一手刪定」、「一手裁定」《四庫全書總目》應無不可，也非虛言！

（三）閣本書前提要、殿本《四庫全書總目》

雖然就現今的資料看來，修訂提要稿的工作是由紀昀所為，但是或許會引起另一個疑問，那就是另外兩位總纂官陸錫熊、孫士毅究竟在《四庫全書總目》的編成上有何作用？現在常見的說法是孫士毅任職短暫，陸錫熊入館較晚而又早逝，「始終其事而總其成者」唯有紀昀。首先來看孫士毅在四庫館的經歷，乾隆 45年（1780）雲貴總督李侍堯貪瀆案發，孫士毅以失察遣戍伊犁，簿錄其家，不名一錢。乾隆嘉其廉，改授翰林院編修，纂編《四庫全書》。《四庫全書》編成後，升太常寺少卿，復出為山東布政使、廣西巡撫、兩廣總督。乾隆五十二年（1787）設防潮州，防阻臺灣林爽文之師進入廣東。翌年率軍平定安南之變，出謀定策，指揮得當。後封一等謀勇公，授兵部尚書，立軍機大臣[71]。所以從乾隆 45 年入館算起，最早在 46 年第一部文淵閣四庫全書完成後外放，最晚則至乾隆 49 年北四閣四庫全書完成，孫士毅就已離

---

70 丁芬，《四庫全書總目》殘稿及其文獻價值，圖書館工作與研究，2008：8，頁 54-55。
71 依《清史稿校註》本傳節錄，清史稿校註編纂小組編纂，《清史稿校註》第 12 冊卷 337 列傳 117，（台北）國史館，1986，頁 9327。

　　開四庫館[72]，因此任職時間短暫之說是成立的，而在《四庫全書總目》完成上，也應是三位總纂官中貢獻最少者[73]。

　　至於另一位總纂官陸錫熊，其貢獻應是在於閣本書前提要，而不在於殿本《四庫全書總目》之上。考乾隆年間在撰修《四庫全書》時，形成了三種有所區別但又關係緊密的提要，也就是：分纂提要（提要稿）、閣本書前提要和單獨成書的《四庫全書總目》。這三種提要成稿的前後順序，應該說是分纂提要由分纂官執筆，成稿在前；閣本書前提要乃是總纂官依據分纂官提要稿改定後抄錄於書前，因此完成順序次之，至於單獨成書的武英殿本《四庫全書總目》，則是最後完成。提要稿乃各分纂官分別執筆所作，反映了各家之長、不同風格的學術觀點。書前提要是列在《四庫全書》七閣所收各書卷首的提要，所以是隨著七閣《四庫全書》的完成而完成。閣本的書前提要，現存文淵、文溯、文津三閣完整的書前提要，不僅彼此互異且水準參差[74]，事實上三閣書前提

72　文淵閣《四庫全書》於乾隆 46 年底抄畢，47 年入閣收藏。47、48、49年依次完成其他北三閣《四庫全書》，而孫士毅修畢《四庫全書》後，先外放山東布政使，又依據《清史稿》卷 209 疆臣表 6（《清史稿校註》第 8 冊，頁 6746）所載，他於乾隆 49 年（1784）接廣東巡撫，因此推測最早在乾隆 46 年，最晚在乾隆 49 年孫士毅即離開四庫館，筆者則依袁枚爲孫士毅所撰的神道碑一文中「旋授山東布政使」所言，以爲孫士毅應在 47 年即外放山東。

73　袁枚爲孫士毅所撰的神道碑一文中僅稱：「簿錄其家，不名一錢。上嘉公廉，未至軍臺，起用爲翰林院編修……旋授山東布政使，巡撫廣西、調廣東」（《百一山房詩集・神道碑》，續修四庫全書第 1433 冊，上海古籍出版社，2002，頁 363），且士毅之孫孫均在《百一山房詩集・跋》（前揭書頁 516）中也未言及其祖纂修《四庫全書》之功。足見孫士毅於《四庫全書總目》的完成，著力甚微，是以親友也不以爲意，故皆未曾言及此事。

74　《四庫全書》在成書後，曾作過兩次全面複查（乾隆 52、56 年），而這兩次複查的起因都是從文津閣本被乾隆發現錯誤引起的。以文津閣《皇

要又和殿本《四庫全書總目》有所出入，經過學者的研究發現，
兩者之間仍有許多的差異，足見從閣本的書前提要，到殿本《四
庫全書總目》的完成，中間還是有許多修改的工作[75]。至於《四

極經世書》提要為例，不僅有錯字，竟然有誤抄他篇文字的情形發生：
「臣等謹案皇極經世書十四卷宋邵子撰邵子……本於釋氏之地水火
風，且五樓為即古詩所為西北有高樓上與浮雲齊者，則未免固於說詩，
為是書之瑕類矣。又史通補注篇稱是書有銜之自注，今本無之，又不知
何時所佚也。乾隆四十九年七月恭校上」（粗體標楷體為誤抄他篇文
字，《文津閣四庫全書提要匯編》，（北京）商務印書館，2006，頁 265）；
而文溯閣提要「顯而易見，文溯閣書前提要內容過於簡略、單薄，其撰
寫水平及其價值無法與《總目》提要相比。為什麼會出現這種情況呢？
原因是文溯閣《全書》遠存東北故宮，其作用只為皇帝游幸時御覽，加
之成書時間倉促，故經辦大臣為簡省了事，多以館臣初稿所撰提要初稿
稍加條理，即隨書抄錄而成。而館臣初稿粗精不等，且此閣只是備用，
自然上下人等付出的工夫均不會如供御覽的文淵閣《全書》書前提要那
樣工夫深湛」（陳曉華，《四庫全書》三種提要之比較，首都師範大學學
報（社會科學版），2005：3，頁 64）；而「文淵閣《全書》的書前提要
內容多與《總目》提要相近，由此可知文淵閣書前提要加工較多，而《總
目》提要也多為在此基礎上刪削潤色而成。粗略比較《總目》提要在定
稿前對文淵閣《全書》約 1/3 的書前提要內容作了或多或少的改動。具
體的分布則是經、集多異，史、子多同，名篇多異，一般多同。原因很
簡單，紀昀擅長經、集而於史、子不諳；又名篇為關注對象，所以紀昀
等用力尤勤」（陳曉華，《四庫全書》三種提要之比較，首都師範大學學
報 （社會科學版），2005：3，頁 64。）

75 今略舉數家之言：「《總目》與庫本提要之間內容有不少差異，主要表現
為四個方面：同義替換、語序變更、詳略不同、評價微殊」（司馬朝軍，
殿本《四庫全書總目》與庫本提要之比較，圖書館理論與實踐，2005：
2，頁 63。）、「顯而易見，文溯閣書前提要內容過於簡略、單薄，其撰寫
水準及其價值無法與《總目》提要相比……文淵閣《全書》的書前提要
內容多與《總目》提要相近，由此可知文淵閣書前提要加工較多，而《總
目》提要也多為在此基礎上刪削潤色而成」（陳曉華，《四庫全書》三種
提要之比較，首都師範大學學報 （社會科學版），2005：3，頁 62-64。）、
「就總體而言，閣書提要還很不成熟，在文字、體例、內容等方面都存
在一些問題，反映了纂修官原撰提要向《總目》定稿進行過渡的情況。
而《總目》在閣書提要基礎上，又經修改提高，全書體例整齊，思想統
一，注重指示學術門徑，詳於內容介紹、文字考訂、得失評論乃至源流

庫全書總目》，早在乾隆四十七年即完成初稿，此時陸錫熊還曾自稱「臣等奉命纂輯《四庫全書總目》，現在編次成帙」[76]、「宋曾鞏校史館書僅成目錄序十一篇，臣等承命撰次《總目提要》，荷蒙指示體例，編成二百卷。遭際之盛，實遠勝於鞏」[77]，但是《四庫全書總目》卻是不斷地進行修改，遲遲無法刊定，直到乾隆 60 年 12 月 17 日，方繳刻竣[78]，而此時陸錫熊已早在兩年多前（乾隆 57 年正月），病逝於前往重校文溯閣《四庫全書》的途中，因此與紀昀相比，在完成《四庫全書》的工作上，陸錫熊早歿的說法是可以成立的。故而完成殿本《四庫全書總目》的任務，就要靠紀昀獨立完成了，況且《四庫全書》成書後，紀昀不僅多次參加覆校工作，改正不少脫誤之處。甚至直到嘉慶八年（1803），紀昀以八十之高齡，還奉命主持參與《四庫全書》最後一部分官修書籍的補遺工作，為《四庫全書》的修成及完善作出巨大貢獻，因此「始終其事而總其成者」之說，也是符合實情。但是陸錫熊任職四庫館的貢獻，應是和紀昀一同從事總纂官的工作，正如王昶所說的：

> 而特命陸君錫熊偕紀君昀任之。兩君者，考字畫之訛誤，

敍述」（黃愛平，《四庫全書總目》與閣書提要異同初探，圖書館學刊，1991：1。）

76 陸錫熊，恭和御製經筵畢文淵閣賜茶作元韻 "中簿勤編勵省私" 自注，《篁村集》卷 9，續修四庫全書第 1451 冊，上海古籍出版社，2002，頁 7。

77 陸錫熊，恭和御製經筵畢文淵閣賜宴以四庫全書第一部告成皮閣內用幸翰林院……元韻注"，《篁村集》卷 9，續修四庫全書第 1451 冊，上海古籍出版社，2002，頁 10。

78 據《清實錄·高宗實錄》卷一四九三乾隆六十年十二月甲午條記：「予告尚書曹文埴奏，《四庫全書總目》刻竣。謹進陳設二十部，備賞八十部。餘將板片交武英殿收藏外，並另刷四部，請發裝潢，分貯四閣。至是書最易繙閱，應照向辦官書，刷印發坊領售。報聞。」（清代實錄館纂修，（北京）中華書局，1986，頁 977。）

卷帙之脫落，與他本之互異，篇第之倒置，斷其是否不謬
于聖人。又博綜前代著錄諸家議論之不同，以折中於一是，
總撰人之生平，撮全書之大概，凡十年書成，論者謂陸君
之功為最多。[79]

　　其展現的成果，應是在他和紀昀、孫士毅所共同參與的閣本
書前提要，因此陸錫熊其子陸成沅、其孫陸慶循所堅稱的「伏念
先都憲公遭際盛時，所著《四庫全書提要》，懷槧握鉛之士無不共
知」[80]、「先子以文章學業受特達之知，自奉敕編輯各書外（自注：
《四庫全書提要》外，有《通鑑綱目輯覽》、《唐桂二王本末》、《契
丹國志》、《勝朝殉節諸臣錄》、《舊五代史》、《河源紀略》、《歷代
職官表》、《八旗通志》各種，餘如《日下舊聞考》等書，亦代定
體例）」[81]，應該是對其父祖盡瘁於《四庫全書》編纂辛勞的反映，
似乎難以將《四庫全書總目》視為陸錫熊所完成的作品。況且在
實際的運作上，陸錫熊於首部《四庫全書》完成後，「（乾隆）四
十七年五月授大理寺卿，五十一年十二月提督福建學政，五十二
年二月授都察院左副都御史仍留學政任，以五十五年春任畢旋京」
[82]，在《四庫全書總目》工作尚在編纂進行中，就離開此職務數
年之久，直到乾隆五十六年七月，乾隆下令第二次全面複查，陸
錫熊才請自往校之，因而於次年正月病逝途中。等於在《四庫全

79 王昶，〈都察院左副都御史陸君墓誌銘〉《春融堂集》卷 55，續修四庫全
　　書第 1438 冊，上海古籍出版社，2002，頁 219。「論者謂陸君之功為最
　　多」，應屬恭維逝者的客氣話。
80 陸成沅，《篁村集》識語，續修四庫全書第 1451 冊，上海古籍出版社，
　　2002，頁 285。
81 陸慶循，《寶奎堂集》識語，續修四庫全書第 1451 冊，上海古籍出版社，
　　2002，頁 158。
82 王昶，〈誥授通奉大夫都察院左副都御史陸公墓誌銘〉，《寶奎堂集・墓
　　誌銘》，續修四庫全書第 1451 冊，上海古籍出版社，2002，頁 7-8。

書總目》初稿完成後的後續修訂工作，都未參與。今且舉邵雍所
撰《皇極經世書》，來說明從閣本書前提要到殿本《四庫全書總
目》，紀昀學術見解展現之例。紀昀在《閱微草堂筆記》中稱「於
宋儒之學，最不信河圖洛書、皇極經世書」[83]，對該書的不以為
然，十分明顯。但在文淵閣《四庫全書》該書書前提要中稱「其
取象多不與易相同，俱難免於牽強不合，然邵子在當日用以占驗，
無不奇中，故歷代皆重其書」，雖有質疑，但因為歷代皆重其書，
所以還是稱該書「皆立義正大，垂訓深切，是經世一書，雖明天
道而實責成於人事，洵粹然儒者之言，固非讖緯術數家所可同年
而語也」[84]，值得注意的是，書前提要又和《四庫全書總目》有
所不同，後者對該書的質疑依然，「夫以邵子之占驗如神，則此書
似乎可信。而此書之取象配數，又往往實不可解據」，但讚美之詞
已然刪至「則粹然儒者之言，非術數家所能及，斯所以得列於周
程張朱間歟？」[85]末了還加了一句反問語氣，透露著對邵雍該書
盛名的幾許無奈，是以委婉的方式來表達對該書盛名的不以為
然，已較書前提要更能表達自己的意見。同樣對該書盛名的不以
為然，也在紀昀奉敕所撰的《四庫全書簡明目錄》表達出來：「其
說借易以推衍，而實無關於易，故朱子以為易外別傳，舊列儒家，
今改隸術數類焉」[86]，將該書由儒家改列為子部數術類，不必出
言批評，在將該書由子部儒家類改列為子部數術類，這個升降之
間的用意，就可以看紀昀對該書的評價了。而從這修改之中，可

---

83 《槐西雜志》卷一，《紀曉嵐文集》第二冊《閱微草堂筆記》，河北教
育出版社，1991，頁 251。

84 文淵閣《四庫全書》電子版，子部數術類《皇極經世書》書前提要，迪
志文化出版有限公司，1999。

85 《四庫全書總目》卷 108，（北京）中華書局，1997，頁 1422-1423。

86 《四庫全書簡明目錄》卷 11，上海古籍出版社，1985，頁 417。

以看出紀昀學術意見的展現。由此例來看，依照情形，在撰寫書前提要時，紀昀則是要和其他兩位總纂官陸錫熊、孫士毅進行意見溝通後才能定稿，無法全然表達紀昀的意見，但在《四庫全書總目》、《四庫全書簡明目錄》，紀昀就能以委婉的方式，來發揮自己的學術見解。

四、結　論

經由前面的論析，對於紀昀撰修《四庫全書總目》這一問題，以下有幾點的釐清：

（一）《四庫全書總目》確有紀昀學術意見的展現。更多的例子尚須從紀昀所批閱的各種詩文集：《紀評蘇文忠公詩集》、《紀評文心雕龍》、《瀛奎律髓刊誤》、《玉臺新詠》、《王子安集》、《韓致堯集》、《玉谿生詩說》、《黃山谷詩集》、《鏡煙堂十種》（內含《唐人試律說》、《刪正二馮評閱才調集》、《刪正方虛谷瀛奎律髓》、《李義山詩集》、《後山集鈔》、《庚辰集》…等書），以及所寫的序跋、硯銘中去尋找。因為昀未有學術專論以闡述其理念，著述又未刻意保留，散佚甚多[87]，其孫樹馨搜輯而成的《紀文達公遺集》，又以晚年之作為多，且偏重於應酬皇帝詩文，讓我們無法一探紀昀學術理念的全貌[88]。在這些所評選的詩文集、序跋、硯銘中，紀

---

87 紀昀不願從事學術著作的心態應是「自校理祕書，縱觀古今著作，知作者固已大備，後之人竭盡其心思才力，不出古人之範圍」（陳鶴，《紀文達公遺集》序，《紀曉嵐文集》第三冊，前揭書，頁 729）和「說者謂公才學絕倫，而著書無多，蓋其生平精力，已畢萃於此書（《四庫全書總目》）矣」（《紀曉嵐文集》第三冊，前揭書，頁 513 附錄引陸敬安《冷廬雜識》卷 1 言）；而文稿又不甚保留「生平未嘗著書，間為人做序記碑表之屬，亦隨即棄擲，未嘗存稿」（陳鶴，《紀文達公遺集》序，《紀曉嵐文集》第三冊，前揭書，頁 729）。

88 孫致中等校點《紀曉嵐文集》前言「收在《遺集》中的詩文，大約十不

氏學術見解即蘊含於其中，雖然這些片言隻語的批評頗爲零亂支離，不易整理，但卻是研究紀氏學術見解極具價值的素材，也是他詩論具體的成果，透過整理出來的資料和《四庫全書總目》對照，當可更清楚紀昀學術思想展現於《四庫全書總目》的情形。

　　（二）纂修官所撰的提要稿是有經過總纂官不同程度的去取修改，而就現今的資料看來，手筆是出自紀昀，因此「公館書局，筆削考核，一手刪定，爲《全書總目》，裒然巨觀」、「《四庫全書總目》，俱經一手裁定」、「《提要》一書，詳述古今學術源流，文章體裁異同分合之故，皆經公論次，方著於錄」、「現行《四庫全書總目》本擷取各書提要而成，後經文達筆削一貫」諸家的說法，是成立的。有關各纂修官的提要稿，近有北京師範大學歷史系張升教授彙編的《四庫全書提要稿輯存》和復旦大學圖書館吳格教授整理的《四庫提要分纂稿》已分別由北京圖書館出版社、上海書店出版社在 2006 年同時出版，二書已將四庫分纂官提要稿大體網羅完備。相信透過二書全面的比對，當有更清楚與完整的研究成果，也相信和現今的研究結論相去不遠。

　　（三）經過紀昀筆削一貫、一手裁定、一手刪定後，所完成

足一，這由他同時代人的記述，尤其是朋友和門人的回憶中可以得到證實。《遺集》所收，晚年之作居多，而壯年尤其是青年時代的作品卻甚少。這固然是因爲後人搜集先人的作品，晚年之作易見而青壯年之作難得，也可能因爲紀樹馨以爲那些應酬上層人物尤其是應酬皇帝的詩文，乃是自家先人的最高榮寵，故《遺集》收之甚多，而那些戀人思友、抒情喻志、贊花月之美好、抒胸中之忿懣的真情之作，尤其是描寫世態、諷刺社會醜惡的篇章，則收之甚少。譬如，不少的同代人都說他曾作《京官詩》數十首，而只存一首諷刺詩《小軍機》賴清人筆記以存，《遺集》則不一見。由於紀樹馨的去取標準所致，給讀《遺集》的讀者一個印象，似乎紀曉嵐只會寫那些拍皇帝老子馬屁的詩文。公允地說，據此描繪紀曉嵐的形象，是不完整、不全面的。」（《紀曉嵐文集》第一冊，前揭書，頁 1）

的《四庫全書總目》，其中所潛藏的"價值認同"和"價值認異"，無疑地，「《總目提要》之編纂，原爲各纂修官於閱書時分撰之，嗣經紀昀增竄刪改，整齊劃一而後，多人之意志已不可見，所可見者，紀氏一人之主張而已」這樣的說法是成立的。因此當然可以從《四庫全書總目》中來探討紀昀的學術思想，至於乾隆政治態度影響到《四庫全書》的編纂，因此也可以從《四庫全書總目》中來探討當時官方的學術態度，視之爲乾隆政治意識的展現，也未爲不可。

　　（四）在殿本《四庫全書總目》完成的過程中，陸、孫二人皆中途就離開編纂的工作，陸錫熊且不幸未親見《四庫全書總目》的完成，因此《四庫全書總目》最後是由紀昀所完成。簡單的說，提要稿可視爲各纂修官學術思想的展現；閣本書前提要，可視爲三位總纂官學術思想的展現；至於殿本《四庫全書總目》，則可視爲紀昀學術思想的展現，各得其實，無所偏廢，應是公允之說。紀昀一來是首席總纂官，在完成《四庫全書總目》的過程中，不僅對纂修官的提要稿進行修改，甚至也有對其他總纂官的修改稿有審核的情形[89]，足見紀昀的工作職務是有決定性的作用。二來，陸、孫二人皆未能全程參與，是紀昀始終其事而總其成者。其三，以《資治通鑑》作者掛名爲例，劉攽、劉恕、范祖禹、司馬康等人皆有分任撰寫之功，然而後人論及此書，皆歸功於司馬光，紀昀於《四庫全書總目》既然有親力爲之、始終參與、決定去取之功，因此殿本《四庫全書總目》的完成，榮耀歸之於紀昀豈曰不宜！

89　「從上海圖書館所藏提要殘稿分析，《辨言》重寫提要稿出自陸錫熊之手。在此篇提要旁另有朱筆批語："依此本改。"四字審爲紀昀手筆」，司馬朝軍，陸錫熊對四庫學的貢獻，圖書情報知識，2005：6，頁56。

　　（五）《四庫全書總目》有兩種版本，一是由武英殿所刻的殿本，一是乾隆五十九年，由謝啓昆等人發起，據杭州文瀾閣《四庫全書》刻成的浙本[90]。兩版本雖然成書之時間接近，但浙本於乾隆 59 年即由民間發起鳩工刊刻，60 年事成，殿本則至 60 年 12 月才刻竣。可見浙本並非據殿本翻刻，兩種版本並不相同。浙本應是鳩集書前提要而成，如同前文所言，閣本書前提要和紀昀最後修訂完成的武英殿本《四庫全書總目》仍存有若干的差異，因此若要引述《四庫全書總目》所言，以為紀昀之見解，則當依據武英殿本《四庫全書總目》，而非浙本《四庫全書總目》。

【本文發表於東海圖書館館訊第 97 期，2009.10】

---

90 此版本成書經過具見於阮元〈浙江刻四庫書提要恭跋〉：「欽惟我皇上稽古右文，恩教稠疊。乾隆四十七年，《四庫全書》告成，特命如內廷四閣所藏，繕寫全冊，建三閣於江、浙兩省。諭士子願讀中秘書者，就閣傳寫，所以嘉惠藝林，恩至渥，教至周也。《四庫》卷秩繁多，嗜古者未及遍覽，而《提要》一書，實備載時、地、姓名及作書大旨，承學之士，鈔錄尤勤，毫楮叢集，求者不給。乾隆五十九年，浙江署布政使司臣謝啓昆、署按察使司臣秦瀛、都轉鹽運使司臣阿林保等，請於巡撫兼署鹽政吉慶，恭發文瀾閣藏本校刊，以惠士人。貢生沈青、鮑士恭等，咸願輸資，鳩工集事，以廣流傳。六十年，工竣。學政臣阮元，本奉命直文淵閣事，又籍隸揚州。揚州大觀堂所建閣曰文匯，在鎮江金山者曰文宗，每見江、淮人士瞻閎二閣，感恩被教，忻幸難名。茲復奉命視學兩浙，得仰瞻文瀾閣於杭州之西湖，而是書適刊成。士林傳播，家有一編，由此得以津逮全書，廣所未見，文治涵濡，歡騰海宇，豈有既歟！臣是以敬述東南學人歡忭感激之忱，識於簡末，以仰頌皇上教化之恩於萬一云爾。」（《揅經室二集》卷八，《續修四庫全書》1479 冊，上海古籍出版社，2002，頁 169-170。）

攻訐乎？抑修正乎？

── 從《閱微草堂筆記》中的儒者形象看
紀昀對程朱理學的態度

一、前　言

　　紀昀（1724-1805）在《閱微草堂筆記》中紀昀對理學末流，特別是某些"講學家"，極盡諷刺、揶揄之能事，尤其是紀昀生動逼真地刻畫出講學家苛刻不近人情的形象、虛偽矯作假道學的形象，貶抑批判的意味相當地明顯，所以長久以來大家總是認為紀昀是反對程朱理學的一員大將[1]，也因此激起了理學衛道之士的憤慨與反擊。自《閱微草堂筆記》流傳以後，便陸續有人對其提出質疑與批判，如道光、咸豐年間人林昌彝（1803～?）就質疑道：「其托狐鬼以勸世則可，而托狐鬼以譏刺宋儒則不可，宋儒雖不無可議，不妨直言其弊，托狐鬼以譏刺之，近於狎侮前人，豈君子所出此乎？」[2]，光緒年間人施山（駢蕖道人）也直斥紀昀「好虛構萬一或然之事，鬼魅無稽之言，執為確據，以仇視習常守理之講學家，譏謗笑侮，不遺餘力」[3]，民初狄葆賢（1872-?）更

1　如余英時即稱紀昀為「乾、嘉時代反程、朱的第一員猛將」，《論戴震與章學誠》，華世書局，1980，頁106。

2　魯迅：《小說舊聞鈔》引《射鷹樓詩話》卷二語（齊魯書社，1997年），頁85。

3　蔣瑞藻：《小說考證》卷七引《薑露庵雜記》語（上海古籍出版社，1984年），頁224。

稱「紀氏……對於宋儒頗多微詞，數百年風氣之衰，紀氏之過也」[4]，康有為（1858-1927）也持相同看法「案古今總校書之任者，皆有大權主張學術之移易，是非竄亂古書……所以攻宋儒者無不至，後生多為所惑。近世氣節壞、學術蕪，大抵紀昀之罪也。校書者心術若壞，何所不至」[5]，這些都是認為紀昀此書之作，其意是在反對宋學，甚至直斥紀氏為世衰道微的罪魁禍首。

　　但是細究之，從紀昀在《閱微草堂筆記》中儒者形象的描寫，紀昀所諷刺、挪揄都是理學末流之弊，紀昀所譏諷的講學家，有的是苛刻不近人情、動輒以禮苛責；有的是矯作虛偽、言行不一、口是心非、貪財害人的假道學，這些末流之弊，難道就因為講理學而不能被批評嗎？紀昀並且往往在記述之中提出他修正的意見，他只是遵循著儒家的中庸之道，去修正理學極端化的弊病，藉著批判、譏諷末流之弊來修正程朱理學，以達到他心中理想的境地。尤其特別的是，《閱微草堂筆記》中記載的真君子多是治理學者，紀昀對真君子劉君琢、周姓老儒、魏環極等人形象的描繪，並不會因他們講理學就醜詆他們，也是寫出鬼狐對他們的欽敬，因此從他對講學家正反兩面的形象描寫看來，紀昀反對的是理學的末流弊端，痛恨的是虛偽的假道學罷了，對德行醇然、躬行自修的理學家，仍然是心折的。再對照《閱微草堂筆記》中紀昀對三綱五常、忠孝節義等倫理道德，仍是不餘遺力地提倡與遵守，全書中忠臣、孝子、節婦獲得鬼神欽敬、呵護的例子比比皆是[6]，

4　周積明：《紀昀評傳》引平等閣主人（狄葆賢）加批《閱微草堂筆記》評語（南京大學出版社，1997年），頁168。狄氏所批有正書局於1922出版，筆者惜未見。

5　康有為：《新學偽經考》三上（《續修四庫全書》179冊，上海古籍出版社，1995年），頁497-498。

6　忠臣之例如《灤陽消夏錄》卷三「有廝養曰巴拉，從征時遇賊，每力戰，

至於紀昀和理學的扞格不入，是治學方法上的差異[7]，而在以禮教來維護社會秩序與行爲規範的目標上，可說是和程朱學說所提倡的並無二致，可謂殊途而同歸。今試將《閱微草堂筆記》中苛刻不近人情的講學家、假道學、真君子這三種儒者形象的描寫，分述於後，以探究紀昀對程朱理學的態度爲何。

二、講學家苛刻不近人情的形象

紀昀不僅是學識淵博，而且爲人處世通情達理，講求寬容，

後流矢貫左頰，鏃出於右耳之後，猶奮刀砍一賊，與之俱仆。後因事至孤穆第（在烏魯木齊、特納格爾之間），夢巴拉拜謁，衣冠修整，頗不類賤役。夢中忘其已死，問向在何處？今將何往？對曰：「因差遭過此，偶遇主人，一展積戀耳。」問何以得官？曰：「忠孝節義，上帝所重，凡爲國捐生者，雖下至僕隸，生前苟無過惡，幽冥必與一職事；原有過惡者，亦消除前罪，向人道轉生。奴今爲博克達山神部將，秩如驍騎校也」（前揭書，頁47），孝子之例如《灤陽消夏錄》卷三「去余家十餘里，有瞽者姓衞，戊午除夕，徧詣常呼彈唱家辭歲，各與以食物，自負以歸。半途失足，墮枯井中。既在曠野僻徑，又家家守歲，路無行人，呼號嗌乾，無應者。幸井底氣溫，又有餅餌可食，渴甚則咀水果，竟數日不死。會屠者王以勝驅豕歸，距井有半里許，忽繩斷，豕逸狂奔野田中，亦失足墮井，持鈎出豕，乃見瞽者，已氣息僅屬矣。井不當屠者所行路，殆若或使之也。先兄晴湖問以井中情狀，瞽者曰：「是時萬念皆空，心已如死。惟念老母臥病，待瞽子以養。今並瞽子亦不得，計此時恐已餓莩，覺酸徹肝脾，不可忍耳。」先兄曰：非此一念，王以勝所驅豕必不斷繩」（前揭書，頁55），節婦之例如《灤陽消夏錄》卷二記「一日，喧傳節婦至，冥王改容，皆振衣佇迓。見一老婦纍然來，其行步步漸高，如躡階級，比到，竟從殿脊上過，莫知所適。冥王憮然曰：『此已升天，不在吾鬼籙中矣。』」（前揭書，頁35）。

7 紀昀和理學的扞格不入，正如盛時彥在〈閱微草堂筆記序〉中所說的：「河間先生，以學問文章，負天下重望，而天性孤直，不喜以心性空談，標榜門戶」(《紀曉嵐文集》第二冊《閱微草堂筆記》，河北教育出版社，1991年，頁1。）主要是紀昀認爲理學易流於空談，以及標榜門戶所引起的門戶之爭。此外，紀昀主張以「神道設教」來維護社會人心之安定，也和宋儒的無鬼論不同。

表現出一代通儒的博大胸懷。魯迅就說他「其處世貴寬，論人欲恕，故於宋儒之苛察特有違言……且於不情之論，世間習而不察者，亦每設疑難，揭其拘迂」[8]。紀昀在《閱微草堂筆記》中的確有許多對講學家不近人情苛察的抨擊：「講學家動以一死責人，非通論也」[9]、「講學家崖岸過峻，使人甘於自暴棄，皆自沽己名，視世道人心如膜外耳」[10]、「哀其遇，悲其志，惜其用情之誤，則可矣。必執《春秋》大義，責不讀書之兒女，豈與人爲善之道哉？」[11]、「春秋責備賢者，未可以士大夫之義律兒女子。哀其愚可也，憫其志可也」[12]、「講學家責人無已時」[13]、「是則講學之家，責人無已，非余之所敢聞也」[14]，這些都是經過一則則的事件，或是自己、或是引述他人所下的批評。紀昀在《閱微草堂筆記》中有則記載，把講學家苛察的形象，描繪得十分生動：

> 賽商鞅者，不欲著其名字里貫，老諸生也。挈家寓京師，天資刻薄，凡善人善事，必推求其疵，故得此名。錢敦堂編修歿，其門生爲經紀棺衾，贍恤妻子，事事得所。賽商鞅曰：「世間無如此好人，此欲博古道之名，使要津聞之，易於攀援奔競耳。」一貧民母，死於路，跪乞錢買棺，形容枯槁，聲音酸楚，人競以錢投之，賽商鞅曰：「此指屍斂財，屍亦未必其母，他人可欺，不能欺我也。」過一旌表婦坊下，仰視微哂曰：「是家富貴，僕從如雲，豈少秦宮、

8　魯迅：《中國小說史略》第 22 章（上海古籍出版社，2006 年），頁 139。
9　紀昀：《槐西雜志》卷三（孫致中等校點，《紀曉嵐文集》第二冊《閱微草堂筆記》，河北教育出版社，1991 年），頁 308。
10　《槐西雜志》卷二，前揭書，頁 274。
11　《槐西雜志》卷二，前揭書，頁 282。
12　《灤陽消夏錄》卷二，前揭書，頁 27。
13　《槐西雜志》卷二，前揭書，頁 289。

馮子都耶？此事須核，不敢遽言非，亦不敢遽言是也。」
平生操論，皆類此。[15]

故事中的主角雖爲儒生，但事事好苛求，「凡善人善事，必推求其疵」，才得到賽商鞅的外號，真是身披儒服卻行近申韓，看他隱喻節婦有像秦宮、馮子都那樣主僕同性戀的嫌疑，就可知道是全然無儒者仁慈之心了。

講學家之所以遭致紀昀的批評，主要是有下列四種情形：

（一）對遵守禮法的僵化，造成不近人情、不揆事勢，動輒以禮苛責的弊病。紀昀主張適度地從人性、人情的角度來看待男女情感，有較開明、合乎人情的思想，所以他說：「善夫！聖人通幽明之禮，故能以人情知鬼神之情也。不近人情，又烏知《禮》意哉？」[16]。《閱微草堂筆記》中紀昀對死守禮法而造成憾事的記載，往往充滿著痛惜與同情之意：

余幼聞某公在郎署時，以氣節嚴正自任，嘗指小婢配小奴，非一年矣，往來出入，不相避也。一日，相遇於庭，某公亦適至，見二人笑容猶未斂，怒曰：「是淫奔也，於律姦未婚妻者杖。」遂至呼杖，眾言兒女戲嬉，實無所染，婢眉與乳可驗也。某公曰：「於律謀而未行，僅減一等，減則可，免則不可。」卒並杖之，創幾殆，自以為河東柳氏之家法，不是過也。自此惡其無禮，故稽其婚期。二人遂同役之際，舉足趑趄，無事之時，望影藏匿，跋前疐後，日不聊生，漸鬱悒成疾，不半載內，先後死。其父母哀之，乞合葬，某公仍怒曰：「嫁殤非禮，豈不聞耶？」亦不聽。後某公

14　《灤陽續錄》卷五，前揭書，頁564。
15　《灤陽續錄》卷三，前揭書，頁555-556。
16　《如是我聞》卷四，前揭書，頁236。

殁時，口喃喃似與人語，不甚可辨，惟「非我不可」、「於禮不可」，二語言之十餘度，了了分明。咸疑其有所見矣。夫男女非有行媒，不相知名，古禮也，某公於孩稚之時，即先定婚姻，使明知爲他日之夫婦，朝夕聚處，而欲其無情，不能也。內言不出於閫，外言不入閫，古禮也，某公僮婢無多，不能使各治其事，時時親相授受，而欲其不通一語，又必不能也。其本不正，故其末不端，是二人之越禮，實主人有以成之，乃操之已蹙，處之過當，死者之心能甘乎？冤魄爲厲，猶以於禮不可爲詞，其斯以爲講學家乎？[17]

　　故事中這位嚴守禮法的某公，在死前對他所造成的憾事，猶堅持「非我不可」、「於禮不可」，紀昀末了一句「猶以於禮不可爲詞，其斯以爲講學家乎？」，講學家死守禮法的形象就躍然紙上。而紀昀對這事的看法是：

飲食男女，人生之欲存焉。干名義、瀆倫常、敗風俗，皆王法之所必禁也，若癡兒騃女，情有所鍾，實非大悖於禮，似不必苛以深文。[18]

　　紀昀在《姑妄聽之》卷一中，又以深情的筆墨，寫了一則愛情的悲劇。故事中三寶四寶「襁褓中已結婚姻」兩情相悅的小情侶，卻被館師嚴某以「中表爲婚禮所禁」爲由從中作梗，最後三寶四寶的愛情以悲劇告終：

董家莊佃戶丁錦，生一子曰二牛，又一女贅曹寧爲婿，相助工作，甚相得也。二牛生一子曰三寶，女亦生一女，因住母家，遂聯名曰四寶，其生也同年同月，差數日耳。姑

17　《灤陽續錄》卷五，前揭書，頁 555-556。
18　《灤陽續錄》卷五，前揭書，頁 555。

嫂互相抱攜，互相乳哺，襁褓中已結婚姻。三寶四寶又甚
相愛，稍長即跬步不離，小家不知別嫌疑，於二兒嬉戲時，
每指曰：「此汝夫，此汝婦也。」二兒雖不知為何語，然聞
之則已稔矣。七八歲外，稍稍解事，然俱隨二牛之母同臥
起，不相避忌。會康熙辛丑，至雍正癸卯，歲屢歉，錦夫
婦並歿。曹寧先流轉至京師，貧不自存，質四寶於陳郎中
家，（不知其名，惟知為江南人。）二牛繼至，會郎中求館
僮，亦質三寶於其家，而誡勿言與四寶為夫婦。郎中家法
嚴，每笞四寶，三寶必暗泣；笞三寶，四寶亦然。郎中疑
之，轉質四寶於鄭氏，（或云即貂皮鄭也。）而逐三寶。三
寶仍投舊媒媼，又引與一家為館僮，久而微聞四寶所在，
乃夤緣入鄭氏家。數日後得見四寶，相持痛哭，時已十三
四矣。鄭氏怪之，則詭以兄妹相逢對，鄭氏以其名行第相
連，遂不疑。然內外隔絕，僅出入時相與目成而已。後歲
稔，二牛、曹寧並赴京贖子女，輾轉尋訪至鄭氏，鄭氏始
知其本夫婦。意甚憫惻，欲助之合卺，而仍留服役。其館
師嚴某，講學家也，不知古今事異，昌言排斥，曰：「中表
為婚禮所禁，亦律所禁，違之且有大誅。主人意雖善，然
我輩讀書人，當以風化為己任，見悖理亂倫而不沮，是成
人之惡，非君子也。」以去就力爭。鄭氏故良懦，二牛、
曹寧亦鄉愚，聞違法罪重，皆懾而止。後四寶鬻為選人妾，
不數月病卒。三寶發狂走出，莫知所終。或曰：「四寶雖被
迫脅去，然毀容哭泣，實未與選人共房幃，惜不知其詳耳。」
果其如是，則是二人者，天上人間，會當相見，定非一瞑
不視者矣。惟嚴某作此惡業，不知何心？亦不知其究竟？
然神理昭昭，當無善報，或又曰：「是非泥古，亦非好名，

殆覬覦四寶，欲以自侍耳。」若然，則地獄之設，正爲斯人矣。[19]

紀昀的「則是二人者，天上人間，會當相見」，流露出對這對苦命鴛鴦，無限的同情。並對嚴某所爲，極爲憤慨，譴責其「作此惡業，不知何心？亦不知其究竟？然神理昭昭，當無善報」，痛恨之情，溢於言表。而嚴某如果並非是死守禮法，而是包藏私心「覬覦四寶，欲以自侍」，紀昀更憤恨到詛咒嚴某「地獄之設，正爲斯人矣」。

有時時勢所迫而不得已違背禮法，紀昀也能不拘於陳規陋習，不像講學家般死守禮法，加以深責。從下面故事中，看到了紀昀寬容豁達的處世態度和開明的思想，採取了更靈活的態度，展現出同情、理解和包容，在此也看到紀昀對講學家以禮苛察的不滿：

> 吳惠叔言太湖有漁戶嫁女者，舟至波心，風浪陡作，舵師失措，已欹仄欲沈，眾皆相抱哭，突新婦破簾出，一手把舵，一手牽蓬索，折搶飛行，直抵婿家，吉時猶未過也，洞庭人傳以奇。或有以越禮譏者，惠叔曰：「此本漁戶女，日日船頭持篙櫓，不能責以必爲宋伯姬也。」又聞吾郡有焦氏女，不記何縣人，已受聘矣，有謀爲媵者，中以蜚語，婿家欲離婚，父訟於官，而謀者陷阱已深，非惟證佐鑿鑿，且有自承爲所歡者，女見事急，竟倩鄰嫗導至婿家，升堂拜姑曰：「女非婦比，貞不貞有明證也。兒與其獻醜與官媒，仍爲所誣，不如獻醜於母前。」遂闔戶弛服請姑驗，訟立解，此較操舟之新婦更越禮矣。然危急存亡之時，有不得

　　不如是者，講學家動以一死責人，非通論也。[20]

　　故事中新嫁娘能免去船難，救了一船人性命；另一未嫁而見謗之女，請其姑驗其貞操而挽救了婚姻，都是「危急存亡之時，有不得不如是者」，此時卻「有以越禮譏者」，足見「講學家動以一死責人」的苛責真是不近人情。

　　另外，在情與理衝突時，可以看出紀昀的人道主義是佔了上風，他不像理學家把情與禮、理與慾對立起來，應該是像原始儒家在強調秩序和規範的“禮”時，也能兼顧與承認“情”的存在[21]，依據客觀情形，實際靈活處理而不拘泥於禮。所以辛彤甫先生應該是講出他的看法，所以才在篇末加以引述：

　　天下事，情理而已，然情理有時而互妨。里有姑虐其養媳者，慘酷無人理。遁歸母家，母憐而匿別所，詭云未見，因涉訟。姑以朱老與比鄰，當見其來往，引為證。朱私念，言女已歸，則驅人就死；言女未歸，則助人離婚。疑不能決，乞簽於神。舉筒屢搖，簽不出。奮力再搖，簽乃全出，是神亦不能決也。辛彤甫先生聞之曰：「神殊憒憒！十歲幼女，而日日加炮烙，恩義絕矣。聽其逃死不為過。」[22]

　　（二）講學家崖岸過峻，失去聖賢與人為善之意。紀昀秉持著聖人與人為善之教，因此為人處世講求的是寬容、寬厚，他在《閱微草堂筆記》中曾引述神明[23]或冥官之口表達他的看法：

20　《槐西雜志》卷三，前揭書，頁 308。
21　《禮記・檀弓上》：子路曰：「吾聞諸夫子：喪禮，與其哀不足而禮有餘也，不若禮不足而哀有餘也。祭禮，與其敬不足而禮有餘也，不若禮不足而敬有餘也。」《禮記今註今譯》上冊，王夢鷗，台灣商務印書館，1984，頁 113。
22　《姑妄聽之》卷二，前揭書，頁 405。
23　「一神曰：『風俗日偷，神道亦與人為善，陰律孝婦延一紀，此二婦減半可也。』」《如是我聞》卷二，前揭書，頁 160。

聖人之立教，欲人為善而已。其不能為者，則誘掖以成之；
不肯為者，則驅策以迫之，於是乎刑賞生焉。能因慕賞而
為善，聖人但與其善，必不責其為求賞而然也。能因畏刑
而為善，聖人亦與其善，必不責其為避刑而然也。[24]

陰律如《春秋》責備賢者，而與人為善，君子偏執害事，
亦錄以為過，小人有一事利人，亦必予以小善報，世人未
明此義，故多疑因果或爽耳。[25]

所以對於性行兀傲嚴峻的講學家，其拘迂不近人情的行徑，
紀昀往往藉著一則則的事件，加以揭露，如《槐西雜志》卷二中
就對粗材而好講文藝者，講學家往往譏諷而不肯提攜賜教，批評
是未明瞭孔子當年接見互鄉闕黨二童子的用心：

安中寬言：「有人獨行林莽間，遇二人，似是文士，吟哦而
行，一人懷中落一書冊，此人拾得，字甚拙澀，波磔皆不
甚具，僅可辨識。其中或符籙，或藥方，或人家春聯，紛
糅無緒，亦間有經書古文詩句，展閱未竟，二人遽追來奪
去，倏忽不見，疑為狐魅。一紙條飛落草間，俟其去遠，
覓得之，上有字曰：『詩經於字皆音烏，易經無字左邊無
點。』」余謂此借言粗材之好講文藝者也，然能刻意於是，
不愈於飲博遊冶乎？使讀書人能獎勵之，其中必有所成
就。乃薄而揮之，斥而笑之，是未思聖人之待互鄉闕黨二
童子也。講學家崖岸過峻，使人甘於自暴棄，皆自沽己名，
視世道人心如膜外耳。[26]

而他又藉著三則再醮之婦的故事，表達對講學家持論務嚴，

---

24 《灤陽消夏錄》卷二，前揭書，頁38。
25 《灤陽消夏錄》卷二，前揭書，頁35。
26 《槐西雜志》卷二，前揭書，頁274。

不能與人爲善的不滿。一則是因家貧而改嫁，以延宗祀；兩則是家貧不得已而改嫁，但能終養其舅姑，紀昀認爲君子與人爲善，應不沒其寸長，而不該嚴詞責其墮節：

> 司庖楊媼言其鄉某甲將死，囑其婦曰：「我生無餘資，身後汝母子必凍餓。四世單傳，存此幼子。今與汝約：不拘何人，能為我撫孤則嫁之，亦不限服制月日，食盡則行。」囑訖，閉目不更言，惟呻吟待盡。越半日，乃絕。有某乙聞其有色，遣媒妁請如約。婦雖許婚，以尚足自活，不忍行。數月後，不能舉火，乃成禮……程子謂餓死事小，失節事大。是誠千古之正理，然為一身言之耳。此婦甘辱一身，以延宗祀，所全者大，似又當別論矣。楊媼能舉其姓氏里居，以碎璧歸趙，究非完美，隱而不書，憫其遇，悲其志，為賢者諱也。又吾鄉有再醮故夫之三從表弟者，兩家所居，距一牛鳴地。嫁後，仍以親串禮回視其姑，三數日必一來問起居，且時有贍助，姑賴以活，歿後出斂葬，歲恆遣人祀其墓。又京師一婦少寡，雖頗有姿色，而針黹烹飪，皆非所能，乃謀於翁姑，偽稱室女，鬻為官家妾，竟養翁姑終身，是皆墮節之婦，原不足稱，然不忘舊恩，亦足勵薄俗。君子與人為善，固應不沒其寸長，講學家持論務嚴，遂使一時失足者，無路自贖，反甘心於自棄，非教人補過之道也。[27]

另有一則是因爲歲荒，不得已鬻爲學使妾，當得知故夫病死，也隨之墮樓而亡，紀昀認爲不必以《春秋》大義，責不讀書之兒女，失卻與人爲善之道：

---

27 《灤陽續錄》卷一，前揭書，頁505。

余督學閩中時，院吏言雍正中學使有一姬墮樓死，不聞有
他故，以為偶失足也。久而有洩其事者曰：「姬本山東人，
年十四五，嫁一簑人子數月矣，夫婦甚相得，形影不離。
會歲飢不能自活，其姑賣諸販鬻婦女者，與其夫相抱泣徹
夜，齧臂為誌而別。夫念之不置，沿途乞食，兼程追及販
鬻者，潛隨至京師，時於車中一覿面，幼年怯懦，懼遭訶
詈，不敢近，相視揮淚而已。既入官媒家，時時候於門側，
偶得一睹，彼此約匆死，冀天上人間約一相見也。後聞為
學使所納，因投身為其幕友僕，共至閩中，然內外隔絕，
無由通問，其婦不知也。一日病死，婦聞婢媼道其姓名籍
貫形狀年齡始知之，時方坐筆捧樓上，凝立良久，忽對眾
備言始末，長號數聲，奮身投下死。學使諱言之，故其事
不傳，然實無可諱也。」大抵女子殉夫，其故有二：一則
揹住綱常，寧死不辱，此本乎禮教者也；一則忍恥偷生，
苟延一息，冀樂昌破鏡，再得重圓，至望絕勢窮，然後一
死以明志，此生於情感者也。此女不死於販鬻之手，不死
於媒氏之家，至玉玷花殘，得故夫凶問而後死，誠為太晚，
然其死志則久矣。特私愛纏綿，不能自割，在其意中，固
不以當死不死，為負夫之恩，直以可待不待，為辜夫之望，
哀其遇，悲其志，惜其用情之誤，則可矣。必執《春秋》
大義，責不讀書之兒女，豈與人為善之道哉？[28]

從這些評論，可以看出紀昀對講學家苛刻不近人情的不滿，
也看出紀昀為人處世講求寬容、與人為善的態度。正因為紀昀不
滿講學家苛刻不近人情的言論，所以在《閱微草堂筆記》中有位

---

28 《槐西雜志》卷二，前揭書，頁 281-282。

崖岸太甚，動輒以不情之論責人的講學家，就成了紀昀挪揄的對象：

> 董曲江言一儒生頗講學，平日亦循謹無過失，然崖岸太甚，動以不情之論責人。友人於五月釋服，七月欲納妾，此生抵以書曰：「終制未三月而納妾，知其蓄志久矣。《春秋》誅心，魯文公雖不喪娶，猶喪娶也。朋友規過之義，不敢以不告，其何以教我！」其持論大抵類此。一日，其婦歸寧，約某日返，乃先期一日，怪而詰之，曰：「吾誤以為月小也。」亦不為訝。次日，又一婦至，大駭愕，覓昨婦，已失所在矣。然自是日漸尫羸，因以成瘵，蓋狐女假形攝其精，一夕所耗已多也。前納妾者聞之，亦抵以書曰：「夫婦居室，不能謂之不正也，狐魅假形，亦非意料之所及也。然一夕而大損真元，非恣情縱欲不至是，無乃燕昵之私，尚有不節以禮者乎？且妖不勝德，古之訓也。周、張、程、朱，不聞曾有遇魅事，而此魅公然犯函丈，無乃先生之德，尚有所不足乎？先生賢者也，責備賢者，《春秋》法也；朋友規過之義，不敢不以告先生，其何以教我！」此生得書，但力辯實無此事，里人造言而已。宋清遠先生聞之曰：「此所謂以子之矛，陷子之盾。」[29]

透過紀昀的描繪，講學家好以不情之論責人的形象，就鮮明地躍然紙上。但他後來也被人「以子之矛攻子之盾」，責備了一番，可見苛求別人容易，自己身體力行卻難。

（三）講學家曲解孔子《春秋》筆削之意，好以《春秋》責備賢者之意來責全求備，造成講學家責人無已時之弊。在《槐西

29　《槐西雜志》卷四，前揭書，頁345。

雜志》卷二中記載一位丐婦抱兒扶姑渡河時，姑不幸仆倒，丐婦
棄兒救姑，姑雖獲救而兒已亡，最後姑與丐婦俱傷心而亡的事：

> 東光有王莽河，即胡蘇河也。旱則涸，水則漲，每病涉焉。
> 外舅馬公周籙言雍正末，有丐婦一手抱兒，一手扶病姑，
> 涉此水行，中流姑蹶而仆，婦棄兒於水，努力負姑出，姑
> 大詬曰：「我七十一老嫗，死何害？張氏數世，待此兒延香
> 火，爾胡棄兒以拯我？斬祖宗之祀，爾也！」婦泣不敢語，
> 長跪而已。越兩日，姑竟以哭孫不食死，婦嗚咽不成聲，
> 癡坐數日，亦立槁，不知其何許人，但於其姑詈婦時，知
> 為姓張耳。有著論者，謂兒與姑較，則姑重，姑與祖宗較，
> 則祖宗重；使婦或有夫，或有兄弟，則棄兒是，既兩世窮
> 釐，止一線之孤子，則姑所責者是，婦雖死有餘愧焉。姚
> 安公曰：「講學家責人無已時，夫急流洶湧，稍縱即逝，豈
> 此能深思長計者哉？勢不兩全，棄兒救姑，此天理之正，
> 而人心之所安也，使姑死而兒存，終身寧不耿耿耶？不又
> 有責以愛兒棄姑者耶？且兒方提抱，育不育未可知，使姑
> 死而兒又不育，悔更何如耶？此婦所為，超出恆情已萬萬，
> 不幸而其姑自殞，以死殉之，其亦可哀矣！猶沾沾焉而動
> 其喙，以為精義之學，毋乃白骨銜冤，黃泉齎恨乎！孫復
> 作《春秋尊王發微》，二百四十年內，有貶無褒；胡致堂作
> 《讀史管見》，三代以下無完人，辯則辯矣，非吾之所欲聞
> 也。」[30]

面對這樣的悲劇，「有著論者」尚議論著丐婦當救誰捨誰，結
論竟是「婦雖死有餘愧焉」，全然不見「如得其情，則哀矜而勿喜」

---

30 《槐西雜志》卷二，前揭書，頁 289-290。

那種以同理心與憐憫心給予諒解包容並支持的儒者風範，真是何等地冷血的表現。也難怪紀父（紀容舒 1686-1764）要抱不平，認為「此婦所為，超出恆情已萬萬，不幸而其姑自殞，以死殉之，其亦可哀矣！」而議論者猶如孫復、胡寅論人的「有貶無褒」、「三代以下無完人」[31]，加以責難，自「以為是精義之學」，而沾沾自喜，講學家苛刻不近人情的形象，卻也在此表露無遺。

此外，紀昀並不像講學家偏執於《春秋》誅心之法，而能以更寬容的原心之法來論人論事：

> 《春秋》有原心之法，有誅心之法。青縣有人陷大辟，縣令好外寵。其子年十四五，頗秀麗，乘其赴省宿館舍，邀之於途，托言牒訴而自獻焉。獄竟解。實為孌童，人不以孌童賤之，原其心也。里有少婦與其夫狎昵無度，夫病瘵死。姑察其性佚蕩，恆自監之。眠食必共，出入必偕，五、六年未嘗離一步。竟鬱鬱以終。實為節婦，人不以節婦許

---

31 紀父對孫復、胡寅的批評，在《四庫全書總目》和《四庫全書簡明目錄》有相同而更嚴厲的批評。《四庫全書總目》批評孫復：「謂春秋有貶無褒，大抵以深刻為主。晁公武《讀書志》載常秩之言曰：『明復為春秋，猶商鞅之法，棄灰於道者有刑，步過六尺者有誅。』蓋篤論也。而宋代諸儒喜為苛議，顧相與推之，沿波不返，遂使孔庭筆削，變為羅織之經……過於深求而反失春秋之本旨者，實自復始。……以後來說春秋者，深文鍛鍊之學，大抵用此書為根柢，故特錄存之，以著履霜之漸而具論其得失如右。」（卷 26《春秋尊王發微》提要，（北京）中華書局，1997，上冊頁 336），《四庫全書簡明目錄》更嚴詞批評「謂春秋有貶無褒，遂使二百四十年中，無一善類。常秩比於商鞅之法，殆非過詆。特錄存之，著以申韓之學說春秋，自是人始也」（卷 3《春秋尊王發微》提要，上海古籍出版社，1985，頁 97）；《四庫全書總目》批評胡寅為「寅作是書，因其父說，彌用嚴苛。大抵其論人也，人人責以孔、顏、思、孟；其論事也，事事繩以虞、夏、商、周。名為存天理，遏人欲，崇王道，賤霸功，而不近人情，不揆事勢，卒至於窒礙而難行。」（卷 89《讀史管見》提要，（北京）中華書局，1997，上冊頁 1173）可以看出紀昀秉承父訓而發揮於《四庫全書總目》和《四庫全書簡明目錄》的脈絡。

之，誅其心也。余謂此童與郭六事相類，惟欠一死耳（語詳《灤陽消夏錄》）。此婦心不可知，而身則無玷。《大車》之詩所謂「畏子不奔，畏子不敢」者，在上猶為有刑政，則在下猶為守禮法。君子與人為善，蓋棺之後，固應仍以節許之。[32]

　　在評論這兩件事上，頗類似俗話中所說的「百行孝為先，論心不論跡，論跡寒門無孝子；萬惡淫為首，論跡不論心，論心世上無完人。」前者是論其用心，後者是論其行跡，可以看出紀昀的寬厚，不會失之苛察而不近人情。《灤陽消夏錄》卷一中另有兩則記載，可以看出紀昀在評論人與事上，是原心和誅心之法並用：

又去余家三四十里，有凌虐其僕夫婦死，而納其女者。女故慧黠，經營其飲食服用，事事當意。又凡可博其歡者，冶蕩狎媒，無所不至，皆竊議其忘仇。蠱惑既深，惟其言是聽，女始則導之奢華，破其產十之七八，又讒間其骨肉，使門以內如寇讎。繼乃時說《水滸傳》宋江、柴進等事，稱為英雄，慫恿之交通盜賊，卒以殺人抵法。抵法之日，女不哭其夫，而陰攜卮酒，酹其父母墓曰：「父母恆夢中魘我，意恨恨似欲擊我，今知之否耶？」人始知其蓄志報復，曰：「此女所為，非惟人不測，鬼亦不測也，機深哉！」然而不以陰險論，《春秋》原心，本不共戴天者也。[33]

董曲江言默庵先生為總漕時，署有土神馬神二祠，惟土神有配，其少子恃才兀傲，謂土神于思老翁，不應擁豔婦；馬神年少，正為嘉耦，徑移女像於馬神祠，俄眩僕不知人。

---

32 《姑妄聽之》卷三，紀昀著，孫致中等校點，《紀曉嵐文集》，河北教育出版社，1991，第二冊，頁 455-456。

33 《灤陽消夏錄》卷一，前揭書，頁 17。

默庵先生聞其事，親禱移還乃蘇。又聞河間學署，有土神亦配以女像，有訓導謂黌宮不可塑婦女，乃別建一小祠遷焉。土神憑其幼孫語曰：「汝理雖正，而心則私，正欲廣汝宅耳，吾不服也。」訓導方侃侃談古禮，猝中其隱，大駭，乃終任不敢居是室。二事相近，或曰：「訓導遷廟猶以禮，董瀆神甚矣，譴當重。」余謂董少年放誕耳，訓導內挾私心，使己有利，外假公義，使人無詞，微神發其陰謀，人尚以為能正祀典也。《春秋》誅心，訓導譴當重於董。[34]

　　第一則中女子蓄志報父母不共戴天之仇，雖然心機深沈，但原其心不以陰險論之。第二則的訓導內挾私心而外假公義，若非神明發其陰謀，還能博得正祀典的美名，紀昀認為誅其用心，當獲重譴。而該以原心或誅心來評論，則是以用心善良與否來衡量[35]，如此，《春秋》論事衡人、嚴於褒貶的筆削之意，才不會偏頗成為講學家有貶無褒、世無完人的流弊。

　　《閱微草堂筆記》裡紀昀更藉著獵狐人的遭遇，來批評講學家好以《春秋》責備賢者之意，來責全求備之弊：

　　　李雲舉言東光有薰狐者，每載燧挾罟來往墟墓間。一夜，伏伺之際，見一方巾襴衫人，自墓頂出，飍飍（若候反，說文曰鬼聲也）長嘯，群狐四集，圍繞叢薄，猙獰噑叫，齊呼捕此惡人，煮以作脯。薰狐者無路可逃，乃攀援上高樹，方巾者指揮群狐，令鋸樹倒，即聞鋸聲訇訇然。薰狐

---

34 《灤陽消夏錄》卷一，前揭書，頁11。
35 在判定人心善惡上，紀昀有比現實生活上更便利之處，就是鬼神洞察人心的能力。如「知人心微曖，鬼神皆得而窺」（《灤陽消夏錄》卷一，前揭書，頁5）、「人心一動，鬼神知之」（《灤陽消夏錄》卷一，前揭書，頁8）、「人世所為，鬼神無不知也」（《槐西雜志》卷一，前揭書，頁247），才能洞察曲折難明的人心，揭露奸慝、彰顯節義，達到勸懲的目的。

者窘急，俯而號曰：「如蒙見釋，不敢再履此地。」群狐不
應，鋸聲更屬，如是號再三。方巾者曰：「果爾可設誓？」
誓訖，鬼狐俱不見。此鬼此狐，均可謂善了事矣！蓋侵擾
無已，勢不得不鋌而走險，背城借一，以群狐之力，原不
難於殺一人；然殺一人易，殺一人而激家人之怒，不焚巢
犁穴不止也。僅使知畏而縱之，姑取和焉，則後患息矣。
有力者不盡其力，乃可以養其威，屈人者使人易從，乃可
就以服。召陵之役，不責以僭王，而責以苞茅，使易從也；
屈完來盟，即旋師，不盡其力，以養威也。講學家說《春
秋》者，動議齊桓之小就，方城漢水之固，不識可一戰勝
乎？一戰而不勝，天下事尚可為乎？淮西符離之事，吾徵
諸史冊矣。[36]

　　講學家批評齊桓公伐楚是安於小就，但紀昀並不認同，考慮
到「方城漢水之固」，如果不能一戰而勝，後果就難料了。因此「有
力者不盡其力，乃可以養其威，屈人者使人易從，乃可就以服」，
才算是周全之策[37]。最後還舉了南宋抗金失敗的淮西之變、符離
兵敗兩件史例，引以為戒。宋儒因為國仇家恨的緣故，特別著墨

36　《槐西雜志》卷四，前揭書，頁 342。
37　紀昀行事特重深思熟慮，《如是我聞》卷二：老儒劉挺生言東城有獵者，
　　夜半睡醒，聞窗紙淅淅作響，俄又聞窗窸窣聲，披衣叱問，忽答曰：「我
　　鬼也，有事求君，君勿怖。」問其何事，曰：「狐與鬼自古不並居，狐
　　所窟穴之墓，皆無鬼之墓地。我墓在村北三里許，狐乘我他往，聚族居
　　之，反驅而不得入，欲與鬥，則我本文士，必不勝。欲訟諸土神，即幸
　　而得申，彼終亦報復，又必不勝，惟得君等行獵時，或繞道半里，數過
　　其地，則彼必恐怖而他徙矣。然倘有所遇，勿遽殪獲，恐事機或洩，彼
　　又修怨於我也。」獵如其言，後夢其來謝。夫鵲巢鳩據，事理本直，然
　　力不足以勝之，則避而不爭，力足以勝之，又長慮深思，而不盡其力，
　　不求幸勝，不求過勝，此其所以終勝歟，屏弱者遇強暴，如此鬼可矣！
　　（前揭書，頁 170）是紀昀做事力求周全之例。

於發揮《春秋》大義，聲聲要討亂賊、復君父之仇，在主戰派張浚的主持下，不顧史浩、韓元吉、唐文若、陳俊卿等眾人的反對[38]，因此才有符離兵敗，不幸正如史浩的預言「願陛下審度事勢，若一失之後，恐終不得復望中原矣」，北伐成了絕響，紀昀也以此反駁講學家妄議齊桓之事。

（四）講學家對貞節的要求過為嚴苛，紀昀以曲折的方式，表達他的批判。自從理學昌盛後，明清兩代貞操觀念的嚴格，超過了歷史上的各個朝代，在《古今圖書集成》閨媛典的"閨烈"（卷 45-54）、"閨節"（卷 119-128）兩部中，所收錄的烈婦、節婦事蹟，都是一則則辛酸血淚史。如果守寡出自於本人自願，當然是值得欽敬，《閱微草堂筆記》裡紀昀有多則貞節烈婦的記載，都是贏得人天鬼神的欽敬與護衛[39]。但是紀昀也瞭解到「且

---

38 史浩勸宋孝宗：「願陛下審度事勢，若一失之後，恐終不得復望中原矣。」（宋史卷 396，脫脫等，鼎文書局，1980，頁 3236）、陳俊卿：「然於大事欲計其萬全，俟一二年間，吾之事力稍充乃可，不敢迎合意旨誤國事。」（宋史卷 383，脫脫等，鼎文書局，1980，頁 3161）、韓元吉和唐文若皆以為不若養威觀釁，俟萬全而後動。

39 如《姑妄聽之》卷二記載孤苦守寡一生的馬節婦，除有詩讚揚節婦之賢外，「相傳其十一二時，隨母至外家。故有狐，夜擲瓦石擊其窗，聞屋上厲聲曰：『此有貴人，汝輩勿致死！』」（前揭書頁 428）、《灤陽消夏錄》卷二記杜林鎮土神「此地繁劇，吾失於呵護，致疫鬼誤入孝子節婦家，損傷童稚，今鐫秩去矣。」（前揭書頁 38）都是鬼神護衛之例。又《灤陽消夏錄》卷二記「一日，喧傳節婦至，冥王改容，皆振衣佇迓。見一老婦纍然來，其行步步漸高，如躡階級，比到，竟從殿脊上過，莫知所適。冥王憮然曰：『此已升天，不在吾鬼籙中矣。』」（前揭書頁 35）、《灤陽消夏錄》卷四記廖姥「年未三十而寡，誓不再適，依先太夫人終其身。歿時，年九十有六。性嚴正，遇所當言，必侃侃與先太夫人爭。先姚安公亦不以常媼遇之。余及弟妹，皆隨之眠食，饑飽寒暑，無一不體察周至，然稍不循禮，即遭呵禁。約束僕婢，尤不少假借，故僕婢莫不陰憾之。顧司筦鑰、理庖廚，不能得其毫髮私，亦竟無如何也。嘗攜一童子，自親串家通問歸，已薄暮矣，風雨驟至，驅避於廢圃破屋中。雨入夜未

夫堅苦卓絕之行，或往往過中失正，不近人情。」[40]，守寡撫孤
箇中的辛酸，紀昀也是屢表深切的同情之意[41]。正因紀昀瞭解到
守節的艱辛不易，所以他也曾爲側室守節的江氏抱不平：

> 嫡庶有別，古禮也。……然則，禮之所別，名分焉而已。
> 至撐拄綱常，砥礪名教，庶與嫡，豈有別哉！且非僅無別
> 已也，女之立節難於男，庶之立節尤難於嫡……呂新吾《葬
> 禮翼》曰：「爲節義而死者，雖少雖賤必祔」通儒之論，足
> 破迂拘。節婦之事，爲宜大書而特書者，可以思矣。顧自
> 惟"離鸞別鶴、青燈白髮"之膚詞，不足以爲節婦重。故敬
> 書節婦之尤宜表章，以告夫好持苛禮者。[42]

他特別引經據典「爲節義而死者，雖少雖賤必祔」，認爲江氏
雖是側室，但守節不虧，還是應該得以祔於祖墓，來還擊迂拘的
「好持苛禮者」。他也曾以詩「是由局外人，身未罹煢獨，如彼飫

止，遙聞牆外人語曰：『我方投汝屋避雨，汝何以冒雨坐樹下？』又聞
樹下人應曰：『汝毋多言，廖家節婦在屋內。』遂寂然。後童子偶述其
事，諸僕婢皆曰：『人不近情，鬼亦惡而避之也。』嗟乎！鬼果惡而避
之哉？」（前揭書頁 77）都是鬼神欽敬之例。其中廖姥一則，僕婢視之
爲不近人情，因此連鬼也厭惡而躲避她，有人誤以是紀昀也厭惡廖姥，
實是未審句末紀昀感嘆的反問語氣，且紀昀在《灤陽續錄》卷四中，也
曾以非常懷念的口吻來稱讚家中兩位老僕人施祥及廖姥：「爾時家中，
外倚祥內倚廖嫗，故百事皆井井……今眼中遂無此人，徘徊四顧，遠想
慨然」（前揭書頁 542-543），足見紀昀並不憎惡廖姥。

40 〈題姚姬傳書左墨溪事後〉，紀昀，《紀曉嵐文集》第一冊，河北教育出
版社，1991，頁 257。

41 如〈旌表張母黃太孺人節孝序〉、〈書奏節婦江氏事略後〉、〈書徐節婦傳
後〉、〈黃烈女詩〉、〈張烈女詩〉、〈村節婦詩〉、〈汪氏雙節詩〉〈蔡貞女
詩〉、〈吳烈婦詩〉等都是屢言對守節者感到酸惻、慘澹的心情（《紀曉
嵐文集》第一冊，河北教育出版社，1991，頁 226、263、263、478、479、
497、517、545、546）。

42 〈書奏節婦江氏事略後〉，前揭書，第一冊，頁 263。

膏粱，不知藜藿腹」[43]，來責難局外人無法體驗得到，事雖若平近的守節，其中的悲苦與淒涼，而「操苛論者」還妄議守節者「不能以奇行見」：

> 窮居陋巷之儒，已不能責之以奇行，聖門如冉伯牛，何嘗有事實可稱哉！至於婦女，非遭強暴、遘亂離，尤不能以奇行見。守節撫孤，即分內無闕事，分外無餘事矣。此其事雖若平近，然使操苛論者試設身處地，果易乎？難乎？[44]

在紀昀看來，「烈易而節難」[45]，「蓋烈婦或激於一時，節婦非素有定志，必不能飲冰茹蘗數十年」[46]，我們於此看到這些「好持苛禮者」、「操苛論者」對守節者的苛議，是一幅多鮮明不近人情的形象啊！

紀昀雖然也是表彰烈女貞婦，但他並非和苛刻不近人情的道學先生一樣，動輒板著面孔要求寡婦守節、殉節。他甚至更對明人歸有光所鼓吹的未婚守節提出尖銳的質疑：「青娥初畫悵離鸞，白首孤燈事亦難。何事前朝歸太僕，儒門法律似申韓」[47]，和講學家嚴酷的態度比起來，他還是比較通達近人情的。我們從《槐西雜志》的故事中，可以知道他是認同「人非草木，豈得無情」，理性地承認了"人欲"的存在，重點是要「禮不可逾，義不可負，能自制不行耳」：

> 交河一節婦建坊，親串畢集。有表姊妹自幼相謔者，戲問曰：「汝今白首完貞矣。不知此四十餘年中，花朝月夕，曾

---

43 〈汪氏雙節詩〉，前揭書，第一冊，頁 517。
44 〈書徐節婦傳後〉，前揭書，頁 517。
45 見〈旌表張母黃太孺人節孝序〉，前揭書，第一冊，頁 226。
46 《槐西雜志》卷三，紀昀著，孫致中等校點，《紀曉嵐文集》第二冊《閱微草堂筆記》，河北教育出版社，1991，頁 311。
47 〈蔡貞女詩〉《紀曉嵐文集》，河北教育出版社，1991，第一冊，頁 545。

一動心否乎？」節婦曰：「人非草木，豈得無情。但覺禮不可逾，義不可負，能自制不行耳。」一日，清明祭掃畢，忽似昏眩，喃喃作囈語。扶掖歸，至夜乃蘇，顧其子曰：「頃恍惚見汝父，言不久相迎，且勞慰甚至。言人世所爲，鬼神無不知也。幸我平生無瑕玷，否則黃泉會晤，以何面目相對哉！」越半載，果卒。此王孝廉梅序所言，梅序論之曰：「佛戒意惡，是剗除根本工夫，非上流人不能也。常人膠膠擾擾，何念不生？但有所畏而不敢爲，抑亦賢矣。此婦子孫，頗諱此語。余亦不敢舉其氏族。然其言光明磊落，如白日青天，所謂皎然不自欺也，又何必諱之！」[48]

如同《禮記·禮運篇》中所說的「飲食男女，人之大欲存焉」，要求守節幾十年的寡婦，始終心如枯井，波瀾不生，豈「非上流人不能也」，但是紀昀認爲內心中感受到"情"的存在並不可怕，關鍵是以"禮"抑"情"，能自制不發生越軌的行爲[49]，所以此婦子孫又何必隱諱此語！

紀昀雖然表揚烈女貞婦，但《閱微草堂筆記》中記載一則再嫁之婦，不爲前夫守節，而爲後夫守節，點出了婚姻與愛情的關係，守不守節，他認爲要以夫妻之間的感情爲前提的，比起講學家無條件的要求守節，紀昀的觀念已是大膽而且開通得許多：

滄州醫者張作霖言其鄉有少婦，夫死未週歲輒嫁，越兩歲，後夫又死，乃誓不再適，竟守志終身。嘗問一鄰婦病，鄰婦忽瞑目作其前夫語曰：「爾甘爲某守，不爲我守，何也？」

48　《槐西雜志》卷一，紀昀著，孫致中等校點，《紀曉嵐文集》第二冊《閱微草堂筆記》，河北教育出版社，1991，頁 247。

49　這點看法和胡仔「若戒之則誠難，節之則爲易，乃近於人情也」（《苕溪漁隱叢話後集》卷 31，木鐸出版社，1982，頁 233）頗爲相近。

少婦毅然對曰：「爾不自反，乃敢咎人耶？」鬼竟語塞而退。此與蘭陵公主事相類，蓋亦豫讓眾人遇我，眾人報之，國士遇我，國士報之之意也。[50]

紀昀能重視婚姻中夫妻的感情問題，用寬容的態度來看待守節的問題，和得到師長的教誨有極大的關係，少年時的紀昀曾聽聞一則故事：

> 有遊士以書畫自給，在京師納一妾，甚愛之，或遇讌會，必袖果餌以貽，妾亦甚相得。無何病革，語妾曰：「吾無家，汝無歸，吾無親屬，汝無依。吾以筆墨為活，吾死汝琵琶別抱，勢也，亦理也。吾無遺債累汝，汝亦無父母兄弟掣肘，得行己志，可勿受錙銖聘金，但與約歲時許汝祭我墓，則吾無恨矣。」妾泣受教，納之者，亦如約，又甚愛之，然妾恆鬱鬱憶舊恩，夜必夢故夫同枕席，睡中或妮妮囈語。夫覺之，密延術士，鎮以符籙，夢語止，而病漸作，馴至綿惙。臨歿，以額叩枕曰：「故人情重實不能忘，君所深知，妾亦不諱，昨夜又見夢曰：『久被驅遣，今得再來，汝病如是，何不同歸？』已諾之矣，能邀格外之惠，還妾屍於彼

---

50 《槐西雜志》卷一，前揭書，頁 240-241。同卷另一則故事，也是以同情心來看待未能守節者：某公納一妾，姿采秀麗，言笑亦婉媚，善得人意。然獨立則凝然若有思，昬見亦不訝也。一日，稱有疾，鍵戶晝臥，某公穴窗紙窺之，則塗脂傅粉，釵釧衫裙，一一整飭，然後陳設酒果，若有所祀者。排闥入問，姬蹙然斂衽跪曰：「妾故某翰林之寵婢也，翰林將歿，度夫人必不相容，慮或鬻入青樓，乃先遣出，臨別切切私囑曰：『汝嫁我不恨，嫁而得所，我更慰，惟逢我忌日，汝必於密室靚妝，私祭我，我魂若來，以香煙繞汝為驗也。』」某公曰：「徐鉉不負李後主，宋主弗罪也，吾何妨聽汝。」姬再拜炷香，淚落入俎。煙果裊裊然三繞其頰，漸蜿蜒繞至足。溫庭筠《達摩支曲》曰：「搗麝成塵香不滅，拗蓮作寸絲難絕」此之謂歟！雖琵琶別抱，已負舊恩，然身去而心留，不猶愈於同床各夢哉！前揭書，頁 246-247。

墓，當生生世世，結草銜環，不情之請，惟君圖之。」語
訖奄然。夫豪士，慨然曰：「魂已往矣，留此遺蛻何為？楊
越公能合樂昌之鏡，吾不能合之泉下乎？」竟如所請。此
雍正甲寅乙卯間事，余時年十一二，聞人述之，而忘其姓
名。[51]

　　紀昀對此事的看法是「余謂再嫁，負故夫，嫁而有貳心，負
後夫也，此婦進退無據焉。」而一位師長「何子山先生亦曰：『憶
而死，何如殉而死乎？』」，顯然紀昀當時的看法並不如後來的寬
厚，而何子山所言也有些苛刻，倒是另一位師長「何勵庵先生則
曰：『《春秋》責備賢者，未可以士大夫之義，律兒女子，哀其愚
可也，憫其志可也。』」，提出和紀昀、何子山不同的看法，少了嚴
詞責難，而多了些憐憫之心。事過多年，晚年的紀昀回想起此事，
不諱言年少時評論「此婦進退無據」，倒是以何勵庵的話做為定
論，大概這番教誨深深地影響了紀昀，所以隨著歲月增長，人事
歷練增多，紀昀看待這類守節之事已能藉小人物之口說出「婦再
嫁常事，娶再嫁婦亦常事」[52]這樣的話來。我們且看日後紀昀再
聽到類似情節的事時，他的評論已是像何勵庵一樣的看法，寬容
地說出「哀其遇，悲其志，惜其用情之誤，則可矣。必執《春秋》
大義，責不讀書之兒女，豈與人為善之道哉？」[53]、「憫其遇，悲
其志」這樣的話來：

　　　司庖楊媼言其鄉某甲，將死，囑其婦曰：「我生無餘貲，身
　　　後汝母子必凍餓，四世單傳，存此幼子，今與汝約，不拘
　　　何人，能為我撫孤則嫁之，亦不限服制月日，食盡則行。」

51 《灤陽消夏錄》卷二，前揭書，頁 26-27。
52 《槐西雜志》卷四，前揭書，頁 354。
53 《槐西雜志》卷二，前揭書，頁 281-282。

囑詫，閉目不更言，惟呻吟待盡，越半日，乃絕。有某乙聞其有色，遣媒妁請如約，婦雖許婚，以尚足自活不忍行。數月後，不能舉火，乃成禮，合巹之後，已滅燭就枕，忽聞窗外嘆息聲，婦識其謦欬，知為故夫之魂，隔窗嗚咽語之曰：「君有遺言，非我私嫁，今夕之事，於勢不得不然，君何以為祟？」魂亦嗚咽曰：「吾自來視兒，非來祟汝，因聞汝啜泣卸妝，念貧故，使汝至於此，心脾悽動，不覺喟然耳。」某乙悸甚，急披衣而起曰：「自今以往，所不視君子如子者有如日。」靈語遂寂。後某乙耽玩豔妻，足不出戶，而婦恆惘惘如有失，某乙倍愛其子以媚之，乃稍稍笑語。七八載後，某乙病死無子，亦別無親屬，婦據其貲延師教子，竟得遊泮，又為納婦，生兩孫。至婦年四十餘，忽夢故夫曰：「我自隨汝來，未曾離此，因吾子事事得所，汝雖日與彼狎暱，而念念不忘我，燈前月下，背人彈淚，我見之，故不欲稍露形聲，驚爾母子。今彼已轉輪，汝壽已盡，餘情未斷，當隨我同歸也。」數日，果微疾，以夢告其子，不肯服藥，荏苒遂卒。其子奉棺合葬於故夫，從其志也。程子謂「餓死事小，失節事大」，是誠千古之正理，然為一身言之耳，此婦甘辱一身以延宗祀，所全者大，似又當別論矣。楊媼能舉其姓氏里居，以碎璧歸趙，究非完美。隱而不書，憫其遇，悲其志，為賢者諱也。[54]

不僅如此，他對一樁婚外情，並沒有以禮教的名義大加撻伐，但是並非否認禮法對於社會秩序的必要，因此外遇者受到了冥罰。而對外遇者的苦戀，紀昀又寄予深切的同情，為此他還寫了

54　《灤陽續錄》卷一，前揭書，頁 504-505。

一首詩：

> 余在烏魯木齊時，一日，報軍校王某，差運伊犁軍械，其
> 妻獨處。今日過午，門不啟，呼之不應，當有他故。因檄
> 迪化同知木金泰往勘，破扉而入，則男女二人共枕臥，裸
> 體相抱，皆剖裂其腹死。男子不知何自來，亦無識者。研
> 問鄰里，茫無端緒，擬以疑獄結矣。是夕，女屍忽呻吟，
> 守者驚視，已復生，越日能言。自供與是人幼相愛，既嫁
> 猶私會。後隨夫駐防西域，是人念之不釋，復尋訪而來，
> 甫至門，即引入室，故鄰里皆未覺。慮暫會終離，遂相約
> 同死，受刃時痛極昏迷，倏如夢覺，則魂已離體。急覓是
> 人，不知何往。惟獨立沙磧中，白草黃雲，四無邊際。正
> 彷徨間，為一鬼縛去。至一官府，甚見詰辱。云：「是雖無
> 恥，命尚未終。」叱杖一百，驅之返。杖乃鐵鑄，不勝楚
> 毒，復暈絕。及漸蘇，則回生矣。視其股，果杖痕重疊。
> 駐防大臣巴公曰：「是已受冥罰，姦罪可勿重科矣。」余〈烏
> 魯木齊雜詩〉有曰：「鴛鴦畢竟不雙飛，天上人間舊願違。
> 白草蕭蕭埋旅櫬，一生腸斷華山畿。」即詠此事也。[55]

　　在紀昀所處的時代，愛情是無法淩駕於禮法之上，許多人如
同故事中的外遇者，相愛卻無法相守，而必須守著沒有感情的婚
姻生活。紀昀不像戴震激動地直接控訴以理殺人[56]，他是曲折地
透過《閱微草堂筆記》中一則則的故事，來喚醒禮法中的人情，

55　《灤陽消夏錄》卷五，前揭書，頁 95-96。

56　戴震：〈與某書〉「嗚呼！今之人其亦弗思矣！聖人之道，使天下無不達
之情，求遂其欲，而天下治。後儒不知「情之至於纖微無憾」是謂理，
而其所謂理者，同於酷吏之所謂法。酷吏以法殺人，後儒以理殺人，浸
浸乎舍法而論理。死矣，更無可救矣！」(《戴震全書》第六冊《戴震文
集》，黃山書社，1995 年)，頁 496。

如魯迅所說的「且於不情之論，世間習而不察者，亦每設疑難，揭其拘迂」[57]、「他生在乾隆間法紀最嚴的時代，竟敢借文章以攻擊社會上不通的禮法、荒謬的習俗，以當時的眼光看去，真算得很有魄力的一個人。」[58]，紀昀不是反對禮法，他攻擊的是「不通的禮法、荒謬的習俗」，希望在遵循禮法時，又能兼顧人情，否則「必激而蕩於禮法外矣」[59]，如同故事中的外遇者，如果婚姻一開始能顧及到當事人的感情，豈不是能避免日後悲劇的發生。

關於貞節的問題，紀昀在禮部尚書任內（1803 年），上了一道摺子〈請敕下大學士九卿科道詳議旌表例案摺子〉[60]，是要為「猝遭強暴，力不能支，捆縛捺抑，竟被姦汙者」「例不旌表」不近人情的規定翻案，因為一個孱弱女子，面對歹徒的強暴，往往無能為力。「譬如忠臣烈士，誓不從賊，而四體繫縛，眾手把持，強使跪拜，可謂之屈膝賊庭哉？」因身為禮部的長官，負有旌表的職責，「每遇此等案件，不敢不照例核辦。而揆情度理，於心終覺不安」，他提請皇上將此事交大學士九卿科道評議，對於不屈見戕的婦女「量予旌表」，這個奏議得到了嘉慶皇帝的允准。事實上這事的動機，紀昀在《閱微草堂筆記》中早已有一則藉著冤魂之口，痛訴制度不合理的故事，已經可以看見端倪：

> 許南金先生言康熙乙未，過阜城之漫河，夏雨泥濘，馬疲不進，息路旁樹下，坐而假寐。恍惚見女子拜，言曰：「妾黃保寧妻湯氏也，在此為強暴所逼，以死捍拒，卒被數刀

57　《中國小說史略》第 22 章，魯迅，上海古籍出版社，2006，頁 139。

58　魯迅：《魯迅學術論著》之《中國小說的歷史的變遷》第六講（浙江人民出版社，1998 年），頁 241。

59　紀昀：〈伯兄晴湖公墓誌銘〉，《紀曉嵐文集》第一冊（河北教育出版社，1991 年），頁 379。

60　前揭書，頁 89。

而死。官雖捕賊駢誅，然以妾已被汙，竟不旌表。冥官哀
其貞烈，俾居此地，為橫死諸魂長，今四十餘年矣。夫異
鄉丐婦，踽踽獨行，猝遇三健男子執縛於樹，肆行淫毒，
除罵賊求死，別無他術，其齧齒受玷，由力不敵，非節之
不固也，司讞者苛責無已，不亦冤乎？公狀貌似儒者，當
必明理，乞為白之。」夢中猶詢其里居，霍然已醒，後問
阜城士大夫無知其事者，問諸老吏亦不得其案牘，蓋當時
不以為烈婦，湮沒久矣。[61]

這是紀昀早年聽到師長所說的故事，雖然日深歲久，但紀昀
幸能在其逝世前兩年，對不合理的制度提出糾正。這種作法雖然
不能從根本上解決講學家對貞節要求過為嚴苛的問題，但可以看
到紀昀內心深處細膩的人情味和寬厚仁愛的為政思想，同時也以
曲折的方式，表達了他的批判。

三、講學家假道學的形象

假道學一般是指假借道學之名欺世盜名之輩。理學官學化，
是社會上充斥假道學的一個十分重要的原因，所以有陳澧
（1810-1882）所說的「更有未讀程朱書而尊程朱者，則科舉習氣
耳，豈真尊程朱哉？」[62]，由於利祿之途使然，所以講學家中才
會有不能真知力行聖賢之道的假道學產生，清初顏李學派的重要
傳人王源（1648-1710）就指出當時假道學普遍存在「天下無事不
偽，而理學尤甚，今所號為儒者，類皆言偽行汙，不足起人意」[63]。

---

61 《如是我聞》卷一，前揭書，頁 130-131。
62 陳澧：《東塾讀書記（外一種）》（（北京）三聯書店，1998 年），頁 332。
63 王源：《居業堂文集》卷 7〈與李中孚書〉，（《續修四庫全書》1418 冊，
　　上海古籍出版社，2002 年），頁 155。連十分推崇理學的康熙也指出假
　　道學的充斥「日用常行，無非此理，自有理學名目，而彼此辯論。朕見

陳確（1604-1677）更將假道學細分為三種：「今世所謂假道學有
三種：一則外竊仁義之聲，內鮮忠信之實者，謂之外假；一則內
有好善之心，外無力善之事者，謂之內假；又有一種似是而非之
學，內外雖符，名義亦正，而於道日隔，雖真亦假。破此三假，
然後可以語學矣。」[64]，不僅是學者對假道學進行批判，連婦孺
也可以憑著感覺經驗對假道學加以譏嘲[65]，無疑反映了當時社會
上對道學普遍的不信任感，對假道學的嘲諷成了一種社會思潮。

　　在清代批判假道學的思潮中，紀昀無疑是其中的一員大將，紀昀
在《閱微草堂筆記》中對那些虛偽矯作、口是心非和坐而論道、
不務實務的講學家，往往一針見血、直指核心地揭露他們假道學
的醜態，把他們虛偽的嘴臉刻畫得淋漓盡致，可以看出紀昀對假
道學的深惡痛絕。

　　《閱微草堂筆記》對假道學的批判與抨擊，在清代筆記小說
中，可說是無人能出其右。它不僅以廣度取勝，而且以深度取勝。
紀昀抨擊那些虛偽的講學家，毫不留情且直率辛辣，在《閱微草
堂筆記》中有許多則透過神鬼狐魅之口，給予辛辣的諷刺，如《灤

言行不相符者甚多。終日講理學，而所行之事，全與其言背謬，豈可謂
之理學？若口雖不講，而行事皆與道理吻合，此即真理學也。」「凡所貴
道學者，必在身體力行，見諸實事，非徒托之空言。今漢官內有道學之名
者甚多，考其究竟，言行皆背。如崔蔚林之好事，居鄉不善，此可云道學
乎？」（章梫：《康熙政要》，北京中共中央黨校出版社，1994年，頁303。）
64 陳確：《陳確集》（（北京）中華書局，1979年），頁111。
65 清初理學家張履祥（1611-1674）就曾感慨地說：「雖窮鄉婦女、三尺童
豎，熟於口，慣於耳，見夫人一言一行稍異流俗也，遂以假道學為詬詆，
一人始之，眾人相與和之，咸指而名以假云假云，曾不問其人之躬行操
履，與夫存心學術之果何如，概將推而內之假之之中，於是朝廷之上、
鄉曲之間，盡以是為攻正人之矛幟，而空善類之坑阱矣。吾因之益深世
道人心之感矣。」〈假道學說〉，《楊園先生全集》卷18，頁30-31，清
同治十年（1871）江蘇書局刻本。

陽消夏錄》卷四中引了一則妖怪斥責時方饑荒盛行，卻在高談民胞物與的道學家「在此講民胞物與，不知講至天明，還可作飯餐？可作藥服否？且擊汝一磚，聽汝再講邪不勝正！」[66]，把一個只會空談心性卻胸無實學的假道學形象，生動逼真地刻畫出來。而紀昀著墨最多的是揭露那些外竊仁義之聲，內鮮忠信之實的假道學真面目，透過一則則的故事，讓假道學一一現形、無所遁藏。有的是藉妖魅之口，刻劃出假道學矯作虛偽、言行不一的形象：

> 王梅序孝廉言交河城西有古墓，林木叢雜，云藏妖魅，犯之者多患寒熱，樵牧不敢近。一老儒耿直負氣，由所居至縣城，其地適中，過必憩息，偃寒傲睨，竟無所見聞，如是數年。一日，又坐墓袒裼納涼，歸而發狂譫語曰：「曩以汝為古君子，故任汝放誕，未敢侮汝，汝近乃作負心事，知從前規言矩步，皆貌是心非，今不復畏汝矣。」其家再三拜禱，昏憒數日。自是索然氣餒，每經其地，輒俛首疾趨。觀此知魅不足畏，心苟無邪，雖凌之而不敢校，亦觀此而知魅大可畏，行苟有玷，雖秘之而皆能窺。[67]

這位老儒的「規言矩步」讓古墓中的妖魅以為他是位古君子，

---

66 武邑某公與戚友賞花佛寺經閣前，其地最豁敞，而閣上時有變怪，入夜，人即不敢坐閣下，某公以道學自任，夷然弗信也，酒酣耳熱，盛談西銘萬物一體之理，滿座拱聽，不覺入夜。忽閣上厲聲叱曰：「時方飢疫，百姓頗有死亡，汝為鄉宦，既不思早倡義舉，施粥捨藥，即應趁此良夜，閉戶安眠，尚不失為自了漢，乃虛談高論，在此講民胞物與，不知講至天明，還可作飯餐？可作藥服否？且擊汝一磚，聽汝再講邪不勝正！」忽一磚飛下，聲若霹靂，杯盤幾案俱碎。某公倉皇走出曰：「不信程朱之學，此妖之所以為妖歟！」徐步太息而去。紀昀：《閱微草堂筆記》（孫致中等校點，《紀曉嵐文集》第二冊，河北教育出版社，1991年），頁73。
67 《如是我聞》卷四，前揭書，頁219。

因此「任汝放誕」，一旦老儒做了虧心事，「知從前規言矩步，皆貌是心非，今不復畏汝矣」，就讓老儒「發狂譫語」，也揭穿了老儒假道學的真面目。道學家講的是「邪不干正，妖不勝德」，但如果不是真君子卻偏要對鬼怪挑釁，往往會遭致鬼怪的反擊而自取其辱。像《灤陽消夏錄》卷五記載著一位詈狐的老學究，就遭致狐狸精揭發他好色的面目[68]，《如是我聞》卷四中另有一則老儒自取其辱的例子，經過狐狸精的戲弄之後，「不得已焚香拜祝」，「自是不復相嬲，而講學之氣焰，已索然盡矣」也讓人看清楚他假道學的面貌「古貌不古心」、「惟其不足於中，故悻悻於懷也」：

> 劉香畹言曩客山西時，聞有老儒經古塚，同行者言中有狐，老儒詈之，亦無他異。老儒故善治生，冬不裘，夏不絺，食不肴，飲不莽，妻子不宿飽，銖積錙累，得四十金，鎔為四錠，秘緘之，而對人自訴無擔石。自詈狐後，所儲金或忽置屋顛樹杪，使梯而取；或忽在淤泥淺水，使濡而求；甚或忽投圍圂，使探而濯；或移易其地，大索乃得；或失去數日，從空自墮；或與客對坐，必納於帽簷；或對人拱揖，忽鏗然脫袖，千變萬化，不可思議。一日，忽四錠躍擲空中，如蛺蝶飛翔，彈丸擊觸，漸高遠，勢將飛去，不得已焚香拜祝，始自投於懷，自是不復相嬲，而講學之氣焰，已索然盡矣。說是事時，一友曰：「吾聞以德勝妖，不聞以詈勝妖也，其及也固宜。」一友曰：「使周張程朱詈妖必不興，惜其古貌不古心。」一友曰：「周張程朱必不輕詈，

68　平原董秋原言海豐有僧寺，素多狐，時時擲瓦石嬲人。一學究借東廂三楹授徒，聞有是事，自詣佛殿呵責之，數夕寂然，學究有德色。一日，東翁過談，拱揖之頃，忽袖中一卷墮地，取視，乃秘戲圖也。東翁默然去，次日生徒不至矣。前揭書，頁90。

惟其不足於中，故悻悻於懷也」。香畹首肯曰：「斯言洞見癥結矣。」[69]

《灤陽消夏錄》卷四中也有一則老儒自取其辱的例子，透過狐女之口，責備一位耆儒的真正用心，也讓這位假道學「瑟縮不能對」，在狐女責問之下，那假道學的存心，就洞然若揭無所遁逃了：

> 李孝廉存其言蠡縣有凶宅，一耆儒與數客宿其中，夜聞窗外撥剌聲，耆儒叱曰：「邪不干正，妖不勝德，余講道學三十年，何畏於爾？」窗外似有女子語曰：「君講道學，聞之久矣，余雖異類，亦頗涉儒書。大學扼要在誠意，誠意扼要在慎獨。君一言一動，必循古禮，果為修己計乎？抑猶有幾微近名者在乎？君作語錄，斷斷與諸儒辯，果為明道計乎？抑猶有幾微好勝者在乎？夫修己明道天理也，近名好勝，則人欲之私也。私欲之不能克，所講何學乎？此事不以口舌爭，君捫心清夜先自問其何如？則邪之敢干與否？妖之能勝與否？已了然自知矣，何必以聲色相加乎？」耆儒汗下如雨，瑟縮不能對。徐聞窗外微哂曰：「君不敢答，猶能不欺其本心，姑讓君寢。」又撥剌一聲，掠屋簷而去。[70]

這位耆儒的言行必循古禮，並不是爲了「修己」而是爲了「近名」；他作語錄，並不是爲了「明道」而是爲了「好勝」。他的作爲只是「人欲之私」，無怪乎狐女敢現聲說「則邪之敢干與否？妖之能勝與否？已了然自知矣，何必以聲色相加乎？」有些假道學還能外假公義之名，做些義正辭嚴的事，若非神明揭發姦慝，差

69 前揭書，頁 221-222。
70 前揭書，頁 81。

點就讓他博得正祀典的美名，使他擴充私宅的私心得逞：

> 董曲江言默庵先生為總漕時，署有土神馬神二祠，惟土神
> 有配，其少子恃才兀傲，謂土神于思老翁，不應擁豔婦；
> 馬神年少，正為嘉耦，徑移女像於馬神祠，俄眩僕不知人。
> 默庵先生聞其事，親禱移還乃蘇。又聞河間學署，有土神
> 亦配以女像，有訓導謂黌宮不可塑婦女，乃別建一小祠遷
> 焉。土神憑其幼孫語曰：「汝理雖正，而心則私，正欲廣
> 汝宅耳，吾不服也。」訓導方侃侃談古禮，猝中其隱，大
> 駭，乃終任不敢居是室。二事相近，或曰：「訓導遷廟猶
> 以禮，董瀆神甚矣，譴當重。」余謂董少年放誕耳，訓導
> 內挾私心，使己有利，外假公義，使人無詞，微神發其陰謀，
> 人尚以為能正祀典也。《春秋》誅心，訓導譴當重於董。[71]

　　紀昀諷刺寫作厲害之處，甚至連鬼狐吃吃一笑，就能揭露假
道學口稱儉素但內心貪財的面具，在《如是我聞》卷三中有則極
為辛辣高明的白描諷刺：

> 同年項君廷模言：昔嘗館翰林某公家，相見輒講學。一日，
> 其同鄉為外吏者，有所饋贈，某公自陳平生儉素，雅不需
> 此。見其崖岸高峻，遂逡巡攜歸。某公送賓之後，徘徊廳
> 事前，悵悵惘惘，若有所失，如是者數刻。家人請進內午
> 餐，大遭詬怒，忽聞有數人吃吃竊笑之。視之無跡，尋之，
> 聲在承塵上，蓋狐魅云。[72]

　　有時甚至不必透過鬼狐之口，就能將假道學表裡不一的形象
刻劃出來，在紀昀家鄉河間府，有一唐生的惡作劇，就將好講無
鬼論的塾師嚇得棄館而去，可見塾師也只是嘴上說說而已，並未

---

71 《灤陽消夏錄》卷一，前揭書，頁 11。
72 前揭書，頁 194。

篤信理學家所說的無鬼論：

> 河間唐生，好戲侮，土人至今能道之，所謂唐嘯子者是也。
> 有塾師好講無鬼，嘗曰：「阮瞻遇鬼，安有是事？僧徒妄造
> 蜚語耳。」唐夜灑土其窗，而嗚嗚擊其戶，塾師駭問為誰，
> 則曰：「我二氣之良能也。」塾師大怖，蒙首股慄，使二弟
> 子守達旦，次日委頓不起。朋友來問，但呻吟曰有鬼。既
> 而知唐所為，莫不拊掌。然自是魅大作，拋擲瓦石，搖撼
> 戶牖無虛夕。初尚以為唐再來，細察之乃真魅，不勝其嬲，
> 竟棄館而去。蓋震懼之後，益以慚恧，其氣已餒，狐乘其
> 餒而中之也。妖由人興，此之謂乎？[73]

另外在《姑妄聽之》卷二記載著講學的教書先生「好以苛禮
繩生徒」，然而卻在積雨初晴的夜晚與自稱狐女的妓女勾搭成姦，
到了天明，鴇母來接妓女，在學生面前，他道貌岸然的面具被揭
穿，只好「自負衣裝，遠遁而去」：

> 董曲江前輩言有講學者，性乖僻，好以苛禮繩生徒。生徒
> 苦之，然其人頗負端方名，不能訐其非也。塾後有小圃，
> 一夕，散步月下，見花間隱隱有人影，時積雨初晴，土垣
> 微圮，疑為鄰里竊蔬者。追而匿之，則一麗人匿樹後跪答
> 曰：「身是狐女，畏公正人，不敢近，故夜來折花，不虞為
> 公所見，乞曲恕。」言詞柔婉，顧盼間百媚俱生。講學者
> 惑之，挑與語，宛轉相就。且云：「妾能隱形，往來無跡，
> 即有人在側，亦不睹，不至為生徒知也。」因相燕昵。比
> 天欲曉，講學者促之行。曰：「外有人聲，我自能從窗隙去，
> 公無慮。」俄曉日滿窗，執經者屬至，女仍垂帳偃臥。講

---

[73] 《灤陽消夏錄》卷一，前揭書，頁 7。

學者心搖搖，然尚冀人不見。忽外言某媼來迓女，女披衣徑出，坐皋比上，理鬖訖，斂衽謝曰：「未攜粧具，且歸梳沐，暇日再來訪，索昨夕纏頭錦耳。」乃里中新來角妓，諸生徒賄使為此也。講學者大沮，生徒課畢歸早餐，已自負衣裝遁矣。外有餘必中不足，豈不信乎？[74]

　　紀昀又記載著河間府一位騙徒的故事，諷刺的是他還將道貌岸然的道學家與這位行騙的遊方和尚寫在一起，當然這位道學家也是一位假道學：

河間有遊僧，賣藥於市，以一銅佛置案上，而盤貯藥丸，佛作引手取物狀。有買者先禱於佛，而捧盤進之。病可治者，則丸躍入佛手；其難治者，則丸不躍。舉國信之。後有人於所寓寺內，見其閉戶研鐵屑，乃悟其盤中之丸，必半有鐵屑，半無鐵屑；其佛手必磁石為之，而裝金於外。驗之信然，其術乃敗。會有講學者，陰作訟牒，為人所訐。到官昂然不介意，侃侃而爭。取所批《性理大全》核對，筆跡皆相符，乃叩額伏罪。太守徐公諱景曾，通儒也，聞之笑曰：「吾平生信佛不信僧，信聖賢不通道學，今日觀之，灼然不謬。」[75]

　　把騙徒和假道學並列，篇末更加上徐太守的一句「信佛不信僧，信聖賢不通道學」，假道學的形象如何？以及紀昀諷刺的意味也就不言可喻了。除了這位「陰作訟牒」貪圖報酬的假道學外，《灤陽消夏錄》卷二，還有一位講學家貪財之例：

族叔楘庵言：「肅寧有塾師，講程朱之學。一日，有遊僧乞食於塾外，木魚琅琅，自辰逮午不肯息。塾師厭之，自出

---

74 前揭書，頁 421。
75 《姑妄聽之》卷三，前揭書，頁 451。

叱使去，且曰：『爾本異端，愚民或受爾惑耳。此地皆聖賢之徒，爾何必作妄想！』僧作禮曰：『佛之流而募衣食，猶儒之流而求富貴也。同一失其本來，先生何必定相苦？』塾師怒，自擊以夏楚。僧振衣起曰：『太惡作劇。』遺布囊於地而去。意必復來，暮竟不至。捫之，所貯皆散錢，諸弟子欲探取。塾師曰：『俟其久而不來，再為計。然須數明，庶不爭。』甫啟囊，則群蜂坌湧，螫師弟面目盡腫，號呼撲救。鄰里咸驚問，僧忽排闥入曰：『聖賢乃謀匿人財耶？』提囊逕行。臨出，合掌向塾師曰：『異端偶觸忤聖賢，幸見恕。』觀者粲然。」或曰幻術也，或曰塾師好闢佛，見僧輒詆。僧故置蜂於囊以戲之。蔡庵曰：「此事余目擊。如先置多蜂於囊，必有蠕動之狀，見於囊外。爾時殊未睹也，云幻術者為差近。」[76]

　　講程朱之學的塾師對遊僧「擊以夏楚」，憑藉自認爲是「聖賢之徒」，而遊僧是「異端」，闢佛似乎順理成章。但塾師卻貪財而打開遊僧遺下的布囊，遭致蜂螫，遊僧「聖賢乃謀匿人財耶？」一句話就道出這位塾師假道學的面目，末了還加上一句「異端偶觸忤聖賢，幸見恕」，譏諷塾師假道學的意味十足。故事中遊僧所說的「佛之流而募衣食，猶儒之流而求富貴也。同一失其本來」，或許是紀昀有意借遊僧之口，自我嘲諷，來表達對當時僧侶以及儒者「失其本來」的不滿，倒有些李贄《續焚書‧三教歸儒說》中批評假道學「陽爲道學，陰爲富貴」的意味。

　　有些假道學不僅是虛僞矯作、口是心非而已，更會裝神弄鬼來害人，在《灤陽消夏錄》卷三的故事中，紀昀父親姚安公對這

位老儒的評語是「謂之真魅可矣」，讀聖賢書卻做魑魅魍魎的事，怎不令人深惡痛絕呢？

> 淮鎮在獻縣東五十五里，即《金史》所謂槐家鎮也，有馬氏者家，忽見變異，夜中或拋擲瓦石，或鬼聲嗚嗚，或無人處突出相嬲，歲餘不止，禱禳亦無驗，乃買宅遷居。有賃居者嬲如故，不久亦他徙，以是無人敢再問。有老儒不信其事，以賤賈得之，卜日遷居，竟寂然無他，頗謂其德能勝妖。既而有獪盜登門與訐爭，始知宅之變異，皆老儒賄盜夜為之，非真魅也。先姚安公曰：「魅亦不過變幻也，老儒之變幻如是，即謂之真魅可矣。」[77]

描繪齷齪卑劣假道學的故事在《閱微草堂筆記》中還有許多則，《灤陽消夏錄》卷四中兩位以道學自任的塾師，講起學來「辯論性天，剖析理欲，嚴詞正色，如對聖賢」，忽然微風吹落兩人密謀奪取寡婦田產的信劄，被學生撿起來看到，事機才敗露，假道學的面目也才被揭穿，和上則故事的老儒一樣，這些都是貌似忠謹卻心懷叵測的假道學：

> 兩塾師鄰村居，皆以道學自任。一日相邀會講，生徒侍坐者十餘人，方辯論性天，剖析理欲，嚴詞正色，如對聖賢。忽微風颯然，吹片紙落階下，旋舞不止，生徒拾視之，則二人謀奪一寡婦田，往來密商之也。此或神惡其偽，故巧發其奸歟？然操此術者眾矣，固未嘗一一敗也，聞此劄既露，其計不行，寡婦之田竟得保。當由煢嫠苦節，感動幽冥，故示是靈異，以陰為呵護云爾。[78]

透過紀昀筆下一則則的故事，那些虛偽矯作、言行不一，口

---

77 前揭書，頁 41-42。
78 前揭書，頁 81。

是心非、貪財害人種種假道學的形象，一一披露在讀者的眼前。
在紀昀的眼裡，讀書講學之儒，若是位利己損人的假道學，倒還
不如一位沒有私心的村婦：

> 北村鄭蘇仙，一日夢至冥府，見閻羅王方錄囚。有鄰村一
> 媼至殿前，王改容拱手，賜以杯茗，命冥吏速送生善處。
> 鄭私叩冥吏曰：「此農家老婦，有何功德？」冥吏曰：「是
> 媼一生無利己損人心。夫利己之心，雖賢士大夫或不免。
> 然利己者必損人，種種機械，因是而生，種種冤怨，因是
> 而造，甚至貽臭萬年，流毒四海，皆此一念為害也。此一
> 村婦而能自制其私心，讀書講學之儒對之多愧色矣。何怪
> 王之加禮乎？」鄭素有心計，聞之惕然而寤。[79]

冥吏說的「此一村婦而能自制其私心，讀書講學之儒對之多
愧色矣。何怪王之加禮乎？」，就是對那些貪財害人假道學最有力
的譏諷。另有一則藉鬼神之口，說出紀昀對假道學的痛惡和譏諷：

> 族姪肇先言，有書生讀書僧寺，遇放燄口，見其威儀整肅，
> 指揮號令，若可驅役鬼神。喟然曰：「冥司之敬彼教，乃逾
> 於儒。」燈影朦朧間，一叟在旁語曰：「經綸宇宙，惟賴聖
> 賢，彼仙佛特以神道補所不及耳。故冥司之重聖賢，在仙
> 佛上。然所重者真聖賢，若偽聖賢則陰干天怒，罪亦在偽
> 仙偽佛上。古風淳樸，此類差稀；四五百年以來，累囚日
> 眾，已別增一獄矣。蓋釋道之徒，不過巧陳罪福，誘人施
> 捨，自妖黨聚徒，謀為不軌外，其偽稱我仙我佛者，千萬
> 中無一。儒則自命聖賢者，比比皆是，民聽可惑，神理難
> 誣，是以生擁皋比，歿沉阿鼻，以其貽害人心，為聖賢所

惡故也。」書生駭愕，問：「此地府事，公何由知？」一彈
指間，已無所睹矣。[80]

在《論語‧述而篇》中，孔子對於別人推崇他為聖人時的反
應是「若聖與仁，則吾豈敢？抑為之不厭，誨人不倦，則可謂云
爾已矣！」，但是透過一位鬼神之口：「四五百年以來⋯⋯儒則自
命聖賢者，比比皆是」，這些偽聖賢貽害人心，罪在偽仙偽佛之上，
因此在阿鼻地獄「累囚日眾，已別增一獄矣」，可以看出紀昀是多
麼地痛惡假道學了。

或許就是紀昀在書中對假道學的刻劃，表現出深惡痛絕，往
往毫不留情地給予辛辣的諷刺，因此學者大多認為《閱微草堂筆
記》中充滿著反理學的思想[81]，但是從下文紀昀對真君子的讚揚
中，就算是理學家，他也會不吝給予好評，或許他反對的是道貌
岸然、口是心非的假道學罷了。

四、德行醇然，真君子的形象

相對於假道學的記載，《閱微草堂筆記》中有關真君子的記
錄就少多了，或許是這世上小人多而君子少吧！但是只要是真君
子，「即狐不敢近」[82]，還往往能得到鬼狐的欽敬護衛，如《槐

80　《如是我聞》卷四，前揭書頁，236-237。
81　如張麗珠：〈紀昀反宋學的思想意義─以《四庫提要》與《閱微草堂筆
　　記》為觀察線索〉，漢學研究，20：1。
82　《灤陽消夏錄》卷四：再從兄旭升言，村南舊有狐女，多媚少年，所謂
　　二姑娘者是也。族人某意擬生致之，未言也。一日，於廢圃見美女，疑
　　其即是。戲歌豔曲，欣然流盼。折草花擲其前，方俯拾，忽卻立數步外，
　　曰：「君有惡念。」踰破垣竟去。後有二生讀書東嶽廟僧房，一居南室，
　　與之昵；一居北室，無睹也。南室生嘗怪其晏至，戲之曰：「左挹浮邱
　　袖，右拍洪崖肩耶？」狐女曰：「君不以異類見薄，故為悅己者容；北
　　室生心如木石，吾安敢近？」南室生曰：「何不登牆一窺，未必即三年

西雜志》卷三所記的老儒「一生循謹，有古君子風」[83]，所以在勢危的時候，能得到鬼神暗中的護佑：

> 交河老儒劉君琢，居於閻家廟，而設帳於崔莊。一日，夜深飲醉，忽自歸家，時積雨之後，道途間兩河皆暴漲，亦竟忘之，行至河干，忽又欲浴，而稍憚波浪之深。忽旁有一人曰：「此間原有可浴處，請導君往。」至則有盤石如漁磯，因共洗濯。君琢酒稍解，忽嘆曰：「此去家不十餘里，水阻迂折，當多行四五里。」某人曰：「此間亦有可涉處，再請導君。」復攝衣徑度，將至家，其人匆匆作別去。叩門入室，家人駭路阻何以歸，君琢自憶，亦不知所以也。揣摩其人，似高川賀某，其或留不住（村名，其取義則未詳）趙某。後遣子往謝，兩家皆言無此事，尋河中盤石，亦無蹤跡，始知遇鬼。鬼多嬲醉人，此鬼獨扶導醉人，或君琢一生循謹，有古君子風，醉涉層波，勢必危，殆神陰

不許。如使改節，亦免作程伊川面向人。」狐女曰：「磁石惟可引鍼。如氣類不同，即引之不動。無多事，徒取辱也。」時同侍姚安公側，姚安公曰：「向亦聞此，其事在順治末年。居北室者，似是族祖雷陽公。雷陽一老副榜，八比以外無寸長，只心地樸誠，即狐不敢近。知為妖魅所惑者，皆邪念先萌耳。」，前揭書，頁68。

83 從《如是我聞》卷四的記載，可以看出劉君琢臨危不懼，能據理服人的處事態度：交河老儒劉君琢名樸，素謹厚，以長者稱，在余家設帳二十餘年，從兄懋園坦居，從弟東白義軒，皆其弟子也。嘗自河間歲試歸，中途遇雨，借宿民家，主人曰：「家惟有屋兩楹，尚可棲止，然素有魅，不知狐與鬼也。君能不畏，則請解裝。」不得已宿焉。滅燭以後，承塵上轟轟震響，如怒馬奔騰，君琢起著衣冠，長揖仰祝曰：「偃蹇寒儒，偶然宿此，欲禍我耶，我非君讎；欲戲我耶，與君素不狎昵；欲逐我耶，今夜必不能行，明朝亦必不能住。何必多此擾攘耶？」俄聞承塵上似老媼語曰：「客言殊有理，爾輩勿太造次。」聞足音橐橐然，向西北隅去，頃刻寂然矣。君琢嘗以告門人曰：「遇意外之橫逆，平心靜氣，或有解時，當時如怒詈之，未必不拋磚擲瓦。」，前揭書，頁235。

相而遺之歟！[84]

又由於物以類聚，所以讀書知禮之狐，是樂於親近正人君子，紀父姚安公之師王德庵先生，也是一位贏得狐精欽敬的正人君子：

> 宋村廠（從弟東白莊名，土人省語呼廠里）倉中舊有狐。余家未析箸時，姚安公從王德庵先生讀書是莊。僕隸夜入倉院，多被瓦擊，而不見其形，惟先生得納涼其中，不遭擾戲。然時見男女往來，且木榻藤枕，俱無纖塵，若時拂拭者。一日，暗中見一人循墻走，似是一翁，呼問之曰：「吾聞狐不近正人，吾其不正乎？」翁拱手對曰：「凡興妖作祟之狐，則不敢近正人；若讀書知禮之狐，則樂近正人。先生君子，故雖少婦稚女，亦不相避，信先生無邪心也。先生何反自疑耶？」先生曰：「雖然，幽明異路，終不宜相接。請勿見形可乎？」翁磬折曰：「諾。」自是不復睹矣。[85]

《槐西雜志》卷四記載著另一位「篤信洛閩，而不騖講學名」因此「窮老以終，聲華闃寂」的老儒周某，但他「內行醇至，粹然古君子也」，所以拒絕了冤死鬼魂以作祟謀取賤價購屋的建議，贏得了鬼魂「君竟真道學」的讚嘆，所以住了四年也了無怪異，紀昀認為是「蓋正氣足以懾之矣」：

> 先師陳白崖先生言業師某先生，（忘其姓字，似是姓周）篤信洛閩，而不騖講學名，故窮老以終，聲華闃寂，然內行醇至，粹然古君子也。嘗稅居空屋數楹，一夜，聞窗外語曰：「有事奉白，慮君恐怖奈何！」先生曰：「第入無礙。」入則一人戴首於項，兩手扶之，首無巾而身爛衫，血漬其半。先生拱之坐，亦謙遜如禮。先生問何語？曰：「僕不幸

84　《槐西雜志》卷三，前揭書，頁 315-316。
85　《槐西雜志》卷三，前揭書，頁 328。

明末戕於盜，魂滯此屋內。向有居者，雖不欲為祟，然陰氣陽光互相激博，人多驚悸，僕亦不安。今有一策，鄰家一宅，可容君眷屬，僕至彼多作變怪，彼必避去，有來居者，擾之如前，必棄為廢宅，君以賤價購之，遷居於彼，僕仍安居於此，不兩得乎？」先生曰：「吾平生不作機械事，況役鬼以病人乎？義不忍為，吾讀書此室，圖少靜耳，君既在此，即改以貯雜物，日扃鎖之可乎？」鬼愧謝曰：「徒見君案上有性理，故敢以此策進，不知君竟真道學，僕失言矣！既荷見容，即託宇下可也。」後居之四年，寂無他異，蓋正氣足以懾之矣。[86]

　　從這則故事中，有幾點值得我們注意的：一是這位周姓老儒和前則的老儒劉君琢都是面對變怪而能處變不驚，或許是平生不做虧心事，才能堅信「邪不干正，妖不勝德」、「知魅不足畏，心苟無邪，雖凌之而不敢校」，因此能坦然面對變怪。這是合乎「粹然古君子」、「真道學」的必要條件。其次周姓老儒更以「吾平生不作機械事，況役鬼以病人乎？義不忍為」拒絕了鬼怪的建議，對照前面提到以道學自任的塾師，卻密謀奪取寡婦田產的記載，同樣是講道學，而假道學和真道學的形象，就鮮明地呈現在我們的眼前了。三是這則冤鬼會提出這樣的建議，竟是由於看到周姓老儒「案上有性理，故敢以此策進」，一句話就把講學家多是假道學的形象說出來了，紀昀對假道學的諷刺真是一針見血、辛辣有勁。四是紀昀雖然對假道學深惡痛絕，揭露假道學的醜態不遺餘力，但不是全然的反對理學，這位周姓老儒「篤信洛閩」，還是能得到紀昀衷心的讚揚，可見他反對的是道貌岸然、口是心非的假

道學罷了。另如《姑妄聽之》卷二記錄了清初理學名臣魏環極
（1616-1685）與狐狸精的故事，也可以看出紀昀並非一昧的醜詆
宋明理學，對講學家中的真君子，還是會給予尊重推崇：

> 相傳魏環極先生，嘗讀書山寺，凡筆墨几榻之類，不待拂
> 拭，自然無塵，初不為意，後稍稍怪之。一日晚歸，門尚
> 未啟，聞室中窸窣有聲，從隙竊覘，見一人方整飭書案，
> 驟入掩之，其人瞥穿後窗去，急呼令近，其人遂拱立窗外，
> 意甚恭謹，問：「汝何怪？」磬折對曰：「某狐之習儒者也，
> 以公正人不敢近。然私敬公，故日日竊執僕隸役，幸公勿
> 訝……公剛大之氣、正直之情，實可質鬼神而不愧，所以
> 敬公者在此」[87]

因為「公剛大之氣、正直之情，實可質鬼神而不愧」[88]，所
以習儒之狐才「竊執僕隸役」，魏環極德行醇然，真君子的形象，
也在此清楚的顯現出來。

五、結　論

攻訐程朱理學末流之弊，是對程朱理學的修正，而非反對程
朱理學。與程朱理學是治學方法上的差異，但在維護社會、安定
人心的倫常教化上，並非是反對程朱理學的。

紀昀雖然對理學末流之弊深惡痛絕，對揭露理學末流之弊的
醜態不遺餘力，但是細究之，紀昀卻不是全然地反對理學。紀昀
和理學的扞格不入是治學方法上的差異，但在維護社會、安定人
心的倫常教化上，和程朱學說所提倡的並無二致，可謂殊途而同
歸。在《閱微草堂筆記》中記載的真君子多是理學家，紀昀對真

87　《姑妄聽之》卷二，前揭書，頁 410。
88　《姑妄聽之》卷四，前揭書，頁 410。

君子劉君琢、周姓老儒、魏環極等人形象的描繪，並不會因他們講理學就醜詆他們，也是寫出鬼狐對他們的欽敬，所以紀昀對理學主敬立誠、躬行自修的功夫還是相當地敬佩，因此才有這樣對講學家正面形象的描寫，而紀昀在治學和立身處世的態度，倒頗有「治經宗漢儒，立身宗宋儒」、「六經尊服鄭，百行法程朱」[89]的意味。再看紀昀所譏諷的講學家，有的是苛刻不近人情、動輒以禮苛責；有的是矯作虛僞、言行不一、口是心非、貪財害人的假道學，這些末流之弊，難道就因爲講理學就不能被批評嗎？所以邱煒菱（菽園）才說「《齊諧》攻宋儒，每每肆意作謔，殊不足服理學家之心。《五種》攻宋儒，架空設難，實足以平道學家之氣」[90]，指的就是紀昀所針砭的的確是理學的末流之弊，講學家豈能以汙衊視之。因此從他對講學家正反兩面的形象描寫看來，紀昀反對的是理學的末流弊端，痛恨的是虛僞的假道學罷了，對德行醇然、躬行自修的理學家，仍然是心折的。但或許是這世上小人多而君子少，造成寫假道學的篇章多，寫真君子的篇章少，於是讓人產生錯覺，以爲紀昀是攻訐程朱理學的。而紀昀在針砭宋學末流之弊時，無疑地也是在對程朱理學的修正，例如在對假道學形象的刻畫時，就寫出真君子的形象以作爲典範；在對講學家苛刻不近人情形象的刻畫時，就提出較寬容的意見「飲食男女，人生之欲存焉。干名義、瀆倫常、敗風俗，皆王法之所必禁也，若

---

89 江藩：《經解入門》卷三〈漢宋門戶異同〉節（天津市古籍書店，1990年），頁 74。江藩治學雖宗漢學，但對宋儒修身的功夫卻頗推服「學者治經宗漢儒，立身宗宋儒，則兩得矣」、「本朝爲漢學者，始于元和惠氏，紅豆山房半農人手書楹帖云：『六經尊服鄭，百行法程朱』，不以爲非，且以爲法，爲漢學者背其師承可哉！藩爲是記，實本師說。」

90 邱煒菱：《客雲廬小說話》卷一〈菽園贅談〉，光緒二十三年刊本。

癡兒騃女，情有所鍾，實非大悖於禮，似不必苛以深文」[91]、「程子謂『餓死事小，失節事大』，是誠千古之正理，然爲一身言之耳，此婦甘辱一身以延宗祠，所全者大，似又當別論矣」[92]等意見，以修正逐漸僵化而不近人情的禮教。以守節爲例，紀昀一方面對貞節烈婦倍加推崇[93]，但又因他深知守節的不易與艱辛，所以能較寬容地看待改嫁之事，而能依據實際狀況，不堅持如程頤所說的「餓死事小，失節事大」，紀昀不是反對禮法，他攻擊的是不通的禮法、荒謬的習俗，希望在遵循禮法時，又能兼顧人情，否則「必激而蕩於禮法外矣」，紀昀不像戴震激動地直接控訴以理殺人，不像吳虞聲嘶力竭地喊出吃人的禮教[94]，他是曲折地透過

---

91 《灤陽續錄》卷五，前揭書，頁555。
92 《灤陽續錄》卷一，前揭書，頁505。
93 紀昀在逝世前兩年的禮部佝書任內（1803），上一道摺子〈請敕下大學士九卿科道詳議旌表例案摺子〉，爲烈婦「猝遭強暴，力不能支，捆縛捺抑，竟被姦汙者」「例不旌表」不近人情的規定翻案，又如《槐西雜志》卷四「倪媼，武清人，年未三十而寡。舅姑欲嫁之，以死自誓。舅姑怒，逐諸門外，使自謀生。流離艱苦，撫二子一女，皆婚嫁，而皆不才。煢煢無倚，惟一女孫爲尼，乃寄食佛寺，僅以自存，今七十八歲矣。所謂青年矢志白首完貞者歟？余憫其節，時亦周之。馬夫人嘗從容謂曰：「君爲宗伯，主天下節烈之旌典，而此媼失諸目睫前，其故何歟？」余曰：「國家典制，具有條格。節婦烈女，學校同舉於州郡，州郡條上於臺司，乃具奏請旨，下禮曹議，從公論也。禮曹得察核之、進退之，而不得自搜羅之，防私防濫也。譬司文柄者，棘闈墨牘，得握權衡，而不能取未試遺材，登諸榜上。此媼久去其鄉，既無舉者；京師人海，又誰知流寓之內，有此孤煢？滄海遺珠，蓋由於此。豈余能爲而不爲歟？念古來潛德，往往借稗官小說，以發幽光。因撮厥大凡，附諸瑣錄。雖書原志怪，未免爲例不純；於表章風教之旨，則未始不一耳。」（前揭書，頁373-374），則是不忘爲於律無法襃揚的節婦傳名。
94 吳虞：〈吃人與禮教〉，「孔二先生的禮教講到極點，就非殺人吃人不成功，這真是殘酷極了！一部歷史裏面，講道德、說仁義的人，時機一到，他就直接間接地都會吃起人肉來。就是現在的人，或者也有沒做過吃人的事，但他們想吃人，想咬你幾口出氣的心，總未必打掃得乾乾淨

《閱微草堂筆記》中一則則的故事，來喚醒日趨苛刻禮法中的人情。從《閱微草堂筆記》中紀昀對三綱五常、忠孝節義等倫理道德，仍是不餘遺力地提倡與遵守，全書中忠臣、孝子、節婦獲得鬼神欽敬、呵護的例子比比皆是，在維護社會秩序與行為規範的目標上，和程朱學說所提倡的並無二致，可謂殊途而同歸，他只是遵循著儒家的中庸之道，去修正理學極端化的弊病，以「深具彈性的理」[95]，更貼近人情常理，以避免流於苛刻不近人情的弊病。所以如同紀昀八十大壽時，他的門生汪德鉞所說的「意旨不若合符節歟」：

> 平生講學，不空持心性之談，人以為異于宋儒，不知其牖民於善，防民於淫，拳拳救世之心，實導源洙泗。即偶為筆記也，以為中人以下，不可與莊語，於是以厄言之出，代木鐸之聲。乍視之，若言奇言怪；細核之，無非寓懲勸以發人深省者。柳子厚云：「即末以操其本，可十七八」，此與濂洛關閩拯人心沉溺者，意旨不若合符節歟？[96]

也難怪章太炎《釋戴》篇會記載著，當紀昀看到一向與之交好的戴震所著的《孟子字義疏證》後，竟「攘臂而扨之」，可見他憤怒的程度，認為該書「以誹清淨潔身之士，而長流汙之行」[97]，

淨。……我們應該明白了：吃人的就是講禮教的，講禮教的就是吃人的呀！」(《新青年》6：6（1919）)。

95　侯健：〈閱微草堂筆記的理性主義〉，中外文學，8：1，頁30-48。

96　汪德鉞：《四一居士文抄》卷四〈紀曉嵐師八十序〉(《稀見清人別集叢刊》第12冊，廣西師範大學出版社，2007年)，頁332-333。

97　「夫言欲不可絕，欲當即為理者，斯固涴政之言，非飭身之典矣。辭有枝葉，乃往往軼出閫外，以詆洛、閩。紀昀攘臂扨之，以非清淨潔身之士，而長流汙之行，雖焦循亦時惑。」《章太炎全集》第四冊〈釋戴〉，上海人民出版社，1985年，頁123。

原因或許就在紀昀並不是反對程朱理學的[98]，而是藉著批判、譏諷末流之弊來修正程朱理學，以達到他心中理想的境地。所以我們可以知道紀昀攻訐程朱理學末流之弊，是對程朱理學的修正，在維護社會、安定人心的倫常教化上，並非是反對程朱理學的。

最後，聽其言而觀其行，我們回顧紀昀的行為處世，如果以宋儒的標準來看紀昀，如同朱熹所說的「十年浮海一身輕，歸對黎渦卻有情。世路無如人欲險，幾人到此誤平生」[99]，視人欲如洪水猛獸，紀昀一定會遭致不矜細行貪戀美色的批評，因為「昀頗蓄妾媵」[100]，無法達到禁慾的標準。但細究之，這在當時「妾

98　劉聲木（1878-1959）認為紀昀批判陸王之說更是不遺餘力「程朱與陸王二派，若水火之不相容，習程朱者無不攻陸王，習陸王者亦然。紀文達公昀為昭代大儒，學問淵雅，志識高卓，未聞以程朱、陸王之學自囿也。其撰《四庫提要》，於程朱之學，雖有微詞，不過不服膺而已，未至於如陸王之學，則攻擊不遺餘力，雖未明言禁人學習，極言其流弊所至，不知底止。可見公道自在人心，非區區口舌所能強爭也」〈四庫提要推重程朱〉，《萇楚齋續筆》卷一，（北京）中華書局，1998 年，頁 232。

99　南宋紹興八年（1138），宋金和議垂成之際，胡銓上了一篇動天地、泣鬼神的〈戊午上高宗書〉，極力反對向金人屈膝投降，請斬王倫、秦檜、孫近之頭，並羈留金使，以興師問罪。卻因此得罪秦檜等，遭朝廷「十年貶海外」，先貶謫威武軍判官，十三年謫新州，十八年謫儋州（今屬海南省），後來獲准北還，起程那天在胡氏園置酒，在侍妓黎倩伴酒下，題詩一首說「君恩許還此一醉，傍有黎頰生微渦」。後朱熹見此詩，就寫下〈宿故氏館觀壁間題詩首警二絕〉「十年浮海一身輕，歸對黎渦卻有情。世路無如人欲險，幾人到此誤平生」，來諷刺胡銓不矜細行貪戀美色，也強調人欲的可怕。紀昀對此也有所辯白「然銓孤忠勁節照映千秋，乃以偶遇歌筵，不能作陳烈逾牆之遁，遂坐以自誤平生，其操之為已蹙矣。平心而論，是固不足以為銓病也」（《澹庵文集》提要，《欽定四庫全書總目》卷 158，紀昀等，中華書局，1997，下冊頁 2114。）

100　紀昀：〈伯兄晴湖公墓誌銘〉（《紀曉嵐文集》第一冊，河北教育出版社，1991 年），頁 379。清人的筆記中更有令人難以置信的記載「飲食男女，大欲存焉……紀文達日必五度，否則病。」（《蟲鳴漫錄》卷二，釆蘅子纂，廣文書局，1969 年，頁 46）。

媵猶在禮法中」[101]，或許這就是紀昀會主張用寬容的態度來看待情慾的原因，畢竟能達到不起心動念的人少，能「禮不可逾，義不可負，能自制不行」，就難能可貴了，嚴格的禁止恐怕只會「必激而蕩於禮法外矣」，產生更多的假道學罷了。除了「頗蓄妾媵」外這樣的「小德出入」外，紀昀一生的行止並無愧於宋儒，並未見紀昀有追逐聲色、犬馬、貨利、喪行敗德的記載，稱他「大德不踰閑」，也無不可。他唯一的嗜好只有多蓄硯台這項文人雅趣，如同他在劉墉的贈硯上鐫道「余與石庵（劉墉）皆好蓄硯，每互相贈送，亦互相攘奪，雖至愛不能割，然彼此均恬不為意也。太平卿相，不以聲色貨利相矜，而惟以此事為笑樂」[102]，話中除了展現出文人的雅趣外，「太平卿相，不以聲色貨利相矜」也可看出紀昀自豪於身居卿相，卻清廉自守的一面。他的門生汪德鉞曾說出紀昀清白節儉的情形：「吾師居台憲之首，據宗伯、司馬之尊，登其堂蕭然如寒素，察其輿馬、衣服、飲食備數而已，其儉也若此」[103]。筆者曾於 1999 年 7 月造訪紀昀閱微草堂故居，真的就如同汪德鉞所說的「登其堂蕭然如寒素」，如果不看門口的告示，這棟尋常人家的建築，讓人很難相信是「居台憲之首，據宗伯、司馬之尊」紀昀的故居[104]。當時不僅是他自稱清廉，連朝鮮使臣回還書狀官沈興永，在乾隆六十年（1795）向國內報告中國政治情形時，也曾提到紀昀「尚書紀昀，文藝超倫，清白節儉」[105]，這

101　〈伯兄晴湖公墓誌銘〉，前揭書，頁 379。
102　紀昀：《閱微草堂硯譜》（湖北美術出版社，2002 年），頁 62。
103　同注 96。
104　筆者造訪時，連續劇《鐵齒銅牙紀曉嵐》尚未播映，該戲後來大受歡迎，紀昀故居也裝修成為觀光景點，原貌盡失。
105　周積明：《紀昀評傳》引《東華續錄》乾隆朝卷 120 語（南京大學出版社，1997 年），頁 88。

在和珅當權時，導致吏治腐敗的清代官場上，確屬難得，也難怪會引起朝鮮外交官的注意。紀昀除了廉潔值得敬佩外，不依附權貴、同流合污的操守更是令人敬佩，嘉慶四年（1799）朝鮮書狀官徐有聞報告說「和珅專政數十年，內外諸臣，無不趨走，惟王杰、劉墉、董誥、朱珪、紀昀、鐵保、玉保等諸人，終不依附」[106]，紀昀雖然不以道學自居，但這種儒家道德的實踐功夫，比起道學家來也是不遑多讓的[107]，或許紀昀無法做到「學求有濟於天下」，但至少他做到了「行求無愧於聖賢」[108]了。也難怪在民間傳說、戲劇中，常把紀昀、劉墉說成是和珅的死對頭，可見紀昀清廉剛正的形象早已深植人心。

---

106 周積明：《紀昀評傳》引《東華續錄》嘉慶朝卷 7 語（南京大學出版社，1997 年），頁 88-89。

107 如果依照滿清貴冑禮親王昭槤的看法，理學之衰和和珅有莫大的關係「自乾隆中，傅、和二相擅權，正人與人梗者，多置九卿閑曹，終身不遷，所超擢者，皆急功近名之士。故習理學者日少，至書賈不售理學諸書。」（《嘯亭雜錄·續錄·理學盛衰》條，（北京）中華書局，1997，頁 503）、「自于、和當權後，朝士習為奔競，棄置正道。黠者訴詈正人，以文己過，迂者株守考訂，訾議宋儒，遂將濂、洛、關、閩之書，束之高閣，無讀之者。」（《嘯亭雜錄·書賈語》條，（北京）中華書局，1997，頁 317），紀昀能堅守正道，身體力行聖賢之教，見諸實事而非徒托空言，環視當時「習理學者日少」、「朝士習為奔競，棄置正道」，更是難能可貴。

108 這兩句話出自《四庫全書總目》卷 152《文正集》提要（（北京）中華書局，1997 年）下冊頁 2041。

從《閱微草堂筆記》中之儒者
形象看紀昀的治學趨向

一、前　言

　　《閱微草堂筆記》是紀昀（1724-1805）晚年的文學代表作，包含了《灤陽消夏錄》六卷 290 則、《如是我聞》四卷 248 則、《槐西雜志》四卷 277 則、《姑妄聽之》四卷 210 則和《灤陽續錄》六卷 147 則等五種，共 1172 則。他從乾隆己酉年（1789）夏到嘉慶戊午年（1798）夏之間陸續寫成，前後共歷時九年。嘉慶庚申年（1800），紀昀門人盛時彥為之校訂合刊，定名為《閱微草堂筆記》。雖然紀昀在《閱微草堂筆記》的序中一再謙稱該書「今老矣，無復當年之意興，惟時拈紙墨，追錄舊聞，姑以消遣歲月而已」[1]、「景薄桑榆，精神日減，無復著書之志，惟時作雜志，聊以消閒，《灤陽消夏錄》等四種，皆弄筆遣日者也。」[2]是消遣歲月的作品，但在景薄桑榆、精神日減、垂垂老矣的暮年，願意耗費近十年的歲月創作此書，不會僅僅是為了弄筆遣日而已，紀昀自己也說「或有益於勸懲」[3]、「大旨期不乖於風教」[4]、「儒者著書，當存風化，

---

1 紀昀，〈姑妄聽之序〉，孫致中等校點，《紀曉嵐文集》第二冊《閱微草堂筆記》，（河北教育出版社，1991 河北教育出版社，1991），頁 375。
2 紀昀，〈灤陽續錄序〉，前揭書，頁 494。
3 紀昀，〈灤陽消夏錄序〉，前揭書，頁 1。
4 紀昀，〈姑妄聽之序〉，前揭書，頁 375。

雖齊諧志怪，亦不當收悖理之言」[5]、「惟不失忠厚之意，稍存勸
懲之旨」[6]，勸懲的用意十分明顯，所以魯迅才稱「則《閱微》又
過偏於論議。蓋不安於僅爲小說，更欲有益人心」[7]。

　　《閱微草堂筆記》記載的內容非常豐富而多樣，因此勸懲的
對象也涵蓋了社會上許多方面。由於紀昀所處的時代正是漢學、
宋學相爭的時代，所以書中有許多儒者言行事蹟的記載，從這些
記載的刻劃中，可以看出紀昀對當時儒者讚許與厭惡爲何？從愛
憎之中，可以得知紀昀對漢宋學的態度爲何？同時也體現了他心
中的學術價值標準爲何。在紀昀另一學術代表著作《欽定四庫全
書總目》中，紀昀也有許多對漢宋學的看法，但或許在官修書中
不能暢所欲言，或許在官修書中要顧及朝廷的學術傾向[8]，但在私

5　紀昀，《灤陽消夏錄》卷六，前揭書，頁 120。
6　紀昀，《灤陽續錄》卷六，前揭書，頁 583。
7　魯迅，《中國小說史略》第 22 章，（上海古籍出版社，2006），頁 138。
8　錢穆先生就認爲「四庫館臣做《四庫全書提要》，對程朱宋學，均濫肆謾
　　罵。此非敢顯背朝廷功令，實是逆探朝廷意志，而爲奉迎」（《國史大綱》
　　下冊，（北京：商務印書館，1996），頁 862。且紀昀雖然身爲四庫全書館
　　的總纂官，但對於編纂事務，卻無法事事如紀昀之意。如紀昀欲將其先
　　高祖紀坤（1570-1642）的詩集《花王閣剩稿》收入集部卻不成：「余編
　　《四庫全書》，嘗錄入集部。會提調有搆余於王文莊（王際華 1717-1776）
　　者，謂余濫登其家集，文莊取閱良久曰：『此衰世哀怨之音，少台閣富貴
　　之氣象，可勿錄也。』遂改存目。同館或咎余當以理爭，不必引嫌。嗟
　　呼！此公豈可以理爭乎？拈記見斥之始末，俾後人知之而已。」（語見於
　　臺灣中央研究院所藏《花王閣剩稿》內粘貼紀昀庚子八月因曝書撿視偶
　　記跋語）又以《皇極經世書》一書爲例，紀昀在《閱微草堂筆記》中稱
　　「於宋儒之學，最不信河圖洛書、皇極經世書」（《槐西雜志》卷一，前
　　揭書，頁 251），對該書的不以爲然，十分明顯。但在《四庫全書》該書
　　書前提要中稱「其取象多不與易相同，俱難免於牽強不合，然邵子在當
　　日用以占驗，無不奇中，故歷代皆重其書」，雖有質疑，但因爲歷代皆重
　　其書，所以還是稱該書「皆立義正大，垂訓深切，是經世一書，雖明天
　　道而實責成於人事，洵粹然儒者之言，固非讖緯術數家所可同年而語
　　也」，書前提要和《閱微草堂筆記》的意見竟相去甚遠。值得注意的是，

人著述中，沒有前面的顧忌，我們如果從《閱微草堂筆記》對儒者形象的描述，或許可以去探索紀昀內心一些未曾言明的想法，在漢宋之爭正熾的時代氛圍中，透過這些故事的描繪，去瞭解他治學的趨向究竟為何，尤其是一向被視為反理學的紀昀，究竟與程朱理學有何立異之處。

《閱微草堂筆記》中所刻劃的儒者形象，正負面形象的刻畫都有，紀昀往往透過鬼狐之口，或譏諷、或讚揚、或揶揄。其中對於講學家的形象，著墨最多，在《閱微草堂筆記》中有許多則記錄講學家的故事，紀昀透過故事的描述，把這些講學家空談高論、近名好勝、苛刻不近人情、假道學種種的醜態，刻劃得淋漓盡致。他彷彿像自己書中所記載冥司的「心鏡」一樣，能透視出這些講學家的種種心態：

> 圓光對照，靈府洞然：有拗捩者，有偏倚者，有黑如漆者，有曲如鉤者，有拉雜如糞牆者，有混濁如泥滓者，有城府險阻千重萬掩者，有脈絡屈盤左穿右貫者，有如荊棘者，

書前提要又和日後經紀昀「筆削考核，一手刪定」（朱珪〈協辦大學士禮部尚書文達紀公昀墓誌銘〉，錢儀吉纂，《碑傳集》卷三十八，（北京：中華書局，1993），頁 1090）的《四庫全書總目》有所不同，後者對該書的質疑依然，「夫以邵子之占驗如神，則此書似乎可信。而此書之取象配數，又往往實不可解據」，但讚美之詞已然刪至「則粹然儒者之言，非術數家所能及，斯所以得列於周程張朱間歟？」（卷 108，紀昀等，（北京）中華書局，1997，頁 1422-1423）末了還加了一句反問語氣，是已較書前提要更能表達自己的意見。能清楚看出紀昀主張的是紀昀奉敕所撰的《四庫全書簡明目錄》「其說借易以推衍，而實無關於易，故朱子以為易外別傳，舊列儒家，今改隸術數類焉。」（卷 11，上海古籍出版社，1985，頁 417），將該書由儒家改列為子部數術類，就可以看紀昀對該書的評價了。由上述所言，可以看出紀昀最能暢所欲言當是在《閱微草堂筆記》，其次為《四庫全書簡明目錄》，再次為《四庫全書總目》，至於書前提要，依情形看來，則是要和其他兩位總纂官陸錫熊、孫士毅進行意見溝通後才能定稿，不全然是紀昀的意見了。

有如刀劍者，有如蜂薑者，有如狼虎者，有現冠蓋影者，
有現金銀氣者，甚有隱隱約約現秘戲圖者，而回顧其形，
則皆岸然道貌也。[9]

這些外貌麟鸞、道貌岸然的偽君子，在心鏡一照之下，那包
藏不測、無跡可窺的方寸靈府，就洞然若揭無所遁逃了。如同這
些內心「黑如漆」、「曲如鉤」、「如糞牆」、「如泥滓」、「城府險阻
千重萬掩」、「如荊棘」、「如刀劍」、「如蜂薑」、「如狼虎」、「現冠
蓋影」、「現金銀氣」、「現秘戲圖」的講學家，在紀昀筆下，也像
冥司的"心鏡"一照，紛紛現形，遭致紀昀藉著鬼狐之口痛加抨
擊和諷刺[10]，而紀昀正是因爲對這些講學家的嘴臉刻劃入微且成
功，紀昀反理學的形象也就深植於此。嘉慶二十三年江藩刊行《國
朝漢學師承記》，爲清代漢學家樹立正統，其中卷六即爲紀昀立
傳，後世也因此多視之爲漢學家，認爲他是反對理學[11]。

但是細究《閱微草堂筆記》中所刻劃的儒者形象，有兩點值
得注意之處，一是在《閱微草堂筆記》中記載的真君子多是理學
家，紀昀對真君子周姓老儒[12]、魏環極[13]等人形象的描繪，並不會

9　《如是我聞》卷一，前揭書，頁142。
10　魯迅在《中國小說史略》第22章中稱：「惟紀昀本長文筆，多見秘書，
　　又襟懷夷曠，故凡測鬼神之情狀，發人間之幽微，托狐鬼以抒己見者，
　　雋思妙語，時足解頤，間雜考辨，亦有灼見。敘述復雍容淡雅，天趣盎
　　然，故後來無人能奪其席，固非僅借位高望重以傳者矣」，（上海古籍出
　　版社，2006），頁138。
11　如余嘉錫，《四庫提要辨證》，（北京：中華書局，1974）謂紀昀「自名
　　漢學，深惡性理，逐峻詞醜詆，攻擊宋儒，而不肯細讀其書。」、張麗
　　珠，紀昀反宋學的思想意義—以《四庫提要》與《閱微草堂筆記》爲觀
　　察線索，漢學研究 20：1，謂紀昀以《提要》的明槍和《筆記》之暗箭
　　來鼓動了學界的反宋學情緒。
12　先師陳白崖先生言業師某先生，（忘其姓字，似是姓周）篤信洛閩，而
　　不鶩講學名，故窮老以終，聲華闃寂，然內行醇至，粹然古君子也。嘗

因他們講理學就醜詆他們，也是寫出鬼狐對他們的欽敬，所以紀昀並不是全然仇視理學家，可見他對理學主敬立誠、躬行自修的功夫還是相當地敬佩，因此才有這樣對講學家正面形象的描寫。再對照《閱微草堂筆記》中紀昀對三綱五常、忠孝節義等倫理道德，仍是不餘遺力地提倡與遵守，全書中忠臣、孝子、節婦獲得鬼神欽敬、呵護的例子比比皆是[14]，因此從紀昀對講學家正反兩

稅居空屋數楹，一夜，聞窗外語曰：「有事奉白，慮君恐怖奈何！」先生曰：「第入無礙。」入則一人戴首於項，兩手扶之，首無巾而身爛衫，血漬其半。先生拱之坐，亦謙遜如禮。先生問何語？曰：「僕不幸明末狀於盜，魂滯此屋內。向有居者，雖不欲爲祟，然陰氣陽光互相激博，人多驚悸，僕亦不安。今有一策，鄰家一宅，可容君眷屬，僕至彼多作變怪，彼必避去，有來居者，擾之如前，必棄爲廢宅，君以賤價購之，遷居於彼，僕仍安居於此，不兩得乎？」先生曰：「吾平生不作機械事，況役鬼以病人乎？義不忍爲，吾讀書此室，圖少靜耳，君既在此，即改以貯雜物，日扃鎖之可乎？」鬼愧謝曰：「徒見君案上有性理，故敢以此策進，不知君竟真道學，僕失言矣！既荷見容，即託宇下可也。」後居之四年，寂無他異，蓋正氣足以懾之矣。（《槐西雜志》卷四，前揭書，頁 366。）

13 相傳魏環極先生，嘗讀書山寺，凡筆墨幾榻之類，不待拂拭，自然無塵，初不爲意，後稍稍怪之。一日晚歸，門尙未啓，聞室中窸窣有聲，從隙竊覘，見一人方整頓書案，驟入掩之，其人瞥穿後窗去，急呼令近，其人遂拱立窗外，意甚恭謹，問：「汝何怪？」謦折對曰：「某狐之習儒者也，以公正人不敢近。然私敬公，故日日竊執僕隸役，幸公勿訝……公剛大之氣、正直之情，實可質鬼神而不愧，所以敬公者在此」（《姑妄聽之》卷二，前揭書，頁 410-411）

14 忠臣之例如《灤陽消夏錄》卷三「有廝養曰巴拉，從征時遇賊，每力戰，後流矢貫左頰，鏃出於右耳之後，猶奮刀砍一賊，與之俱仆。後因事至孤穆第（在烏魯木齊、特納格爾之間），夢巴拉拜謁，衣冠修整，頗不類賤役。夢中忘其已死，問向在何處？今將何往？對曰：「因差遣過此，偶遇主人，一展積戀耳。」問何以得官？曰：「忠孝節義，上帝所重，凡爲國捐生者，雖下至僕隸，生前苟無過惡，幽冥必與一職事；原有過惡者，亦消除前罪，向人道轉生。奴今爲博克達山神部將，秩如驍騎校也」（前揭書，頁 47），孝子之例如《灤陽消夏錄》卷三「去余家十餘里，有瞽者姓衛，戊午除夕，偏詣常呼彈唱家辭歲，各與以食物，自負以歸。

面的形象描寫看來，紀昀反對的是理學的末流弊端，痛恨的是虛偽的假道學罷了，對德行醇然、躬行自修的理學家，仍然是心折的，尤其在維護社會、安定人心的倫常教化上，並非是反對程朱理學的，關於這項觀點，當另文詳探。二是紀昀和理學的扞格不入，是治學方法上的差異，不管是漢、宋學的學者，總是要透過經典來學習聖賢之道，對經典的詮釋，紀昀能看出兩者的優缺點：

> 平心而論，《易》自王弼始變舊說，為宋學之萌芽，宋儒不攻；《孝經》詞義明顯，宋儒所爭，只今文古字句，亦無關宏旨，均姑置勿議；至《尚書》、三禮、三傳、《毛詩》、《爾雅》諸注疏，皆根據古義，斷非宋儒所能；《論語》《孟子》，宋儒積一生精力，字斟句酌，亦斷非漢儒所及。蓋漢儒重師傳，淵源有自；宋儒尚心悟，研索易深。漢儒或執舊文，過於信傳；宋儒或憑臆斷，勇於改經。計其得失，亦復相當。[15]

但他也指出「唯漢儒之學，非讀書稽古，不能下一語；宋儒之學，則人人皆可以空談。其間蘭艾同生，誠有不盡愜人心者，

半途失足，墮枯井中。既在曠野僻逕，又家家守歲，路無行人，呼號嗌乾，無應者。幸井底氣溫，又有餅餌可食，渴甚則咀水果，竟數日不死。會屠者王以勝驅豕歸，距井有半里許，忽繩斷，豕逸狂奔野田中，亦失足墮井，持鉤出豕，乃見瞽者，已氣息僅屬矣。井不當屠者所行路，殆若或使之也。先兄晴湖問以井中情狀，瞽者曰：「是時萬念皆空，心已如死。惟念老母臥病，待瞽子以養。今並瞽子亦不得，計此時恐已餓莩，覺酸徹肝脾，不可忍耳。」先兄曰：非此一念，王以勝所驅豕必不斷繩」（前揭書，頁 55），節婦之例如《灤陽消夏錄》卷二記「一日，喧傳節婦至，冥王改容，皆振衣佇迓。見一老婦曧然來，其行步步漸高，如躡階級，比到，竟從殿脊上過，莫知所適。冥王憮然曰：『此已升天，不在吾鬼籙中矣。』」（前揭書，頁 35）。
15　《灤陽消夏錄》卷一，前揭書，頁 10。

是嚆點之所自來」[16]，可以看出他欣賞的是漢學重考據徵實的治學方法。但是透過考據的方法來明瞭經典的真意（通經），最終的目的還是在於落實到經國濟世的「致用」上，如果只是沉湎於復古，導致泥古而食古不化，成為迂腐的學究，甚至陷入「儒者日談考證，講曰若稽古，動至十四萬言」這種繁瑣的考證弊病當中，紀昀也會毫不客氣地給予辛辣的諷刺。正因為如此，所以在《閱微草堂筆記》中，紀昀常藉著鬼狐之口痛加抨擊和諷刺那些空談高論的講學家和食古不化迂腐的學究。因此，紀昀重視通經致用的治學態度並不等同於當時偏重於考據方法的漢學，只能說他是趨向漢學的治學態度，但不以漢學為藩籬。以下就對紀昀所描繪儒家的形象，分講學家空談高論的形象、食古不化迂腐學究的形象來探析，之後再依據紀昀所刻畫的儒者形象來探究他治學的趨向為何，今論述於下：

二、講學家空談高論的形象

在明亡前後，中國學術思想界內部開始出現了一個要求"疾虛返實"和"實學救國"的經世致用的思潮，尤其當明亡之後，清初顧炎武、黃宗羲、王夫之、顏習齋等大儒，生當易代，懷陸沉之痛，憾辮髮之辱，意識到「救弊之道在實學，不在空言」[17]，垂文作範，提倡經世致用、實事求是之學，於是顧炎武編纂的《日知錄》和《天下郡國利病書》，黃宗羲撰寫的《明夷待訪錄》，都是經世救世思潮下的著作。而在"實學"思潮的湧動中，「一時才俊之士，痛矯時文之陋，薄今愛古，棄虛崇實，挽回風氣，幡然

---

16 同前注。
17 顏元，〈性理評〉，《存學編》卷三，《續修四庫全書》第 946 冊，（上海古籍出版社，2002），頁 681-682。

一變」[18]，就在這「推崇實學，以矯空疏」[19]的學風中，"實體、
"實踐"、"實行"、"實習"、"實功"、"實心"、"實念"、
"實言"、"實才"、"實政"、"實事"、"實風"等等"崇
實黜虛"的言論大量地湧現。時至乾隆朝，「崇實黜虛」是當時朝
廷的學術風尚[20]，也是紀昀治學的信念。紀昀和理學的扞格不入，
正如門生盛時彥所說的「河間先生，以學問文章，負天下重望，
而天性孤直，不喜以心性空談，標榜門戶，亦不喜才人放誕，詩
壇酒社，誇名士風流」[21]，主要是紀昀認為理學易流於空談，以
及標榜門戶所引起的門戶之爭。這種「不喜以心性空談」的性格，
在《閱微草堂筆記》中有一則藉著二位不知是仙是鬼的對談，可
以看出一二。故事中二鬼（二仙？）提出了對張載《西銘》和真
德秀《大學衍義》的質疑，可以視為紀昀藉著鬼仙之口，對宋明
理學的批判[22]：

---

18 皮錫瑞，《經學歷史》，（台北：鳴宇出版社，1980），頁309。
19 皮錫瑞，《經學歷史》，（台北：鳴宇出版社，1980），頁306。
20 如《四庫全書總目》凡例中即明言：「聖賢之學，主於明體以達用，凡
　不可見諸實事者，皆屬卮言。儒生著書，務為高論，陰陽太極累牘連篇，
　斯已不切人事矣。至於論九河則欲修禹跡，考六典則欲復周官封建井
　田，動稱三代，而不揆時勢之不可行。至黃諫之流，欲使天下筆剳皆改
　篆體；顧炎武之流，欲使天下言語皆作古音，迂謬抑更甚焉。又如明之
　曲士，人喜言兵，《二麓正議》欲掘坑藏錐以刺敵，《武備新書》欲雕木
　為虎以臨陣，陳禹謨至欲使九邊將士人人皆讀《左傳》。凡斯之類，並
　闢其異說，黜彼空言，庶讀者知致遠經方，務求為有用之學。」、「今所
　錄者，率以考證精核，論辨明確為主，庶幾可謝彼虛談，敦茲實學」，
　紀昀等，（北京：中華書局，1997，上冊），頁33。
21 盛時彥，〈閱微草堂筆記序〉，《紀曉嵐文集》第二冊《閱微草堂筆記》，
　（河北教育出版社，1991）頁1。
22 試將《四庫全書總目》中《大學衍義》提要所言：「然自古帝王正本澄
　源之道，實亦不外於此。若夫宰馭百職，綜理萬端，常變經權，因機而
　應，利弊情偽，隨事而求，其理雖相貫通，而為之有節次，行之有實際，
　非空談心性，即可坐而致者，故邱濬又續補其闕也。」（卷92，前揭書，

周化源言有二士遊黃山，留連松石，日暮忘歸。夜色蒼茫，草深苔滑，乃共坐於懸崖之下。仰視峭壁，猿鳥路窮，中間片石斜敧，如雲出岫，缺月微升，見有二人坐其上，知非仙即鬼，屏息靜聽。右一人曰：「頃遊嶽麓，聞此翁又作何語？」左一人曰：「去時方聚講《西銘》，歸時又講《大學衍義》也。」右一人曰：「《西銘》論萬物一體，理原如是。然豈徒心知此理，即道濟天下乎？父母之於子，可云愛之深矣，子有疾病，何以不能療？子有患難，何以不能救？無術焉而已。此猶非一身也。人之一身，慮無不深自愛者，己之疾病，何以不能療？己之患難，何以不能救？亦無術焉而已。今不講體國經野之政、捍災禦變之方，而曰吾仁愛之心同於天地之生物，果此心一舉，萬物即可以生乎？吾不知之矣。至《大學》條目，自格致以至治平，節節相因，而節節各有其功力。譬如土生苗，苗成禾，禾成穀，穀成米，米成飯，本節節相因。然土不耕則不生苗，苗不灌則不得禾，禾不刈則不得穀，穀不舂則不得米，米不炊則不得飯，亦節節各有其功力。西山作《大學衍義》，列目至齊家而止，謂治國平天下可舉而措之。不知虞舜之時，果嚚瞍允若，而洪水即平、三苗即格乎？抑猶有治法

上冊頁 1216-1217）和《四庫全書總目》中《大學衍義補》提要：「又力主舉行海運，平時屢以爲言，此書更力申其說。所列從前海運抵京之數，謂省內河挽運之資，即可抵洋面漂亡之粟，似乎言之成理。然一舟覆沒，舟人不下百餘，糧可抵以轉輸之費，人命以何爲抵乎？……然治平之道，其理雖具於修、齊，其事則各有制置，此猶土可生禾，禾可生穀，穀可爲米，米可爲飯。本屬相因，然土不耕則禾不長，禾不穫則穀不登，穀不舂則米不成，米不炊則飯不熟。不能遞溯其本，謂土可爲飯也。」（卷 93，前揭書，上冊頁 1225）和《閱微草堂筆記》所言兩相對照，實無二致，不僅意思相同，連所舉的例子也一樣。

在乎？又不知周文之世，果太姒徽音而江漢即化、崇侯即服乎？抑別有政典存乎？今一切棄置，而歸本於齊家，毋亦如土可生苗，即炊土為飯乎？吾又不知之矣。」左一人曰：「瓊山所補，治平之道其備乎？」右一人曰：「真氏過於泥其本，邱氏又過於逐其末。不究古今之時勢，不揆南北之情形，瑣瑣屑屑，縷陳多法，且一一疏請施行，是亂天下也。即其海運一議，臚列歷年漂失之數，謂所省轉運之費，足以相抵。不知一舟人命，詎止數十；合數十舟即逾千百，又何為抵乎？亦妄談而已矣。」左一人曰：「是則然矣。諸儒所述封建井田，皆先王之大法，有太平之實驗，究何如乎？」右一人曰：「封建井田，斷不可行，駁者眾矣。然講學家持是說者，意別有在，駁者未得其要領也。夫封建井田不可行，微駁者知之，講學者本自知之。知之而必持是說，其意固欲借一必不行之事，以藏其身也。蓋言理言氣，言性言心，皆恍惚無可質，誰能考未分天地之前，作何形狀；幽微曖昧之中，作何情態乎？至於實事，則有憑矣。試之而不效，則人人見其短長矣。故必持一不可行之說，使人必不能試、必不肯試、必不敢試，而後可號於眾曰：『吾所傳先王之法，吾之法可為萬世致太平，而無如人不用何也！』人莫得而究詰，則亦相率而嘆曰：『先生王佐之才，惜哉不竟其用。』云爾。以棘刺之端為母猴，而要以三月齋戒乃能觀，是即此術。第彼猶有棘刺，猶有母猴，故人得以求其削。此更托之空言，並無削之可求矣。天下之至巧，莫過於是。駁者乃以迂闊議之，烏識其用意哉！」相與太息者久之，劃然長嘯而去。二士竊記其語，頗為人述之。有講學者聞之，曰：「學求聞道而已。所謂道

者，曰天曰性曰心而已。忠孝節義，猶為末務；禮樂刑政，更末之末矣。為是說者，其必永嘉之徒也夫！」[23]

　　在這篇長篇大論中，首先提出光是「心知此理」是無法「道濟天下」，還是要有「體國經野之政、捍災禦變之方」的「術」；其次論及《大學》修齊治平「節節相因」，「亦節節各有其功力」，是節節各自有其「有治法在」、「有政典存」，不能「列目至齊家而止」，就說「治國平天下可舉而措之」，邱濬補真德秀未盡之處，「又過於逐其末。不究古今之時勢，不揆南北之情形，瑣瑣屑屑，縷陳多法，且一一疏請施行，是亂天下也」，末了還對倡議封建井田者，比擬為〈棘刺刻猴〉[24]中的騙子，點醒在聽取講學家的言論時，應考慮道理的可行性，方能避免受到巧言詐說的迷惑。如此對講學家強烈的抨擊，主要還是在於紀昀講求的是「謝彼虛談，敦茲實學」、「務求為有用之學」，也難怪，講學者聽了會以為是出自重視事功的永嘉學派之口。紀昀並非永嘉學派之徒，但是講求的是「謝彼虛談，敦茲實學」、「務求為有用之學」，也無怪乎會痛恨空言聚訟的講學之徒[25]了。

---

23 紀昀，《姑妄聽之》卷三，孫致中等校點，《紀曉嵐文集》第二冊《閱微草堂筆記》，（河北教育出版社，1991）頁 453-455。

24 《韓非子・外儲說左上》：燕王好微巧，衛人曰：「請以棘刺之端為母猴。」燕王說之，養之以五乘之奉。王曰：「吾試觀客為棘刺之母猴。」客曰：「人主欲觀之，必半歲不入宮，不飲酒食肉，雨霽日出，視之晏陰之間，而棘刺之母猴乃可見也。」燕王因養衛人，不能觀其母猴。鄭有台下之冶者謂燕王曰：「臣為削者也，諸微物必以削削之，而所削必大於削。今棘刺之端不容削鋒，難以治棘刺之端，王試觀客之削，能與不能可知也。」王曰：「善。」謂衛人曰：「客為棘刺之母猴，何以理之？」曰：「以削。」王曰：「吾欲觀見之。」客曰：「臣請之舍取之。」因逃。（賴炎元，《新譯韓非子》（台北：三民書局，1997），頁 405）

25 如在《遜齋易述》序中表達出對講學末流的痛恨：「中間持其平者，數則漢之康成，理則宋之伊川乎。康成之學不絕如線；唐史征、李鼎祚，

　　紀昀痛恨學者徒逞口舌之辯的空談高論，主要是空談高論的弊病有三：

　　一、徒逞口舌之能，卻未能身體力行，無益於國計民生。在《閱微草堂筆記・灤陽消夏錄》卷四中，紀昀寫了一則妖怪斥責時方饑荒盛行，卻在高談民胞物與的講學家的故事，他透過妖怪之口，毫不留情地給予空談高論講學家辛辣的諷刺：

> 武邑某公與戚友賞花佛寺經閣前，其地最豁敞，而閣上時有變怪，入夜，人即不敢坐閣下，某公以道學自任，夷然弗信也，酒酣耳熱，盛談西銘萬物一體之理，滿座拱聽，不覺入夜。忽閣上厲聲叱曰：「時方飢疫，百姓頗有死亡，汝為鄉官，既不思早倡義舉，施粥捨藥，即應趁此良夜，閉戶安眠，尚不失為自了漢，乃虛談高論，在此講民胞物與，不知講至天明，還可作飯餐？可作藥服否？且擊汝一磚，聽汝再講邪不勝正！」忽一磚飛下，聲若霹靂，杯盤几案俱碎。某公倉皇走出曰：「不信程朱之學，此妖之所以為妖歟！」徐步太息而去。

　　妖怪「在此講民胞物與，不知講至天明，還可作飯餐？可作藥服否？」一句話就點出講學家的空談，而某公「不信程朱之學，此妖之所以為妖歟！」也說出了講學者的執迷不悟。講學家空談高論是理學的流弊，但宋明理學家治學則是屢屢提及實學[26]，紀

宋王伯厚及近時惠定宇，粗傳一二而已。伊川之學傳之者多，然醇駁互見，決擇為難。余勘定四庫書，頗恨其空言聚訟也」。紀昀，《紀曉嵐文集》第一冊，（河北教育出版社，1991），頁 452。

26　"實學"一詞的含義卻相當廣泛，其所指涉的物件也不盡相同，宋代學者心目中的"實學"與明清時學者心目中的"實學"內涵不盡相同，在二程看來，漢學末流死守章句訓詁的經學乃是一種不實無用之學，對於真正能體現聖人製作之意的經學，則冠之以"實學"之名，如「治經，

昀曾指出這種流弊乃是由於宋學「尚心悟……宋儒之學，則人人皆可以空談。其間蘭艾同生，誠有不盡饜人心者，是嚙齧之所自來」，由於是個人內心的領悟，所以容易流於空談，再加上良莠不齊、蘭艾同生，所以成為學者批評宋學的由來，這也難怪除了用這則故事譏諷外，紀昀透過五臺僧明玉的話「然則唐以前之儒，語語有實用；宋以後之儒，事事皆空談」[27]，和習儒之狐的話「聖賢依乎中庸，以實心勵實行，以實學求實用。道學則務語精微，先理氣，後彝倫，尊性命，薄事功，其用意已稍別」[28]來表達對儒學淪為空談的不滿。紀昀既然針砭講學家的空談，他自己是能身體力行的，據紀昀的墓誌銘記載：「壬子，以畿輔水災奏請截留宦糧萬石，設十廠賑饑。得旨，六月開廠，自夏季至明年四月，全活無算」[29]，正是紀昀躬自力行的表現。所以紀昀在《閱微草堂筆記》書中一再強調「以實心勵實行，以實學求實用」、「讀書以明理，明理以致用也」[30]，展現出「實行」和「虛談」正是紀

實學也……為學，治經最好，苟不自得，則盡治五經，亦是空言」（《遺書》，卷一）。清代考據學起，遂專有謂考據實證之學為“實學”者，但對於二程而言，這恰恰由於迷失在煩瑣的考證之中而不能把握聖人之道，反而是“空言無用”之學而不能稱為“實學”。另外像朱子《中庸章句》的開篇即稱《中庸》一書，「放之則彌六合，卷之則退藏於密，其味無窮，皆實學也」《朱子文集》、《語類》中“實學”之詞屢有出現，此不一一列舉。又如張栻說「聖門實學，貴於踐履」（《論語解》，《南軒全集》卷四）、陸象山弟子包恢作《三陸先生祠堂記》中，亦稱象山之學為「孟子之實學」（《象山全集》，卷三六）。

27　《姑妄聽之》卷四，前揭書，頁 476。
28　《姑妄聽之》卷二，前揭書，頁 410。
29　錢儀吉纂，《碑傳集》卷三十八，（北京：中華書局，1993），頁 1090，引朱珪〈協辦大學士禮部尚書文達紀公昀墓誌銘〉。另外《紀曉嵐文集》第一冊卷五摺子中，收有紀昀十六本替各地因蠲緩積欠稅賦的謝恩摺子，也可看到紀昀為民請命的一面。
30　《姑妄聽之》卷四，前揭書，頁 488。

昀對治學勸懲之所在。

　　二、空談高論造成空談天道而捨人事的弊病。紀昀曾多次論及對宋儒《易》學先天無極之說的不滿，「故余於漢儒之學，最不信《春秋繁露》、《洪範五行傳論》；於宋儒之學，最不信《河圖洛書》、《皇極經世書》」[31]、「余校定秘書二十餘年，所見經解，惟《易》最多，亦惟《易》最濫……殊不知《易》之作也，本推天道以明人事，故六十四卦之大象，皆有君子以字，而三百八十四爻，亦皆吉凶悔吝為言，是為百姓日用作，非為一二上智密傳微妙也；是為明是非決疑惑作，非為讖緯禨祥預使前知也」[32]。「推天道以明人事」是為了「明是非決疑惑」，而不是為了「讖緯禨祥預使前知」；是為了「百姓日用作」，而不是為了「一二上智密傳微妙」。相同的意見，他在《閱微草堂筆記》中也屢屢藉著鬼狐或他人之口加以申述，如藉著道士論三教本旨言「儒之本旨，明體達用而已，文章記誦，非也；談天說性，亦非也」[33]、藉著鬼魂之口說出：

> 崔曰：「聖人作易，言人事也，非言天道也，為眾人言也，
> 非為聖人言也。聖人從心不踰矩，本無疑惑，何待於占？
> 惟眾人昧於事幾，每兩歧罔決，故聖人以陰陽之消長，示

31　《槐西雜志》卷一，前揭書，頁 251。紀昀在這裡並未詳述未何不信，不過在《灤陽消夏錄》卷四中引了李又聃的話，倒可以視為紀昀的意見：「宋儒據理談天，自謂窮造化陰陽之本，於日月五星；言之鑿鑿，如指諸掌。然宋曆屢變而愈差，自郭守敬以後，驗以寒測，證以交食，始知濂洛關閩，於此事全然未解，即康節最通數學，亦僅以奇偶方圓，揣摩影響，寔非從推步而知。故持論彌高，彌不免郢書燕說，夫七政運行，有形可據，尚不能臆斷以理，況乎太極先天，求諸無形之中者哉？先聖有言：『君子於其所不知，蓋闕如也。』」，前揭書，頁 79-80。

32　紀昀，〈黎君易注序〉，孫致中等校點《紀曉嵐文集》第一冊，（河北教育出版社，1991），頁 155。

33　記梁豁堂言，《姑妄聽之》卷三，前揭書，頁 437。

人事之進退，俾知趨避而已，此儒家之本旨也。顧萬物萬事，不出陰陽，後人推而廣之，各明一義。……易道廣大，無所不包，見智見仁，理原一貫，後人忘其本始，反以旁義為正宗，是聖人作易，但為一二上智設，非千萬世垂教之書，千萬人共喻之理矣。經者常也，言常道也，經者徑也，言人所共由也，曾是六經之首，而詭秘其說，使人不可解乎？」[34]

偶論太極無極之旨，其人怫然曰：「於傳有之：『天道遠，人事邇。』六經所論皆人事，即易闡陰陽，亦以天道明人事也。舍人事而言天道，已為虛杳，又推及先天之先，空言聚訟，安用此為？」[35]

這種抨擊「舍人事而言天道」、「而詭秘其說，使人不可解」、「空言聚訟，安用此為」的思想，和前面所引紀昀的話，兩相對照，實無二致，都是紀昀在書中每每「托狐鬼以抒己見」的例子。而紀昀的批評，最有說服力的是他能展現篤實的學問，書中談及「顧萬物萬事，不出陰陽，後人推而廣之，各明一義。楊簡王宗傳，闡發心學，此禪家之《易》，源出王弼者也；陳摶邵康節，此道家之《易》，源出魏伯陽者也；術家之《易》，衍於管郭，源於

---

34 記五公山人（王餘佑）與崔寅鬼魂言，《灤陽消夏錄》卷六，前揭書，頁 112。《四庫全書總目》卷六案語也有相同的意見：「夫聖人垂訓，實教人用《易》，非教人作《易》。今不談其所以用，而但談其所以作，是《易》之一經，非千萬世遵為法戒之書，而一二人密傳妙悟之書矣。」前揭書，頁 72。

35 記文士鬼魂因和張子克學術見解不同而絕交事，《槐西雜志》卷二，前揭書，頁 281。《四庫全書總目》卷 95，子部《太極圖分解》提要也有相同的意見：「顧捨人事而爭天，又捨共睹共聞之天而爭耳目不及之天，其所爭者毫無與人事之得失，而曰吾以衛道。學問之醇疵、心術人品之邪正、天下國家之治亂，果繫於此二字乎？」前揭書，頁 1240。

焦京」[36]一語就將易學原委、流派道出，而他在〈遜齋易述序〉[37]、
〈周易義象合纂序〉[38]、〈黎君易注序〉[39]中對易學原委、流派、

36 《灤陽消夏錄》卷六，前揭書，頁 112。

37 紀昀著，孫致中等校點，《紀曉嵐文集》第一冊，（河北教育出版社，
　1991），頁 152-153：《易》之精奧，理數詩巳。《象》其闡明理數者也。
　自漢及宋，言數者歧而三，一爲孟喜，正傳也。歧而爲京、焦，流爲讖
　緯；又歧而爲陳、邵，支離曼衍，不可究詰，于《易》爲附庸矣。言理
　者亦歧而三，乘承比應，費直《易》也。歧而爲王弼、爲王宗傳、爲楊
　簡，浸淫乎佛老矣。又歧而爲李光、楊萬里，比附史事，借發論端，雖
　不比陳、邵之徒虛麋心力，畫算經而圖奕譜，然亦《易》之外傳耳。中
　間持其平者，數則漢之康成，理則宋之伊川乎。康成之學不絕如線；唐
　史征、李鼎祚，宋王伯厚及近時惠定宇，粗傳一二而已。伊川之學傳之
　者多，然醇駁互見，決擇爲難。

38 前揭書，頁 153-154：古今說五經者，惟《易》最夥，亦惟《易》最多
　歧，非惟象數。義理各明一義也。旁及爐火、導引、樂律、星曆以及六壬、
　禽遁、風角之屬，皆可引《易》以爲解，即皆可引以解《易》。蓋《易》
　道廣大，無所不包，故隨舉一說而皆通也。要其大端而論，則象教歧而
　三：一田、孟之《易》，一京、焦之《易》，一陳、邵之《易》也。義理
　亦歧而三：一王弼之《易》，一胡瑗之《易》，一李光、楊萬里之《易》
　也。京、焦之占候，流爲怪妄而不經；陳、邵之圖書，流爲支離而無用；
　王弼之清言，流爲楊簡、王宗傳輩，至以狂禪亂聖典。其足以發揮精義、
　垂訓後人者，漢人之主象，宋人之主理、主事三派焉而已。顧論甘者忌
　辛，是丹者非素，齗齗相爭，各立門戶，垂五六百年於茲。余嘗與戴東
　原、周書昌言：譬一水也，農家以爲宜灌漑，舟子以爲宜往來，形家以
　爲宜砂穴，兵家以爲宜扼拒，遊覽者以爲宜眺賞，品泉者以爲宜茶蓀，
　泙澼絖者以爲利浣濯：各得所求，各適其用，而水則一也。譬一都會也，
　可自南門入，可自北門入，可自東門入，可自西門入，各從其所近之途，
　各以爲便，而都會則一也。《易》之理何獨不然。東坡《廬山》詩曰：
　「橫看成嶺側成峰，。遠近高低各不同。不識廬山真面目，只緣身在此
　山中。」通此意以解《易》，則《易》無門戶矣。紛紛互詰，非仁智自
　生妄見乎。

39 前揭書，頁 155：夫天地絪縕，是涵元氣，氣有屈伸往來，於是乎生數；
　數有奇偶錯綜，於是乎成象，此象數所由起也。然屈伸往來，奇偶錯綜，
　皆理之所寓，而所以屈伸往來，所以奇偶錯綜者，亦皆理之不得不行。
　故理其自然，數其必然，象其當然，一以貫之者也。漢《易》言數象，
　不能離存亡進退，非理而何；宋《易》言理，不能離乘承比應，非象數

優劣更能一一詳加剖析論述，足見他的批評，並非意氣口舌之爭
而已，而是有深厚的學問作為根柢，洞悉學術流變後所下的評論。
紀昀更以「宋曆屢變而愈差」，來抨擊宋儒太極先天求諸無形的誤
謬：

> 宋儒據理談天，自謂窮造化陰陽之本，於日月五星；言之
> 鑿鑿，如指諸掌。然宋曆屢變而愈差，自郭守敬以後，驗
> 以寔測，證以交食，始知濂洛關閩，於此事全然未解，即
> 康節最通數學，亦僅以奇偶方圓，揣摩影響，寔非從推步
> 而知。故持論彌高，彌不免郢書燕說，夫七政運行，有形
> 可據，尚不能臆斷以理，況乎太極先天，求諸無形之中者
> 哉？[40]

以「七政運行，有形可據，尚不能臆斷以理，況乎太極先天
求諸無形之中者哉？」，真可謂對空談臆說一針見血的評論。

三、空談高論造成臆斷的弊病。宋明理學據理談天說性，講

而何。而顧曰：言理則棄象數，言象數即棄理，豈通論哉！余校定秘書
二十餘年，所見經解，惟《易》最多，亦惟《易》最濫，大抵漢《易》
一派，其善者必由象數以求理；或捨理者，必流為雜學。宋《易》一派，
其善者必由理以知象數，或捨象數者，必流為異學。其弊一由爭門戶，
一由鶩新奇，一由一知半解，沾沾自喜，而不知《易》道之廣大，紛紜
轕轕，遂曼衍而日增，殊不知《易》之作也，本推天道以明人事，故六
十四卦之大象，皆有君子以字，而三百八十四爻，亦皆吉凶悔吝為言，
是為百姓日用作，非為一二上智密傳微妙也；是為明是非決疑惑作，非
為讖緯禨祥預使前知也。故其書至繁至賾，至精至深，而一一皆切於事。
既切於事，即一一皆可推以理。理之自然者明，則數之必然、象之當然，
剷然解矣。又何必曰此彼法、此我法、此古義、此新義哉！

40　《灤陽消夏錄》卷四，前揭書，頁 79-80。《四庫全書總目》卷 94，子
部《讀書偶記》提要也有相同的意見：「惟太極一圖，經先儒闡發，已
無剩義，而繪圖作說，累牘不休，殊為支曼。夫人事邇，天道遠，日月
五星，有形可見。儒者所論，自謂精微，推步家實測驗之，其不合者固
多矣，況臆度諸天地之先乎？」（前揭書，頁 1237。）

求格物窮理，但是紀昀認爲「六合之外，聖人存而不論。然六合之中，實亦有不能論者」[41]、「理所必無者，事或竟有，然究亦理之所有也，執理者自泥古耳」[42]、「然則天下之事，但知其一，不知其二者多矣，可據理臆斷歟？」[43]、「天下真有理外事也」[44]，正因爲天地之大無所不有，幽明之理凡人難知，世上有許多無法以常理推論的事，不必曲爲之詞，也不必力攻其非，「闕所疑可矣」[45]。但是講學家「執其私見，動曰此理之所無」[46]、「天地之大，無所不有，宋儒每於理所無者，即斷其必無，不知無所不有，即理也」[47]、「宋儒於理不可解者，皆臆斷以爲無是事」[48]，因此紀昀以其親身經歷之事、鄉里奇事、或忠厚之人所言，來抨擊講學家「以理斷天下事，不盡其變」[49]，講學家的臆斷「不亦顛乎？」[50]、「毋乃膠柱鼓瑟乎？」[51]。

　　紀昀以其親身經歷來辯駁講學家臆斷的事有二，一是親見回煞之事：

> 六合之外，聖人存而不論。然六合之中，實亦有不能論者。人之死也，如儒者之論，則魂升魄降已耳，即如佛氏之論鬼，亦收錄於冥司，不能再至人世也，而世有回煞之說；庸俗術士，又有一書能先知其日辰時刻，與所去之方向，

41 《灤陽消夏錄》卷四，前揭書，頁 79。
42 《如是我聞》卷一，前揭書，頁 156。
43 《姑妄聽之》卷二，前揭書，頁 411。
44 《灤陽續錄》卷三，前揭書，頁 531。
45 《灤陽消夏錄》卷四，前揭書，頁 67。
46 《灤陽續錄》卷一，前揭書，頁 502。
47 《灤陽消夏錄》卷六，前揭書，頁 115。
48 《灤陽消夏錄》卷四，前揭書，頁 79。
49 《槐西雜志》卷二，前揭書，頁 276。
50 《灤陽續錄》卷一，前揭書，頁 502。

此亦誕妄之至矣。然余嘗於隔院窗樓中，遙見其去，如白煙一道，出於竈突之中，冉冉向西南而歿，與所推時刻方向，無一差也。又嘗兩次手自啟鑰，諦視布灰之處，手跡足跡，宛然與生時無二，所親皆能辨識之，是何說歟？禍福有命，死生有數，雖聖賢不能與造物爭，而世有蠱毒魘魅之術，明載於刑律，蠱毒余未見，魘魅則數見之，為是術者，不過瞽者巫者與土木之工。然寔能禍福死生人，歷歷有驗，是天地鬼神之權，任其播弄無忌也，又何說歟？其中必有理焉，但人不能知耳！宋儒於理不可解者，皆臆斷以為無是事，毋乃膠柱鼓瑟乎？[52]

一是紀昀修《熱河志》時，親自命人探一奇境之事：

長城以外，萬山環抱，然皆坡陀如岡阜，至王家營迤東，則嶄崎秀拔，皴皴皆含畫意，蓋天開地獻，靈氣之所鍾故也。有羅漢峰，宛似一僧趺坐，頭頂胸腹臂肘，歷歷可數。有磬錘峰，即《水經注》所稱武列水側，有孤石雲舉者也，上豐下銳，屹若削成。余修《熱河志》時，曾躡梯挽絙至其下，乃無數石卵，與碎砂凝結而成，亙古不圮，莫明其故。有雙塔峰，亭亭對立，遠望望如兩浮圖，挾地湧出，無路可上。或夜聞上鐘磬經唄聲，晝亦時有，片雲往來。乾隆庚戌，予特命守吏，構木為梯，遣人登視。一峰周圍

<hr>

51　《灤陽消夏錄》卷四，前揭書，頁 79。
52　《灤陽消夏錄》卷四，前揭書，頁 79。又在《灤陽消夏錄》卷五中「然回煞形跡，余實屢目睹之，鬼神茫昧，究不知其如何也」，前揭書，頁 98、《槐西雜志》卷四中「余乞假養痾北倉……忽見緗衣女子揭簾入，甫露面，即退出。疑為趁座妓女，呼僕隸遣去，皆云外戶已閉，無一人也。主人曰：『四日前有宦家子婦宿此卒，昨移柩去，豈其回煞耶？』」，前揭書，頁 358。都是記錄紀昀親見回煞的經驗。

一百六步，上有小屋，屋中一幾一香鑪，中供片石，鐫王
仙生三字；一峰周圍六十二步，上種韭二畦，塍畛方正，
如圜圃之所築，是決非人力所到，不謂之仙蹤靈跡不得矣。
耳目之前，倘恍莫測尚如此，講學家執其私見，動曰此理
之所無，不亦顚乎？[53]

　　紀昀又以家鄉獻縣所發生的兩件異事，太僕戈芥舟將之載入
縣志，講學家頗病其語怪。但紀昀認爲是「夫受紿亦愚矣，然惟
愚故誠，惟誠故鬼神爲之恪，此無理而有至理也」、「以命自安，
不受人報，故神代報也，非乃無理而亦有至理乎」，這兩件奇事表
面上看來是荒誕無理，卻含有至誠感天、爲善受報的至理：

理所必無者，事或竟有，然究亦理之所有也，執理者自泥
古耳。獻縣近歲有二事：一爲韓守立妻俞氏，事祖姑至孝，
乾隆庚辰，祖姑失明，百計醫禱，皆無驗。有黠者紿以刲
肉燃燈，祈神佑，則可速愈，婦不知其紿也，竟刲肉燃之。
越十餘日，祖姑目竟復明，夫受紿亦愚矣，然惟愚故誠，
惟誠故鬼神爲之恪，此無理而有至理也。一爲丐者王希聖，
足雙攣，以股代足，以肘撐之行，一日，於路得遺金二百，
移橐匿草間，坐守以待覓者，俄商家主人張際飛，倉皇尋
至，叩之，語相符，舉以還之，際飛請分取不受，延至家，
議養贍終其身。希聖曰：「吾形殘廢，天所罰也，違天坐食，
將必有大咎。」毅然竟去。後困臥斐聖公祠下，（斐聖公不
知何時人，志乘亦不能詳，土人云祈雨時有驗。）忽有醉
人曳其足，痛不可忍，醉人去後，足已伸矣，由於遂能行，
至乾隆己卯乃卒。際飛故先祖門客，余猶及見，自述此事

甚詳。蓋希聖為善宜受報，而以命自安，不受人報，故神代報也，非乃無理而亦有至理乎？戈芥舟前輩，嘗載此二事於縣志，講學家頗病其語怪，余謂芥舟此志，惟乩仙聯句及王生殤子二條偶不割愛耳，全書皆體例謹嚴，具有史法，其載此二事，正以見匹夫匹婦足感神明，用以激發善心，砥礪薄俗，非以小說家言，濫登與記也。[54]

紀昀又以其流放烏魯木齊時所聞異事，來說明世上就有不親眼目睹，難以相信的怪事：

烏魯木齊多狎邪，小樓深巷，方響時聞，自譙鼓初鳴，至寺鐘欲動，燈火恆熒熒也，冶蕩者惟所欲為，官弗禁，亦弗能禁。有寧夏布商何某，年少美風姿，貲累千金，亦不甚吝，而不喜為北里遊，惟蓄牝豕十餘，飼極肥，濯極潔，日閉戶而遝淫之，豕亦相摩相倚，如昵其雄。僕隸恆竊窺之，何弗覺也，忽其友乘醉戲詰，乃愧而投井死。迪化廳同知木金泰曰：「非我親鞫是獄，雖司馬溫公以告我，我勿信也。」余作是地雜詩曰：「石破天驚事有無，從來好色勝登徒。何郎甘為風情死，纔信劉郎愛媚豬」即詠是事。人之性癖有至於是者，乃知以理斷天下事，不盡其變，即以情斷天下事，亦不盡其變也。[55]

此外，紀昀還將他認爲可信的聽聞紀錄下來。如紀錄大學士伍彌泰在西藏所見的異事：

大學士伍公彌泰言：「向在西藏，見懸崖無路處，石上有天生梵字大悲咒，字字分明，非人力所能，亦非人跡所到。」當時曾舉其山名，梵音難記，今忘之矣。公一生無妄語，

54 《如是我聞》卷一，前揭書，頁 156-157。
55 《槐西雜志》卷二，前揭書，頁 276。

知確非虛搆，天地之大，無所不有，宋儒每於理所無者，
即斷其必無，不知無所不有，即理也。[56]

紀昀又紀錄當值時，聽宋蒙泉講述的輪迴異聞：

宋蒙泉言：「孫峨山先生嘗臥病高郵舟中，忽似散步到岸
上，意殊爽適，俄有人導之行，恍惚忘所以，亦不問，隨
去至一家，門徑甚華潔。漸入內室，見少婦方坐蓐，欲退
避，其人背後拊一掌，已昏然無知。久而漸醒，則形已縮
小，繃置錦繈中，知爲轉生，已無可奈何。欲有言則覺寒
氣自囟門入，輒噤不能出，環視室中几榻器玩，及對聯書
畫皆了了。至三日，婢抱之浴，失手墜地，復昏然無知，
醒則仍臥舟中。家中云氣絕已三日，以四肢柔軟，心膈尚
溫，不敢殮耳。先生急取片紙，疏所見聞，遣使由某路送
至某門中，告以勿過撻婢，乃徐爲家人備言。是日疾即愈，
逕往是家，見婢媼皆如舊識，主人老無子，相對惋歎，稱
異而已。」近夢通政鑑溪，亦有是事，亦記其道路門戶，
訪之，果是日生兒即死，頃在直廬圖閣學時，泉（宋蒙泉）
言其狀甚悉，大抵與峨山先生所言相類，惟峨山先生記往
不記返，鑑溪則往返俱分明，且途中遇其先亡夫人到家，
入室時，見夫人與女共坐，爲小異耳。案輪迴之說，儒者
所闢，而實則往往有之。前因後果，理自不誣，惟二公暫
入輪迴，旋歸本體，無故現此泡影，則不可以理推。六合
之外，聖人持而不論，闕所疑可矣。[57]

除了舉這些事例來說明天地之大無所不有，以凸顯講學家以

---

56 《灤陽消夏錄》卷六，前揭書，頁 115。
57 《灤陽消夏錄》卷四，前揭書，頁 66-67。

理臆斷的荒謬外，紀昀最不滿宋儒用這種臆斷的態度來治經[58]，在《閱微草堂筆記》中更是屢申其義，辯駁以臆斷講經之非，：

> 相去數千里，以燕趙之人談滇黔之俗，而謂居是土者，不如吾所知之確，然耶？否耶？晚出數十年，以髫齔之子，論耆舊之事，而曰見其人者，不如我所知之確，然耶？否耶？左丘明身為魯史，親見聖人，其於《春秋》，確有源委。至唐中葉，陸淳輩始持異論，宋孫復以後，閧然佐鬥，諸說爭鳴，皆曰左氏不可信，吾說可信，何以異於是耶？蓋漢儒之學務實，宋儒則近名，不出新義，則不能聳聽；不排舊說，則不能出新義，諸經訓詁，皆可以口辯相爭，惟《春秋》事跡鑿然，難於變亂。於是謂左氏為楚人、為七國初人、為秦人，而身為魯史、親見聖人之說搖。既非身為魯史、親見聖人，則傳中事跡，皆不足據，而後可惟所欲言矣。沿及宋季，趙鵬飛作《春秋經筌》，至不知成風為僖公生母，尚可與論名分、定貶褒乎？元程端學推波助瀾，尤為悍屬。[59]

---

58 紀昀治學有反對“據後駁前”的傾向，不僅以此反對宋儒用這種臆斷的態度來治經，也曾以此對顧炎武之說，提出質疑：「楊令公祠在古北口，內祀宋將楊業，顧亭林《昌平山水記》據《宋史》謂業戰死長城北口，當在云中，非古北口也。考王曾《行程錄》已云古北口內有業祠，蓋遼人重業之忠也，為之立廟。遼人親與業戰，曾奉使時，距業僅數十年，豈均不知業歿於何地？《宋史》則元季托克托所修，（托克托舊作脫脫，蓋譯音未審，今從《三史國語解》）距業遠矣，似未可據後駁前也。」，《槐西雜志》卷二，前揭書，頁 280。

59 《槐西雜志》卷二，前揭書，頁 279-280。在《四庫全書總目》凡例也有此言：「論史主於示褒貶，然不得其事跡之本末，則褒貶何據而定僞。如成風為魯僖公之母，明載《左傳》，而趙鵬飛《春秋經筌》謂不知為莊公之妾，為僖公之妾。是不知其人之名分，可定其禮之得失乎？」，前揭書，上冊頁 32-33。

《易》之象數，《詩》之小序，《春秋》之三傳，或親見聖
人，或去古未遠，經師授受，端緒分明，宋儒曰：「漢前
人皆不知，吾以理知之也。」其類此夫！[60]

「漢前人皆不知，吾以理知之也」，一語就顯露出臆斷的心
態，紀昀還以其流放西域時，一椿真僞顛倒的事，來說明耳目所
見尙且真僞難分，以理臆斷又豈能無誤？

後漢敦煌太守裴岑〈破呼衍王碑〉在巴生坤海子上關帝祠
中，屯軍耕墾，得之土中也。其事不見《後漢書》，然文句
古奧字畫渾樸，斷非後人所依託，以僻在西域，無人摹搨，
石刻鋒稜猶完整。乾隆庚寅，遊擊劉存存，（此是其字，其
名偶忘之矣，武進人也。）摹刻一木本，灑火藥於上，燒
爲斑駁，絕似古碑，二本並傳於世，賞鑒家率以舊石本爲
新，新木本爲舊，與之辯，傲然弗信也。以同時之物，有
目睹之人，而真僞顛倒尙如此，況以千百年外哉？[61]

而對程端學沿襲宋儒疑經改經臆斷之非，紀昀除了在《四庫
全書總目》嚴詞辯駁[62]外，在《閱微草堂筆記》中更藉已成爲神
明的紀叔姬之口，親自辯白程端學臆斷的誤謬：

60　《如是我聞》卷四，前揭書，頁 233。
61　《如是我聞》卷四，前揭書，頁 233。
62　如「至程端學春秋本義竟指高爲漢初人，則講學家臆斷之詞，更不足與
　　辨矣！」（《四庫全書總目》卷 26《春秋公羊傳注疏》提要，前揭書，上
　　冊頁 330）、「如經書紀履緰來逆女伯姬歸于紀，此自直書其事，舊無褒
　　貶。端學必謂履緰非命卿，紀不當使來迎；魯亦不當聽其迎。夫履緰爲
　　命卿，固無明文，其非命卿，又有何據乎？紀叔姬之歸酅，舊皆美其不
　　以盛衰易志，歸於夫族。端學必以爲當歸魯而不當歸酅，斯已刻矣，乃
　　復誣以失節於紀季，此又何所據乎？」（《四庫全書總目》卷 28《春秋本
　　義》提要，前揭書，上冊頁 356）

偶在五雲多處，（即原心亭）檢校端學《春秋解》[63]，周編修書昌因言：「有士人得此書，珍為鴻寶，一日與友人遊泰山，偶談經義，極稱其論叔姬歸鄫一事，推闡至精。夜夢一古妝女子，儀衛尊嚴，屬色詰之曰：『武王元女，實主東嶽。上帝以我艱難完節，接跡共薑，俾隸太姬為貴神，今二千餘年矣。昨爾述豎儒之說，謂我歸鄫為淫於紀季，虛辭誣詆，實所痛心。我隱公七年歸紀，莊公二十年歸鄫，相距三十四年，已在五旬以外矣。以斑白之嫠婦，何由知季必悅我？越國相從，《春秋》之法，非諸侯夫人不書，亦如非卿不書也。我待年之媵，例不登諸簡策，徒以矢心不二，故仲尼有是特筆。程端學何所憑據而造此曖昧之謗耶？爾再妄傳，當囓爾舌。』命從神以骨朵擊之，狂叫而醒，遂燬其書。」余戲謂書昌曰：「君耽宋學，乃作此言。」書昌曰：「我取其所長，而不敢諱所短也。」是真持平之論矣。[64]

　　因為在魯莊四年「紀侯大去其國」後，紀侯的二夫人紀叔姬還曾到鄫地投靠小叔紀季，程端學認為當歸於母族魯國而不應歸於夫族鄫地，據此而認定紀叔姬失節於紀季。紀昀在這則故事中，藉已成為神明的紀叔姬之口，親自辯白程端學臆斷的誤謬「我隱公七年歸紀，莊公二十年歸鄫，相距三十四年，已在五旬以外矣。以斑白之嫠婦，何由知季必悅我？越國相從，《春秋》之法，非諸侯夫人不書，亦如非卿不書也。我待年之媵，例不登諸簡策，徒以矢心不二，故仲尼有是特筆」，說出《四庫全書總目》沒說出的辯白。紀昀厲害的是，藉著耽於宋學的周書昌（永年）來講述這

<hr>

63　程端學未見著錄《春秋解》，疑是指《春秋本義》，紀昀偶誤舉。

64　《槐西雜志》卷二，前揭書，頁280。

件事，更突顯出程端學臆斷的荒謬。對於講學家臆斷的荒謬，紀
昀當然不會放棄揶揄的機會：

> 姚安公言昔在舅氏陳公德音家，遇驟雨，自巳至午息，所
> 雨皆漚麻水也。時西席一老儒方講學，眾因叩曰：「此雨究
> 竟是何理？」老儒掉頭面壁曰：「子不語怪。」[65]

面對眾人的詢問，這位講學家無法用他談天說性、講求格物
窮理的本事來回答，也沒辦法胡言亂語妄加臆斷，只能掉頭面壁，
以「子不語怪」來搪塞，無詞以對的窘態，在此表露無遺。

三、食古不化、迂腐學究的形象

《閱微草堂筆記》中紀昀另一個譏諷揶揄的對象就是那些讀
書不通、不明世事，迂腐的老學究。紀昀稟承庭訓[66]，講求的是
「以實心勵實行，以實學求實用」[67]、「讀書以明理，明理以致用

65　《如是我聞》卷四，前揭書，頁 221。
66　《灤陽續錄》卷三，先姚安公曰：「子弟讀書之餘，亦當使略知家事，
　　略知世事，而後可以治家，可以涉世。明之季年，道學彌尊，科甲彌重，
　　於是黠者坐講心學，以攀援聲氣，樸者株守課冊以求取功名，致讀書之
　　人，十無二三能解事。崇禎壬午，厚齋公攜家居河間，避孟村土寇，厚
　　齋公卒後聞大兵將至河間，又擬鄉居，瀕行時，比鄰一叟，顧門神嘆曰：
　　『使今日有一人如尉遲敬德、秦瓊當不至此。』汝兩曾伯祖，一諱景星，
　　一諱景辰，皆名諸生也。方在門外束襆被，聞之，與辯曰：『此神荼鬱
　　壘像，非尉遲敬德、秦瓊也。』叟不服，檢邱處機《西遊記》爲證。二
　　公謂委巷小說不足據，又入室取東方朔《神異經》與爭。時已薄暮，檢
　　尋既移時，反覆講論又移時，城門已闔，遂不能出。次日將行，而大兵
　　已合圍矣。城破，遂全家遇難，惟汝曾祖光祿公，曾伯祖鎮香公，及叔
　　祖雲臺公存耳。死生呼吸，間不容髮之時，尙考證古書之真僞，豈非惟
　　知讀書，不預外事之故哉？」，前揭書，頁 532。紀昀不諱言其族祖在大
　　兵圍城之際，尙考證古書真僞，不及逃生而遇害，意在警惕讀書不通、
　　不明世事，迂腐的學究。或許因爲紀家曾發生這樣的慘事，所以才會特
　　別重視實學。
67　《姑妄聽之》卷二，前揭書，頁 410。

也」[68]，如在編次《四庫全書》子部諸家時，特意將「舊史多退之於末簡」的農家、醫家這兩類，緊列於「禮樂兵刑，國之大柄」的儒、兵、法三家之後，看重的就是有濟眾之實用[69]。因此對於不明世事、食古不化的老學究，是頗為譏諷[70]和痛心。他譏諷和痛心的對象，有的是墨守制藝的老學究，如《灤陽消夏錄》卷一中的老學究讀書一生，胸中所讀之書在睡夢中「字字化為黑煙，籠罩屋上，諸生誦讀之聲，如在濃雲密霧中。實未見光芒」，透過鬼魂之口，深深地表達出紀昀對理學淪為講章時文的不滿，因此加以揶揄，而老學究讀書不通的形象也就躍然紙上了：

> 愛堂先生言：聞有老學究夜行，忽遇其亡友，學究素剛直，亦不怖畏，問君何往，曰：「吾為冥吏，至南村有所勾攝，適同路耳。」因並行。至一破屋，鬼曰：「此文士廬也。」問何以知之，曰：「凡人白晝營營，性靈汩沒，惟睡時一念不生，元神朗澈，胸中所讀之書，字字皆吐光芒自百竅而出。其狀縹緲繽紛，爛如錦繡，學如鄭孔，文如屈宋班馬

68　《姑妄聽之》卷四，前揭書，頁488。

69　紀昀，〈濟眾新編序〉，《紀曉嵐文集》第一冊，前揭書，頁179-180。紀昀也提及會為此書作序是「偶見其書，喜其有濟眾之實心，而又有濟眾之實用」。

70　如在《姑妄聽之》卷二中譏諷講學家不如老河兵之事：滄州南，一寺臨河干，山門圮於河，二石獸並沈焉。閱十餘歲，僧募金重修，求二石獸於水中，竟不可得，以為順流下矣。棹數小舟，曳鐵鈀尋十餘里無跡，一講學家設帳寺中，聞之笑曰：「爾輩不能究物理，是非木柿，豈能為暴漲攜之去？乃石性堅重，沙性鬆浮，湮於沙上，漸沉漸深耳。沿河求之，不亦顛乎？」眾服為確論。一老河兵，聞之又笑曰：「凡河中失石，當求之於上流。蓋石性堅重，沙性鬆浮，水不能衝石，其反激之力，必於石下迎水處齧沙為坎穴。漸沉漸深，至石之半，石必倒擲坎穴中。如是再齧，石又再轉，轉轉不已，遂反溯流逆上矣。求之下流固顛？求之地中，不更顛乎？」如其言，果得於數里外。然則天下之事，但知其一，不知其二者多矣，可據理臆斷歟？（前揭書，頁411。）

者，上燭霄漢，與星月爭輝，次者數丈，次者數尺，以漸
而差。極下者，亦熒熒如一燈，照映戶牖，人不能見，惟
鬼神見之耳。此室上光芒高七八尺，以是而知。」學究問：
「我讀書一生，睡中光芒當幾許？」鬼囁嚅良久曰：「昨過
君塾，君方晝寢。見君胸中高頭講章一部，墨卷五六百篇，
經文七八十篇，策略三四十篇。字字化為黑煙，籠罩屋上，
諸生誦讀之聲，如在濃雲密霧中。實未見光芒，不敢妄語。」
學究怒叱之，鬼大笑而去。[71]

有的是譏諷泥古、復古的學究，痛恨他們食古不化、昏憒害
事：

奴子薄顯喜讀書，頗知文義，亦稍知醫藥，性情迂緩，望
之如偓寒老儒。一日步行市上，逢人輒問見魏三兄否（奴
子魏藻，行三也）？或指所在，復雅步以往。比相見，喘
息良久，問相見何意？曰適在苦水井前，遇見三嫂在樹下
作鐵槲，倦而假寐，小兒嬉戲井旁，相距三五尺耳。似乎
可慮，男女有別，不便呼三嫂使醒，故走覓兄，魏大駭奔往，
則婦已俯井哭子矣。夫僮僕讀書，可云佳事，然讀書以明
理，明理以致用也，食而不化，至昏憒僻謬，貽害無窮，
亦何貴此儒者哉？[72]

薄顯雖然是奴僕，但紀昀已經把他視為老儒，所以才說出「何
貴此儒者哉？」的話，他既痛心薄顯食古不化的弊病，執著於男
女有別的信念，而讓悲劇發生，才令紀昀發出「昏憒僻謬，貽害
無窮」的浩歎，但也生動地描繪出一個不知變通、死守教條迂腐
老學究的形象。另如《灤陽消夏錄》卷三中，紀昀高祖厚齋公（紀

坤　1570-1642）之友的復古、泥古的形象，也是在紀昀的筆下被
生動逼真地描繪出來：

> 劉羽沖，佚其名，滄州人。先高祖厚齋公多與唱和，性孤
> 僻，好講古制，實迂闊不可行。嘗倩董天士作畫，倩厚齋
> 公題。內《秋林讀書》一幅云：「兀坐秋樹根，塊然無與伍。
> 不知讀何書？但見鬚眉古。只愁手所持，或是井田譜。」
> 蓋規之也。偶得古兵書，伏讀經年，自謂可將十萬。會有
> 土寇，自練鄉兵與之角，全隊潰覆，幾為所擒。又得古水
> 利書，伏讀經年，自謂可使千里成沃壤。繪圖列說於州官。
> 州官亦好事，使試於一村。溝洫甫成，水大至，順渠灌入，
> 人幾為魚。由是抑鬱不自得，恒獨步庭階，搖首自語曰：「古
> 人豈欺我哉？」如是日千百遍，惟此六字。不久，發病死。
> 後風清月白之夕，每見其魂在墓前松柏下，搖首獨步。傾
> 耳聽之，所誦仍此六字也。或笑之，則歘隱。次日伺之，
> 復然。泥古者愚，何愚乃至是歟？何文勤公嘗教昀曰：「滿
> 腹皆書能害事，腹中竟無一卷書，亦能害事。國弈不廢舊
> 譜，而不執舊譜；國醫不泥古方，而不離古方。故曰：『神
> 而明之，存乎其人。』又曰：『能與人規矩，不能使人巧。』」
> 73

劉羽沖一生因爲泥古而欲復古，但食古不化致使練兵不成、
治水也失敗，但還是執著於「古人豈欺我哉」，至死不悟，也難怪
引起紀昀發出「何愚乃至是歟？」的浩嘆。紀昀治學崇實黜虛的
態度，重視的是實學、實行、實心、實用、明理致用，當然會反
對泥古、復古，除了上兩則的引述外，《姑妄聽之》卷三所提到的

73　《灤陽消夏錄》卷三，前揭書，頁50。

黃山二鬼[74]，也是譏諷講學家主張恢復井田制度的不可行。紀昀
除了反對食古不化的泥古、復古外，他對漢學流於繁瑣考據的弊
端也有所不滿，清乾隆、嘉慶年間，是漢學極盛，宋學起而抗之
的時期。紀昀雖身處於「漢學家的大本營」[75]的四庫館中，從往
交遊也多是漢學家朋友王鳴盛、錢大昕、朱筠、盧文弨、王昶、
戴震之輩[76]。但他並不願偏廢一方，對待漢學和宋學，他持著一
種理性的態度[77]，和一般人的觀念，認爲紀昀是仇視宋學的漢學
家有些出入，在《閱微草堂筆記》中紀昀對漢學之弊，一如對宋
學之弊，同樣都給予辛辣的譏諷：

> 朱青雲言，嘗與高西園散步水次。時春冰初泮，淨綠瀲溶。
> 高曰：「憶晚唐有『魚鱗可憐紫，鴨毛自然碧』句，無一字
> 言春水而晴波滑笏之狀，如在目前。惜不記其姓名矣。」
> 朱沉思未對，聞老柳後有人語曰：「此初唐劉希夷詩，非晚
> 唐也。」趨視無一人，朱悚然曰：「白日見鬼矣！」高微笑
> 曰：「如此鬼，見亦大佳，但恐不肯相見耳。」對樹三揖而
> 行。歸檢劉詩，果有此二語。余偶以告戴東原，東原因言

---

74 「周化源言:有二士遊黃山」條，前揭書，頁 453-455。
75 梁啓超，《清代學術概論》，（台北：水牛出版社，1981）。
76 紀昀和王鳴盛、錢大昕、朱筠、王昶都是乾隆十九年同科進士，且紀昀
   居於北京虎坊橋給孤寺旁，與王鳴盛寓齋僅隔一垣，兩人往還甚歡，以
   詩相酬，傳看紀昀所編的《張爲主客圖》（王鳴盛有〈虎坊新居與紀起
   士昀隔一垣旁有給孤寺〉一詩）；又結識戴震成爲莫逆之交。戴震凡赴
   京師，總要居於紀昀家與他切磋商討學問，互訴別情「東原與昀交二十
   餘年，主昀家前後幾十年」（紀昀著，〈與余存吾太史書〉，《紀曉嵐文集》
   第一冊，前揭書，頁 274）。
77 侯健，〈閱微草堂筆記的理性主義〉，《中外文學》，8 卷 1 期（1980.6），
   頁 30-48。侯建認爲「紀昀的主題，恰也是一個理字，但是一個深具彈
   性的理，而無絕對與武斷的氣息」、「紀昀仍要調停兩者，不肯偏廢」、「他
   調停兩者，不趨極端的態度」，詳見該文。

有兩生燭下對談，爭春秋周正夏正，往復甚苦，窗外忽太息言曰：「左氏周人，不容不知周正朔，二先生何必費詞也？」出視窗外，惟一小僮方酣睡。觀此二事，儒者日談考證，講曰若稽古，動至十四萬言，安知冥冥之中，無在旁揶揄者乎？[78]

在乾嘉考據學風如日中天的時代，對大家趨之若鶩的考據之學，紀昀竟敢透過鬼神之口而加以揶揄，如果紀昀果真一昧反對宋學，又怎麼會有譏諷漢學「儒者日談考證，講曰若稽古，動至十四萬言，安知冥冥之中，無在旁揶揄者乎？」的記述呢？另有一則書生借視狐精之書「皆五經、論語、孝經、孟子之類。但有經文而無注。問經不解釋，何由講貫？老翁曰：『吾輩讀書，但求明理。聖賢言語本不艱深，口相授受，疏通訓詁，即可知其義旨，何以注為？』」[79]，也頗有借狐精之口，表達出對儒者陷入訓詁泥淖的譏諷。再對照《閱微草堂筆記》中紀昀對周姓老儒、魏環極等人形象的描繪，並不會因他們講理學就醜詆他們，也是寫出鬼狐對他們的欽敬。所以紀昀對理學主敬立誠、躬行自修的功夫還是相當地敬佩，因此才有這樣對講學家正面形象的描寫，而紀昀在治學和立身處世的態度，倒頗有「治經宗漢儒，立身宗宋儒」、「六經尊服鄭，百行法程朱」[80]的意味。再看紀昀〈丙辰會試錄序〉一文中，他很清楚地表達出對漢宋學不偏廢的態度：

78　《灤陽消夏錄》卷五，前揭書，頁 96。
79　《灤陽消夏錄》卷三，前揭書，頁 53。
80　江藩，《經解入門》卷三〈漢宋門戶異同〉節，（天津市古籍書店，1990），頁 74。江藩治學雖宗漢學，但對宋儒修身的功夫卻頗推服「學者治經宗漢儒，立身宗宋儒，則兩得矣」、「本朝為漢學者，始於元和惠氏，紅豆山房半農人手書楹帖云：『六經尊服鄭，百行法程朱』，不以為非，且以為法，為漢學者背其師承何哉！藩為是記，實本師說。」

良以制藝主於明義理，固當以宋學爲宗，而以漢學補苴其
所遺。糾繩其太過耳，如竟以訂正字畫，研尋音義，務旁
徵遠引以眩博，而義理不求其盡合，毋乃於聖朝造士之法
稍未深思乎。夫古學，美名也；崇獎古學，亦美名也。名
所集而利隨焉，故弋獲者有之；利所集而僞生焉，故割剝
讖緯，掇拾蒼雅，編爲分類之書，以備剿說之用者亦有之。
[81]

在序中紀昀提出了「明義理，固當以宋學爲宗，而以漢學補
苴其所遺」，但也指出了漢學的流弊「以訂正字畫，研尋音義，務
旁徵遠引以眩博，而義理不求其盡合……夫古學，美名也；崇獎
古學，亦美名也。名所集而利隨焉，故弋獲者有之；利所集而僞
生焉，故割剝讖緯，掇拾蒼雅，編爲分類之書，以備剿說之用者
亦有之」，可見他並不完全排斥宋學、偏頗漢學，也能指出崇獎古
學（漢學）所衍生的流弊。

四、紀昀的治學趨向

由上述紀昀在《閱微草堂筆記》中對儒者形象種種的刻畫，
可以看出紀昀"崇實黜虛"的理念，使他在治學方法上趨向於漢
學而反對空談，這是紀昀和程朱理學治學方法上的立異處，所以
才有種種的譏諷和抨擊，也因此造成認爲他是反理學的印象。雖
然在「通經」的方法上他認同漢學，但在「致用」的目標上，他
並不以當時偏向於考據爲主的漢學爲滿足，因此也才會有譏諷漢
學之弊的故事產生。而且從他對漢、宋學之弊同樣給予譏諷上看
來，他能意識到漢、宋學的流弊，所以他的立論乃有破除門戶之

---

81 紀昀，〈丙辰會試錄序〉，《紀曉嵐文集》第一冊，前揭書，頁149。

見，各取所長，這樣突破漢、宋藩籬的主張。可惜的是，紀昀雖然重視實用之學，但仍未能突破專注於儒學的時代囿限，僅有限度地吸納西學。對於紀昀這些治學趨向，今論述於下：

一、**"崇實黜虛"，重視實證、反對空談**。由上述紀昀在《閱微草堂筆記》中對講學家空談高論形象的刻畫，可以看出紀昀對講學家的譏諷和抨擊，是因爲他認爲理學易於產生空談、臆斷和無益於國計民生的流弊，「唯漢儒之學，非讀書稽古，不能下一語；宋儒之學，則人人皆可以空談。其間蘭艾同生，誠有不盡饜人心者，是嗤點之所自來」一語，可以看出他這種重視考據實證，反對空談高論的治學傾向。但也從這句話中的「蘭艾同生」，點出了紀昀是承認宋學也有所長，「《論語》《孟子》，宋儒積一生精力，字斟句酌，亦斷非漢儒所及……宋儒尙心悟，研索易深」都是紀昀指出宋學的「蘭」，而他所抨擊的「艾」，正如前文所提到的空談、臆斷和無益於國計民生這些宋學流弊。紀昀這種重視實證，反對空談高論的治學趨向，並非只針對宋學，「故余於漢儒之學，最不信《春秋繁露》、《洪範五行傳論》；於宋儒之學，最不信《河圖洛書》、《皇極經世書》」話中也透露出他對漢、宋儒者所倡的形而上學，其中唯心玄虛言論的不滿，這正是他"崇實黜虛"，重視實證理念的展現。此外，紀昀的《閱微草堂筆記》中，雖然滿紙虛無飄渺的鬼狐之言，看似和他重視實證的主張相矛盾，但是紀昀主張鬼神的存在，還是有他自己親身見聞的實證經驗。除了紀昀的庭訓[82]和聽聞[83]外，他有親見回煞之事：「余嘗於隔院窗樓

---

82 如《如是我聞》卷三：先姚安公……因誨昀曰：「儒者論無鬼，迂論也，亦強詞也」（前揭書，頁 191。）
83 如《如是我聞》卷三：顧非熊再生事，見段成式《酉陽雜俎》，又見孫光憲《北夢瑣言》。其父顧況集中，亦載是詩，當非誣造。近沈雲椒少宰撰其母《陸太夫人志》，稱太夫人于歸，甫匝歲，贈公即卒。遺腹生

中，遙見其去，如白煙一道，出於竈突之中，冉冉向西南而歿，與所推時刻方向，無一差也。又嘗兩次手自啓鑰，諦視布灰之處，手跡足跡，宛然與生時無二，所親皆能辨識之，是何說歟？」[84]、「然回煞形跡，余實屢目睹之，鬼神茫昧，究不知其如何也」[85]、「余乞假養痾北倉……忽見綵衣女子揭簾入，甫露面，即退出。

子，恒週三歲亦殤。太夫人哭之慟曰：「吾之為未亡人也，以有汝在，今已矣！吾不忍吾家之宗祀自此而絕也。」於其斂，以朱志其臂，祝曰：「天不絕吾家，若再生以此為驗。」時雍正己酉十二月也。是月，族人有比鄰而居者，生一子，臂朱灼然。太夫人遂撫之，以為後即少宰也。余官禮部侍郎時，與少宰同事，少宰為余口述尤詳。蓋釋氏書中，誕妄者原有，其徒張皇罪福，誘人施捨，詐偽者尤多。惟輪迴之說，則鑿然有證。司命者每因一人一事，偶示端倪，彰人道之教。少宰此事，即借轉生之驗，以昭苦節之感者也。儒者甚言無鬼，又烏乎知之？（前揭書，頁 186-187。）《灤陽續錄》卷三：輪迴之說，鑿然有之。恆蘭臺之叔父，生數歲，即自言前身為城西萬壽寺僧。從未一至其地，取筆粗畫其殿廊門徑，莊嚴陳設，花樹行列。往驗之，一一相合。然平生不肯至此寺，不知何意。此真輪迴也。朱子所謂輪迴雖有，乃是生氣未盡，偶然與生氣湊合者，亦實有之。余崔莊佃戶商龍之子，甫死，即生於鄰家。未彌月，能言。元旦父母偶出，獨此兒在繈褓。有同村人叩門云：「賀新歲。」兒識其語音，遽應曰：「是某丈耶？父母俱出，房門未鎖，請入室小憩可也。」聞者駭笑。然不久夭逝。朱子所云，殆指此類矣。（前揭書，頁 524。）《灤陽消夏錄》卷五：謂鬼無輪迴，則自古及今，鬼日日增，將大地不能容；謂鬼有輪迴，則此死彼生，旋即易形而去；又當世間無一鬼，販夫田婦，往往轉生，似無不輪迴者。荒阡廢塚，往往見鬼，又似有不輪迴者。表兄安天石，嘗臥疾，魂至冥府，以此問司籍之吏。吏曰：「有輪迴，有不輪迴。輪迴者三途：有福受報，有罪受報，有恩有怨者受報；不輪迴者亦三途：聖賢仙佛不入輪迴，無間地獄不得輪迴，無罪無福之人，聽其遊行於虛墓，餘氣未盡則存，餘氣漸消則滅。如露珠水泡，倏有倏無；如閒花野草，自榮自落，如是者無可輪迴。或有無依魂魄，附人感孕，謂之偷生。高行緇黃，轉世借形，謂之奪舍。是皆偶然變現，不在輪迴常理之中。至於神靈下降，輔佐明時；魔怪群生，縱橫殺劫。是又氣數所成，不以輪迴論矣。」天石固不信輪迴者，病痊以後，嘗舉以告人曰：「據其所言，乃鑿然成理。」（前揭書，頁 91。）

84 《灤陽消夏錄》卷四，前揭書，頁 79。
85 《灤陽消夏錄》卷五，前揭書，頁 98。

疑為趁座妓女，呼僕隸遣去，皆云外戶已閉，無一人也。主人曰：
『四日前有宦家子婦宿此卒，昨移柩去，豈其回煞耶？』」[86]；親
見婢女得罪灶神遭懲之事：「余小時見外祖雪峰張公家，一司爨姬
好以穢物掃入灶，夜夢烏衣人呵之，且批其頰，覺而頰腫成癰，
數日巨如杯，膿液內潰，從口吐出，稍一呼吸輒入喉，嘔噦欲死，
立誓虔禱乃愈。是又何說歟？」[87]；親人臨終前異事：明器，古
之葬禮也，後世復造紙車紙馬。孟雲卿〈古挽歌〉曰：「冥冥何所
須，盡我生人意。」蓋姑以緩慟云耳。然長兒汝佶病革時，其女
為焚一紙馬，汝佶絕而復蘇曰：「吾魂出門，茫茫然不知所向，遇
老僕王連生牽一馬來，送我歸，恨其足跛，頗顛簸不適。」焚馬
之奴泫然曰：「是奴罪也，舉火時上實誤折其足。」又六從舅母
常氏彌留時，喃喃自語曰：「適往看新宅頗佳，但東壁損壞，可奈
何！」侍疾者往視其棺，果左側朽穿一小孔，匠與督工者尚均未
覺也[88]、庚午四月，先太夫人病革時，語子孫曰：「舊聞地下眷屬，
臨終時一一相見，今日果然。幸我平生尚無愧色，汝等在世，家
庭骨肉，當處處留將來相見地也。」[89]；親聞鬼哭事：余在烏魯
木齊，軍吏具文牒數十紙，捧墨筆請判曰：「凡客死於此者，其棺
歸籍，例給牒。否則魂不得入關。」以行於冥司，故不用朱判，
其印亦以墨。視其文鄙誕殊甚。余曰：「此胥役托詞取錢耳，啟將
軍除其例。」旬日後，或告城西壙墓中鬼哭，無牒不能歸故也，
余斥其妄；又旬日，或告鬼哭又近城，斥之如故；越旬日，余所
居牆外，飅飅有聲（《說文》曰：飅，鬼聲），余尚以為胥役所偽；

---

86 《槐西雜志》卷四，前揭書，頁 358。
87 《槐西雜志》卷三，前揭書，頁 309。
88 《灤陽消夏錄》卷五，前揭書，頁 94。
89 《如是我聞》卷一，前揭書，頁 145。

越數日，聲至窗外，時月明如晝，自起尋視，實無一人。同事觀御史成曰：「公所持理正，雖將軍不能奪也。然鬼哭實共聞，不得照者，實亦怨公。盍試一給之，姑間執讒慝之口。倘鬼哭如故，則公亦有詞矣。」勉從其議。是夜寂然。又軍吏宋吉祿在印房，忽眩仆，久而蘇，云見其母至。俄臺軍以官牒呈，啓視則哈密報吉祿之母來視子，卒於途也。天下事何所不有？儒生論其常耳。余嘗作《烏魯木齊雜詩》一百六十首，中一首云：「白草颼颼接冷雲，關山疆界是誰分。幽魂來往隨官牒，原鬼昌黎竟未聞。」即此二事也[90]，都是紀昀以其親身經歷或親友見聞，因此相信鬼神存在的例子。

二、經世思潮下趨向漢學的治學方法，但不以漢學為藩籬。

學界自明末逐漸興起"崇實黜虛"的主張，落實到經國濟世上，就是經世致用以救世濟民的思想。紀昀深受這種思潮的影響，從《閱微草堂筆記》的記述中，可以看到紀昀無論是辨傳聞、論藥理、說物性、談科技、決斷刑獄，都富有實證精神[91]，而他本人則是「三十以前，講考證之學；五十以後，領修祕籍，復折而講考證」[92]講求考證之學，並且講求「謝彼虛談，敦茲實學」、「務

---

90 《灤陽消夏錄》卷一，前揭書，頁 17-18。
91 詳見王秋文，〈姑妄言之姑聽之？ —— 試論「閱微草堂筆記」的實證精神〉，《國文天地》，20：6（2004.11），頁 61-65。另如《灤陽續錄》卷一記紀昀窮數日之力，意圖再造宋代神臂弓之事，也可見紀昀的實學精神「宋代有神臂弓，實巨弩也，立於地而踏其機，可三百步外貫鐵甲，亦曰克敵弓。洪容齋試詞科，有〈克敵弓銘〉是也。宋軍拒金，多倚此為器。軍法不得遺失一具，或敗不能攜，則寧碎之，防敵得其機輪仿製也。元世祖滅宋，得其式，曾用以制勝，至明乃不得其傳，惟《永樂大典》尚全載其圖說。然其機輪一事一圖，但有短長寬窄之度與其牝牡凸凹之形，無一全圖，余與鄒念喬侍郎窮數日之力，審諦逗合，訖無端緒。」（前揭書，頁 499-500。）
92 紀昀，〈姑妄言之序〉，前揭書，頁 375。

求爲有用之學」[93]，也一再強調「以實心勵實行，以實學求實用」[94]、「讀書以明理，明理以致用也」[95]。所以他對漢學家徵實的考證治學方法是頗爲讚賞的，「唯漢儒之學，非讀書稽古，不能下一語」[96]、「其學篤實謹嚴」、「其學徵實不誣」[97]，在《四庫全書總目》中　"通經"、"黜虛"、"用世"等類的評語措辭，也可以看出崇實的指向[98]。因此在《閱微草堂筆記》中，出現大量對講學家空談高論批評的形象描寫，也就不足爲奇了。

　　因爲認同漢學徵實的治學方法，所以講求考證的紀昀是趨向於漢學，而不滿流於空談的講學家。但是以徵實的考證方法，是要達到「讀書以明理，明理以致用也」，所以最終目的還是在於致用。如果只是沉湎於復古，導致泥古而食古不化，成爲迂腐的學究，甚至陷入「儒者日談考證，講曰若稽古，動至十四萬言」這種繁瑣的考證弊病當中，紀昀也會毫不客氣地給予辛辣的諷刺，所以在《閱微草堂筆記》中，才有譏諷揶揄那些讀書不通、不明世事，迂腐老學究的形象描寫。尤其當早期清代漢學家所提倡透過漢學治學方法，以回歸經典原義的精神逐漸被淡忘之後，導致學者沉溺於故紙堆中，窮年累月於字句的考證，經世風格逐漸淡化，清代漢學的流弊也逐漸浮現出來。以批評漢學最力的姚鼐爲例，姚鼐對漢學流弊的批評，主要集中在兩方面，一是認爲漢學

93　《四庫全書總目》凡例，前揭書，頁 33。
94　《姑妄聽之》卷二，前揭書，頁 410。
95　《姑妄聽之》卷四，前揭書，頁 488。
96　《灤陽消夏錄》卷一，前揭書，頁 10。
97　此二句見《四庫全書總目・經部總序》，前揭書，1997。
98　詳見曾紀剛，《四庫全書》之纂修與清初崇實思潮之關係研究 —— 以經史二部爲主的觀察一書附錄二，（台北：花木蘭文化工作坊，2005），頁 129-148。而《四庫全書》收錄的標準之一也是「今所錄者率以考證精核、論辯明確爲主」（《四庫全書總目》凡例，前揭書，上冊頁 33。）

「守一家之偏」[99]，二是指責漢學爲「穿鑿瑣屑」之學[100]，如果
去除因爲推崇程朱而對漢學攻擊的感情因素，平心而論，姚鼐對
漢學的某些批評也並非全然無理，如說漢學「穿鑿瑣屑」，務爲餖
飣之學，甚至「守一家之偏，蔽而不通」，確實是說到了漢學的某
些痛處。對此，紀昀其實也早已毫不避諱地指出漢學之弊「及其
斃也拘」、「及其斃也瑣」[101]，甚至也發出「早年辛苦事雕蟲」[102]的
感嘆。我們且看紀昀主持會試時，取士用心於「明理」、「考證」、
「事功」、「通經致用」，或許可以看出紀昀是欲以考據以求明
理，由明理以建事功，簡言之，縈繞在其心中的目標就是通經致
用：

99　姚鼐批評道：「當明時，經生惟聞宋儒之說，舉漢、唐箋注屏棄不觀，
　　其病誠隘。近時乃好言漢學，以是爲有異於俗。夫守一家之偏，蔽而
　　不通，亦漢之俗學也，其賢也幾何？」（〈復孔撝約論禘祭文〉，《惜抱
　　軒文集》卷六，《續修四庫全書》第 1453 冊，（上海古籍出版社，2002），
　　第 47 頁。）、「孔子沒而大道微，漢儒承秦滅學之後，始立專門，各抱
　　一經，師弟傳受，儕偶怨怒嫉妒，不相通曉，其於聖人之道，猶築牆
　　垣而塞門巷也。」（〈贈錢獻之序〉，《惜抱軒文集》卷七，《續修四庫全
　　書》第 1453 冊，（上海古籍出版社，2002），第 56 頁。），這如同紀昀
　　所說的「及其斃也拘」。
100　姚鼐批評道：「近時陽明之焰熄，而異道又興。學者稍有志於勤學法古
　　之美，則相率而兢於考證訓詁之塗，自名漢學，穿鑿瑣屑，駁難猥雜。
　　其行曾不能望見象山、陽明之倫，其識解更卑於永嘉，而輒敢上詆程、
　　朱，豈非今日之患哉！」（〈安慶府重修儒學記〉，《惜抱軒文集後集》
　　卷十，《續修四庫全書》第 1453 冊，（上海古籍出版社，2002），第 202
　　頁。）、「明末至今日，學者頗厭功令所載爲習聞，又惡陋儒不考古而
　　蔽於近，於是專求古人名物、制度、訓詁、書數，以博爲量，以窺隙
　　攻難爲功，其甚者欲盡舍程、朱而宗漢之士。枝之獵而去其根，細之
　　蒐而遺其鉅，夫寧非蔽歟！」（〈贈錢獻之序〉，《惜抱軒文集》卷七，《續
　　修四庫全書》第 1453 冊，（上海古籍出版社，2002），第 56 頁。），這
　　如同紀昀所說的「及其斃也瑣」。
101　此二句見《四庫全書總目・經部總序》，前揭書，1997。
102　〈小憩三間房見壁上詩意互牴戲題二絕句〉，《紀曉嵐文集》第一冊，
　　前揭書，頁 532。

設科取士將使分治天下之事也。欲沿天下之事必折衷於
理，欲明天下之理必折衷於經，……今之所錄，大抵以明
理為主。其逞辨才、鶩雜學、流於偽體者不取，貌襲先正
而空疏無物、割剝理學之字句而餖飣剽竊、似正體而實偽
體者亦不取，期無戾於通經致用之本意而已。[103]

周公手定《周禮》，聖人非不講事功；孔子問禮、問官，聖
人非不講考證，不通天下之事勢而坐談性命，不究前代之
成敗而臆斷是非，恐於道亦未有合。"永嘉之學"或可與
"新安"相輔歟？[104]

　　由此可知紀昀雖然認同漢學的治學方法，但也不以考據為
限，因此也才會毫不客氣地指出漢學的流弊[105]，一如對宋學之弊，
同樣都給予辛辣的譏諷。而在「通經致用」的思維下，讓他不再
囿限於漢宋學的藩籬之中，轉而重視傳統儒學中"濟世"的一
面，在講求"內聖"的理學家眼中，總帶有異端氣味的永嘉事功

103　〈甲辰會試錄序〉，《紀曉嵐文集》第一冊，前揭書，頁148。
104　〈丙辰會試策問〉，《紀曉嵐文集》第一冊，前揭書，頁270。
105　如在乾嘉樸學大師惠棟的《左傳補注》提要中即揭示出惠棟考據學無
　　法通經致用的弊端「蓋其長在博，其短亦在於嗜博。其長在古，其短
　　亦在於泥古也。」（《四庫全書總目》卷29，前揭書，上冊頁380。），
　　又在《四庫全書總目》卷首三（凡例）也對顧炎武音學表達出不滿「聖
　　賢之學，主於明體以達用，凡不可見諸實事者，皆屬卮言。儒生著書，
　　務為高論，陰陽太極，累牘連篇，斯已不切人事矣。至於論九河則欲
　　修禹跡，考六典則欲復周官，封建井田，動稱三代，而不揆時勢之不
　　可行。至黃諫之流，欲使天下筆劃皆改篆體；顧炎武之流，欲使天下
　　言語皆作古音，迂謬抑更甚焉。又如明之曲士，人喜言兵，《二麓正議》
　　欲掘坑藏錐以刺敵，《武備新書》欲雕木為虎以臨陣，陳禹謨至欲使九
　　邊將士人人皆讀《左傳》。凡斯之類，並闢其異說，黜彼空言，庶讀者
　　知致遠經方，務求為有用之學。」（《四庫全書總目》凡例，前揭書，
　　上冊頁33），另如《槐西雜志》卷一稱「故余於漢儒之學，最不信春秋
　　繁露、洪範五行傳論」，前揭書，頁251。

學派，紀昀卻頗有爲之平反之辭：

> 永嘉之學，倡自呂祖謙，和以葉適及傳良，遂于南宋諸儒
> 別爲一派。朱子頗以涉于事功爲疑。然事功主于經世，功
> 利主于自私，二者似一而實二。未可盡斥永嘉爲霸術。且
> 聖人之道，有體有用；天下之勢，有緩有急。陳亮上孝宗
> 疏所謂風痺不知痛癢者，未嘗不中薄視事功之病。亦未可
> 盡斥永嘉爲俗學也。[106]

在紀昀看來「聖人非不講事功」，講求外王經世之學，並不同於出於自私之心的功利主義，紀昀並非輕視道德，而是不認同心性派學者的輕視事功「夫儒者之學，明體達用。道德事業，本無二源，歧而兩之，殊爲偏見」[107]，所以人品事業卓絕一時的范仲淹，就備受紀昀的推崇：

> 蓋行求無愧於聖賢，學求有濟於天下，古之所謂大儒者有
> 體有用，不過如此，初不必說太極、衍先天，而後謂之能
> 聞聖道，亦不必講封建、議井田，而後謂之不愧王佐也。
> 觀仲淹之人與仲淹之文，可以知空言、實效之分矣。[108]

《閱微草堂筆記》中黃山二鬼的質疑，其實也是紀昀對理學家薄視事功的質疑，尤其是身處乾隆盛世的紀昀，應該是深刻地體驗到治理一個龐大的帝國，這樣一件包羅萬象巨大的工程，需要許多非道德性的知識和技術，也就是「體國經野之政、捍災禦

---

106 《永嘉八面鋒》提要，《四庫全書總目》卷 135，前揭書，下冊頁 1781。
   陳亮上孝宗疏所言是「今世之儒士，自謂得正心誠意之學者，皆風痺不知痛癢之人也。舉一世安於君父之仇，而方低頭拱手以談性命，不知何者謂之性命乎。」(《龍川文集》提要引陳亮言，前揭書卷 162，下冊頁 2157。）
107 《宋令懿範》提要，前揭書卷 61，上冊頁 858。
108 《文正集》提要，前揭書卷 152，下冊頁 2041。

變之方」的「治法」、「政典」，光靠誠正修齊這一內聖經世連鎖推
理法的道德訴求，恐怕會如費正清所說的「在希臘學者的眼裡，
不過是一連串的如意算盤而已」[109]，這也是紀昀為何會重視事功，
而對理學家熱衷於性理空談頗有微辭[110]的原因所在：

> 《西銘》論萬物一體，理原如是。然豈徒心知此理，即道
> 濟天下乎？父母之於子，可云愛之深矣，子有疾病，何以
> 不能療？子有患難，何以不能救？無術焉而已。此猶非一
> 身也。人之一身，慮無不深自愛者，己之疾病，何以不能
> 療？己之患難，何以不能救？亦無術焉而已。今不講體國
> 經野之政、捍災禦變之方，而曰吾仁愛之心同於天地之生
> 物，果此心一舉，萬物即可以生乎？吾不知之矣。至《大
> 學》條目，自格致以至治平，節節相因，而節節各有其功
> 力。譬如土生苗，苗成禾，禾成穀，穀成米，米成飯，本
> 節節相因。然土不耕則不生苗，苗不灌則不得禾，禾不刈
> 則不得穀，穀不舂則不得米，米不炊則不得飯，亦節節各
> 有其功力。西山作《大學衍義》，列目至齊家而止，謂治國
> 平天下可舉而措之。不知虞舜之時，果瞽瞍允若，而洪水
> 即平、三苗即格乎？抑猶有治法在乎？又不知周文之世，
> 果太姒徽音而江漢即化、崇侯即服乎？抑別有政典存乎？
> 今一切棄置，而歸本於齊家，毋亦如土可生苗，即炊土為
> 飯乎？[111]

---

109 《美國與中國》，費正清，（台北：商務印書館，1987），頁 58。
110 早在紀昀 25 歲（1748）尚未登第時，便有〈瓦橋關〉憑臨弔古之詩，
　　「積水通瀛海，雄關記瓦橋。當年爭洛閩，此外付金遼。世暗邊功賤，
　　儒多戰氣銷。北盟誰載筆，猶忍話三朝」表達出對理學家議論多而事
　　功少的不滿。（《紀曉嵐文集》第一冊，前揭書，頁 492）
111 《姑妄聽之》卷三，前揭書，頁 453-455。

　　當然紀昀也才會不滿於漢學家泥古、瑣碎之弊，故而寫出泥古的劉羽沖，和譏諷漢學「儒者日談考證，講曰若稽古，動至十四萬言，安知冥冥之中，無在旁揶揄者乎？」的記述。

　　雖然紀昀治學重視著通經致用，但遺憾的是，仕宦一生可謂榮崇達於極至[112]的紀昀，位高官顯卻少顯赫的政績，以致自己也不免發出「余今老矣，叨列六卿，久無建白，平生恒內愧」[113]的長嘆。但細究其宦途之中，仍多致意於國計民生之舉，如甫成進士之時即留意於律法、吏治[114]，在謫居烏魯木齊時，爲終身戍役之單丁請命，消彌禍患於未然[115]，當仕途漸居高位說話有份量時，自乾隆四十九年至嘉慶七年，共計有十六本替各地因蠲緩積欠稅賦的謝恩摺子[116]，可以看到紀昀爲民請命的一面。紀昀最爲人稱

112　紀昀除了在乾隆三十三年（1768）到乾隆三十五年（1770）被謫戍烏魯木齊外，從乾隆四十四年（1779）出翰林入中樞，直到嘉慶十年（1804）病卒，紀昀曾三遷御史，三入禮部，兩次執掌兵符，最後以禮部尚書、協辦大學士加太子少保加國子監事，並賜紫禁城騎馬，襄贊政事達二十餘年。

113　〈尹太夫人八十序〉，《紀曉嵐文集》第一冊，前揭書，頁 225。

114　乾隆十九年有〈擬修定科律詔〉「滌濫除煩，法歸簡約。使民不易犯，吏不爲奸」留心於律令、〈擬請重親民之官疏〉「且夫吏治易弛而難張，官方易淆而難澄。一不經心，其弊百出。方今清公守法，約己愛人者，守令之中，豈曰無人；然南山之竹，不揉自直，器車之材，不規自圓，此千百之一二耳。其橫者毛鷙搏噬，其貪者溪壑不盈，其譎者巧詐售欺，其懦者昏憒敗事，而貴族權門依勢作威者又錯出于其中，一二良吏，恐不能補千百人之患也。況此一二人者，無所激勸，亦將隨而波靡哉。良由視之太輕，核之不力，而蠹政害民，勢遂至此也。」關注於吏治。（《紀曉嵐文集》第一冊，前揭書，頁 127。）

115　汪德鉞（1748-1808）稱「舊例，挈妻子謫遣於烏魯木齊者，五年後釋爲民；單丁則終身戍役。乾隆庚寅（三十五年）夏，積多至六千人，頗相扇動。吾師具奏稿，請將軍巴彥弼上之，六千人同日脫籍。著爲令，與挈眷者同限」，〈紀曉嵐師八十序〉，《四一居士文抄》卷四，《稀見清人別集叢刊》第 12 冊，（廣西師範大學出版社，2007），頁 332-333。

116　《紀曉嵐文集》第一冊，前揭書，頁 95-107。

著的政績是「壬子（乾隆五十七年），以畿輔水災奏請截留宦糧萬石，設十廠賑饑。得旨，六月開廠，自夏季至明年四月，全活無算」[117]。而紀昀之所以會少有建樹，主要關鍵在於乾隆、嘉慶兩位皇帝對紀昀的看法，「學問素優」[118]、「文學尚優」[119]、「其派出之紀昀，本係無用之腐儒，原不足具數，況伊於刑名事件素非諳悉」[120]是乾隆對紀昀的看法，「紀昀讀書多不明理」[121]，則是

---

117 錢儀吉纂，《碑傳集》卷三十八，（北京：中華書局，1993），頁 1090，引朱珪〈協辦大學士禮部尚書文達紀公昀墓誌銘〉。清史稿本傳稱「故事，五城設飯廠，自十月至三月。昀疏請自六月中旬始，廠日煮米三石，十月加煮米二石，仍以三月止，從之」（清史稿 267 卷列傳 107），「賑期向無在夏月者，此特恩也。後復增五廠，至癸丑四月始停止，所全活者無數」（汪德鉞，〈紀曉嵐師八十序〉，《四一居士文抄》卷四，《稀見清人別集叢刊》第 12 冊，（廣西師範大學出版社，2007）），頁 332-333。此事被稱為「特恩」是因為有異於舊例，賑期加長、賑饑粥廠加多、加煮賑米，所以受惠災民也更多，應該是乾隆對紀昀的恩准。
118 乾隆三十三年（1768），紀昀授貴州都勻府知府，乾隆立即下諭以四品銜，仍留庶子任。理由就如嘉慶〈御賜碑文〉中所說的「遂荷先帝特達之知，獨蒙學問素優之譽。一麾出守，劇任恐掩佳才，四品加銜，殊恩特邀破格」（《紀曉嵐文集》第三冊，前揭書，頁 723），在此可以看出乾隆對紀昀學問的賞識。
119 紀昀曾向乾隆提出軍國大政的建言時，遭乾隆斥曰「朕以汝文學尚優，故使領四庫書，實不過以倡優蓄之，汝何敢妄談國事！」（天嘏，《清代外史》，收入《滿清稗史》上冊，（北京：中國書店，1987），頁 20。）
120 乾隆五十年（1785）紀昀時任左都御史，因覆檢海升毆死其妻吳雅氏一案遭致乾隆呵斥「其派出之紀昀，本係無用之腐儒，原不足具數，況伊於刑名事件素非諳悉，且目系短視，於檢驗時未能詳悉閱看，即以刑部堂官所言隨同附和，其咎尚有可原，著交部嚴加議處」（《東華續錄》乾隆朝卷 101，王先謙編，《續修四庫全書》第 373 冊，（上海古籍出版社，1995），頁 772），此案因當事兩造具為權貴之姻，引起風波甚大，罰俸、革職者不少，乾隆於此雖明為呵斥，但仍有「其咎尚有可原」維護之意，但也可知紀昀「於刑名事件素非諳悉」。
121 《東華續錄》嘉慶朝卷一，十月己卯上諭（王先謙編，《續修四庫全書》第 374 冊，（上海古籍出版社，1995），頁 384）。嘉慶元年大學士出缺，嘉慶帝就想擢升劉墉、紀曉嵐二人為大學士，但與太上皇乾隆一商量，

嘉慶對紀昀的評語。從這些評語中可以確信紀昀的文學、學問是被乾、嘉二帝所肯定，但或許正因為紀昀在文學、學問方面傑出的表現，使得乾、嘉二帝不以幹吏視之，而讓他失去了「通經致用」在政事上表現的機會，徒生「叨列六卿，久無建白」之慨。

三、就學術思想而言，紀昀有些見解雖非首創，但仍不失為同時代中較先進的意見。以前面提到紀昀指出漢學泥古、瑣碎之弊，這樣的批評其實也曾出現在理學陣營中。但以被漢學陣營視為同路人的紀昀[122]有此言論，自然不同於漢宋兩陣營相訾時，會被視為攻擊挑釁的言論，對漢學陣營而言，產生自我反思的作用較大。一些治學廣博的漢學家如凌廷堪（1755-1809）[123]、焦循（1763-1820）、王引之（1766-1834）、段玉裁（1735-1815）等人都對漢學積弊有所反思，而意見也和紀昀大略相同，雖然沒有證據說明紀昀的意見影響過這些比他年少稍微後期的漢學家，但紀昀的意見，仍不失為同時代中較為先進的意見。以紀昀對惠棟泥古積習的不滿「其長在古，其短亦在於泥古」，王引之也有相同的意見，其論惠棟治學泥古的積習「考古雖勤……見異於今者則從

太上皇卻不應允，可能是因為二人在內禪大禮時，貿然苦諫乾隆把傳國玉璽傳給嘉慶，因此得罪太上皇。嘉慶帝當時未能親政，只好按父皇的意願行事，因此才在上諭中這樣曉諭。

122 江藩《漢學師承記》卷6即為紀昀立傳。

123 凌廷堪指出漢學末流之弊為「浮慕之者襲其名而忘其實，得其似而遺其真。讀《易》未終，即謂王、韓可廢；誦《詩》未竟，即以毛、鄭為宗；《左氏》之句讀未分，已言服虔勝杜預；《尚書》之篇次未悉，已云梅賾偽《古文》，甚至挾許慎一編，置九經而不習；憶《說文》數字，改六籍而不疑。不明千古學術之源流，而但以譏彈宋儒為能事。所謂天下不見學術之異，，其弊將有不可勝言者」（〈與胡敬仲書〉，《校禮堂文集》卷23，《續修四庫全書》1480冊，（上海古籍出版社，2002），頁262。），未嘗不是紀昀所諷刺讀書不通的學究。

之，大都不論是非」[124]，焦循也指出「惟漢是求，而不求其是，於是拘於傳注，往往扞格於經文。是所述者，漢儒也，非孔子也。而究之漢人之言，亦晦而不能明」[125]。紀昀所譏諷「儒者日談考證，講曰若稽古，動至十四萬言，安知冥冥之中，無在旁揶揄者乎？」漢學的瑣碎之弊，段玉裁晚年自稱：「喜言訓詁考核，尋其枝葉，略其根本，老大無成，追悔已晚」[126]除了是自謙外，也未嘗不是對漢學瑣碎之弊的反思。

　　紀昀另一通經致用的學術思想，雖然是前有所承並非獨創，但是在乾嘉「家家許鄭，人人賈馬」東漢古文經學如日中天時，經世取向已逐漸為士人所淡忘，尤其是時為乾隆盛世，西洋外患未至，太平天國內憂未顯，仍念茲在茲於經世思想，仍能將眼光看向訓詁考證之外，當屬不易。和紀昀同時代的今文學家莊存與（1719-1788）主張專明大義以求致用、章學誠（1738-1801）提倡經世致用的治學風尚、陸燿（字青來，1723-1785）編纂《切問齋文鈔》宣導經世學風[127]，同樣都有重視經世的言論，雖無證據

---

124 〈與焦里堂先生書〉，《王文簡公文集》卷四，王引之，《續修四庫全書》1490 冊，（上海古籍出版社，2002），頁 392。
125 〈述難四〉，《雕菰樓集》卷 7，焦循，《續修四庫全書》1489 冊，（上海古籍出版社，2002），頁 175。
126 〈博陵尹師所賜朱子小學恭跋〉，《經韻樓集》卷 8，段玉裁，《續修四庫全書》1435 冊，（上海古籍出版社，2002），頁 76。
127 陸燿和紀昀少年時都受教於董邦達（1699-1769），兩人甚有交情。陸燿輯錄清初至乾隆年間有關「風俗之盛衰、吏治之得失、民生之疾苦」的言論而成《切問齋文鈔》一書，該書上承晚明陳子龍等人的《皇明經世文編》，下啟晚清魏源等《皇清經世文編》，所秉持崇實黜虛的宗旨，與《四庫全書總目》"以實學求實用"遙相呼應。因此周積明認為從歷史記載來看，紀昀"刪定"《四庫全書總目》與陸青來編纂《切問齋文鈔》是兩項並未發生任何關聯的文化活動，然而在"崇實黜虛"的經世意趣上，兩者卻表現出不謀而合的共通性。（周積明，〈紀曉嵐與陸青來 ── 兼論十八世紀經世思潮〉，《清史研究》第 4 期，1993 年。）

說明彼此間有無互相影響，但都能有超脫時代風潮的意見，可說是英雄所見略同。而能知漢學之弊又爲求通經致用，自不能以漢學爲藩籬，紀昀乃有破除門戶之見，各取所長的主張。在當時有這樣的見解也不是紀昀一人而已[128]，乾嘉之後，學術思潮逐漸有漢宋調和、漢宋兼采、漢宋會通、漢宋兼容等等主張，紀昀所言未嘗不是走在風氣之先，同時他的主張也是有助於推動這樣的趨勢，而這項工作的進行，則落在紀昀的門生阮元（1764-1849）身上。阮元自稱「元以科名出公門生門下，初入都，公見元所撰書，稱許之。自入詞館，聞公議論益詳。蓋公之學在於辨漢宋儒術之是非，析詩文流派之正僞」[129]，在「聞公議論益詳」的耳濡目染薰陶下，日後成爲政壇高官、學界領袖的阮元，也曾主張「兩漢名教得儒經之功，宋明講學得師道之益，皆于周孔之道得其分合，未可偏護而互詆也」[130]這樣的持平之論，他主持編纂的《國史儒林傳》對漢、宋學者較能兼收並重，其幕府也是相容漢、宋學者的場所，他的幕下江藩（1761-1831）寫成《漢學師承記》，而方東樹（1772-1851）則將深詆漢學的《漢學商兌》獻給他，有點希望他在漢、宋學的問題上主持公道的意味，這也說明了阮元兼采漢宋寬容的學術態度，已得宋學家的認可。所以龔自珍才下這樣一個綜論，認爲其學「匯漢宋之全，拓天人之韜，泯華實之辨，總才學之歸」[131]。而阮元利用自身的名位和財力編印了大量的書

128　如小紀昀四十多歲的王引之也曾說「熟於漢學之門戶，而不囿於漢學之藩籬」（〈經義述聞序〉，《王文簡公文集》卷 3，《續修四庫全書》1490 冊，（上海古籍出版社，2002），頁 383。）

129　《紀曉嵐遺集》序，阮元，《紀曉嵐文集》第三冊，前揭書，頁 727。

130　〈國史儒林傳序〉，《揅經室一集》卷 2，阮元，《續修四庫全書》1478 冊，（上海古籍出版社，2002），頁 548。

131　張鑒等撰、黃愛平點校，〈阮尚書年譜序〉，《阮元年譜》，（北京：中華書局，1995），頁 274。

籍，在編《皇清經解》時，就未將戴震立異於程、朱的代表作《孟子字義疏證》收入其中，除了不欲激起漢宋對立的用意外，其師紀昀當年將該書「攘臂而扔之」[132]背後的思想內涵，是否因此影響到阮元此舉呢？讓人不禁有如此的聯想。

四、雖講求實用之學，但屬"空結"時代的代表人物，仍未能突破專注於儒學的時代圍限，僅有限度地吸納西學。 自從明代萬曆年間耶穌會教士來華，西學隨即傳入中土，至乾隆時已歷時百餘年，《四庫全書》中即收錄西人著作 24 種，紀昀在《閱微草堂筆記》中也屢屢提及洋人事蹟與西學[133]，對西學有相當程度的認知。紀昀對西學的認知是「製作器物，實巧不可階」，但是教義「迄不能行」，而對西洋人的印象是「然觀其作事，心計亦殊黠」：

> 其推步星象，製作器物，實巧不可階；其教則變換佛經，而附會以儒理。吾曩往竊聽，每談至無歸宿處，輒以天主解結，故迄不能行，然觀其作事，心計亦殊黠。[134]

紀昀體認到西學「其制器之巧，實為甲於古今」因此「寸有所長，自宜節取」[135]，雖然還有著天朝老大的心態，不過仍能正視西學所長，願意「節取」。紀昀認知的西學之長以「測量步算為第一，而奇器次之。奇器之中，水法尤切於民用，視他器之徒

---

132 章太炎《釋戴》篇會記載著，當紀昀看到一向與之交好的戴震所著的《孟子字義疏證》後，竟「攘臂而扔之」，可見他憤怒的程度，認為該書「以誹清淨潔身之士，而長流汙之行」，《章太炎全集》第四冊〈釋戴〉，（上海人民出版社，1985），頁 123。

133 提到的傳教士如利瑪竇、南懷仁、艾儒略等，也提到《坤輿圖說》、《職方外紀》、《西學凡》等西人著作，其中更以千餘字篇幅論述艾儒略之《西學凡》一書（《槐西雜老》卷二，前揭書，頁 293-294）。

134 《如是我聞》卷四，前揭書，頁 229。

135 《奇器圖說》提要，《四庫全書總目》卷 115，前揭書，上冊頁 1529。

矜工巧爲耳目之玩者又殊，固講水利者所必資也」[136]，讓紀昀願意「節取」主要是著眼於國計民生，和他重視致用以利民生的主張是相符的。至於西學所傳的洋教，紀昀則是認爲「其教則變換佛經，而附會以儒理」，以「傳天主之教者執國命」是「炫惑人心」、「悖亂綱常，莫斯爲甚」，透露出對西人以教領政的深拒：

> 西學所長在於測算，其短則在於崇拜天主以炫惑人心。所
> 謂自天地之大，以至蠕動之細，無一非天主所手造，悠謬
> 姑不深辨，即欲人捨其父母，而以天主爲至親；後其君長，
> 而以傳天主之教者執國命，悖亂綱常，莫斯爲甚。[137]

因此總而言之，當時朝廷對西學「節取其技能而禁傳其學術」的態度，紀昀是贊同的，「歐羅巴人天文推算之密，工匠製作之巧，實逾前古。其議論夸詐迂怪，亦爲異端之尤。國朝節取其技能而禁傳其學術，具存深意」[138]，這也是身處十八世紀的中國，在中西文化交流中所提出的一個因應的方案，是在西方列強侵略中國前夕，作出最初的反應。這一主張可算是李鴻章、張之洞等洋務派和馮桂芬、鄭觀應等早期改良派所提出的「中體西用」論的先聲。

紀昀也觀察到西方科技勝於中土，是由於講求實證、重測驗。「其國俗好語精微，凡事皆刻意研究」[139]、「其言皆驗諸實測，其法皆具得變通」[140]、「測驗增修，愈推愈密」[141]、「分曹測驗，具

136　《泰西水法》提要，《四庫全書總目》卷 102，前揭書，上冊頁 1325。
137　《天學初函》提要，《四庫全書總目》卷 134，前揭書，下冊頁 1762。
138　〈子部雜家類存目〉案語，《四庫全書總目》卷 125，前揭書，上冊頁　1674。
139　《西儒耳目資》提要，《四庫全書總目》卷 44，前揭書，上冊頁 598。
140　《乾坤體義》提要，《四庫全書總目》卷 106，前揭書，下冊頁 1390。
141　《周髀算經》提要，《四庫全書總目》卷 106，前揭書，下冊頁 1386。

有實證」[142]，可見紀昀所觀察到西人這種講實證、重測驗，是已經掌握了科學中求真、求善的精神內涵。可惜的是，紀昀未能將西人這種講實證、重測驗的精神，倡導於當時的中國，畢竟紀昀的思慮盡瘁於儒學之中，且無法超越於時代的囿限。其次，紀昀雖富有實證的精神，但可惜的是因爲對洋人的疑慮與防範，讓他錯失了一次交流的機會。《灤陽續錄》卷一記紀昀曾窮數日之力，意圖依照《永樂大典》所載，再造宋代神臂弓不成，欲「使西洋人料理之」，但爲其師劉統勛（1700-1773）所止：

> 先師劉文正公曰：「西洋人用意至深，如算術借根法，本中法流入西域，故彼國謂之東來法。今從學算，反秘密不肯盡言。此弩既相傳利器，安知不陰圖以去，而以不解謝我乎？《永樂大典》貯在翰苑，未必後來無解者，何必求之於異國？」余與念喬乃止。[143]

如果有一次「使西洋人料理之」的經驗，是愉快而且成功的，或許曾任兵部侍郎、兵部尚書的紀昀，會爲中國武器的發展，做出重大的貢獻也未爲可知[144]。當然這只是臆測之詞，可以肯定的

---

142 〈天文算法類〉序言，《四庫全書總目》卷 106，前揭書，下冊頁 1385。
143 前揭書，頁 500。
144 雖然紀昀對殺人利器還存著有傷陰德的觀念，《灤陽續錄》卷一中有一則這樣的記載「戴遂堂先生諱亭，姚安公癸巳同年也。罷齊河令歸，嘗館余家。言其先德本浙江人，心思巧密，好與西洋人爭勝，在欽天監與南懷仁杵（懷仁，西洋人，官欽天監正），遂徙鐵嶺，故先生爲鐵嶺人。言少時見先人造一鳥銃，形若琵琶，凡火藥鉛丸，皆貯於銃脊，以機輪開閉，其機有二，相銜如牡牝，扳一機則火藥鉛丸自落筒中，第二機隨之並動，石激火出而銃發矣。計二十八發，火藥鉛丸乃盡，始需重貯，擬獻於軍營，夜夢一神訶責曰：『上帝好生，汝如獻此器，使流布人間，汝子孫無噍類矣。』乃懼而不獻。說此事時，顧其姪秉瑛（乾隆乙丑進士，官甘肅高臺知縣）曰：『今尚在汝家乎？可取來一觀。』其姪曰：『在戶部學習時，五弟之子竊以質錢，已莫可究詰矣。』其爲

是「他一生重要的業績，乃是立足於古典文化的"穴結"點，以睿智、深徹的眼力掃視中國滾淌千年的學術文化長流，進而作出涵蓋經學、哲學、文學、史學各科領域的規模恢宏的理論總結」[145]，綜觀紀昀在《閱微草堂筆記》對儒者形象的刻畫，背後有著對儒學傳統進行修正以達到完善的用意，有著對漢宋學之爭作總結的意味。雖然在思想上他不是一個開創時代風潮的人物，但他對傳統文化有全面反省和總結的用心，因此稱之為"古典文化穴結時代的代表性人物"[146]是當之無愧的。

五、結　論

綜觀上述所言，歸納出下列幾點結論：

（一）通經致用理念下對漢宋學的去取。

就通經的方法上，紀昀崇漢學考據方法的實；而黜宋學空談先天、心性之虛，這是紀昀在治學方法上和程朱理學的立異處，因此在《閱微草堂筆記》中有許多的批評和譏諷，紀昀的反程朱理學，可說是治學方法上的不同，至於在維護社會、安定人心的倫常教化上，紀昀並非是反對程朱理學的，這要稍加區分，以免造成紀昀是全然反對程朱理學的錯誤印象。而通經之後紀昀更重視的是致用，不論是對理學淪為講章時文的不滿，因此加以揶揄；或是對儒者陷入訓詁泥淖的譏諷，這些食古不化，成為迂腐的學究，紀昀不論其為漢學、宋學，一律藉著鬼狐之口痛加抨擊和諷

實已亡失，或愛惜不出，蓋不可知，然此器亦奇矣。」（前揭書，頁 499）
不過從他研究宋代神臂弓來看，他對兵器也不是全然排斥。
145 周積明，《紀昀評傳》導論，南京大學出版社，1994，頁 9-10。
146 周積明，《紀昀評傳》導論，前揭書，頁 1。

刺。

（二）治學方法雖和程朱理學立異，但 仍能承認宋儒之長。

紀昀雖然被視為「乾、嘉時代反程、朱的第一員猛將」[147]，學者多認為其學術態度是"揚漢抑宋"，但是紀昀對漢、宋二學門戶之分，或是唐、宋詩之爭[148]，多持平之論，可惜的是，人們對此卻多忽視之。除了前文提到的「至《尚書》、三禮、三傳、《毛詩》、《爾雅》諸注疏，皆根據古義，斷非宋儒所能；《論語》《孟子》，宋儒積一生精力，字斟句酌，亦斷非漢儒所及。蓋漢儒重師傳，淵源有自；宋儒尚心悟，研索易深。漢儒或執舊文，過於信

---

147 如余英時即稱紀昀為「乾、嘉時代反程、朱的第一員猛將」，《論戴震與章學誠》，（華世書局，1980），頁 106。

148 如同對漢宋之爭的辨正，紀昀用了很多的精力，要去矯正祖唐祧宋兩派詩論的偏頗，希望能於兩派之中取其所長而棄其所短。我們看他評點整理過的書，便可以知道為何他喜歡對一些有爭議的詩集加以評點和圈閱。如方回的《瀛奎律髓》、李商隱的《玉谿生詩集》，馮舒、馮班批閱的《才調集》等，又有評點校正《玉臺新詠》，這些詩集，前人都有爭議和不同評價，於是他也通過評點來提出自己的看法。主要評點著作有《瀛奎律髓刊誤》、《玉谿生詩說》、《刪正二馮先生評閱才調集》、《唐人試律說》、《紀曉嵐墨評唐詩鼓吹》等。此外，他對杜甫、蘇軾、陳師道、黃庭堅等人的詩作也曾作過評點。可見紀昀對這些書的評點，正是有意圍繞對此兩派的評價而開展的。這些大規模的評點，雖然在評點中沒有明確、集中地提出自己的論詩主張，但通過他對這幾種詩集評本的選擇和再評點，是可以看出他的論詩態度是：不要像方回那樣以江西詩派為尊，也不要像錢謙益、二馮那樣以晚唐詩歌為尊，而應該相容並蓄，博采各家之長。詳參王鵬凱、黃瓊誼，〈紀昀詩論的時代背景與特色〉一文，《東海大學圖書館館訊》70 期（2007.7），頁 29-49。又如〈槐西雜志〉卷四記鬼魂惋惜前後七子所引起的門戶之爭一事（前揭書，頁 344-345）、〈灤陽消夏錄〉卷三鬼魂調停趙執信和王漁洋兩家詩說（前揭書，頁 57）都是紀昀對消弭文學門戶之爭的意見表達。

傳；宋儒或憑臆斷，勇於改經。計其得失，亦復相當」外，另如
「夫漢學具有根柢，講學者以淺陋輕之，不足服漢儒也；宋學具
有精微，讀書者以空疏薄之，亦不足服宋儒也。消融門戶之見，
而各取所長，則私心袪而公理出，公理出而經義明矣」[149]，也是
紀昀能持平地指出兩者的長短處，力主消弭門戶之爭的意見。又
例如他在〈周易義象合纂序〉中稱「古今說五經者，惟《易》最
夥，亦惟《易》最多歧論甘者忌辛，是丹者非素，斷斷相爭，各
立門戶，垂五六百年於茲」，對這種門戶之爭，紀昀以"水"做了
一個生動的比喻：

> 余嘗與戴東原、周書昌言：「譬一水也，農家以為宜灌溉，
> 舟子以為宜往來，形家以為宜砂穴，兵家以為宜扼拒，遊
> 覽者以為宜眺賞，品泉者以為宜茶荈，洴澼絖者以為利浣
> 濯：各得所求，各適其用，而水則一也。譬一都會也，可
> 自南門入，可自北門入，可自東門入，可自西門入，各從
> 其所近之途，各以為便，而都會則一也。《易》之理何獨不
> 然。東坡《廬山》詩曰：『橫看成嶺側成峰，。遠近高低各
> 不同。不識廬山真面目，只緣身在此山中。』通此意以解
> 《易》，則《易》無門戶矣。紛紛互詰，非仁智自生妄見乎。」
> [150]

　　《易》學主象，主理、主事三派的紛爭，在紀昀看來實在是
「仁智自生妄見」，因此他欣賞的是李東圃於「漢學、宋學兩無所
偏好，亦無所偏惡」這種持平之論，甚至發出「余向纂《四庫全
書》，作經部詩類小序曰：『攻漢學者，意不盡在于經義，務勝漢

---

149 紀昀，《四庫全書總目》經部總敘，（北京：中華書局，1997），上冊頁
　　42。
150 紀昀，〈周易義象合纂序〉，《紀曉嵐文集》第一冊，前揭書，頁153-154。

儒而已；伸漢學者，意亦不盡在於經義，憤宋儒之詆漢儒而已。
出爾反爾，勢于何極。』安得如君者數十輩與校定四庫之籍也」
的感慨，由此也可以看出紀昀致力於平息漢宋學門戶之爭，力求
公允之論的用心。相同的意見又見於〈黎君易注序〉：

> 漢《易》言數象，不能離存亡進退，非理而何；宋《易》
> 言理，不能離乘承比應，非象數而何。而顧曰：言理則棄
> 象數，言象數即棄理，豈通論哉！余校定祕書二十餘年，
> 所見經解，惟《易》最多，亦惟《易》最濫，大抵漢《易》
> 一派，其善者必由象數以求理；或捨理者，必流為雜學。
> 宋《易》一派，其善者必由理以知象數，或捨象數者，必
> 流為異學。其弊一由爭門戶，一由驚新奇，一由一知半解，
> 沾沾自喜，而不知《易》道之廣大，紛紜轇轕，遂曼衍而
> 日增，殊不知《易》之作也，本推天道以明人事，故六十
> 四卦之大象，皆有君子以字，而三百八十四爻，亦皆吉凶
> 悔吝為言，是為百姓日用作，非為一二上智密傳微妙也；
> 是為明是非決疑惑作，非為讖緯機祥預使前知也。故其書
> 至繁至賾，至精至深，而一一皆切於事。既切於事，即一
> 一皆可推以理。理之自然者明，則數之必然、象之當然，
> 劃然解矣。又何必曰此彼法、此我法、此古義、此新義哉！
> [151]

在紀昀看來，漢宋《易》學象、數、理三派之爭的由來「一
由爭門戶，一由驚新奇，一由一知半解」，但「漢《易》言數象，
不能離存亡進退，非理而何；宋《易》言理，不能離乘承比應，
非象數而何」，因此「言理則棄象數，言象數即棄理，豈通論哉！」，

---

151 〈黎君易注序〉，前揭書，頁 155。

又何必堅持「此彼法、此我法、此古義、此新義」的門戶之見呢！
在此不難看出紀昀辨二學之長短，並未袒護任何一方，主張的是
消融門戶之見，以學術之是非為準，持論務得其平，因此阮元才
會說紀昀「考古必衷諸是，持論務得其平……蓋公之學在於辨漢
宋儒術之是非，析詩文流派之正偽」[152]。

（三）被忽略的治學傾向。

　　正如前文所言，紀昀趨向漢學，但不以漢學為藩籬的治學態
度，以及諸多持平之論，可惜竟不能引起眾人的注意，遂致使紀
昀有「反程、朱的第一員猛將」般的評價。推究紀昀這些學術見
解，未能引起眾人注意之因有二：其一是對漢宋學之弊，描寫的
比例失衡。寫宋學之弊的篇數甚多，而寫漢學之弊的篇數則太少；
寫假道學的篇章多[153]，寫真君子的篇章少，於是讓人產生 "揚漢
抑宋" 的錯覺。其二是紀昀未有學術專論以闡述其理念，著述又
未刻意保留，散佚甚多[154]，其孫樹馨搜輯而成的《紀文達公遺集》，
又以晚年之作為多，且偏重於應酬皇帝詩文，讓我們無法一探紀

---

152 阮元，《紀曉嵐遺集》序，《紀曉嵐文集》第三冊，前揭書，頁 727。
153 如《如是我聞》卷四，前揭書，頁 219 記載的老儒、《如是我聞》卷四，
　　頁 221-222 所載的老儒、《灤陽消夏錄》卷四，頁 81 所載的耆儒、《灤
　　陽消夏錄》卷一，頁 11 所載的訓導、《姑妄聽之》卷二，頁 421 所載
　　的講學者、《灤陽消夏錄》卷三，頁 41-42 所載的老儒、《灤陽消夏錄》
　　卷四，頁 81 所載的兩塾師。
154 紀昀不願從事學術著作的心態應是「自校理秘書，縱觀古今著作，知
　　作者固已大備，後之人竭盡其心思才力，不出古人之範圍」（陳鶴，《紀
　　文達公遺集》序，《紀曉嵐文集》第三冊，前揭書，頁 729）和「說者
　　謂公才學絕倫，而著書無多，蓋其生平精力，已畢萃於此書（《四庫全
　　書總目》）矣」（《紀曉嵐文集》第三冊，前揭書，頁 513 附錄引陸敬安
　　《冷廬雜識》卷 1 言）；而文稿又不甚保留「生平未嘗著書，間為人做
　　序記碑表之屬，亦隨即棄擲，未嘗存稿」（陳鶴，《紀文達公遺集》序，
　　《紀曉嵐文集》第三冊，前揭書，頁 729）。

昀學術理念的全貌[155]。關於第一點，或許因為當時正是漢學昌盛時期，漢學的流弊尚未顯露，紀昀雖然已看出些端倪，但畢竟和盛行數百年的理學所產生的弊端要少些，尤其是社會上假道學遠遠地比真君子要來得多，例子俯拾皆是，自然在篇章數量上會有懸殊的差距。關於第二點，只能有賴日後更加辛勤地整理文獻資料，以期有更多的資料來加以佐證。

參考文獻

（依引用先後排列）

1.中文書籍

紀昀，《紀曉嵐文集》，孫致中等校點，河北教育出版社，1991。

魯迅，《中國小說史略》，上海古籍出版社，2006。

錢穆，《國史大綱》，（北京）商務印書館，1996 年

錢儀吉纂，《碑傳集》，（北京）中華書局，1993。

---

155 孫致中等校點《紀曉嵐文集》前言「收在《遺集》中的詩文，大約十不足一，這由他同時代人的記述，尤其是朋友和門人的回憶中可以得到證實。《遺集》所收，晚年之作居多，而壯年尤其是青年時代的作品卻甚少。這固然是因為后人搜集先人的作品，晚年之作易見而青壯年之作難得，也可能因為紀樹馨以為那些應酬上層人物尤其是應酬皇帝的詩文，乃是自家先人的最高榮寵，故《遺集》收之甚多，而那些戀人思友、抒情喻志、贊花月之美好、抒胸中之忿懣的真情之作，尤其是描寫世態、諷刺社會醜惡的篇章，則收之甚少。譬如，不少的同代人都說他曾作《京官詩》數十首，而只存一首諷刺詩《小軍機》賴清人筆記以存，《遺集》則不一見。由於紀樹馨的去取標準所致，給讀《遺集》的讀者一個印象，似乎紀曉嵐只會寫那些拍皇帝老子馬屁的詩文。公允地說，據此描繪紀曉嵐的形象，是不完整、不全面的。」（《紀曉嵐文集》第一冊，前揭書，頁 1）

紀昀等，《四庫全書總目》，（北京）中華書局，1997。

余嘉錫，《四庫提要辨證》，（北京）中華書局，1974。

顏元，《存學編》，《續修四庫全書》第 946 冊，上海古籍出版社，2002。

皮錫瑞，《經學歷史》，鳴宇出版社，1980。

賴炎元，《新譯韓非子》，三民書局，1997。

梁啓超，《清代學術概論》，水牛出版社，1981。

江藩，《經解入門》，天津市古籍書店，1990。

曾紀剛，《四庫全書》之纂修與清初崇實思潮之關係研究 —— 以經史二部爲主的觀察一書，花木蘭文化工作坊，2005。

姚鼐，《惜抱軒文集》，《續修四庫全書》第 1453 冊，上海古籍出版社，2002。

費正清，《美國與中國》，商務印書館，1987。

汪德鉞，《四一居士文抄》，《稀見清人別集叢刊》第 12 冊，廣西師範大學出版社，2007。

笑鋏，《清代外史》，《清代野史》第一輯，巴蜀書社，1988。

王先謙編，《東華續錄》，《續修四庫全書》第 373、374 冊，上海古籍出版社，1995。

淩廷堪，《校禮堂文集》，《續修四庫全書》1480 冊，上海古籍出版社，2002。

王引之，《王文簡公文集》，《續修四庫全書》1490 冊，上海古籍出版社，2002。

焦循，《雕菰樓集》，《續修四庫全書》1489 冊，上海古籍出版社，2002。

段玉裁，《經韻樓集》，《續修四庫全書》1435 冊，上海古籍出版社，2002。

阮元，《揅經室一集》，《續修四庫全書》1478 冊，上海古籍出版社，2002。

張鑒等撰、黃愛平點校，《阮元年譜》，（北京）中華書局，1995。

章太炎，《章太炎全集》，上海人民出版社，1985。

周積明，《紀昀評傳》，南京大學出版社，1994。

余英時，《論戴震與章學誠》，華世書局，1980。

2.中文期刊

侯健，〈閱微草堂筆記的理性主義〉，《中外文學》，8 卷 1 期（1980.6），頁 30-48。

王秋文，〈姑妄言之姑聽之？--試論「閱微草堂筆記」的實證精神〉，《國文天地》，20：6（2004.11），頁 61-65。

周積明，〈紀曉嵐與陸青來 —— 兼論十八世紀經世思潮〉，《清史研究》1993 年第 4 期。

王鵬凱、黃瓊誼，〈紀昀詩論的時代背景與特色〉一文，《東海大學圖書館館訊》70 期（2007.7），頁 29-49。

“屏除門戶，一洗糾紛”
—— 論紀昀對漢宋之爭的持平之見

一、前　言

　　紀昀（1724-1805）所處的時代正是清代漢學、宋學相爭的時代，因此紀昀曾表達了許多對漢宋學的看法，有人視其爲漢學陣營「乾、嘉時代反程、朱的第一員猛將」[1]——這樣功魁般的評價，也有人認爲「近世氣節壞、學術蕪，大抵紀昀之罪也」[2]、「數百年風氣之衰，紀氏之過也」[3]——這樣罪首般的評語。如此兩極化的評價，突顯出紀昀的學術態度，在學者的心目中是“揚漢抑宋”的。然而徐世昌（1854-1939）在《清儒學案》中卻評論紀昀爲「持論屏除門戶，一洗糾紛」[4]，阮元（1764-1849）也說紀昀「考古必衷諸是，持論務得其平……蓋公之學在於辨漢宋儒術之是非，析詩文流派之正僞」[5]。事實上，在《閱微草堂筆記》中，紀昀刻

1　如余英時即稱紀昀爲「乾、嘉時代反程、朱的第一員猛將」，《論戴震與章學誠》，華世書局，1980，頁 106。

2　《新學僞經考》三上，康有爲，《續修四庫全書》179 冊，上海古籍出版社，1995，頁 497-498。

3　《紀昀評傳》引平等閣主人（狄葆賢）加批《閱微草堂筆記》評語，周積明，南京大學出版社，1997，頁 168。狄氏所批有正書局於 1922 出版，筆者惜未見。

4　〈獻縣學案〉，《清儒學案》第 4 冊卷 80，徐世昌，世界書局，1962，頁 1。

5　《紀曉嵐遺集》序，阮元，《紀曉嵐文集》第三冊，河北教育出版社，1991，頁 727。

劃出講學者近名好勝的形象，可以看到紀昀對門戶之爭的惋惜與痛恨。因此紀昀對漢、宋二學門戶之分，或是唐、宋詩之爭[6]，多持平之論，可惜的是，人們對此卻多忽視之。本文試圖透過《閱微草堂筆記》中紀昀對門戶之爭的批判，整理出紀昀對漢宋學的意見，以釐清紀昀在漢宋之爭正熾的時代氛圍中，他真正的意圖究竟爲何。

二、講學家近名好勝的形象 —— 痛惡門戶之爭

紀昀在《閱微草堂筆記》中曾藉著狐精之口，說出一段關於同類相爭，一針見血的警言妙論：

> 天下惟同類可畏也。夫甌越之人，與奚霤不爭地；江海之人，與車馬不爭路，類不同也；凡爭產者，必同父之子；

---

6 如同對漢宋之爭的辨正，紀昀用了很多的精力，要去矯正祖唐祧宋兩派詩論的偏頗，希望能於兩派之中取其所長而棄其所短。我們看他評點整理過的書，便可以知道爲何他喜歡對一些有爭議的詩集加以評點和圈閱。如方回的《瀛奎律髓》、李商隱的《玉谿生詩集》，馮舒、馮班批閱的《才調集》等，又有評點校正《玉臺新詠》，這些詩集，前人都有爭議和不同評價，於是他也通過評點來提出自己的看法。主要評點著作有《瀛奎律髓刊誤》、《玉谿生詩說》、《刪正二馮先生評閱才調集》、《唐人試律說》、《紀曉嵐墨評唐詩鼓吹》等。此外，他對杜甫、蘇軾、陳師道、黃庭堅等人的詩作也曾作過評點。可見紀昀對這些書的評點，正是有意圍繞對此兩派的評價而開展的。這些大規模的評點，雖然在評點中沒有明確、集中地提出自己的論詩主張，但通過他對這幾種詩集評本的選擇和再評點，是可以看出他的論詩態度是：不要像方回那樣以江西詩派爲尊，也不要像錢謙益、二馮那樣以晚唐詩歌爲尊，而應該相容並蓄，博采各家之長。詳參〈紀昀詩論的時代背景與特色〉一文，王鵬凱、黃瓊誼，東海大學圖書館館訊 70 期（2007.7）。又如〈槐西雜志〉卷四記鬼魂惋惜前後七子所引起的門戶之爭一事（《紀曉嵐文集》第二冊《閱微草堂筆記》，河北教育出版社，1991，頁 344-345）、〈灤陽消夏錄〉卷三鬼魂調停趙執信和王漁洋兩家詩說（前揭書，頁 57）都是紀昀對消弭文學門戶之爭的意見表達。

凡爭寵者，必同夫之妻；凡爭權者，必同官之士；凡爭利
者，必同勢之賈，勢近則相礙，相礙則相軋耳；且射雉者，
媒以雉，不媒以雞鶩，捕鹿者，由以鹿，不由以羊豕，凡
反間內應，亦必以同類，非其同類，不能投其好而入，伺
其隙而抵也。[7]

同類相爭的情形，也出現在講學者的身上，尤其是明亡的慘
痛教訓，讓人痛定思痛之餘，對明末「門戶分而朋黨起，朋黨盛
而公論淆，輾轉紛紜，是非蠭起，其相軋也久矣」[8]的黨爭，更是
痛加惡絕。明季黨禍之烈，一直被學者認為是明亡的主要原因之
一[9]。明史稱「明自神宗而後，士大夫峻門戶而重意氣」[10]，這是
指東林講學漸成門戶之分、朋黨之爭，明朝的江山也在這喋喋不
休、重意氣而輕是非的爭鬥中走到盡頭。直到百年以後的紀昀，
仍難掩對因講學而成的門戶之分、朋黨之爭的痛恨與厭惡。而爭
鬥的起因，他認為是由宋儒近名而起，「蓋漢儒之學務實，宋儒則
近名，不出新義，則不能聳聽；不排舊說，則不能出新義」[11]，
由近名更進而好勝，紛端乃起：

夫漢儒以訓詁專門，宋儒以義理相尚，似漢學粗而宋學精。
然不明訓詁，義理何由而知？概用詆誹，視猶土苴，未免

7　《姑妄聽之》卷一，前揭書，頁 390-391。
8　《姑妄聽之》卷三，前揭書，頁 440。此藉群狐格鬥之事，譏諷儒者同
　　室操戈之爭。
9　不只是紀昀有這樣的看法，另如梁啟超，《中國學術思想變遷之大事》，
　　（臺北）中華書局，1971，頁 77-91、《清代學術概論》，（臺北）啟業書
　　局，1972，第三章；錢穆，《中國近三百年學術史》，（臺北）商務印書
　　館，1972，第一章，都持此一說法。
10　《明史》卷 254 列傳第 142 贊曰，張廷玉等，鼎文書局，1979，頁 6570。
11　《槐西雜志》卷二，紀昀著，孫致中等校點，《紀曉嵐文集》第二冊《閱
　　微草堂筆記》，河北教育出版社，1991，頁 279。

既成大輅，追斥椎輪，得濟迷川，遽焚寶筏。於是攻宋儒者，又紛紛而起。故余撰《四庫全書・詩部總序》，有曰：「宋儒之攻漢儒，非為說經起見也，特求勝於漢儒而已。後人之攻宋儒，亦非為說經起見也，特不平宋儒之詆漢儒而已。」韋蘇州詩曰：「水性自云靜，石中亦無聲。如何兩相激，雷轉空山驚。」此之謂矣。平心而論。[12]

紀昀更藉鬼狐之口，對宋儒「門戶交爭，遂釀為朋黨，而國隨以亡」，而「東林諸儒，不鑒覆轍，又騖虛名而受實禍」又重蹈宋儒近名好勝之弊，只能憑弔遺蹤相對嘆息，痛心疾首之情溢於言表：

> 裘文達公言嘗聞諸石東村曰：「有驍騎校，頗讀書，喜談文義。一夜，寓直宣武門城上乘涼，散步至麗譙之東，見二人倚堞相對語。心知為狐鬼，屏息伺之。其一舉手北指曰：『此故明首善書院，今為西洋天主堂矣。其推步星象，製作器物，實巧不可階；其教則變換佛經，而附會以儒理。吾曩往竊聽，每談至無歸宿處，輒以天主解結，故迄不能行，然觀其作事，心計亦殊黠。』其一曰：『君謂其黠，我則怪其太癡。彼奉其國王之命，航海而來，不過欲化中國為彼教，揆度事勢，寧有是理？而自利瑪竇以後，源源續至，不償其所願，終不止。不亦顛歟？』其一又曰：『豈但此輩癡，即彼建首善書院者，亦復大癡。奸瑺柄國，方陰伺君子之隙，肆其詆排，而群聚清談，反予以鉤黨之題目，一網打盡，亦復何尤。且三千弟子，惟孔子則可，孟子揣不及孔子，所與講肆者，公孫丑、萬章等數人而已。洛閩

---

12 《灤陽消夏錄》卷一，前揭書，頁 10。

諸儒，無孔子之道德，而亦招聚生徒，盈千累萬，梟鸞並集，門戶交爭，遂釀為朋黨，而國隨以亡。東林諸儒，不鑒覆轍，又騖虛名而受實禍。今憑弔遺蹤，能無責備於賢者哉！』方相對歎息，忽回顧見人，翳然而滅。」東村曰：「天下趨之如鶩，而世外之狐鬼，乃竊竊不滿也。人誤耶？狐鬼誤耶？」[13]

這種門戶之爭引起朋黨禍國的看法，在《閱微草堂筆記》中，紀昀刻劃出講學者近名好勝的形象。如狐精對魏環極（1616-1685）提問的回答，就認為道學和聖賢各一事，用意已稍別，加上門戶之爭，更是偏離孔孟之道，魏環極雖然認為狐狸精所言是「是蓋因明季黨禍，有激而言，非篤論也」，但是「其抉摘情偽，固可警世之講學者」還是得到魏環極的認同，所以狐狸精的話還是點出講學者門戶之爭以求勝的形象：

（魏環極）一日偶問，汝視我能作聖賢乎？曰：公所講者道學，與聖賢各一事也。聖賢依乎中庸，以實心勵實行，以實學求實用；道學則務語精微，先理氣，後彝倫，尊性命，薄事功，其用意已稍別。聖賢之於人有是非心，無彼我心，有誘導心，無苛刻心；道學則各立門戶，不能不爭，既已相爭，不能不巧詆以求勝，以是意見，生種種作用，遂不盡可令孔孟見矣。公剛大之氣，正直之情，實可質鬼神而不愧，所以敬公者在此。公率其本性，為聖為賢亦在此。若公所講，則固各自一事，非下愚之所知也。公默然遣之，後以語門人曰：是蓋因明季黨禍，有激而言，非篤論也。然其抉摘情偽，固可警世之講學者。[14]

---

13 《如是我聞》卷四，前揭書，頁229。
14 《姑妄聽之》卷二，紀昀著，孫致中等校點，《紀曉嵐文集》第二冊《閱

　　另有一則藉狐狸精之口，認爲一旦好名便落入下等，「洛閩諸儒，撐眉努目」又生出後世許多的紛爭，也是僅寥寥數語，就刻劃出宋儒的近名好勝的形象：

> （劉師退）臨別曰：「今日相逢，亦是天幸，君有一言贈我乎？」躊躇良久，曰：「三代以下，恐不好名，此爲下等人言。自古聖賢，卻是心氣和平，無一毫做作。洛閩諸儒，撐眉怒目，便生出如許葛藤，先生其念之。」師退憮然自失。[15]

　　又有一則寫鬼魂崔寅以其對《易》學精闢的見解，讓牛公悔菴與五公山人（王餘祐 1615-1684）以爲他是儒之隱者，但崔寅一句「果爲隱者，方韜光晦跡之不暇，安得知名？果爲儒者，方反躬克己之不暇，安得講學？世所稱儒稱隱，皆膠膠擾擾者也」，就將講學者不僅不能反躬克己，還成爲膠膠擾擾紛爭的製造者，講學家近名好勝的形象，也就一筆帶了出來：

> 牛公悔菴嘗與五公山人散步城南，因坐樹下談《易》。忽聞背後語曰：「二君所論，乃術家易，非儒家易也。」怪其適自何來，曰：「已先坐此，二君未見耳。」問其姓名，曰：「江南崔寅。今日宿城外旅舍，天尚未暮，偶散悶閒行。」山人愛其文雅，因與接膝究術家儒家之說……二人謝曰：「先生其儒而隱者乎？」崔微哂曰：「果爲隱者，方韜光晦跡之不暇，安得知名？果爲儒者，方反躬克己之不暇，安得講學？世所稱儒稱隱，皆膠膠擾擾者也，吾方惡此而逃之。先生休矣，毋汙吾耳！」劃然長嘯，木葉亂飛，已失

所在矣。方知所見非人也。[16]

紀昀又以一則他認為是老師何琇編的寓言，把講學家近名好勝的形象生動的刻畫出來，狐仙的「惟唐以前，但有儒者。北宋後，每聞某甲是聖賢」一句話就把講學家近名的形象點出，加上何勵庵（何琇）「以講經立門戶，紛紜辯駁，其說愈詳而經亦愈荒」的話，也說出了講學家好勝的形象：

何勵庵先生言相傳明季有書生，獨行叢莽間，聞書聲琅琅。怪曠野那得有是，尋之，則一老翁坐墟墓間，旁有狐十餘，各捧書蹲坐。老翁見而起迎，諸狐皆捧書人立。書生念既解讀書，必不為禍。因與揖讓，席地坐。問讀書何為，老翁曰：「吾輩皆修仙者也。凡狐之求仙有二途，其一采精氣，拜星斗，漸至通靈變化，然後積修正果，是為由妖而求仙。然或入邪僻，則干天律，其途捷而危；其一先煉形為人，既得為人，然後講習內丹，是為由人而求仙。雖吐納導引，非旦夕之功，而久久堅持，自然圓滿。其途紆而安。顧形不自變，隨心而變。故先讀聖賢之書，明三綱五常之理，心化則形亦化矣。」書生借視其書，皆五經論語孝經孟子之類。但有經文而無注。問經不解釋，何由講貫？老翁曰：「吾輩讀書，但求明理。聖賢言語本不艱深，口相授受，疏通訓詁，即可知其義旨，何以注為？」書生怪其持論乖僻，惘惘莫對。姑問其壽，曰：「我都不記。但記我受經之日，世尚未有印板書。」又問閱歷數朝，世事有無同異？曰：「大都不甚相遠，惟唐以前，但有儒者。北宋後，每聞某甲是聖賢，為小異耳。」書生莫測，一揖而別。後於途

16　《灤陽消夏錄》卷六，前揭書，頁112。

間遇此翁，欲與語，掉頭徑去。案此殆先生之寓言。先生
嘗曰：「以講經求科第，支離敷衍，其詞愈美而經愈荒；以
講經立門戶，紛紜辯駁，其說愈詳而經亦愈荒。」語意若
合符節。[17]

紀昀對講學家近名好勝形象的描寫，更將這種門戶之爭，以
短短幾句話的故事，寫出講學家間的爭鬥，至死不休，甚至下徹
黃泉，深刻地刻畫出講學家近名好勝的形象來。紀昀可謂是譏諷
的能手，而《閱微草堂筆記》相較於其他諷刺小說來說，也是不
遑多讓，不僅是一部志怪小說，視之爲一部上乘的諷刺小說，也
未嘗不可：

嘉祥曾英華言：一夕秋月澄明，與數友散步場圃外，忽旋
風滾滾，自東南來，中有十餘鬼，互相牽曳，且毆且詈，
尚能辨其一二語，似爭朱陸異同也。門戶之禍，乃下徹黃
泉乎？[18]

或許是紀昀對講學家近名好勝形象譏諷的太鞭辟入裏了，所
以梁啓超還曾怪罪紀昀道「學會之亡起於何也？曰：『國朝漢學家
之罪，而紀昀爲之魁也』，漢學家之言曰，今人但著書，不尚講學」
[19]，理學的沒落、講學之不興，自有其內緣外因，以此相責紀昀，
除了顯示紀昀甚有影響力外，卻未必是實情。

三、主張消融門戶之見，持公允之論

在《閱微草堂筆記》中，紀昀刻劃出講學者近名好勝的形象，

17　《灤陽消夏錄》卷三，前揭書，頁 53。
18　《槐西雜志》卷二，前揭書，頁 277。
19　《中國文化史》第 4 冊引梁啓超《時務報十‧變法通義》言，陳登原，
　　世界書局，1971，頁 251。

可以看到紀昀對門戶之爭的惋惜與痛恨。因此紀昀對漢、宋二學
門戶之分，多持平之論，奇怪的是，人們對此卻多忽視之。清乾
隆、嘉慶年間是漢學極盛，宋學起而抗之的時期，紀昀雖身處於
「漢學家的大本營」[20]的四庫館中，從往交遊也多是漢學家朋友
王鳴盛、錢大昕、朱筠、盧文弨、王昶、戴震之輩[21]。但他並不
願偏廢一方，對待漢學和宋學，他持著一種理性的態度[22]，和一
般人的觀念，認爲紀昀是仇視宋學的漢學家有些出入。事實上，
紀昀對漢學之弊也有觸及，特別是對漢學流於繁瑣考據的弊端表
達出他的不滿，並非光一昧地指責理學之弊。在《閱微草堂筆記》
中紀昀對漢學之弊，一如對宋學之弊，同樣都給予辛辣的譏諷：

> 朱青雲言，嘗與高西園散步水次。時春冰初泮，淨綠瀲溶。
> 高曰：「憶晚唐有『魚鱗可憐紫，鴨毛自然碧』句，無一字
> 言春水而晴波滑笏之狀，如在目前。惜不記其姓名矣。」
> 朱沉思未對，聞老柳後有人語曰：「此初唐劉希夷詩，非晚
> 唐也。」趨視無一人，朱悚然曰：「白日見鬼矣！」高微笑
> 曰：「如此鬼，見亦大佳，但恐不肯相見耳。」對樹三揖而
> 行。歸檢劉詩，果有此二語。余偶以告戴東原，東原因言

20　《清代學術概論》，梁啓超，水牛出版社，1981。

21　紀昀和王鳴盛、錢大昕、朱筠、王昶都是乾隆十九年同科進士，且紀昀
居於北京虎坊橋給孤寺旁，與王鳴盛寓齋僅隔一垣，兩人往還甚歡，以
詩相酬，傳看紀昀所編的《張爲主客圖》（王鳴盛有〈虎坊新居與紀起
士昀隔一垣旁有給孤寺〉一詩）；又結識戴震成爲莫逆之交。戴震凡赴
京師，總要居於紀昀家與他切磋商討學問，互訴別情「東原與昀交二十
餘年，主昀家前後幾十年」（〈與余存吾太史書〉，紀昀著，孫致中等校
點，《紀曉嵐文集》第一冊，河北教育出版社，1991，頁274）。

22　〈閱微草堂筆記的理性主義〉，侯健，中外文學，8：1，頁30-48。侯建
認爲「紀昀的主題，恰也是一個理字，但是一個深具彈性的理，而無絕
對與武斷的氣息」、「紀昀仍要調停兩者，不肯偏廢」、「他調停兩者，不
趨極端的態度」，詳見該文。

　　有兩生燭下對談，爭春秋周正夏正，往復甚苦，窗外忽太
息言曰：「左氏周人，不容不知周正朔，二先生何必費詞
也？」出視窗外，惟一小僮方酣睡。觀此二事，儒者日談
考證，講曰若稽古，動至十四萬言，安知冥冥之中，無在
旁揶揄者乎？[23]

　　在乾嘉考據學風如日中天的時代，對大家趨之若鶩的考據之
學，紀昀竟敢透過鬼神之口而加以揶揄，如果紀昀果真一昧反對
宋學，又怎麼會有譏諷漢學「儒者日談考證，講曰若稽古，動至
十四萬言，安知冥冥之中，無在旁揶揄者乎？」的記述呢？又如
紀昀高祖厚齋公（紀坤　1570-1642）之友劉羽沖復古、泥古形象
的描寫[24]，都是以故事影射漢學泥古、瑣碎之弊。再對照《閱微

23　《灤陽消夏錄》卷五，紀昀著，孫致中等校點，《紀曉嵐文集》第二冊
　　《閱微草堂筆記》，河北教育出版社，1991，頁 96。另如《槐西雜志》
　　卷一稱「故余於漢儒之學，最不信春秋繁露、洪範五行傳論」（前揭書
　　頁 251。）

24　劉羽沖，佚其名，滄州人。先高祖厚齋公多與唱和，性孤僻，好講古制，
　　實迂闊不可行。嘗倩董天士作畫，倩厚齋公題。內《秋林讀書》一幅云：
　　「兀坐秋樹根，塊然無與伍。不知讀何書？但見鬚眉古。只愁手所持，
　　或是井田譜。」蓋規之也。偶得古兵書，伏讀經年，自謂可將十萬。會
　　有土寇，自練鄉兵與之角，全隊潰覆，幾為所擒。又得古水利書，伏讀
　　經年，自謂可使千里成沃壤。繪圖列說於州官。州官亦好事，使試於一
　　村。溝洫甫成，水大至，順渠灌入，人幾為魚。由是抑鬱不自得，恒獨
　　步庭階，搖首自語曰：「古人豈欺我哉？」如是日千百遍，惟此六字。
　　不久，發病死。後風清月白之夕，每見其魂在墓前松柏下，搖首獨步。
　　傾耳聽之，所誦仍此六字也。或笑之，則歘隱。次日伺之，復然。泥古
　　者愚，何愚乃至是歟？何文勤公嘗教昀曰：「滿腹皆書能害事，腹中竟
　　無一卷書，亦能害事。國弈不廢舊譜，而不執舊譜；國醫不泥古方，而
　　不離古方。故曰：『神而明之，存乎其人。』又曰：『能與人規矩，不能
　　使人巧。』」（《灤陽消夏錄》卷四，紀昀著，孫致中等校點，《紀曉嵐文
　　集》第二冊《閱微草堂筆記》，河北教育出版社，1991，頁 50）

草堂筆記》中紀昀對真君子周姓老儒[25]、魏環極等人形象的描繪，並不會因他們講理學就醜詆他們，也是寫出鬼狐對他們的欽敬，所以紀昀應該反對的是理學的末流弊端，痛恨的是虛偽的假道學罷了。再看紀昀〈丙辰會試錄序〉一文中，他很清楚地表達出對漢宋學不偏廢的態度：

> 良以制藝主於明義理，固當以宋學為宗，而以漢學補苴其所遺。糾繩其太過耳，如竟以訂正字畫，研尋音義，務旁徵遠引以眩博，而義理不求其盡合，毋乃於聖朝造士之法稍未深思乎。夫古學，美名也；崇獎古學，亦美名也。名所集而利隨焉，故弋獲者有之；利所集而偽生焉，故割剝讖緯，掇拾蒼雅，編為分類之書，以備勦說之用者亦有之。[26]

在序中紀昀提出了「明義理，固當以宋學為宗，而以漢學補苴其所遺」，但也指出了漢學的流弊「以訂正字畫，研尋音義，務

---

25 先師陳白崖先生言業師某先生，（忘其姓字，似是姓周）篤信洛閩，而不鶩講學名，故窮老以終，聲華闃寂，然內行醇至，粹然古君子也。嘗稅居空屋數楹，一夜，聞窗外語曰：「有事奉白，慮君恐怖奈何！」先生曰：「第入無礙。」入則一人戴首於項，兩手扶之，首無巾而身爛衫，血漬其半。先生拱之坐，亦謙遜如禮。先生問何語？曰：「僕不幸明末歿於盜，魂滯此屋內。向有居者，雖不欲為祟，然陰氣陽光互相激博，人多驚悸，僕亦不安。今有一策，鄰家一宅，可容君眷屬，僕至彼多作變怪，彼必避去，有來居者，擾之如前，必棄為廢宅，君以賤價購之，遷居於彼，僕仍安居於此，不兩得乎？」先生曰：「吾平生不作機械事，況役鬼以病人乎？義不忍為，吾讀書此室，圖少靜耳，君既在此，即改以貯雜物，日扃鎖之可乎？」鬼愧謝曰：「徒見君案上有性理，故敢以此策進，不知君竟真道學，僕失言矣！既荷見容，即託字下可也。」後居之四年，寂無他異，蓋正氣足以懾之矣。（《槐西雜志》卷四，前揭書，頁366。）
26 紀昀著，孫致中等校點，《紀曉嵐文集》第一冊，河北教育出版社，1991，頁149。

旁徵遠引以眩博，而義理不求其盡合……夫古學，美名也；崇獎古學，亦美名也。名所集而利隨焉，故弋獲者有之；利所集而僞生焉，故割剝讖緯，掇拾蒼雅，編爲分類之書，以備剿說之用者亦有之」，可見他並不偏頗漢學、排斥宋學，也能指出崇獎古學（漢學）所衍生的流弊。

紀昀對漢學、宋學的長短、得失的評論，可說是實事求是，無所偏向。在《灤陽消夏錄》卷一經香閣的故事中，紀昀曾就漢、宋二學關係作過辯論，表示了自己的持平看法：

> 平心而論，《易》自王弼始變舊說，爲宋學之萌芽，宋儒不攻；《孝經》詞義明顯，宋儒所爭，只今文古字句，亦無關宏旨，均姑置勿議；至《尚書》、三禮、三傳、《毛詩》、《爾雅》諸注疏，皆根據古義，斷非宋儒所能；《論語》《孟子》，宋儒積一生精力，字斟句酌，亦斷非漢儒所及。蓋漢儒重師傳，淵源有自；宋儒尚心悟，研索易深。漢儒或執舊文，過於信傳；宋儒或憑臆斷，勇於改經。計其得失，亦復相當。[27]

由這段話可以看出紀昀對漢學之短並不回護，對宋學也不一味排斥。所以方濬師（1830-1889）評論這段文字說：「此論出，雖起鄭、孔、程、朱於九泉間之，當亦心折也」[28]。又如「夫漢學具有根柢，講學者以淺陋輕之，不足服漢儒也；宋學具有精微，讀書者以空疏薄之，亦不足服宋儒也。消融門戶之見，而各取所長，則私心袪而公理出，公理出而經義明矣」[29]，也是紀昀能持

27　《灤陽消夏錄》卷一，紀昀著，孫致中等校點，《紀曉嵐文集》第二冊　《閱微草堂筆記》，河北教育出版社，1991，頁 10。

28　《蕉軒隨錄》卷七，方濬師，（北京）中華書局，1997，頁 279。

29　《四庫全書總目》經部總敘，紀昀等，（北京）中華書局，1997，上冊　頁 42。

平地指出兩者的長短處，力主消弭門戶之爭的意見。又例如他在
〈周易義象合纂序〉中稱「古今說五經者，惟《易》最夥，亦惟
《易》最多歧論甘者忌辛，是丹者非素，斷斷相爭，各立門戶，
垂五六百年於茲」，對這種門戶之爭，紀昀以"水"做了一個生動
的比喻：

> 余嘗與戴東原、周書昌言：「譬一水也，農家以為宜灌溉，
> 舟子以為宜往來，形家以為宜砂穴，兵家以為宜扼拒，遊
> 覽者以為宜眺賞，品泉者以為宜茶荈，洴澼絖者以為利浣
> 濯：各得所求，各適其用，而水則一也。譬一都會也，可
> 自南門入，可自北門入，可自東門入，可自西門入，各從
> 其所近之途，各以為便，而都會則一也。《易》之理何獨不
> 然。東坡《廬山》詩曰：『橫看成嶺側成峰，。遠近高低各
> 不同。不識廬山真面目，只緣身在此山中。』通此意以解
> 《易》，則《易》無門戶矣。紛紛互詰，非仁智自生妄見乎。」
> [30]

《易》學主象，主理、主事三派的紛爭，在紀昀看來實在是
「仁智自生妄見」，因此他欣賞的是李東圃於「漢學、宋學兩無所
偏好，亦無所偏惡」這種持平之論，甚至發出「余向纂《四庫全
書》，作經部詩類小序曰：『攻漢學者，意不盡在于經義，務勝漢
儒而已；伸漢學者，意亦不盡在於經義，憤宋儒之詆漢儒而已。
出爾反爾，勢于何極。』安得如君者數十輩與校定四庫之籍也」
的感慨，由此也可以看出紀昀致力於平息漢宋學門戶之爭，力求
公允之論的用心。相同的意見又見於〈黎君易注序〉：

> 漢《易》言數象，不能離存亡進退，非理而何；宋《易》

30　〈周易義象合纂序〉，紀昀著，孫致中等校點，《紀曉嵐文集》第一冊，
　　河北教育出版社，1991，頁153-154。

言理，不能離乘承比應，非象數而何。而顧曰：言理則棄
象數，言象數即棄理，豈通論哉！余校定秘書二十餘年，
所見經解，惟《易》最多，亦惟《易》最濫，大抵漢《易》
一派，其善者必由象數以求理；或捨理者，必流為雜學。
宋《易》一派，其善者必由理以知象數，或捨象數者，必
流為異學。其弊一由爭門戶，一由騖新奇，一由一知半解，
沾沾自喜，而不知《易》道之廣大，紛紜轇轕，遂曼衍而
日增，殊不知《易》之作也，本推天道以明人事，故六十
四卦之大象，皆有君子以字，而三百八十四爻，亦皆吉凶
悔吝為言，是為百姓日用作，非為一二上智密傳微妙也；
是為明是非決疑惑作，非為讖緯機祥預使前知也。故其書
至繁至賾，至精至深，而一一皆切於事。既切於事，即一
一皆可推以理。理之自然者明，則數之必然、象之當然，剗
然解矣。又何必曰此彼法、此我法、此古義、此新義哉！[31]

在紀昀看來，漢宋《易》學象、數、理三派之爭的由來「一
由爭門戶，一由騖新奇，一由一知半解」，但「漢《易》言數象，
不能離存亡進退，非理而何；宋《易》言理，不能離乘承比應，
非象數而何」，因此「言理則棄象數，言象數即棄理，豈通論哉！」，
又何必堅持「此彼法、此我法、此古義、此新義」的門戶之見呢！
在此不難看出紀昀辨二學之長短，並未袒護任何一方，主張的是
消融門戶之見，以學術之是非爲準，持論務得其平，因此阮元才
會說紀昀「考古必衷諸是，持論務得其平……蓋公之學在於辨漢
宋儒術之是非，析詩文流派之正僞」[32]。就是由於這種力主消弭

31　〈黎君易注序〉，前揭書，頁 155。
32　《紀曉嵐遺集》序，阮元，《紀曉嵐文集》第三冊，河北教育出版社，
　　1991，頁 727。

門戶之見的信念，讓紀昀和好友戴震有一次意見相左不愉快的經驗，以博學如戴震者，竟也不免有「不使外國之學勝中國，不使後人之學勝古人」的成見，讓紀昀徒生「通人之一蔽」的遺憾：

> 東原與昀交二十餘年，主昀家前後幾十年，凡所撰錄，不以昀為陋，頗相質證，無不犁然有當於心者。獨《聲韻考》一編，東原計昀必異論，竟不謀而付刻。刻成，昀乃見之，遂為平生之遺憾。蓋東原研究古義，務求精核，於諸家無所偏主。其堅持成見者，則在不使外國之學勝中國，不使後人之學勝古人。故於等韻之學，以孫炎反切為鼻祖，而排斥神珙反紐為元和以後之說。夫神珙為元和中人，固無疑義，然《隋書‧經籍志志》明載梵書以十四字貫一切音，漢明帝時與佛經同入中國，實在孫炎以前百餘年。且《志》為唐人所撰，遠有端緒，非宋以後臆揣者比。安得以等韻之學歸諸孫炎，神珙反謂為孫炎之末派旁支哉？東原博極群書，此條不應不見。昀嘗舉此條詰東原，東原亦不應不記，而刻是書時仍諱而不言，務伸己說，遂類西河毛氏之所為，是亦通人之一蔽也。[33]

紀昀治學理念是力主消弭門戶之見，以求公允之論，甚至在臨終前還囑託其孫樹馨，念念不忘於對杜預和劉炫經說的「平心持衡，各還是處」：

> 吾老矣，欲成三書，恐天不假年，今語汝大略。汝其識之。一曰《規杜持平》，劉炫一部書，豈無是處，孔疏意主伸杜，凡劉說盡駁之，此冤獄也。平心持衡，各還是處，則杜之

33　〈與余存吾太史書〉，紀昀著，孫致中等校點，《紀曉嵐文集》第一冊，河北教育出版社，1991，頁 274。

失無損於杜，而孔之駁不足爲劉病矣。[34]

紀昀這樣破除門戶之見的治學理念，一來是和他的性格有關，從其自稱「余性耽孤寂，而不能自閒，卷軸筆硯，自束髮至今，無數十日相離也」[35]，或者是門生的描述「性耽闃寂，不樂與名流相爭逐，公退後，閉門獨坐，沖然自得，平靜也又若此」[36]、「河間先生典校秘書廿餘年，學問文章，名滿天下。而天性孤峭，不甚喜交游。退食之餘，焚香掃地，杜門著述而已」[37]、「河間先生以學問文章負天下重望，而天性孤直，不喜以心性空談，標榜門戶；亦不喜才人放誕，詩社酒社，夸名士風流。是以退食之餘，惟耽懷典籍」[38]，無論是「性耽孤寂」、「性耽闃寂」或是「天性孤峭」、「天性孤直」，都有厭倦結黨營派的傾向，自然會厭惡門戶之爭。二來是這種個性讓他能轉而杜門讀書，沈潛於學問之中，進而開闊了學術的眼界，因此紀昀除了主張破除門戶之見，更能提出公允之論，靠的就是他淵博的學問。在閉門讀書已增長學問外，他有幸參與《四庫全書》的編纂，對他學問的增長絕對是有莫大的幫助，現代人透過電腦資料庫，彈指之間億萬言唾手可得，比較難體會書籍的得之不易。我們看到紀昀曾向其座師錢茶山（錢

34　〈紀文達公傳略〉，李宗昉，《聞妙香室文集》卷14，（臺北）中央研究院歷史語言研究所傅斯年圖書館所藏，清道光十五年（1835）刊本。隋劉炫曾作《春秋規過》一書以糾正杜預所著《左傳集解》諸疑義，而唐孔穎達所作《正義》則又左祖杜氏，對劉說每加駁辨。後紀昀弟子邵瑛，長於經學，尤深于《左傳》，根據其師所言，著《劉炫規杜持平》六卷（清嘉慶22年桂隱書屋刻本），考其得失，以釋兩家之紛爭。

35　《姑妄聽之》自題，紀昀著，孫致中等校點，《紀曉嵐文集》第二冊，河北教育出版社，1991，頁375。

36　〈紀曉嵐師八十序〉，《四一居士文抄》卷四，汪德鉞，《稀見清人別集叢刊》第12冊，廣西師範大學出版社，2007，頁332-333。

37　《姑妄聽之》盛時彥跋，紀昀著，孫致中等校點，《紀曉嵐文集》第二冊，河北教育出版社，1991，頁491。

38　《閱微草堂筆記》盛時彥序，前揭書第一冊，頁1。

維城）借閱《後山集》，然後才能刪定《後山集》[39]，就可以知道
參與《四庫全書》的編纂，能夠大量閱讀到私人無法聚集到的各
種秘籍罕本，對學問的增長、視野的開拓，是多麼有幫助啊！所
以紀昀自稱「自校理秘書，縱觀古今著作」[40]、「余校定《四庫》
所見不下數千家」[41]，他也在〈自題校勘《四庫全書》硯〉一詩
中吟哦道：

> 檢校牙籤十萬餘，濡毫滴渴玉蟾蜍。汗青頭白休相笑，曾
> 讀人間未見書。[42]

正因為這番歷練，為他搏得博學的聲譽「北方之士，罕以博
雅見稱於世者，惟曉嵐宗伯無書不讀，博覽一時」[43]、「我師河間
紀文達以學問文章著聲公卿間四十餘年」[44]、「紀文達公昀學問浩
博」、「紀文達公昀為昭代大儒，學問淵雅」[45]、「公貫徹儒籍，旁
通百家」[46]，這些讚語都說明紀昀的學問受到推崇。「凡操千曲而
後曉聲，觀千劍而後識器」[47]，淹貫古今的博學通才，使他對中
國學術的發展過程，分合流變、優劣長短等都了然於胸，也因此
才有能力言公允持平之論，這樣的理念也實踐於編纂《四庫全書》

39 〈後山集鈔序〉，前揭書第一冊，頁 184。
40 陳鶴《紀文達公遺集》序，紀昀著，孫致中等校點，《紀曉嵐文集》第
　　三冊，河北教育出版社，1991，頁 729。
41 〈四百三十二峰草堂詩鈔序〉，紀昀著，孫致中等校點，《紀曉嵐文集》
　　第一冊，河北教育出版社，1991，頁 207。
42 〈自題校勘《四庫全書》硯〉，前揭書，頁 509。
43 《嘯亭雜錄》卷十，昭槤，（北京）中華書局，1997，頁 353。
44 陳鶴《紀文達公遺集》序，《紀曉嵐文集》第三冊，729 頁。
45 此二言前出自〈論紀昀撰述〉，《萇楚齋隨筆》卷三；後出自〈四庫提要
　　推重程朱〉，《萇楚齋續筆》卷一，劉聲木，（北京）中華書局，1998，
　　頁 65 及頁 232。
46 〈紀文達公事略〉，《國朝先正事略》，李元度，文海書局，1967，頁 992。
47 《文心雕龍‧知音》，劉勰，天龍出版社，1981，頁 655。

上[48]，故而徐世昌在《清儒學案》中評論紀昀，除了點出了《四庫全書總目》「創自古簿錄家所未有」在學術上的成就，也說出紀昀「持論屏除門戶，一洗糾紛」、「欲矯宋明末流之弊」的用心，可謂是了解紀昀學術成就與思想內涵的評語：

> 獻縣（紀昀）以通儒遭際明盛，綜覽四部，考證詳明，創自古簿錄家所未有。其持論屏除門戶，一洗糾紛，而欲矯宋明末流之弊，頗有所抑揚。[49]

四、結　語

就漢宋兩陣營"功魁罪首"的評論來看，紀昀「持論屏除門戶，一洗糾紛」的用心，顯而易見地是失敗了。紀昀雖然點出講學家近名好勝而生門戶之爭的弊病，表達出他對門戶之爭的痛恨，雖然「欲矯宋明末流之弊」，但卻有意無意地忽略掉對漢學中今古文之爭的批判，如果嚴格的說起來，漢代的今古文之爭未嘗不是一種門戶之爭，「漢學但有傳經之支派，各守師說而已」[50]，不免是溢美之詞了，未免讓人容易產生有所偏頗的印象。此外，對於漢學之弊，紀昀也有觸及，並非光一昧地指責理學之弊。如前面提到紀昀以故事譏諷漢學泥古、瑣碎之弊，這樣的批評其實

---

48 如於〈經部總敘〉「今參稽眾說，務取持平，各明去取之故」、〈卷首三凡例〉「儒者著書，往往各明一義，或相反而適相成，或相攻而實相救，所謂言豈一端，各有當也。考古者無所別裁，則多岐而太雜，有所專主，又膠執而過偏，左右佩劍，均未協中……至於闡明學術，各擷所長，品騭文章，不名一格，兼收並蓄」即揭櫫此一理念。(《四庫全書總目》，（北京）中華書局，1997，上冊頁 42、33)

49 〈獻縣學案〉，《清儒學案》第 4 冊卷 80，徐世昌，世界書局，1962，頁 1。

50 《孜堂文集》提要，《四庫全書總目》卷 183，紀昀等，（北京）中華書局，1997，下冊頁 2554。

也曾出現在理學陣營中[51]。但以被漢學陣營視為同路人的紀昀[52]有此言論，自然不同於漢宋兩陣營相訾時，會被視為攻擊挑釁的言論，對漢學陣營而言，產生自我反思的作用較大。一些治學廣博的漢學家如焦循（1763-1820）、王引之（1766-1834）、段玉裁（1735-1815）等人都對漢學積弊有所反思，而意見也和紀昀大略相同，雖然沒有證據說明紀昀的意見影響過這些比他年少稍微後期的漢學家，但紀昀的意見，仍不失為同時代中較為先進的意見。如紀昀對惠棟泥古積習的不滿，稱其「其長在古，其短亦在於泥古」[53]，王引之也稱惠棟治學泥古的積習為「考古雖勤……見異

---

51 以批評漢學最力的姚鼐為例，姚鼐對漢學流弊的批評，主要集中在兩方面，一是認為漢學守一家之偏：「當明時，經生惟聞宋儒之說，舉漢、唐箋注屏棄不觀，其病誠隘。近時乃好言漢學，以是為有異於俗。夫守一家之偏，蔽而不通，亦漢之俗學也，其賢也幾何？」（〈復孔撝約論禘祭文〉，《惜抱軒文集》卷六，《續修四庫全書》第 1453 冊，上海古籍出版社，2002，第 47 頁。）、「孔子沒而大道微，漢儒承秦滅學之後，始立專門，各抱一經，師弟傳受，儕偶怨怒嫉妒，不相通曉，其於聖人之道，猶築牆垣而塞門巷也。」（〈贈錢獻之序〉，《惜抱軒文集》卷七，《續修四庫全書》第 1453 冊，上海古籍出版社，2002，第 56 頁。）；二是指責漢學為「穿鑿瑣屑」之學：「近時陽明之焰熄，而異道又興。學者稍有志於勤學法古之美，則相率而競於考證訓詁之塗，自名漢學，穿鑿瑣屑，駁難猥雜。其行曾不能望見象山、陽明之倫，其識解更卑於永嘉，而輒敢上詆程、朱，豈非今日之患哉！」（〈安慶府重修儒學記〉，《惜抱軒文集後集》卷十，《續修四庫全書》第 1453 冊，上海古籍出版社，2002，第 202 頁。）、「明末至今日，學者頗厭功令所載為習聞，又惡陋儒不考古而蔽於近，於是專求古人名物、制度、訓詁、書數，以博為量，以窺隙攻難為功，其甚者欲盡舍程、朱而宗漢之士。枝之獵而去其根，細之蒐而遺其鉅，夫寧非蔽歟！」（〈贈錢獻之序〉，《惜抱軒文集》卷七，《續修四庫全書》第 1453 冊，上海古籍出版社，2002，第 56 頁。）
52 江藩《漢學師承記》其中卷 6 即為紀昀立傳。
53 《四庫全書總目》卷 29《左傳補注》提要語，中華書局，1997，上冊頁 380。

於今者則從之，大都不論是非」[54]，焦循也指出「惟漢是求，而不求其是，於是拘於傳注，往往扞格於經文。是所述者，漢儒也，非孔子也。而究之漢人之言，亦晦而不能明」[55]。紀昀所稱漢學「儒者日談考證，講曰若稽古，動至十四萬言，安知冥冥之中，無在旁揶揄者乎？」這樣譏諷瑣碎之弊的話，未嘗不是針對著「凡古必真，凡漢皆好」[56]的吳派，以及那些只埋首於求真，陷於瑣碎之弊而不講求致用的漢學家，有感而發的描寫。正如段玉裁晚年自稱：「喜言訓詁考核，尋其枝葉，略其根本，老大無成，追悔已晚」[57]除了是自謙外，也未嘗不是對漢學瑣碎之弊的反思。

　　正如前文所引紀昀諸多持平之論，可惜竟不能引起眾人的注意，遂致使紀昀有“功魁罪首”般的評價。推究其失敗之因有二：其一是對漢宋學之弊，描寫的比例失衡。寫宋學之弊的篇數甚多，而寫漢學之弊的篇數則太少；寫假道學的篇章多[58]，寫真君子的篇章少，於是讓人產生“揚漢抑宋”的錯覺。其二是紀昀未有學

54　〈與焦里堂先生書〉，《王文簡公文集》卷四，王引之，《續修四庫全書》1490 冊，上海古籍出版社，2002，頁 392。

55　〈述難四〉，《雕菰樓集》卷 7，焦循，《續修四庫全書》1489 冊，上海古籍出版社，2002，頁 175。

56　梁啟超認爲吳派的宗旨是「凡古必真，凡漢皆好」，《清代學術概論》，梁啟超，水牛出版社，1981，頁 53。紀昀也曾明白指出吳派泥古的積弊「蓋其長在博，其短亦在於嗜博。其長在古，其短亦在於泥古也。」（惠棟《左傳補注》提要，《四庫全書總目》卷 29，紀昀等，中華書局，1997，上冊頁 380。）

57　〈博陵尹師所賜朱子小學恭跋〉，《經韻樓集》卷 8，段玉裁，《續修四庫全書》1435 冊，上海古籍出版社，2002，頁 76。

58　如《如是我聞》卷四，紀昀著，孫致中等校點，《紀曉嵐文集》第二冊，河北教育出版社，1991，頁 219 記載的老儒、《如是我聞》卷四，頁 221-222 所載的老儒、《灤陽消夏錄》卷四，頁 81 所載的耆儒、《灤陽消夏錄》卷一，頁 11 所載的訓導、《姑妄聽之》卷二，頁 421 所載的講學者、《灤陽消夏錄》卷三，頁 41-42 所載的老儒、《灤陽消夏錄》卷四，頁 81 所載的兩塾師。

術專論以闡述其理念，著述又未刻意保留，散佚甚多[59]，其孫樹馨搜輯而成的《紀文達公遺集》，又以晚年之作爲多，且偏重於應酬皇帝詩文，讓我們無法一探紀昀學術理念的全貌[60]。關於第一點，或許因爲當時正是漢學昌盛時期，漢學的流弊尙未顯露，紀昀雖然已看出些端倪，但畢竟和盛行數百年的理學所產生的弊端要少些，尤其是社會上假道學遠遠地比真君子要來得多，例子俯拾皆是，自然在篇章數量上會有懸殊的差距。關於第二點，只能有賴日後更加辛勤地整理文獻資料，以期有更多的資料來加以佐證。

【本文通過孔孟月刊初審】

---

59 紀昀不願從事學術著作的心態應是「自校理秘書，縱觀古今著作，知作者固已大備，後之人竭盡其心思才力，不出古人之範圍」（陳鶴《紀文達公遺集》序，《紀曉嵐文集》第三冊，頁 729）和「說者謂公才學絕倫，而著書無多，蓋其生平精力，已畢萃於此書（《四庫全書總目》）矣」（《紀曉嵐文集》第三冊，頁 513 附錄引陸敬安《冷廬雜識》卷 1 言）；而文稿又不甚保留「生平未嘗著書，間爲人做序記碑表之屬，亦隨即棄擲，未嘗存稿」（陳鶴《紀文達公遺集》序，《紀曉嵐文集》第三冊，頁 729）。

60 孫致中等校點《紀曉嵐文集》前言「收在《遺集》中的詩文，大約十不足一，這由他同時代人的記述，尤其是朋友和門人的回憶中可以得到證實。《遺集》所收，晚年之作居多，而壯年尤其是青年時代的作品卻甚少。這固然是因爲后人搜集先人的作品，晚年之作易見而青壯年之作難得，也可能因爲紀樹馨以爲那些應酬上層人物尤其是應酬皇帝的詩文，乃是自家先人的最高榮寵，故《遺集》收之甚多，而那些戀人思友、抒情喻志、贊花月之美好、抒胸中之忿懑的真情之作，尤其是描寫世態、諷刺社會醜惡的篇章，則收之甚少。譬如，不少的同代人都說他曾作《京官詩》數十首，而只存一首諷刺詩《小軍機》賴清人筆記以存，《遺集》則不一見。由於紀樹馨的去取標準所致，給讀《遺集》的讀者一個印象，似乎紀曉嵐只會寫那些拍皇帝老子馬屁的詩文。公允地說，據此描繪紀曉嵐的形象，是不完整、不全面的。」（《紀曉嵐文集》第一冊，頁 1）

從《閱微草堂筆記》中的儒者
形象看紀昀對漢宋學的態度

一、前　言

　　《閱微草堂筆記》是紀昀（1724-1805）晚年的文學代表作，包含了《灤陽消夏錄》六卷 290 則、《如是我聞》四卷 248 則、《槐西雜志》四卷 277 則、《姑妄聽之》四卷 210 則和《灤陽續錄》六卷 147 則等五種，共 1172 則[1]。他從乾隆己酉年（1789）夏到嘉慶戊午年（1798）夏陸續寫成，前後共歷時九年。嘉慶庚申年（1800），紀昀門人盛時彥爲之校訂合刊，定名爲《閱微草堂筆記》。雖然紀昀在《閱微草堂筆記》的序中一再謙稱該書「今老矣，無復當年之意興，惟時拈紙墨，追錄舊聞，姑以消遣歲月而已」[2]、「景薄桑榆，精神日減，無復著書之志，惟時作雜志，聊以消閒，《灤陽消夏錄》等四種，皆弄筆遣日者也。」[3]是消遣歲月的作品，但在景薄桑榆、精神日減、垂垂老矣的暮年，願意耗費近十年的歲月創作此書，不會僅僅是爲了弄筆遣日而已，紀昀自己也說「或

1　以嘉慶五年刊本爲例，目錄所載的則數統計爲 1281 則，實際點數的則數是 1172 則。
2　〈姑妄聽之序〉，紀昀著，孫致中等校點，《紀曉嵐文集》第二冊《閱微草堂筆記》，河北教育出版社，1991，頁 375。
3　〈灤陽續錄序〉，紀昀，前揭書頁 494。

有益於勸懲」[4]、「大旨期不乖於風教」[5]、「儒者著書，當存風化，雖齊諧志怪，亦不當收悖理之言」[6]、「惟不失忠厚之意，稍存勸懲之旨」[7]，勸懲的用意十分明顯，所以魯迅才稱「則《閱微》又過偏於論議。蓋不安於僅爲小說，更欲有益人心」[8]。

　　《閱微草堂筆記》記載的內容非常豐富而多樣，因此勸懲的對象也涵蓋了社會上許多方面。由於紀昀所處的時代正是漢學、宋學相爭的時代，所以書中有許多儒者言行事蹟的記載，從這些記載的刻劃中，可以看出紀昀對當時儒者讚許與厭惡爲何？從愛憎之中，可以得知紀昀對漢宋學的態度爲何？同時也體現了他心中的學術價值標準爲何。在紀昀另一學術代表著作《欽定四庫全書總目》中，紀昀也有許多對漢宋學的看法，但或許在官修書中不能暢所欲言，或許在官修書中要顧及朝廷的學術傾向[9]，但在私

4　〈灤陽消夏錄序〉，紀昀，前揭書頁 1。

5　〈姑妄聽之序〉，紀昀著，孫致中等校點，《紀曉嵐文集》第二冊《閱微草堂筆記》，河北教育出版社，1991，頁 375。

6　《灤陽消夏錄》卷六，前揭書，頁 120。

7　《灤陽續錄》卷六，前揭書，頁 583。

8　《中國小說史略》第 22 章，魯迅，上海古籍出版社，2006，頁 138。

9　錢穆先生就認爲「四庫館臣做《四庫全書提要》，對程朱宋學，均濫肆謾罵。此非敢顯背朝廷功令，實是逆探朝廷意志，而爲奉迎」（《國史大綱》下冊，（北京）商務印書館，1996 年，第 862 頁），且紀昀雖然身爲四庫全書館的總纂官，但對於編纂事務，卻無法事事如紀昀之意。如紀昀欲將其先高祖紀坤（1570-1642）的詩集《花王閣剩稿》收入集部卻不成：「余編《四庫全書》，嘗錄入集部。會提調有搆余於王文莊（王際華 1717-1776）者，謂餘濫登其家集，文莊取閱良久曰：『此衰世哀怨之音，少台閣富貴之氣象，可勿錄也。』遂改存目。同館或咎餘當以理爭，不必引嫌。嗟呼！此公豈可以理爭乎？拈記見斥之始末，俾後人知之而已。」（語見於臺灣中央研究院所藏《花王閣剩稿》內粘貼紀昀庚子八月因曝書撿視偶記跋語）又以《皇極經世書》一書爲例，紀昀在《閱微草堂筆記》中稱「於宋儒之學，最不信河圖洛書、皇極經世書」（《槐西雜志》卷一，《紀曉嵐文集》第二冊《閱微草堂筆記》，河北教育出版社，1991，

人著述中，沒有前面的顧忌，我們如果從《閱微草堂筆記》對儒者形象的描述，或許可以去探索紀昀內心一些未曾言明的想法，在漢宋之爭正熾的時代氛圍中，透過這些故事的描繪，瞭解他勸懲的意圖究竟為何。

　　《閱微草堂筆記》中紀昀所刻劃的儒者形象主要有三類：講學家、真君子、頑固迂腐學究。對這三類儒者，紀昀往往透過鬼狐之口，或譏諷、或讚揚、或揶揄，其中對於講學家的形象，著墨最多，在《閱微草堂筆記》中有許多則記錄講學家的故事，紀昀透過故事的描述，把這些講學家空談高論、近名好勝、苛刻不近人情、假道學種種的醜態，刻劃得淋漓盡致。他彷彿像自己書中所記載冥司的「心鏡」一樣，能透視出這些講學家的種種心態：

頁 251。），對該書的不以為然，十分明顯。但在《四庫全書》該書書前提要中稱「其取象多不與易相同，俱難免於牽強不合，然邵子在當日用以占驗，無不奇中，故歷代皆重其書」，雖有質疑，但因為歷代皆重其書，所以還是稱該書「皆立義正大，垂訓深切，是經世一書，雖明天道而實責成於人事，洵粹然儒者之言，固非讖緯術數家所可同年而語也」，書前提要和《閱微草堂筆記》的意見竟相去甚遠。值得注意的是，書前提要又和日後經紀昀「筆削考核，一手刪定」（朱珪〈協辦大學士禮部尚書文達紀公昀墓誌銘〉，《碑傳集》卷三十八，錢儀吉纂，（北京）中華書局，1993，頁 1090）的《四庫全書總目》有所不同，後者對該書的質疑依然，「夫以邵子之占驗如神，則此書似乎可信。而此書之取象配數，又往往實不可解據」，但讚美之詞已然刪至「則粹然儒者之言，非術數家所能及，斯所以得列於周程張朱間歟？」（卷 108，紀昀等，（北京）中華書局，1997，頁 1422-1423）末了還加了一句反問語氣，是已較書前提要更能表達自己的意見。能清楚看出紀昀主張的是紀昀奉敕所撰的《四庫全書簡明目錄》「其說借易以推衍，而實無關於易，故朱子以為易外別傳，舊列儒家，今改隸術數類焉。」（卷 11，上海古籍出版社，1985，頁 417），將該書由儒家改列為子部數術類，就可以看紀昀對該書的評價了。由上述所言，可以看出紀昀最能暢所欲言當是在《閱微草堂筆記》，其次為《四庫全書簡明目錄》，再次為《四庫全書總目》，至於書前提要，依情形看來，則是要和其他兩位總纂官陸錫熊、孫士毅進行意見溝通後才能定稿，不全然是紀昀的意見了。

圓光對照，靈府洞然：有拗捩者，有偏倚者，有黑如漆者，
有曲如鉤者，有拉雜如糞牆者，有混濁如泥滓者，有城府
險阻千重萬掩者，有脈絡屈盤左穿右貫者，有如荊棘者，
有如刀劍者，有如蜂蠆者，有如狼虎者，有現冠蓋影者，
有現金銀氣者，甚有隱隱約約現秘戲圖者，而回顧其形，
則皆岸然道貌也。[10]

　　這些外貌麟鸞、道貌岸然的偽君子，在心鏡一照之下，那包
藏不測、無跡可窺的方寸靈府，就洞然若揭無所遁逃了。如同這
些內心「黑如漆」、「曲如鉤」、「如糞牆」、「如泥滓」、「城府險阻
千重萬掩」、「如荊棘」、「如刀劍」、「如蜂蠆」、「如狼虎」、「現冠
蓋影」、「現金銀氣」、「現秘戲圖」的講學家，在紀昀筆下，也像
冥司的"心鏡"一照，紛紛現形，遭致紀昀藉著鬼狐之口痛加抨
擊和諷刺[11]，而紀昀正是因為對這些講學家的嘴臉刻劃入微且成
功，反理學的形象也就深植於此。嘉慶二十三年江藩刊《國朝漢
學師承記》，為清代漢學家樹立正統，其中卷六即為紀昀立傳，後
世也因此多視之為漢學家，認為他反對理學[12]。下麵就對紀昀所
描繪儒家的形象，分講學家空談高論的形象、講學家苛刻不近人

10 《如是我聞》卷一，紀昀著，孫致中等校點，《紀曉嵐文集》第二冊《閱
　微草堂筆記》，河北教育出版社，1991，頁142。
11 魯迅在《中國小說史略》第22章中稱：「惟紀昀本長文筆，多見秘書，
　又襟懷夷曠，故凡測鬼神之情狀，發人間之幽微，托狐鬼以抒己見者，
　雋思妙語，時足解頤，間雜考辨，亦有灼見。敘述復雍容淡雅，天趣盎
　然，故後來無人能奪其席，固非僅借位高望重以傳者矣」，上海古籍出
　版社，2006，頁138。
12 如《四庫提要辨證》，餘嘉錫，（北京）中華書局，1974，謂紀昀「自名
　漢學，深惡性理，遂峻詞醜詆，攻擊宋儒，而不肯細讀其書。」，紀昀
　反宋學的思想意義—以《四庫提要》與《閱微草堂筆記》為觀察線索，
　張麗珠，漢學研究20：1，謂紀昀以《提要》的明槍和《筆記》之暗箭
　來鼓動了學界的反宋學情緒。

情的形象、虛偽言行假道學的形象、真君子德行醇然的形象、迂
腐頑固學究的形象、講學家近名好勝的形象等六項來探析，之後
再依據紀昀所刻畫的儒者形象來探究他治學的趨向爲何。今分述
於下：

二、講學家空談高論的形象

「崇實黜虛」是當時朝廷的學術風尙[13]，也是紀昀治學的信
念，紀昀的門生盛時彥一語就把他老師的性情說得透徹「河間先
生，以學問文章，負天下重望，而天性孤直，不喜以心性空談，
標榜門戶，亦不喜才人放誕，詩壇酒社，誇名士風流」[14]。這種
「不喜以心性空談」的性格，在《閱微草堂筆記》中有一則藉著
二位不知是仙是鬼的對談，可以看出一二。故事中二鬼（二仙？）
提出了對張載《西銘》和真德秀《大學衍義》的質疑，可以視爲
紀昀藉著鬼仙之口，對宋明理學的批判[15]：

---

13 如《四庫全書總目》凡例中即明言：「聖賢之學，主於明體以達用，凡
不可見諸實事者，皆屬卮言。儒生著書，務爲高論，陰陽太極累牘連篇，
斯已不切人事矣。至於論九河則欲修禹跡，考六典則欲復周官封建井
田，動稱三代，而不揆時勢之不可行。至黃諫之流，欲使天下筆劄皆改
篆體；顧炎武之流，欲使天下言語皆作古音，迂謬抑更甚焉。又如明之
曲士，人喜言兵，《二麓正議》欲掘坑藏錐以刺敵，《武備新書》欲雕木
爲虎以臨陣，陳禹謨至欲使九邊將士人人皆讀《左傳》。凡斯之類，並
闢其異說，黜彼空言，庶讀者知致遠經方，務求爲有用之學。」、「今所
錄者，率以考證精核，論辨明確爲主，庶幾可謝彼虛談，敦茲實學」，
紀昀等，（北京）中華書局，1997，上冊頁33。
14 〈閱微草堂筆記序〉，盛時彥，《紀曉嵐文集》第二冊《閱微草堂筆記》，
河北教育出版社，1991，頁1。
15 試將《四庫全書總目》中《大學衍義》提要所言：「然自古帝王正本澄
源之道，實亦不外於此。若夫宰馭百職，綜理萬端，常變經權，因機而
應，利弊情僞，隨事而求，其理雖相貫通，而爲之有節次，行之有實際，
非空談心性，即可坐而致者，故邱濬又續補其闕也。」（卷92，紀昀等，

周化源言有二士遊黃山，留連松石，日暮忘歸。夜色蒼茫，草深苔滑，乃共坐於懸崖之下。仰視峭壁，猿鳥路窮，中間片石斜欹，如雲出岫，缺月微升，見有二人坐其上，知非仙即鬼，屛息靜聽。右一人曰：「頃遊嶽麓，聞此翁又作何語？」左一人曰：「去時方聚講《西銘》，歸時又講《大學衍義》也。」右一人曰：「《西銘》論萬物一體，理原如是。然豈徒心知此理，即道濟天下乎？父母之於子，可云愛之深矣，子有疾病，何以不能療？子有患難，何以不能救？無術焉而已。此猶非一身也。人之一身，慮無不深自愛者，己之疾病，何以不能療？己之患難，何以不能救？亦無術焉而已。今不講體國經野之政、捍災禦變之方，而曰吾仁愛之心同於天地之生物，果此心一舉，萬物即可以生乎？吾不知之矣。至《大學》條目，自格致以至治平，節節相因，而節節各有其功力。譬如土生苗，苗成禾，禾成穀，穀成米，米成飯，本節節相因。然土不耕則不生苗，苗不灌則不得禾，禾不刈則不得穀，穀不舂則不得米，米不炊則不得飯，亦節節各有其功力。西山作《大學衍義》，列目至齊家而止，謂治國平天下可舉而措之。不知虞舜之

（北京）中華書局，1997，上冊頁 1216-1217）和《四庫全書總目》中《大學衍義補》提要：「又力主舉行海運，平時屢以爲言，此書更力申其說。所列從前海運抵京之數，謂省內河挽運之資，即可抵洋面漂亡之粟，似乎言之成理。然一舟覆沒，舟人不下百餘，糧可抵以轉輸之費，人命以何爲抵乎？……然治平之道，其理雖具於修、齊，其事則各有制置，此猶土可生禾，禾可生穀，穀可爲米，米可爲飯。本屬相因，然土不耕則禾不長，禾不穫則穀不登，穀不舂則米不成，米不炊則飯不熟。不能遞溯其本，謂土可爲飯也。」（卷 93，紀昀等，（北京）中華書局，1997，上冊頁 1225）和《閱微草堂筆記》所言兩相對照，實無二致，不僅意思相同，連所舉的例子也一樣。

時，果嚚瞍允若，而洪水即平、三苗即格乎？抑猶有治法在乎？又不知周文之世，果太姒徽音而江漢即化、崇侯即服乎？抑別有政典存乎？今一切棄置，而歸本於齊家，毋亦如土可生苗，即炊土為飯乎？吾又不知之矣。」左一人曰：「瓊山所補，治平之道其備乎？」右一人曰：「真氏過於泥其本，邱氏又過於逐其末。不究古今之時勢，不揆南北之情形，瑣瑣屑屑，縷陳多法，且一一疏請施行，是亂天下也。即其海運一議，臚列歷年漂失之數，謂所省轉運之費，足以相抵。不知一舟人命，詎止數十；合數十舟即逾千百，又何為抵乎？亦妄談而已矣。」左一人曰：「是則然矣。諸儒所述封建井田，皆先王之大法，有太平之實驗，究何如乎？」右一人曰：「封建井田，斷不可行，駁者眾矣。然講學家持是說者，意別有在，駁者未得其要領也。夫封建井田不可行，微駁者知之，講學者本自知之。知之而必持是說，其意固欲借一必不行之事，以藏其身也。蓋言理言氣，言性言心，皆恍惚無可質，誰能考未分天地之前，作何形狀；幽微曖昧之中，作何情態乎？至於實事，則有憑矣。試之而不效，則人人見其短長矣。故必持一不可行之說，使人必不能試、必不肯試、必不敢試，而後可號於眾曰：『吾所傳先王之法，吾之法可為萬世致太平，而無如人不用何也！』人莫得而究詰，則亦相率而嘆曰：『先生王佐之才，惜哉不竟其用。』云爾。以棘刺之端為母猴，而要以三月齋戒乃能觀，是即此術。第彼猶有棘刺，猶有母猴，故人得以求其削。此更托之空言，並無削之可求矣。天下之至巧，莫過於是。駁者乃以迂闊議之，烏識其用意哉！」相與太息者久之，劃然長嘯而去。二士竊記其語，

　　頗為人述之。有講學者聞之，曰：「學求聞道而已。所謂道者，曰天曰性曰心而已。忠孝節義，猶為末務；禮樂刑政，更末之末矣。為是說者，其必永嘉之徒也夫！」[16]

　　在這篇長篇大論中，首先提出光是「心知此理」是無法「道濟天下」，還是要有「體國經野之政、捍災禦變之方」的「術」；其次論及《大學》修齊治平「節節相因」，「亦節節各有其功力」，是節節各自有其「有治法在」、「有政典存」，不能「列目至齊家而止」，就說「治國平天下可舉而措之」，邱濬補真德秀未盡之處，「又過於逐其末。不究古今之時勢，不揆南北之情形，瑣瑣屑屑，縷陳多法，且一一疏請施行，是亂天下也」，末了還對倡議封建井田者，比擬為〈棘刺刻猴〉[17]中的騙子，點醒在聽取講學家的言論時，應考慮道理的可行性，方能避免受到巧言詐說的迷惑。如此對講學家強烈的抨擊，主要還是在於紀昀講求的是「謝彼虛談，敦茲實學」、「務求為有用之學」，也難怪，講學者聽了會以為是出自重視事功的永嘉學派之口。紀昀並非永嘉學派之徒，但是講求的是「謝彼虛談，敦茲實學」、「務求為有用之學」，也無怪乎會痛恨空言聚訟的講學之徒[18]了。

16　《姑妄聽之》卷三，紀昀著，孫致中等校點，《紀曉嵐文集》第二冊《閱微草堂筆記》，河北教育出版社，1991，頁 453-455。

17　《韓非子·外儲說左上》：燕王好微巧，衛人曰：「請以棘刺之端為母猴。」燕王說之，養之以五乘之奉。王曰：「吾試觀客為棘刺之母猴。」客曰：「人主欲觀之，必半歲不入宮，不飲酒食肉，雨霽日出，視之晏陰之間，而棘刺之母猴乃可見也。」燕王因養衛人，不能觀其母猴。鄭有台下之冶者謂燕王曰：「臣為削者也，諸微物必以削削之，而所削必大於削。今棘刺之端不容削鋒，難以治棘刺之端，王試觀客之削，能與不能可知也。」王曰：「善。」謂衛人曰：「客為棘刺之母猴，何以理之？」曰：「以削。」王曰：「吾欲觀見之。」客曰：「臣請之舍取之。」因逃。（《新譯韓非子》，賴炎元，三民書局，1997，頁 405）

18　如在《遜齋易述》序中表達出對理學末流的痛恨：「中間持其平者，數

　　紀昀痛恨學者徒逞口舌之辯的空談高論，主要是空談高論的弊病有三：

　　（一）徒逞口舌之能，卻未能身體力行，無益於國計民生。

在《閱微草堂筆記·灤陽消夏錄》卷四中，紀昀寫了一則妖怪斥責時方饑荒盛行，卻在高談民胞物與的講學家的故事，他透過妖怪之口，毫不留情地給予空談高論講學家辛辣的諷刺：

> 武邑某公與戚友賞花佛寺經閣前，其地最豁敞，而閣上時有變怪，入夜，人即不敢坐閣下，某公以道學自任，夷然弗信也，酒酣耳熱，盛談西銘萬物一體之理，滿座拱聽，不覺入夜。忽閣上厲聲叱曰：「時方饑疫，百姓頗有死亡，汝為鄉官，既不思早倡義舉，施粥捨藥，即應趁此良夜，閉戶安眠，尚不失為自了漢，乃虛談高論，在此講民胞物與，不知講至天明，還可作飯餐？可作藥服否？且擊汝一磚，聽汝再講邪不勝正！」忽一磚飛下，聲若霹靂，杯盤几案俱碎。某公倉皇走出曰：「不信程朱之學，此妖之所以為妖歟！」徐步太息而去。

　　妖怪「在此講民胞物與，不知講至天明，還可作飯餐？可作藥服否？」一句話就點出講學家的空談，而某公「不信程朱之學，此妖之所以為妖歟！」也說出了講學者的執迷不悟。講學家空談高論是理學的流弊，但宋明理學家治學則是屢屢提及實學[19]，紀

則漢之康成，理則宋之伊川乎。康成之學不絕如線；唐史徵、李鼎祚，宋王伯厚及近時惠定宇，粗傳一二而已。伊川之學傳之者多，然醇駁互見，決擇為難。餘勘定四庫書，頗恨其空言聚訟也」，紀昀著，孫致中等校點，《紀曉嵐文集》，河北教育出版社，1991，第一冊，頁452。

19　"實學"一詞的含義卻相當廣泛，其所指涉的物件也不盡相同，宋代學者心目中的"實學"與明清時學者心目中的"實學"內涵不盡相同，在二程看來，漢學末流死守章句訓詁的經學乃是一種不實無用之學，對於

昀曾指出這種流弊乃是由於宋學「尙心悟……宋儒之學，則人人皆可以空談。其間蘭艾同生，誠有不盡厴人心者，是嗤點之所自來」[20]，由於是個人內心的領悟，所以容易流於空談，再加上良莠不齊、蘭艾同生，所以成爲學者批評宋學的由來，這也難怪除了用這則故事譏諷外，紀昀透過五臺僧明玉的話「然則唐以前之儒，語語有實用；宋以後之儒，事事皆空談」[21]，和習儒之狐的話「聖賢依乎中庸，以實心勵實行，以實學求實用。道學則務語精微，先理氣，後彝倫，尊性命，薄事功，其用意已稍別」[22]來表達對儒學淪爲空談的不滿。紀昀既然針砭講學家的空談，他自己是能身體力行的，據紀昀的墓誌銘記載：「壬子，以畿輔水災奏請截留宦糧萬石，設十廠賑饑。得旨，六月開廠，自夏季至明年四月，全活無算」[23]，正是紀昀躬自力行的表現。所以紀昀在《閱微草堂筆記》書中一再強調「以實心勵實行，以實學求實用」、

真正能體現聖人製作之意的經學，則冠之以"實學"之名，如「治經，實學也……爲學，治經最好，苟不自得，則盡治五經，亦是空言」(《遺書》，卷一)。清代考據學起，遂專有謂考據實證之學爲"實學"者，但對於二程而言，這恰恰由於迷失在煩瑣的考證之中而不能把握聖人之道，反而是"空言無用"之學而不能稱爲"實學"。另外像朱子《中庸章句》的開篇即稱《中庸》一書，「放之則彌六合，卷之則退藏於密，其味無窮，皆實學也」《朱子文集》、《語類》中"實學"之詞屢有出現，此不一一列舉。又如張栻說「聖門實學，貴於踐履」(《論語解》，《南軒全集》卷四)、陸象山弟子包恢作《三陸先生祠堂記》中，亦稱象山之學爲「孟子之實學」(《象山全集》，卷三六)。

20　《灤陽消夏錄》卷一，紀昀著，孫致中等校點，《紀曉嵐文集》第二冊《閱微草堂筆記》，河北教育出版社，1991，頁 10。
21　《姑妄聽之》卷四，前揭書頁 476。
22　《姑妄聽之》卷二，前揭書頁 410。
23　《碑傳集》卷三十八，錢儀吉纂，(北京)中華書局，1993，頁 1090，引朱珪〈協辦大學士禮部尙書文達紀公昀墓誌銘〉。另外《紀曉嵐文集》第一冊卷五摺子中，收有紀昀十六本替各地因蠲緩積欠稅賦的謝恩摺子，也可看到紀昀爲民請命的一面。

「讀書以明理，明理以致用也」[24]，展現出「實行」和「虛談」
正是紀昀對治學勸懲之所在。

　　（二）空談高論造成空談天道而捨人事的弊病。紀昀曾多次
論及對宋儒《易》學先天無極之說的不滿，「故余於漢儒之學，最
不信《春秋繁露》、《洪範五行傳論》；於宋儒之學，最不信《河
圖洛書》、《皇極經世書》」[25]、「余校定秘書二十餘年，所見經解，
惟《易》最多，亦惟《易》最濫……殊不知《易》之作也，本推
天道以明人事，故六十四卦之大象，皆有君子以字，而三百八十
四爻，亦皆吉凶悔吝爲言，是爲百姓日用作，非爲一二上智密傳
微妙也；是爲明是非決疑惑作，非爲讖緯禨祥預使前知也」[26]。
「推天道以明人事」是爲了「明是非決疑惑」，而不是爲了「讖
緯禨祥預使前知」；是爲了「百姓日用作」，而不是爲了「一二
上智密傳微妙」。相同的意見，他在《閱微草堂筆記》中也屢屢
藉著鬼狐或他人之口加以申述，如藉著道士論三教本旨言「儒之
本旨，明體達用而已，文章記誦，非也；談天說性，亦非也」[27]、
藉著鬼魂之口說出：

24　《姑妄聽之》卷四，紀昀著，孫致中等校點，《紀曉嵐文集》第二冊《閱
　　微草堂筆記》，河北教育出版社，1991，頁 488。
25　《槐西雜志》卷一，前揭書，頁 251。紀昀在這裡並未詳述未何不信，
　　不過在《灤陽消夏錄》卷四中引了李又聃的話，倒可以視爲紀昀的意見：
　　「宋儒據理談天，自謂窮造化陰陽之本，於日月五星；言之鑿鑿，如指
　　諸掌。然宋曆屢變而愈差，自郭守敬以後，驗以寔測，證以交食，始知
　　濂洛關閩，於此事全然未解，即康節最通數學，亦僅以奇偶方圓，揣摩
　　影響，寔非從推步而知。故持論彌高，彌不免郢書燕說，夫七政運行，
　　有形可據，尚不能臆斷以理，況乎太極先天，求諸無形之中者哉？先聖
　　有言：『君子於其所不知，蓋闕如也。』」，前揭書頁 79-80。
26　〈黎君昺注序〉，紀昀，孫致中等校點《紀曉嵐文集》第一冊，河北教
　　育出版社，1991，頁 155。
27　記梁豁堂言，《姑妄聽之》卷三，紀昀著，孫致中等校點，《紀曉嵐文集》
　　第二冊《閱微草堂筆記》，河北教育出版社，1991，頁 437。

崔曰：「聖人作易，言人事也，非言天道也，為眾人言也，非為聖人言也。聖人從心不踰矩，本無疑惑，何待於占？惟眾人昧於事幾，每兩歧罔決，故聖人以陰陽之消長，示人事之進退，俾知趨避而已，此儒家之本旨也。顧萬物萬事，不出陰陽，後人推而廣之，各明一義。……易道廣大，無所不包，見智見仁，理原一貫，後人忘其本始，反以旁義為正宗，是聖人作易，但為一二上智設，非千萬世垂教之書，千萬人共喻之理矣。經者常也，言常道也，經者徑也，言人所共由也，曾是六經之首，而詭秘其說，使人不可解乎？」[28]

偶論太極無極之旨，其人怫然曰：「於傳有之：『天道遠，人事邇。』六經所論皆人事，即易闡陰陽，亦以天道明人事也。舍人事而言天道，已為虛杳，又推及先天之先，空言聚訟，安用此為？」[29]

這種抨擊「舍人事而言天道」、「而詭秘其說，使人不可解」、「空言聚訟，安用此為」的思想，和前面所引紀昀的話，兩相對照，實無二致，都是紀昀在書中每每「托狐鬼以抒己見」的例子。而紀昀的批評，最有說服力的是他能展現篤實的學問，書中談及「顧萬物萬事，不出陰陽，後人推而廣之，各明一義。楊簡王宗

---

28 記五公山人（王餘佑）與崔寅鬼魂言，《灤陽消夏錄》卷六，前揭書頁112。《四庫全書總目》卷六案語也有相同的意見：「夫聖人垂訓，實教人用《易》，非教人作《易》。今不談其所以用，而但談其所以作，是《易》之一經，非千萬世遵為法戒之書，而一二人密傳妙悟之書矣。」紀昀等，（北京）中華書局，1997，頁 72。

29 記文士鬼魂因和張子克學術見解不同而絕交事，《槐西雜志》卷二，前揭書頁 281。《四庫全書總目》卷 95，子部《太極圖分解》提要也有相同的意見：「顧捨人事而爭天，又捨共睹共聞之天而爭耳目不及之天，其所爭者毫無與人事之得失，而曰吾以衛道。學問之醇疵、心術人品之邪正、天下國家之治亂，果繫於此二字乎？」紀昀等，（北京）中華書局，1997，頁 1240。

傳，闡發心學，此禪家之《易》，源出王弼者也；陳摶邵康節，此道家之《易》，源出魏伯陽者也　；術家之《易》，衍於管郭，源於焦京」[30]一語就將易學原委、流派道出，而他在〈遜齋易述序〉[31]、〈周易義象合纂序〉[32]、〈黎君易注序〉[33]中對易學原委、流派、

30　《灤陽消夏錄》卷六，前揭書頁 112。。

31　紀昀著，孫致中等校點，《紀曉嵐文集》第一冊，河北教育出版社，1991，頁 152-153：《易》之精奧，理數詩巳。《象》其闡明理數者也。自漢及宋，言數者歧而三，一爲孟喜，正傳也。歧而爲京、焦，流爲讖緯；又歧而爲陳、邵，支離曼衍，不可究詰，于《易》爲附庸矣。言理者亦歧而三，乘承比應，費直《易》也。歧而爲王弼、爲王宗傳、爲楊簡，浸淫乎佛老矣。又歧而爲李光、楊萬里，比附史事，借發論端，雖不比陳、邵之徒虛靡心力，畫算經而圖奕譜，然亦《易》之外傳耳。中間持其平者，數則漢之康成，理則宋之伊川乎。康成之學不絕如線；唐史征、李鼎祚，宋王伯厚及近時惠定宇，粗傳一二而已。伊川之學傳之者多，然醇駁互見，決擇爲難。

32　前揭書，頁 153-154：古今說五經者，惟《易》最夥，亦惟《易》最多歧，非惟象數。義理各明一義也。旁及爐火、導引、樂律、星曆以及六壬、禽遁、風角之屬，皆可引《易》以爲解，即皆可引以解《易》。蓋《易》道廣大，無所不包，故隨舉一說而皆通也。要其大端而論，則象教歧而三：一田、孟之《易》，一京、焦之《易》，一陳、邵之《易》也。義理亦歧而三：一王弼之《易》，一胡瑗之《易》，一李光、楊萬里之《易》也。京、焦之占候，流爲怪妄而不經；陳、邵之圖書，流爲支離而無用；王弼之清言，流爲楊簡、王宗傳輩，至以狂禪亂聖典。其足以發揮精義、垂訓後人者，漢人之主象，宋人之主理、主事三派焉而已。顧論甘者忌辛，是丹者非素，齗齗相爭，各立門戶，垂五六百年於茲。余嘗與戴東原、周書昌言：譬一水也，農家以爲宜灌溉，舟子以爲宜往來，形家以爲宜砂穴，兵家以爲宜扼拒，遊覽者以爲宜眺賞，品泉者以爲宜茶荈，洴澼絖者以爲利浣濯：各得所求，各適其用，而水則一也。譬一都會也，可自南門入，可自北門入，可自東門入，可自西門入，各從其所近之途，各以爲便，而都會則一也。《易》之理何獨不然。東坡《廬山》詩曰："橫看成嶺側成峰，遠近高低各不同。不識廬山真面目，只緣身在此山中。" 通此意以解《易》，則《易》無門戶矣。紛紛互詰，非仁智自生妄見乎。

33　前揭書，頁 155：夫天地絪縕，是涵元氣，氣有屈伸往來，於是乎生數；數有奇偶錯綜，於是乎成象，此象數所由起也。然屈伸往來，奇偶錯綜，

優劣更能一一詳加剖析論述，足見他的批評，並非意氣口舌之爭
而已，而是有深厚的學問作爲根柢，洞悉學術流變後所下的評論。
紀昀更以「宋曆屢變而愈差」，來抨擊宋儒太極先天求諸無形的
誤謬：

> 宋儒據理談天，自謂窮造化陰陽之本，於日月五星；言之
> 鑿鑿，如指諸掌。然宋曆屢變而愈差，自郭守敬以後，驗
> 以實測，證以交食，始知濂洛關閩，於此事全然未解，即
> 康節最通數學，亦僅以奇偶方圓，揣摩影響，寔非從推步
> 而知。故持論彌高，彌不免郢書燕說，夫七政運行，有形
> 可據，尚不能臆斷以理，況乎太極先天，求諸無形之中者
> 哉？[34]

以「七政運行，有形可據，尚不能臆斷以理，況乎太極先天

皆理之所寓，而所以屈伸往來，所以奇偶錯綜者，亦皆理之不得不行。
故理其自然，數其必然，象其當然，一以貫之者也。漢《易》言數象，
不能離存亡進退，非理而何；宋《易》言理，不能離乘承比應，非象數
而何。而顧曰：言理則棄象數，言象數則棄理，豈通論哉！余校定祕書
二十餘年，所見經解，惟《易》最多，亦惟《易》最濫，大抵漢《易》
一派，其善者必由象數以求理；或捨理者，必流爲雜學。宋《易》一派，
其善者必由理以知象數，或捨象數者，必流爲異學。其弊一由爭門戶，
一由騖新奇，一由一知半解，沾沾自喜，而不知《易》道之廣大，紛紜
轇輵，遂曼衍而日增，殊不知《易》之作也，本推天道以明人事，故六
十四卦之大象，皆有君子以字，而三百八十四爻，亦皆吉凶悔吝爲言，
是爲百姓日用作，非爲一二上智密傳微妙也；是爲明是非決疑惑作，非
爲讖緯禨祥預使前知也。故其書至繁至賾，至精至深，而一一皆切於事。
既切於事，即一一皆可推以理。理之自然者明，則數之必然、象之當然，
劃然解矣。又何必曰此彼法、此我法、此古義、此新義哉！

34 紀昀著，孫致中等校點，《紀曉嵐文集》第二冊《閱微草堂筆記》，河北
教育出版社，1991，頁 79-80。《四庫全書總目》卷 94，子部《讀書偶
記》提要也有相同的意見：「惟太極一圖，經先儒闡發，已無剩義，而
繪圖作說，累牘不休，殊爲支曼。夫人事邇，天道遠，日月五星，有形
可見。儒者所論，自謂精微，推步家實測驗之，其不合者固多矣，況臆
度諸天地之先乎？」（紀昀等，（北京）中華書局，1997，頁 1237。）

求諸無形之中者哉？」，真可謂對空談臆說一針見血的評論。

（三）**空談高論造成臆斷的弊病**。宋明理學據理談天說性，講求格物窮理，但是紀昀認爲「六合之外，聖人存而不論。然六合之中，實亦有不能論者」[35]、「理所必無者，事或竟有，然究亦理之所有也，執理者自泥古耳」[36]、「然則天下之事，但知其一，不知其二者多矣，可據理臆斷歟？」[37]、「天下真有理外事也」[38]，正因爲天地之大無所不有，幽明之理凡人難知，世上有許多無法以常理推論的事，不必曲爲之詞，也不必力攻其非，「闕所疑可矣」[39]。但是講學家「執其私見，動曰此理之所無」[40]、「天地之大，無所不有，宋儒每於理所無者，即斷其必無，不知無所不有，即理也」[41]、「宋儒於理不可解者，皆臆斷以爲無是事」[42]，因此紀昀以其親身經歷之事、鄉里奇事、或忠厚之人所言，來抨擊講學家「以理斷天下事，不盡其變」[43]，講學家的臆斷「不亦顛乎？」[44]、「毋乃膠柱鼓瑟乎？」[45]。

紀昀以其親身經歷來辯駁講學家臆斷的事有二，一是親見回煞之事：

> 六合之外，聖人存而不論。然六合之中，實亦有不能論者。
> 人之死也，如儒者之論，則魂升魄降已耳，即如佛氏之論

35 《灤陽消夏錄》卷四，前揭書，頁 79。
36 《如是我聞》卷一，前揭書，頁 156。
37 《姑妄聽之》卷二，前揭書頁 411。
38 《灤陽續錄》卷三，前揭書，頁 531。
39 《灤陽消夏錄》卷四，前揭書，頁 67。
40 《灤陽續錄》卷一，前揭書，頁 502。
41 《灤陽消夏錄》卷六，前揭書，頁 115。
42 《灤陽消夏錄》卷四，前揭書，頁 79。
43 《槐西雜志》卷二，前揭書頁 276。
44 《灤陽續錄》卷一，前揭書，頁 502。
45 《灤陽消夏錄》卷四，前揭書，頁 79。

鬼，亦收錄於冥司，不能再至人世也，而世有回煞之說；
庸俗術士，又有一書能先知其日辰時刻，與所去之方向，
此亦誕妄之至矣。然余嘗於隔院窗樓中，遙見其去，如白
煙一道，出於竈突之中，冉冉向西南而歿，與所推時刻方
向，無一差也。又嘗兩次手自啟鑰，諦視布灰之處，手跡
足跡，宛然與生時無二，所親皆能辨識之，是何說歟？禍
福有命，死生有數，雖聖賢不能與造物爭，而世有蠱毒魘
魅之術，明載於刑律，蠱毒余未見，魘魅則數見之，為是
術者，不過瞽者巫者與土木之工。然寔能禍福死生人，歷
歷有驗，是天地鬼神之權，任其播弄無忌也，又何說歟？
其中必有理焉，但人不能知耳！宋儒於理不可解者，皆臆
斷以為無是事，毋乃膠柱鼓瑟乎？[46]

一是紀昀修《熱河志》時，親自命人探一奇境之事：

長城以外，萬山環抱，然皆坡陀如岡阜，至王家營迤東，
則嶔崎秀拔，峩峩皆含畫意，蓋天開地獻，靈氣之所鍾故
也。有羅漢峰，宛似一僧趺坐，頭頂胸腹臂肘，歷歷可數。
有磐錘峰，即《水經注》所稱武列水側，有孤石雲舉者也，
上豐下銳，屹若削成。余修《熱河志》時，曾躡梯挽綆至
其下，乃無數石卵，與碎砂凝結而成，亙古不圮，莫明其
故。有雙塔峰，亭亭對立，遠望望如兩浮圖，挺地湧出，
無路可上。或夜聞上鐘磬經唄聲，晝亦時有，片雲往來。

---

46 《灤陽消夏錄》卷四，前揭書，頁 79。又在《灤陽消夏錄》卷五中「然
回煞形跡，余實屢目睹之，鬼神茫昧，究不知其如何也」，前揭書，頁
98、《槐西雜志》卷四中「余乞假養痾北倉……忽見綵衣女子揭簾入，
甫露面，即退出。疑為趁座妓女，呼僕隸遣去，皆云外戶已閉，無一人
也。主人曰：『四日前有宦家子婦宿此卒，昨移柩去，豈其回煞耶？』」，
前揭書，頁 358。都是記錄紀昀親見回煞的經驗。

乾隆庚戌，予特命守吏，構木為梯，遣人登視。一峰周圍一百六步，上有小屋，屋中一幾一香鑪，中供片石，鐫王仙生三字；一峰周圍六十二步，上種韭二畦，塍畛方正，如園圃之所築，是決非人力所到，不謂之仙蹤靈跡不得矣。耳目之前，倘恍莫測尚如此，講學家執其私見，動曰此理之所無，不亦顛乎？[47]

紀昀又以家鄉獻縣所發生的兩件異事，太僕戈芥舟將之載入縣志，講學家頗病其語怪。但紀昀認為是「夫受給亦愚矣，然惟愚故誠，惟誠故鬼神為之恪，此無理而有至理也」、「以命自安，不受人報，故神代報也，非乃無理而亦有至理乎」，這兩件奇事表面上看來是荒誕無理，卻含有至誠感天、為善受報的至理：

理所必無者，事或竟有，然究亦理之所有也，執理者自泥古耳。獻縣近歲有二事：一為韓守立妻俞氏，事祖姑至孝，乾隆庚辰，祖姑失明，百計醫禱，皆無驗。有黠者給以剖肉燃燈，祈神佑，則可速愈，婦不知其給也，竟剖肉燃之。越十餘日，祖姑目竟復明，夫受給亦愚矣，然惟愚故誠，惟誠故鬼神為之恪，此無理而有至理也。一為丐者王希聖，足雙攣，以股代足，以肘撐之行，一日，於路得遺金二百，移橐匿草間，坐守以待覓者，俄商家主人張際飛，倉皇尋至，叩之，語相符，舉以還之，際飛請分取不受，延至家，議養贍終其身。希聖曰：「吾形殘廢，天所罰也，違天坐食，將必有大咎。」毅然竟去。後困臥斐聖公祠下，（斐聖公不知何時人，志乘亦不能詳，土人云祈雨時有驗。）忽有醉人曳其足，痛不可忍，醉人去後，足已伸矣，由於遂能行，

至乾隆己卯乃卒。際飛故先祖門客，余猶及見，自述此事
甚詳。蓋希聖爲善宜受報，而以命自安，不受人報，故神
代報也，非乃無理而亦有至理乎？戈芥舟前輩，嘗載此二
事於縣志，講學家頗病其語怪，余謂芥舟此志，惟乩仙聯
句及王生殤子二條偶不割愛耳，全書皆體例謹嚴，具有史
法，其載此二事，正以見匹夫匹婦足感神明，用以激發善
心，砥礪薄俗，非以小說家言，濫登與記也。[48]

　　紀昀又以其流放烏魯木齊時所聞異事，來說明世上就有不親
眼目睹，難以相信的怪事：

烏魯木齊多狎邪，小樓深巷，方響時聞，自譙鼓初鳴，至
寺鐘欲動，燈火恆熒熒也，冶蕩者惟所欲爲，官弗禁，亦
弗能禁。有寧夏布商何某，年少美風姿，貲累千金，亦不
甚吝，而不喜爲北里遊，惟蓄牝豕十餘，飼極肥，濯極潔，
日閉戶而逞淫之，豕亦相摩相倚，如昵其雄。僕隸恆竊窺
之，何弗覺也，忽其友乘醉戲詰，乃愧而投井死。迪化廳
同知木金泰曰：「非我親鞫是獄，雖司馬溫公以告我，我
勿信也。」余作是地雜詩曰：「石破天驚事有無，從來好
色勝登徒。何郎甘爲風情死，纔信劉郎愛媚豬」即詠是事。
人之性癖有至於是者，乃知以理斷天下事，不盡其變，即
以情斷天下事，亦不盡其變也。[49]

　　此外，紀昀還將他認爲可信的聽聞紀錄下來。如紀錄大學士
伍彌泰在西藏所見的異事：

大學士伍公彌泰言：「向在西藏，見懸崖無路處，石上有天
生梵字大悲咒，字字分明，非人力所能，亦非人跡所到。」

48　《如是我聞》卷一，前揭書，頁 156-157。
49　《槐西雜志》卷二，前揭書，頁 276。

當時曾舉其山名，梵音難記，今忘之矣。公一生無妄語，知確非虛搆，天地之大，無所不有，宋儒每於理所無者，即斷其必無，不知無所不有，即理也。[50]

紀昀又紀錄當值時，聽宋蒙泉講述的輪迴異聞：

宋蒙泉言：「孫峨山先生嘗臥病高郵舟中，忽似散步到岸上，意殊爽適，俄有人導之行，恍惚忘所以，亦不問，隨去至一家，門徑甚華潔。漸入內室，見少婦方坐蓐，欲退避，其人背後拊一掌，已昏然無知。久而漸醒，則形已縮小，繃置錦繈中，知為轉生，已無可奈何。欲有言則覺寒氣自囪門入，輒噤不能出，環視室中幾榻器玩，及對聯書畫皆了了。至三日，婢抱之浴，失手墜地，復昏然無知，醒則仍臥舟中。家中云氣絕已三日，以四肢柔軟，心膈尚溫，不敢殮耳。先生急取片紙，疏所見聞，遣使由某路送至某門中，告以勿過撻婢，乃徐為家人備言。是日疾即癒，遄往是家，見婢媼皆如舊識，主人老無子，相對惋歎，稱異而已。」近夢通政鑑溪，亦有是事，亦記其道路門戶，訪之，果是日生兒即死，頃在直廬圖閣學時，泉（宋蒙泉）言其狀甚悉，大抵與峨山先生所言相類，惟峨山先生記往不記返，鑑溪則往返俱分明，且途中遇其先亡夫人到家，入室時，見夫人與女共坐，為小異耳。案輪迴之說，儒者所闢，而實則往往有之。前因後果，理自不誣，惟二公暫入輪迴，旋歸本體，無故現此泡影，則不可以理推。六合之外，聖人持而不論，闕所疑可矣。[51]

除了舉這些事例來說明天地之大無所不有，以凸顯講學家以

50　《灤陽消夏錄》卷六，前揭書，頁 115。
51　《灤陽消夏錄》卷四，前揭書，頁 66-67。

理臆斷的荒謬外，紀昀最不滿宋儒用這種臆斷的態度來治經[52]，
在《閱微草堂筆記》中更是屢申其義，辯駁以臆斷講經之非：

> 相去數千里，以燕趙之人談滇黔之俗，而謂居是土者，不
> 如吾所知之確，然耶？否耶？晚出數十年，以髫齔之子，
> 論者舊之事，而曰見其人者，不如我所知之確，然耶？否
> 耶？左丘明身爲魯史，親見聖人，其於《春秋》，確有源委。
> 至唐中葉，陸淳輩始持異論，宋孫復以後，闃然佐鬥，諸
> 說爭鳴，皆曰左氏不可信，吾說可信，何以異於是耶？蓋
> 漢儒之學務實，宋儒則近名，不出新義，則不能聳聽；不
> 排舊說，則不能出新義，諸經訓詁，皆可以口辯相爭，惟
> 《春秋》事跡鑿然，難於變亂。於是謂左氏爲楚人、爲七
> 國初人、爲秦人，而身爲魯史、親見聖人之說搖。既非身
> 爲魯史、親見聖人，則傳中事跡，皆不足據，而後可惟所
> 欲言矣。沿及宋季，趙鵬飛作《春秋經筌》，至不知成風爲
> 僖公生母，尚可與論名分、定貶褒乎？元程端學推波助瀾，
> 尤爲悍屬。[53]

---

52 紀昀治學有反對“據後駁前”的傾向，不僅以此反對宋儒用這種臆斷的
　態度來治經，也曾以此對顧炎武之說，提出質疑：「楊令公祠在古北口，
　內祀宋將楊業，顧亭林《昌平山水記》據《宋史》謂業戰死長城北口，
　當在云中，非古北口也。考王曾《行程錄》已云古北口內有業祠，蓋遼
　人重業之忠也，爲之立廟。遼人親與業戰，曾奉使時，距業僅數十年，
　豈均不知業歿於何地？《宋史》則元季托克托所修，（托克托舊作脫脫，
　蓋譯音未審，今從《三史國語解》）距業遠矣，似未可據後駁前也。」，
　《槐西雜志》卷二，前揭書，頁280。
53 《槐西雜志》卷二，前揭書，頁 279-280。在《四庫全書總目》凡例也
　有此言：「論史主於示褒貶，然不得其事跡之本末，則褒貶何據而定僞。
　如成風爲魯僖公之母，明載《左傳》，而趙鵬飛《春秋經筌》謂不知爲
　莊公之妾，爲僖公之妾。是不知其人之名分，可定其禮之得失乎？」，（北
　京）中華書局，1997，上冊頁 32-33。

> 《易》之象數，《詩》之小序，《春秋》之三傳，或親見聖
> 人，或去古未遠，經師授受，端緒分明，宋儒曰：「漢前
> 人皆不知，吾以理知之也。」其類此夫！[54]

「漢前人皆不知，吾以理知之也」，一語就顯露出臆斷的心態，紀昀還以其流放西域時，一樁真偽顛倒的事，來說明耳目所見尚且真偽難分，以理臆斷又豈能無誤？

> 後漢敦煌太守裴岑〈破呼衍王碑〉在巴生坤海子上關帝祠
> 中，屯軍耕墾，得之土中也。其事不見《後漢書》，然文句
> 古奧字畫渾樸，斷非後人所依託，以僻在西域，無人摹搨，
> 石刻鋒稜猶完整。乾隆庚寅，遊擊劉存存，（此是其字，其
> 名偶忘之矣，武進人也。）摹刻一木本，灑火藥於上，燒
> 為斑駁，絕似古碑，二本並傳於世，賞鑒家率以舊石本為
> 新，新木本為舊，與之辯，傲然弗信也。以同時之物，有
> 目睹之人，而真偽顛倒尚如此，況以千百年外哉？[55]

而對程端學沿襲宋儒疑經改經臆斷之非，紀昀除了在《四庫全書總目》嚴詞辯駁[56]外，在《閱微草堂筆記》中更藉已成為神明的紀叔姬之口，親自辯白程端學臆斷的誤謬：

---

54 《如是我聞》卷四，前揭書，頁233。
55 《如是我聞》卷四，前揭書，頁233。
56 如「至程端學春秋本義竟指高為漢初人，則講學家臆斷之詞，更不足與辨矣！」（《四庫全書總目》卷26《春秋公羊傳注疏》提要，（北京）中華書局，1997，上冊頁330）、「如經書紀履緰來逆女伯姬歸于紀，此自直書其事，舊無褒貶。端學必謂履緰非命卿，紀不當使來迎；魯亦不當聽其迎。夫履緰為命卿，固無明文，其非命卿，又有何據乎？紀叔姬之歸鄷，舊皆美其不以盛衰易志，歸於夫族。端學必以為當歸魯而不當歸鄷，斯已刻矣，乃復誣以失節於紀季，此又何所據乎？」（《四庫全書總目》卷28《春秋本義》提要，（北京）中華書局，1997，上冊頁356）

偶在五雲多處，(即原心亭)檢校端學《春秋解》[57]，周編
修書昌因言：「有士人得此書，珍為鴻寶，一日與友人遊泰
山，偶談經義，極稱其論叔姬歸酅一事，推闡至精。夜夢
一古妝女子，儀衛尊嚴，厲色詰之曰：『武王元女，實主東
獄。上帝以我艱難完節，接跡共薑，俾隸太姬為貴神，今
二千餘年矣。昨爾述豎儒之說，謂我歸酅為淫於紀季，虛
辭誣詆，實所痛心。我隱公七年歸紀，莊公二十年歸酅，
相距三十四年，已在五旬以外矣。以斑白之嫠婦，何由知
季必悅我？越國相從，《春秋》之法，非諸侯夫人不書，亦
如非卿不書也。我待年之媵，例不登諸簡策，徒以矢心不
二，故仲尼有是特筆。程端學何所憑據而造此曖昧之謗耶？
爾再妄傳，當臠爾舌。』命從神以骨朵擊之，狂叫而醒，
遂燬其書。」余戲謂書昌曰：「君耽宋學，乃作此言。」書
昌曰：「我取其所長，而不敢諱所短也。」是真持平之論矣。
[58]

　　因為在魯莊四年「紀侯大去其國」後，紀侯的二夫人紀叔姬
還曾到酅地投靠小叔紀季，程端學認為當歸於母族魯國而不應歸
於夫族酅地，據此而認定紀叔姬失節於紀季。紀昀在這則故事中，
藉已成為神明的紀叔姬之口，親自辯白程端學臆斷的誤謬「我隱
公七年歸紀，莊公二十年歸酅，相距三十四年，已在五旬以外矣。
以斑白之嫠婦，何由知季必悅我？越國相從，《春秋》之法，非諸
侯夫人不書，亦如非卿不書也。我待年之媵，例不登諸簡策，徒
以矢心不二，故仲尼有是特筆」，說出《四庫全書總目》沒說出的

---

57 程端學未見著錄《春秋解》，疑是指《春秋本義》，紀昀偶誤舉。
58 《槐西雜志》卷二，紀昀著，孫致中等校點，《紀曉嵐文集》第二冊《閱
　　微草堂筆記》，河北教育出版社，1991，頁280。

辯白。紀昀厲害的是，藉著耽於宋學的周書昌（永年）來講述這件事，更突顯出程端學臆斷的荒謬。對於講學家臆斷的荒謬，紀昀當然不會放棄揶揄的機會：

> 姚安公言昔在舅氏陳公德音家，遇驟雨，自巳至午息，所雨皆漚麻水也。時西席一老儒方講學，眾因叩曰：「此雨究竟是何理？」老儒掉頭面壁曰：「子不語怪。」[59]

面對眾人的詢問，這位講學家無法用他談天說性、講求格物窮理的本事來回答，也沒辦法胡言亂語妄加臆斷，只能掉頭面壁，以「子不語怪」來搪塞，無詞以對的窘態，在此表露無遺。

三、講學家苛刻不近人情的形象

紀昀不僅是學識淵博，而且為人處世通情達理，講求寬容，表現出一代通儒的博大胸懷。魯迅就說他「其處世貴寬，論人欲恕，故於宋儒之苛察特有違言……且於不情之論，世間習而不察者，亦每設疑難，揭其拘迂」[60]。紀昀在《閱微草堂筆記》中的確有許多對講學家不近人情苛察的抨擊：「講學家動以一死責人，非通論也」[61]、「講學家崖岸過峻，使人甘於自暴棄，皆自沽己名，視世道人心如膜外耳」[62]、「哀其遇，悲其志，惜其用情之誤，則可矣。必執《春秋》大義，責不讀書之兒女，豈與人為善之道哉？」[63]、「春秋責備賢者，未可以士大夫之義律兒女子。哀其愚可也，

59　《如是我聞》卷四，前揭書，頁 221。
60　《中國小說史略》第 22 章，魯迅，上海古籍出版社，2006，頁 139。
61　《槐西雜志》卷三，紀昀著，孫致中等校點，《紀曉嵐文集》第二冊《閱微草堂筆記》，河北教育出版社，1991，頁 308。
62　《槐西雜志》卷二，前揭書，頁 274。
63　《槐西雜志》卷二，前揭書，頁 282。

憫其志可也」[64]、「講學家責人無已時」[65]、「是則講學之家，責人無已，非余之所敢聞也」[66]，這些都是經過一則則的事件，或是自己、或是引述他人所下的批評。紀昀在《閱微草堂筆記》中有則記載，把講學家苛察的形象，描繪得十分生動：

> 賽商鞅者，不欲著其名字里貫，老諸生也。挈家寓京師，天資刻薄，凡善人善事，必推求其疵，故得此名。錢敦堂編修歿，其門生為經紀棺衾，贍恤妻子，事事得所。賽商鞅曰：「世間無如此好人，此欲博古道之名，使要津聞之，易於攀援奔競耳。」一貧民母，死於路，跪乞錢買棺，形容枯槁，聲音酸楚，人競以錢投之，賽商鞅曰：「此指屍斂財，屍亦未必其母，他人可欺，不能欺我也。」過一旌表婦坊下，仰視微哂曰：「是家富貴，僕從如雲，豈少秦宮、馮子都耶？此事須核，不敢遽言非，亦不敢遽言是也。」平生操論，皆類此。[67]

故事中的主角雖爲儒生，但事事好苛求，「凡善人善事，必推求其疵」，才得到賽商鞅的外號，真是身披儒服卻行近申韓，看他隱喻節婦有像秦宮、馮子都那樣主僕同性戀的嫌疑，就可知道是全然無儒者仁慈之心了。

講學家之所以遭致紀昀的批評，主要是有下列四種情形：

（一）對遵守禮法的僵化，造成不近人情、不揆事勢，動輒以禮苛責的弊病。紀昀主張適度地從人性、人情的角度來看待男女情感，有較開明、合乎人情的思想，所以他說：「善夫！聖人

64　《灤陽消夏錄》卷二，前揭書，頁 27。
65　《槐西雜志》卷二，前揭書，頁 289。
66　《灤陽續錄》卷五，前揭書，頁 564。
67　《灤陽續錄》卷三，前揭書，頁 555-556。

通幽明之禮，故能以人情知鬼神之情也。不近人情，又烏知《禮》
意哉？」[68]。《閱微草堂筆記》中紀昀對死守禮法而造成憾事的
記載，往往充滿著痛惜與同情之意：

> 余幼聞某公在郎署時，以氣節嚴正自任，嘗指小婢配小奴，
> 非一年矣，往來出入，不相避也。一日，相遇於庭，某公
> 亦適至，見二人笑容猶未斂，怒曰：「是淫奔也，於律姦未
> 婚妻者杖。」遂至呼杖，眾言兒女戲嬉，實無所染，婢眉
> 與乳可驗也。某公曰：「於律謀而未行，僅減一等，減則可，
> 免則不可。」卒並杖之，創幾殆，自以為河東柳氏之家法，
> 不是過也。自此惡其無禮，故稽其婚期。二人遂同役之際，
> 舉足趑趄，無事之時，望影藏匿，跋前疐後，日不聊生，
> 漸鬱悒成疾，不半載內，先後死。其父母哀之，乞合葬，
> 某公仍怒曰：「嫁殤非禮，豈不聞耶？」亦不聽。後某公歿
> 時，口喃喃似與人語，不甚可辨，惟「非我不可」、「於禮
> 不可」，二語言之十餘度，了了分明。咸疑其有所見矣。夫
> 男女非有行媒，不相知名，古禮也，某公於孩稚之時，即
> 先定婚姻，使明知為他日之夫婦，朝夕聚處，而欲其無情，
> 不能也。內言不出於閫，外言不入閫，古禮也，某公僮婢
> 無多，不能使各治其事，時時親相授受，而欲其不通一語，
> 又必不能也。其本不正，故其末不端，是二人之越禮，實
> 主人有以成之，乃操之已蹙，處之過當，死者之心能甘乎？
> 冤魄為厲，猶以於禮不可為詞，其斯以為講學家乎？[69]

　　故事中這位嚴守禮法的某公，在死前對他所造成的憾事，猶
堅持「非我不可」、「於禮不可」，紀昀末了一句「猶以於禮不可

---

68 《如是我聞》卷四，前揭書，頁 236。
69 《灤陽續錄》卷五，前揭書，頁 555-556。

爲詞，其斯以爲講學家乎？」，講學家死守禮法的形象就躍然紙上。而紀昀對這事的看法是：

> 飲食男女，人生之欲存焉。干名義、瀆倫常、敗風俗，皆王法之所必禁也，若癡兒騃女，情有所鍾，實非大悖於禮，似不必苛以深文。[70]

　　紀昀在《姑妄聽之》卷一中，又以深情的筆墨，寫了一則愛情的悲劇。故事中三寶四寶「繦褓中已結婚姻」兩情相悅的小情侶，卻被館師嚴某以「中表爲婚禮所禁」爲由從中作梗，最後三寶四寶的愛情以悲劇告終：

> 董家莊佃戶丁錦，生一子曰二牛，又一女贅曹寧爲婿，相助工作，甚相得也。二牛生一子曰三寶，女亦生一女，因住母家，遂聯名曰四寶，其生也同年同月，差數日耳。姑嫂互相抱攜，互相乳哺，繦褓中已結婚姻。三寶四寶又甚相愛，稍長即跬步不離，小家不知別嫌疑，於二兒嬉戲時，每指曰：「此汝夫，此汝婦也。」二兒雖不知爲何語，然聞之則已稔矣。七八歲外，稍稍解事，然俱隨二牛之母同臥起，不相避忌。會康熙辛醜，至雍正癸卯，歲屢歉，錦夫婦並歿。曹寧先流轉至京師，貧不自存，質四寶於陳郎中家，（不知其名，惟知爲江南人。）二牛繼至，會郎中求館僮，亦質三寶於其家，而誡勿言與四寶爲夫婦。郎中家法嚴，每笞四寶，三寶必暗泣；笞三寶，四寶亦然。郎中疑之，轉質四寶於鄭氏，（或云即貂皮鄭也。）而逐三寶。三寶仍投舊媒嫗，又引與一家爲館僮，久而微聞四寶所在，乃夤緣入鄭氏家。數日後得見四寶，相持痛哭，時已十三

四矣。鄭氏怪之，則詭以兄妹相逢對，鄭氏以其名行第相
連，遂不疑。然內外隔絕，僅出入時相與目成而已。後歲
稔，二牛、曹寧並赴京贖子女，輾轉尋訪至鄭氏，鄭氏始
知其本夫婦。意甚憫惻，欲助之合巹，而仍留服役。其館
師嚴某，講學家也，不知古今事異，昌言排斥，曰：「中表
為婚禮所禁，亦律所禁，違之且有大誅。主人意雖善，然
我輩讀書人，當以風化為己任，見悖理亂倫而不沮，是成
人之惡，非君子也。」以去就力爭。鄭氏故良懦，二牛、
曹寧亦鄉愚，聞違法罪重，皆懾而止。後四寶鬻為選人妾，
不數月病卒。三寶發狂走出，莫知所終。或曰：「四寶雖被
迫脅去，然毀容哭泣，實未與選人共房幃，惜不知其詳耳。」
果其如是，則是二人者，天上人間，會當相見，定非一瞑
不視者矣。惟嚴某作此惡業，不知何心？亦不知其究竟？
然神理昭昭，當無善報，或又曰：「是非泥古，亦非好名，
殆覬覦四寶，欲以自侍耳。」若然，則地獄之設，正為斯
人矣。[71]

紀昀的「則是二人者，天上人間，會當相見」，流露出對這
對苦命鴛鴦，無限的同情。並對嚴某所為，極為憤慨，譴責其「作
此惡業，不知何心？亦不知其究竟？然神理昭昭，當無善報」，
痛恨之情，溢於言表。而嚴某如果並非是死守禮法，而是包藏私
心「覬覦四寶，欲以自侍」，紀昀更憤恨到詛咒嚴某「地獄之設，
正為斯人矣」。

有時時勢所迫而不得已違背禮法，紀昀也能不拘於陳規陋
習，不像講學家般死守禮法，加以深責。從下面故事中，看到了

71　《姑妄聽之》卷一，前揭書，頁 378-379。

紀昀寬容豁達的處世態度和開明的思想，採取了更靈活的態度，展現出同情、理解和包容，在此也看到紀昀對講學家以禮苛察的不滿：

> 吳惠叔言太湖有漁戶嫁女者，舟至波心，風浪陡作，舵師失措，已欹仄欲沈，眾皆相抱哭，突新婦破簾出，一手把舵，一手牽蓬索，折搶飛行，直抵婿家，吉時猶未過也，洞庭人傳以奇。或有以越禮譏者，惠叔曰：「此本漁戶女，日日船頭持篙櫓，不能責以必為宋伯姬也。」又聞吾郡有焦氏女，不記何縣人，已受聘矣，有謀為媵者，中以蜚語，婿家欲離婚，父訟於官，而謀者陷阱已深，非惟證佐鑿鑿，且有自承為所歡者，女見事急，竟倩鄰嫗導至婿家，升堂拜姑曰：「女非婦比，貞不貞有明證也。兒與其獻醜與官媒，仍為所誣，不如獻醜於母前。」遂闔戶弛服請姑驗，訟立解，此較操舟之新婦更越禮矣。然危急存亡之時，有不得不如是者，講學家動以一死責人，非通論也。[72]

　　故事中新嫁娘能免去船難，救了一船人性命；另一未嫁而見謗之女，請其姑驗其貞操而挽救了婚姻，都是「危急存亡之時，有不得不如是者」，此時卻「有以越禮譏者」，足見「講學家動以一死責人」的苛責真是不近人情。

　　另外，在情與理衝突時，可以看出紀昀的人道主義是佔了上風，他不像理學家把情與禮、理與慾對立起來，應該是像原始儒家在強調秩序和規範的"禮"時，也能兼顧與承認"情"的存在[73]，依據客觀情形，實際靈活處理而不拘泥於禮。所以辛彤甫先

72　《槐西雜志》卷三，前揭書，頁 308。
73　《禮記·檀弓上》：子路曰：「吾聞諸夫子：喪禮，與其哀不足而禮有餘也，不若禮不足而哀有餘也。祭禮，與其敬不足而禮有餘也，不若禮不

生應該是講出他的看法，所以才在篇末加以引述：

> 天下事，情理而已，然情理有時而互妨。里有姑虐其養媳
> 者，慘酷無人理。遁歸母家，母憐而匿別所，詭云未見，
> 因涉訟。姑以朱老與比鄰，當見其來往，引為證。朱私念，
> 言女已歸，則驅人就死；言女未歸，則助人離婚。疑不能
> 決，乞簽於神。舉筒屢搖，簽不出。奮力再搖，簽乃全出，
> 是神亦不能決也。辛彤甫先生聞之曰：「神殊憒憒！十歲幼
> 女，而日日加炮烙，恩義絕矣。聽其逃死不為過。」[74]

（二）講學家崖岸過峻，失去聖賢與人為善之意。紀昀秉持
著聖人與人為善之教，因此為人處世講求的是寬容、寬厚，他在
《閱微草堂筆記》中曾引述神明[75]或冥官之口表達他的看法：

> 聖人之立教，欲人為善而已。其不能為者，則誘掖以成之；
> 不肯為者，則驅策以迫之，於是乎刑賞生焉。能因慕賞而
> 為善，聖人但與其善，必不責其為求賞而然也。能因畏刑
> 而為善，聖人亦與其善，必不責其為避刑而然也。[76]

> 陰律如《春秋》責備賢者，而與人為善，君子偏執害事，
> 亦錄以為過，小人有一事利人，亦必予以小善報，世人未
> 明此義，故多疑因果或爽耳。[77]

所以對於性行兀傲嚴峻的講學家，其拘迂不近人情的行徑，
紀昀往往藉著一則則的事件，加以揭露，如《槐西雜志》卷二中

足而敬有餘也。」《禮記今註今譯》上冊，王夢鷗，台灣商務印書館，
1984，頁 113。

74　《姑妄聽之》卷二，前揭書，頁 405。

75　「一神曰：『風俗日偷，神道亦與人為善，陰律孝婦延一紀，此二婦減
半可也。』」《如是我聞》卷二，前揭書，頁 160。

76　《灤陽消夏錄》卷二，前揭書，頁 38。

77　《灤陽消夏錄》卷二，前揭書，頁 35。

就對粗材而好講文藝者，講學家往往譏諷而不肯提攜賜教，批評是未明瞭孔子當年接見互鄉闕黨二童子的用心：

> 安中寬言：「有人獨行林莽間，遇二人，似是文士，吟哦而行，一人懷中落一書冊，此人拾得，字甚拙澀，波磔皆不甚具，僅可辨識。其中或符籙，或藥方，或人家春聯，紛糅無緒，亦間有經書古文詩句，展閱未竟，二人遽追來奪去，倏忽不見，疑為狐魅。一紙條飛落草間，俟其去遠，覓得之，上有字曰：『詩經於字皆音烏，易經無字左邊無點。』」余謂此借言粗材之好講文藝者也，然能刻意於是，不愈於飲博遊冶乎？使讀書人能獎勵之，其中必有所成就。乃薄而揮之，斥而笑之，是未思聖人之待互鄉闕黨二童子也。講學家崖岸過峻，使人甘於自暴棄，皆自沽己名，視世道人心如膜外耳。[78]

而他又藉著三則再醮之婦的故事，表達對講學家持論務嚴，不能與人為善的不滿。一則是因家貧而改嫁，以延宗祀；兩則是家貧不得已而改嫁，但能終養其舅姑，紀昀認為君子與人為善，應不沒其寸長，而不該嚴詞責其墮節：

> 司庖楊媼言其鄉某甲將死，囑其婦曰：「我生無餘資，身後汝母子必凍餓。四世單傳，存此幼子。今與汝約：不拘何人，能為我撫孤則嫁之，亦不限服制月日，食盡則行。」囑訖，閉目不更言，惟呻吟待盡。越半日，乃絕。有某乙聞其有色，遣媒妁請如約。婦雖許婚，以尚足自活，不忍行。數月後，不能舉火，乃成禮……程子謂餓死事小，失節事大。是誠千古之正理，然為一身言之耳。此婦甘辱一

身，以延宗祀，所全者大，似又當別論矣。楊媼能舉其姓
氏里居，以碎璧歸趙，究非完美，隱而不書，憫其遇，悲
其志，為賢者諱也。又吾鄉有再醮故夫之三從表弟者，兩
家所居，距一牛鳴地。嫁後，仍以親串禮回視其姑，三數
日必一來問起居，且時有贍助，姑賴以活，歿後出斂葬，
歲恆遣人祀其墓。又京師一婦少寡，雖頗有姿色，而針黹
烹飪，皆非所能，乃謀於翁姑，偽稱室女，鬻為宦家妾，
竟養翁姑終身，是皆墮節之婦，原不足稱，然不忘舊恩，
亦足勵薄俗。君子與人為善，固應不沒其寸長，講學家持
論務嚴，遂使一時失足者，無路自贖，反甘心於自棄，非
教人補過之道也。[79]

　　另有一則是因為歲荒，不得已鬻為學使妾，當得知故夫病死，
也隨之墮樓而亡，紀昀認為不必以《春秋》大義，責不讀書之兒
女，失卻與人為善之道：

余督學閩中時，院吏言雍正中學使有一姬墮樓死，不聞有
他故，以為偶失足也。久而有洩其事者曰：「姬本山東人，
年十四五，嫁一窶人子數月矣，夫婦甚相得，形影不離。
會歲飢不能自活，其姑賣諸販鬻婦女者，與其夫相抱泣徹
夜，囓臂為誌而別。夫念之不置，沿途乞食，兼程追及販
鬻者，潛隨至京師，時於車中一覯面，幼年怯懦，懼遭訶
詈，不敢近，相視揮淚而已。既入官媒家，時時候於門側，
偶得一睹，彼此約匆死，冀天上人間約一相見也。後聞為
學使所納，因投身為其幕友僕，共至閩中，然內外隔絕，
無由通問，其婦不知也。一日病死，婦聞婢媼道其姓名籍

貫形狀年齡始知之，時方坐筆捧樓上，凝立良久，忽對眾備言始末，長號數聲，奮身投下死。學使諱言之，故其事不傳，然實無可諱也。」大抵女子殉夫，其故有二：一則揩住綱常，寧死不辱，此本乎禮教者也；一則忍恥偷生，苟延一息，冀樂昌破鏡，再得重圓，至望絕勢窮，然後一死以明志，此生於情感者也。此女不死於販鬻之手，不死於媒氏之家，至玉玷花殘，得故夫凶問而後死，誠為太晚，然其死志則久矣。特私愛纏綿，不能自割，在其意中，固不以當死不死，為負夫之恩，直以可待不待，為辜夫之望，哀其遇，悲其志，惜其用情之誤，則可矣。必執《春秋》大義，責不讀書之兒女，豈與人為善之道哉？[80]

從這些評論，可以看出紀昀對講學家苛刻不近人情的不滿，也看出紀昀爲人處世講求寬容、與人爲善的態度。正因爲紀昀不滿講學家苛刻不近人情的言論，所以在《閱微草堂筆記》中有位崖岸太甚，動輒以不情之論責人的講學家，就成了紀昀揶揄的對象：

董曲江言一儒生頗講學，平日亦循謹無過失，然崖岸太甚，動以不情之論責人。友人於五月釋服，七月欲納妾，此生抵以書曰：「終制未三月而納妾，知其蓄志久矣。《春秋》誅心，魯文公雖不喪娶，猶喪娶也。朋友規過之義，不敢以不告，其何以教我！」其持論大抵類此。一日，其婦歸寧，約某日返，乃先期一日，怪而詰之，曰：「吾誤以為月小也。」亦不為訝。次日，又一婦至，大駭愕，覓昨婦，已失所在矣。然自是日漸尫瘠，因以成瘵，蓋狐女假形攝

其精，一夕所耗已多也。前納妾者聞之，亦抵以書曰：「夫婦居室，不能謂之不正也，狐魅假形，亦非意料之所及也。然一夕而大損真元，非恣情縱欲不至是，無乃燕昵之私，尚有不節以禮者乎？且妖不勝德，古之訓也。周、張、程、朱，不聞曾有遇魅事，而此魅公然犯函丈，無乃先生之德，尚有所不足乎？先生賢者也，責備賢者，《春秋》法也；朋友規過之義，不敢不以告先生，其何以教我！」此生得書，但力辯實無此事，里人造言而已。宋清遠先生聞之曰：「此所謂以子之矛，陷子之盾。」[81]

透過紀昀的描繪，講學家好以不情之論責人的形象，就鮮明地躍然紙上。但他後來也被人「以子之矛攻子之盾」，責備了一番，可見苛求別人容易，自己身體力行卻難。

（三）講學家曲解孔子《春秋》筆削之意，好以《春秋》責備賢者之意來責全求備，造成講學家責人無已時之弊。 在《槐西雜志》卷二中記載一位丐婦抱兒扶姑渡河時，姑不幸僕倒，丐婦棄兒救姑，姑雖獲救而兒已亡，最後姑與丐婦俱傷心而亡的事：

東光有王莽河，即胡蘇河也。旱則涸，水則漲，每病涉焉。外舅馬公周籙言雍正末，有丐婦一手抱兒，一手扶病姑，涉此水行，中流姑蹶而僕，婦棄兒於水，努力負姑出，姑大詬曰：「我七十一老嫗，死何害？張氏數世，待此兒延香火，爾胡棄兒以拯我？斬祖宗之祀，爾也！」婦泣不敢語，長跪而已。越兩日，姑竟以哭孫不食死，婦嗚咽不成聲，癡坐數日，亦立槁，不知其何許人，但於其姑詈婦時，知為姓張耳。有著論者，謂兒與姑較，則姑重，姑與祖宗較，

則祖宗重；使婦或有夫，或有兄弟，則棄兒是，既兩世窮
嫠，止一線之孤子，則姑所責者是，婦雖死有餘愧焉。姚
安公曰：「講學家責人無已時，夫急流洶湧，稍縱即逝，豈
此能深思長計者哉？勢不兩全，棄兒救姑，此天理之正，
而人心之所安也，使姑死而兒存，終身寧不耿耿耶？不又
有責以愛兒棄姑者耶？且兒方提抱，育不育未可知，使姑
死而兒又不育，悔更何如耶？此婦所為，超出恆情已萬萬，
不幸而其姑自殞，以死殉之，其亦可哀矣！猶沾沾焉而動
其喙，以為精義之學，毋乃白骨銜冤，黃泉齎恨乎！孫復
作《春秋尊王發微》，二百四十年內，有貶無褒；胡致堂作
《讀史管見》，三代以下無完人，辯則辯矣，非吾之所欲聞
也。」[82]

面對這樣的悲劇，「有著論者」尙議論著丐婦當救誰捨誰，結
論竟是「婦雖死有餘愧焉」，全然不見「如得其情，則哀矜而勿喜」
那種以同理心與憐憫心給予諒解包容並支持的儒者風範，真是何
等地冷血的表現。也難怪紀父（紀容舒 1686-1764）要抱不平，
認爲「此婦所爲，超出恆情已萬萬，不幸而其姑自殞，以死殉之，
其亦可哀矣！」而議論者猶如孫復、胡寅論人的「有貶無褒」、「三
代以下無完人」[83]，加以責難，自「以爲是精義之學」，而沾沾自

---

82 《槐西雜志》卷二，前揭書，頁 289-290。
83 紀父對孫復、胡寅的批評，在《四庫全書總目》和《四庫全書簡明目錄》
有相同而更嚴厲的批評。《四庫全書總目》批評孫復：「謂春秋有貶無褒，
大抵以深刻爲主。晁公武《讀書志》載常秩之言曰：『明復爲春秋，猶
商鞅之法，棄灰於道者有刑，步過六尺者有誅。』蓋篤論也。而宋代諸
儒喜爲苛議，顧相與推之，沿波不返，遂使孔庭筆削，變爲羅織之經……
過於深求而反失春秋之本旨者，實自復始。……以後來說春秋者，深文
鍛鍊之學，大抵用此書爲根柢，故特錄存之，以著履霜之漸而具論其得
失如右。」（卷 26《春秋尊王發微》提要，（北京）中華書局，1997，上

喜，講學家苛刻不近人情的形象，卻也在此表露無遺。

　　此外，紀昀並不像講學家偏執於《春秋》誅心之法，而能以更寬容的原心之法來論人論事：

　　　《春秋》有原心之法，有誅心之法。青縣有人陷大辟，縣
　　　令好外寵。其子年十四五，頗秀麗，乘其赴省宿館舍，邀
　　　之於途，托言牒訴而自獻焉。獄竟解。實為孌童，人不以
　　　孌童賤之，原其心也。里有少婦與其夫狎昵無度，夫病瘵
　　　死。姑察其性佚蕩，恆自監之。眠食必共，出入必偕，五、
　　　六年未嘗離一步。竟鬱鬱以終。實為節婦，人不以節婦許
　　　之，誅其心也。余謂此童與郭六事相類，惟欠一死耳（語
　　　詳《灤陽消夏錄》）。此婦心不可知，而身則無玷。《大車》
　　　之詩所謂「畏子不奔，畏子不敢」者，在上猶為有刑政，
　　　則在下猶為守禮法。君子與人為善，蓋棺之後，固應仍以
　　　節許之。[84]

　　在評論這兩件事上，頗類似俗話中所說的「百行孝為先，論心不論跡，論跡寒門無孝子；萬惡淫為首，論跡不論心，論心世上無完人。」前者是論其用心，後者是論其行跡，可以看出紀昀的寬厚，不會失之苛察而不近人情。《灤陽消夏錄》卷一中另有兩

　　冊頁 336），《四庫全書簡明目錄》更嚴詞批評「謂春秋有貶無褒，遂使
　　二百四十年中，無一善類。常秩比於商鞅之法，殆非過詆。特錄存之，
　　著以申韓之學說春秋，自是人始也」（卷 3《春秋尊王發微》提要，上海
　　古籍出版社，1985，頁 97）；《四庫全書總目》批評胡寅為「寅作是書，
　　因其父說，彌用嚴苛。大抵其論人也，人人責以孔、顏、思、孟；其論
　　事也，事事繩以虞、夏、商、周。名為存天理，遏人欲，崇王道，賤霸
　　功，而不近人情，不揆事勢，卒至於窒礙而難行。」（卷 89《讀史管見》
　　提要，（北京）中華書局，1997，上冊頁 1173）可以看出紀昀秉承父訓
　　而發揮於《四庫全書總目》和《四庫全書簡明目錄》的脈絡。
84　《姑妄聽之》卷三，紀昀著，孫致中等校點，《紀曉嵐文集》，河北教育
　　出版社，1991，第二冊，頁 455-456。

則記載，可以看出紀昀在評論人與事上，是原心和誅心之法並用：

　　又去余家三四十里，有凌虐其僕夫婦死，而納其女者。女
　　故慧黠，經營其飲食服用，事事當意。又凡可博其歡者，
　　冶蕩狎媟，無所不至，皆竊議其忘仇。蠱惑既深，惟其言
　　是聽，女始則導之奢華，破其產十之七八，又讒間其骨肉，
　　使門以內如寇讎。繼乃時說《水滸傳》宋江、柴進等事，
　　稱為英雄，慫恿之交通盜賊，卒以殺人抵法。抵法之日，
　　女不哭其夫，而陰攜卮酒，酹其父母墓曰：「父母恆夢中魘
　　我，意恨恨似欲擊我，今知之否耶？」人始知其蓄志報復，
　　曰：「此女所為，非惟人不測，鬼亦不測也，機深哉！」然
　　而不以陰險論，《春秋》原心，本不共戴天者也。[85]
　　董曲江言默庵先生為總漕時，署有土神馬神二祠，惟土神
　　有配，其少子恃才兀傲，謂土神于思老翁，不應擁豔婦；
　　馬神年少，正為嘉耦，徑移女像於馬神祠，俄眩僕不知人。
　　默庵先生聞其事，親禱移還乃蘇。又聞河間學署，有土神
　　亦配以女像，有訓導謂黌宮不可塑婦女，乃別建一小祠遷
　　焉。土神憑其幼孫語曰：「汝理雖正，而心則私，正欲廣汝
　　宅耳，吾不服也。」訓導方侃侃談古禮，猝中其隱，大駭，
　　乃終任不敢居是室。二事相近，或曰：「訓導遷廟猶以禮，
　　董瀆神甚矣，譴當重。」余謂董少年放誕耳，訓導內挾私心，
　　使己有利，外假公義，使人無詞，微神發其陰謀，人尚以
　　為能正祀典也。《春秋》誅心，訓導譴當重於董。[86]

　　第一則中女子蓄志報父母不共戴天之仇，雖然心機深沈，但
原其心不以陰險論之。第二則的訓導內挾私心而外假公義，若非

85　《灤陽消夏錄》卷一，前揭書，頁 17。
86　《灤陽消夏錄》卷一，前揭書，頁 11。

神明發其陰謀，還能博得正祀典的美名，紀昀認為誅其用心，當獲重譴。而該以原心或誅心來評論，則是以用心善良與否來衡量[87]，如此，《春秋》論事衡人、嚴於褒貶的筆削之意，才不會偏頗成為講學家有貶無褒、世無完人的流弊。

《閱微草堂筆記》裡紀昀更藉著獵狐人的遭遇，來批評講學家好以《春秋》責備賢者之意，來責全求備之弊：

> 李雲舉言東光有薰狐者，每載燧挾弮來往墟墓間。一夜，伏伺之際，見一方巾襴衫人，自墓頂出，魖魖（若候反，說文曰鬼聲也）長嘯，群狐四集，圍繞叢薄，猙獰嗥叫，齊呼捕此惡人，煮以作脯。薰狐者無路可逃，乃攀援上高樹，方巾者指揮群狐，令鋸樹倒，即聞鋸聲訇訇然。薰狐者窘急，俯而號曰：「如蒙見釋，不敢再履此地。」群狐不應，鋸聲更屬，如是號再三。方巾者曰：「果爾可設誓？」誓訖，鬼狐俱不見。此鬼此狐，均可謂善了事矣！蓋侵擾無已，勢不得不鋌而走險，背城借一，以群狐之力，原不難於殺一人；然殺一人易，殺一人而激家人之怒，不焚巢犁穴不止也。僅使知畏而縱之，姑取和焉，則後患息矣。有力者不盡其力，乃可以養其威，屈人者使人易從，乃可就以服。召陵之役，不責以僭王，而責以苞茅，使易從也；屈完來盟，即旋師，不盡其力，以養威也。講學家說《春秋》者，動議齊桓之小就，方城漢水之固，不識可一戰勝乎？一戰而不勝，天下事尚可為乎？淮西符離之事，吾徵諸史冊

---

87 在判定人心善惡上，紀昀有比現實生活上更便利之處，就是鬼神洞察人心的能力。如「知人心微曖，鬼神皆得而窺」（《灤陽消夏錄》卷一，前揭書，頁 5）、「人心一動，鬼神知之」（《灤陽消夏錄》卷一，前揭書，頁 8）、「人世所為，鬼神無不知也」（《槐西雜志》卷一，前揭書，頁 247），才能洞察曲折難明的人心，揭露奸慝、彰顯節義，達到勸懲的目的。

矣。[88]

　　講學家批評齊桓公伐楚是安於小就，但紀昀並不認同，考慮到「方城漢水之固」，如果不能一戰而勝，後果就難料了。因此「有力者不盡其力，乃可以養其威，屈人者使人易從，乃可就以服」，才算是周全之策[89]。最後還舉了南宋抗金失敗的淮西之變、符離兵敗兩件史例，引以爲戒。宋儒因爲國仇家恨的緣故，特別著墨於發揮《春秋》大義，聲聲要討亂賊、復君父之仇，在主戰派張浚的主持下，不顧史浩、韓元吉、唐文若、陳俊卿等眾人的反對[90]，因此才有符離兵敗，不幸正如史浩的預言「願陛下審度事勢，若一失之後，恐終不得復望中原矣」，北伐成了絕響，紀昀也以此反駁講學家妄議齊桓之事。

　　（四）講學家對貞節的要求過爲嚴苛，紀昀以曲折的方式，表達他的批判。自從理學昌盛後，明清兩代貞操觀念的嚴格，超過了歷史上的各個朝代，在《古今圖書集成》閨媛典的"閨烈"

88　《槐西雜志》卷四，前揭書，頁 342。

89　紀昀行事特重深思熟慮，《如是我聞》卷二：老儒劉挺生言東城有獵者，夜半睡醒，聞窗紙淅淅作響，俄又聞窗窸窣聲，披衣叱問，忽答曰：「我鬼也，有事求君，君勿怖。」問其何事，曰：「狐與鬼自古不並居，狐所窟穴之墓，皆無鬼之墓地。我墓在村北三里許，狐乘我他往，聚族居之，反驅而不得入，欲與鬥，則我本文士，必不勝。欲訟諸土神，即幸而得申，彼終亦報復，又必不勝，惟得君等行獵時，或繞道半里，數過其地，則彼必恐怖而他徙矣。然倘有所遇，勿遽殪獲，恐事機或洩，彼又修怨於我也。」獵如其言，後夢其來謝。夫鵲巢鳩據，事理本直，然力不足以勝之，則避而不爭，力足以勝之，又長慮深思，而不盡其力，不求幸勝，不求過勝，此其所以終勝歟，屢弱者遇強暴，如此鬼可矣！（前揭書，頁 170）是紀昀做事力求周全之例。

90　史浩勸宋孝宗：「願陛下審度事勢，若一失之後，恐終不得復望中原矣。」（宋史卷 396，脫脫等，鼎文書局，1980，頁 3236）、陳俊卿：「然於大事欲計其萬全，俟一二年間，吾之事力稍充乃可，不敢迎合意旨誤國事。」（宋史卷 383，脫脫等，鼎文書局，1980，頁 3161）、韓元吉和唐文若皆以爲不若養威觀釁，俟萬全而後動。

（卷 45-54）、"閨節"（卷 119-128）兩部中，所收錄的烈婦、
節婦事蹟，都是一則則辛酸血淚史。如果守寡出自於本人自願，
當然是值得欽敬，《閱微草堂筆記》裡紀昀有多則貞節烈婦的記
載，都是贏得人天鬼神的欽敬與護衛[91]。但是紀昀也瞭解到「且
夫堅苦卓絕之行，或往往過中失正，不近人情。」[92]，守寡撫孤
箇中的辛酸，紀昀也是屢表深切的同情之意[93]。正因紀昀瞭解到

---

91 如《姑妄聽之》卷二記載孤苦守寡一生的馬節婦，除有詩讚揚節婦之賢
外，「相傳其十一二時，隨母至外家。故有狐，夜擲瓦石擊其窗，聞屋
上厲聲曰：『此有貴人，汝輩勿取死！』」（前揭書頁 428）、《灤
陽消夏錄》卷二記杜林鎮土神「此地繁劇，吾失於呵護，致疫鬼誤入孝子節婦家，
損傷童稚，今鐫秩去矣。」（前揭書頁 38）都是鬼神護衛之例。又《灤
陽消夏錄》卷二記「一日，喧傳節婦至，冥王改容，皆振衣佇迓。見一
老婦纍然來，其行步步漸高，如躡階級，比到，竟從殿脊上過，莫知所
適。冥王憮然曰：『此已升天，不在吾鬼籙中矣。』」（前揭書頁 35）、《灤
陽消夏錄》卷四記廖姥「年未三十而寡，誓不再適，依先太夫人終其身。
歿時，年九十有六。性嚴正，遇所當言，必侃侃與先太夫人爭。先姚安
公亦不以常嫗遇之。余及弟妹，皆隨之眠食，饑飽寒暑，無一不體察周
至，然稍不循禮，即遭呵禁。約束僕婢，尤不少假借，故僕婢莫不陰憾
之。顧司莞鑰、理庖廚，不能得其毫髮私，亦竟無如何也。嘗攜一童子，
自親串家通問歸，已薄暮矣，風雨驟至，驅避於廢圃破屋中。雨入夜未
止，遙聞牆外人語曰：『我方投汝屋避雨，汝何以冒雨坐樹下？』又聞
樹下人應曰：『汝毋多言，廖家節婦在屋內。』遂寂然。後童子偶述其
事，諸僕婢皆曰：『人不近情，鬼亦惡而避之也。』嗟乎！鬼果惡而避
之哉？」（前揭書頁 77）都是鬼神欽敬之例。其中廖姥一則，僕婢視之
為不近人情，因此連鬼也厭惡而躲避她，有人誤以是紀昀也厭惡廖姥，
實是未審句末紀昀感嘆的反問語氣，且紀昀在《灤陽續錄》卷四中，也
曾以非常懷念的口吻來稱讚家中兩位老僕人施祥及廖姥：「爾時家中，
外倚祥內倚廖媼，故百事皆井井……今眼中遂無此人，徘徊四顧，遠想
慨然」（前揭書頁 542-543），足見紀昀並不憎惡廖姥。
92 〈題姚姬傳書左墨溪事後〉，紀昀，《紀曉嵐文集》第一冊，河北教育出
版社，1991，頁 257。
93 如〈旌表張母黃太孺人節孝序〉、〈書奏節婦江氏事略後〉、〈書徐節婦傳
後〉、〈黃烈女詩〉、〈張烈女詩〉、〈村節婦詩〉、〈汪氏雙節詩〉〈蔡貞女
詩〉、〈吳烈婦詩〉等都是屢言對守節者感到酸惻、慘澹的心情，《紀曉

守節的艱辛不易，所以他也曾為側室守節的江氏抱不平：

> 嫡庶有別，古禮也。……然則，禮之所別，名分焉而已。
> 至撐拄綱常，砥礪名教，庶與嫡，豈有別哉！且非僅無別
> 已也，女之立節難於男，庶之立節尤難於嫡……呂新吾《葬
> 禮翼》曰：「為節義而死者，雖少雖賤必祔」通儒之論，足
> 破迂拘。節婦之事，為宜大書而特書者，可以思矣。顧自
> 惟“離鸞別鶴、青燈白髮”之膚詞，不足以為節婦重。故敬
> 書節婦之尤宜表章，以告夫好持苛禮者。[94]

他特別引經據典「為節義而死者，雖少雖賤必祔」，認為江氏
雖是側室，但守節不虧，還是應該得以祔於祖墓，來還擊迂拘的
「好持苛禮者」。他也曾以詩「是由局外人，身未罹煢獨，如彼飫
膏粱，不知藜藿腹」[95]，來責難局外人無法體驗得到，事雖若平
近的守節，其中的悲苦與淒涼，而「操苛論者」還妄議守節者「不
能以奇行見」：

> 窮居陋巷之儒，已不能責之以奇行，聖門如冉伯牛，何嘗
> 有事實可稱哉！至於婦女，非遭強暴、遘亂離，尤不能以
> 奇行見。守節撫孤，即分內無闕事，分外無餘事矣。此其
> 事雖若平近，然使操苛論者試設身處地，果易乎？難乎？[96]

在紀昀看來，「烈易而節難」[97]，「蓋烈婦或激於一時，節婦
非素有定志，必不能飲冰茹蘗數十年」[98]，我們於此看到這些「好

嵐文集》第一冊，河北教育出版社，1991，頁 226、263、263、478、479、
497、517、545、546。

94　〈書奏節婦江氏事略後〉，前揭書，第一冊，頁 263。
95　〈汪氏雙節詩〉，前揭書，第一冊，頁 517。
96　〈書徐節婦傳後〉，前揭書，頁 517。
97　見〈旌表張母黃太孺人節孝序〉，前揭書，第一冊，頁 226。
98　《槐西雜志》卷三，紀昀著，孫致中等校點，《紀曉嵐文集》第二冊《閱
微草堂筆記》，河北教育出版社，1991，頁 311。

持苛禮者」、「操苛論者」對守節者的苛議，是一幅多鮮明不近人情的形象啊！

　　紀昀雖然也是表彰烈女貞婦，但他並非和苛刻不近人情的道學先生一樣，動輒板著面孔要求寡婦守節、殉節。他甚至更對明人歸有光所鼓吹的未婚守節提出尖銳的質疑：「青娥初畫悵離鸞，白首孤燈事亦難。何事前朝歸太僕，儒門法律似申韓」[99]，和講學家嚴酷的態度比起來，他還是比較通達近人情的。我們從《槐西雜志》的故事中，可以知道他是認同「人非草木，豈得無情」，理性地承認了“人欲”的存在，重點是要「禮不可逾，義不可負，能自制不行耳」：

> 交河一節婦建坊，親串畢集。有表姊妹自幼相謔者，戲問曰：「汝今白首完貞矣。不知此四十餘年中，花朝月夕，曾一動心否乎？」節婦曰：「人非草木，豈得無情。但覺禮不可逾，義不可負，能自制不行耳。」一日，清明祭掃畢，忽似昏眩，喃喃作囈語。扶掖歸，至夜乃蘇，顧其子曰：「頃恍惚見汝父，言不久相迎，且勞慰甚至。言人世所為，鬼神無不知也。幸我平生無瑕玷，否則黃泉會晤，以何面目相對哉！」越半載，果卒。此王孝廉梅序所言，梅序論之曰：「佛戒意惡，是剗除根本工夫，非上流人不能也。常人膠膠擾擾，何念不生？但有所畏而不敢為，抑亦賢矣。此婦子孫，頗諱此語。余亦不敢舉其氏族。然其言光明磊落，如白日青天，所謂皎然不自欺也，又何必諱之！」[100]

如同《禮記‧禮運篇》中所說的「飲食男女，人之大欲存焉」，

99　〈蔡貞女詩〉《紀曉嵐文集》，河北教育出版社，1991，第一冊，頁 545。
100　《槐西雜志》卷一，紀昀著，孫致中等校點，《紀曉嵐文集》第二冊《閱微草堂筆記》，河北教育出版社，1991，頁 247。

要求守節幾十年的寡婦，始終心如枯井，波瀾不生，豈「非上流人不能也」，但是紀昀認爲內心中感受到〝情〞的存在並不可怕，關鍵是以〝禮〞抑〝情〞，能自製不發生越軌的行爲[101]，所以此婦子孫又何必隱諱此語！

　　紀昀雖然表揚烈女貞婦，但《閱微草堂筆記》中記載一則再嫁之婦，不爲前夫守節，而爲後夫守節，點出了婚姻與愛情的關係，守不守節，他認爲要以夫妻之間的感情爲前提的，比起講學家無條件的要求守節，紀昀的觀念已是大膽而且開通得許多：

> 滄州醫者張作霖言其鄉有少婦，夫死未週歲輒嫁，越兩歲，後夫又死，乃誓不再適，竟守志終身。嘗問一鄰婦病，鄰婦忽瞑目作其前夫語曰：「爾甘爲某守，不爲我守，何也？」少婦毅然對曰：「爾不自反，乃敢咎人耶？」鬼竟語塞而退。此與蘭陵公主事相類，蓋亦豫讓眾人遇我，眾人報之，國士遇我，國士報之之意也。[102]

　　紀昀能重視婚姻中夫妻的感情問題，用寬容的態度來看待守節的問題，和得到師長的教誨有極大的關係，少年時的紀昀曾聽

101　這點看法和胡仔「若戒之則誠難，節之則爲易，乃近於人情也」（《茗溪漁隱叢話後集》卷31，木鐸出版社，1982，頁233）頗爲相近。

102　《槐西雜志》卷一，前揭書，頁240-241。同卷另一則故事，也是以同情心來看待未能守節者：某公納一妾，姿采秀麗，言笑亦婉媚，善得人意。然獨立則凝然若有思，暬見亦不訝也。一日，稱有疾，鍵戶晝臥，某公穴窗紙窺之，則塗脂傅粉，釵釧衫裙，一一整飾，然後陳設酒果，若有所祀者。排闥入問，姬蹙然斂衽跪曰：「妾故某翰林之寵婢也，翰林將歿，度夫人必不相容，慮或鬻入青樓，乃先遣出，臨別切切私囑曰：『汝嫁我不恨，嫁而得所，我更慰，惟逢我忌日，汝必於密室靚妝，私祭我，我魂若來，以香煙繞汝爲驗也。』」某公曰：「徐鉉不負李後主，宋主弗罪也，吾何妨聽汝。」姬再拜炷香，淚落入俎。煙果裊裊然三繞其頰，漸蜿蜒繞至足。溫庭筠《達摩支曲》曰：「搗麝成塵香不滅，拗蓮作寸絲難絕」此之謂歟！雖琵琶別抱，已負舊恩，然身去而心留，不猶愈於同床各夢哉！前揭書，頁246-247。

聞一則故事：

> 有遊士以書畫自給，在京師納一妾，甚愛之，或遇讌會，
> 必袖果餌以貽，妾亦甚相得。無何病革，語妾曰：「吾無家，
> 汝無歸，吾無親屬，汝無依。吾以筆墨為活，吾死汝琵琶
> 別抱，勢也，亦理也。吾無遺債累汝，汝亦無父母兄弟掣
> 肘，得行己志，可勿受錙銖聘金，但與約歲時許汝祭我墓，
> 則吾無恨矣。」妾泣受教，納之者，亦如約，又甚愛之，
> 然妾恆鬱鬱憶舊恩，夜必夢故夫同枕席，睡中或妮妮囈語。
> 夫覺之，密延術士，鎮以符籙，夢語止，而病漸作，馴至
> 綿憊。臨歿，以額叩枕曰：「故人情重實不能忘，君所深知，
> 妾亦不諱，昨夜又見夢曰：『久被驅遣，今得再來，汝病如
> 是，何不同歸？』已諾之矣，能邀格外之惠，還妾屍於彼
> 墓，當生生世世，結草銜環，不情之請，惟君圖之。」語
> 訖奄然。夫豪士，慨然曰：「魂已往矣，留此遺蛻何為？楊
> 越公能合樂昌之鏡，吾不能合之泉下乎？」竟如所請。此
> 雍正甲寅乙卯間事，余時年十一二，聞人述之，而忘其姓
> 名。[103]

紀昀對此事的看法是「余謂再嫁，負故夫，嫁而有貳心，負
後夫也，此婦進退無據焉。」而一位師長「何子山先生亦曰：『憶
而死，何如殉而死乎？』」，顯然紀昀當時的看法並不如後來的寬
厚，而何子山所言也有些苛刻，倒是另一位師長「何勵庵（琇）
先生則曰：『《春秋》責備賢者，未可以士大夫之義，律兒女子，
哀其愚可也，憫其志可也。』」，提出和紀昀、何子山不同的看法，
少了嚴詞責難，而多了些憐憫之心。事過多年，晚年的紀昀回想

起此事，不諱言年少時評論「此婦進退無據」，倒是以何勵庵的話做爲定論，大概這番教誨深深地影響了紀昀，所以隨著歲月增長，人事歷練增多，紀昀看待這類守節之事已能藉小人物之口說出「婦再嫁常事，娶再嫁婦亦常事」[104]這樣的話來。我們且看日後紀昀再聽到類似情節的事時，他的評論已是像何勵庵一樣的看法，寬容地說出「哀其遇，悲其志，惜其用情之誤，則可矣。必執《春秋》大義，責不讀書之兒女，豈與人爲善之道哉？」[105]、「憫其遇，悲其志」這樣的話來：

> 司庖楊媼言其鄉某甲，將死，囑其婦曰：「我生無餘貲，身後汝母子必凍餓，四世單傳，存此幼子，今與汝約，不拘何人，能為我撫孤則嫁之，亦不限服制月日，食盡則行。」囑訖，閉目不更言，惟呻吟待盡，越半日，乃絕。有某乙聞其有色，遣媒妁請如約，婦雖許婚，以尚足自活不忍行。數月後，不能舉火，乃成禮，合巹之後，已滅燭就枕，忽聞窗外嘆息聲，婦識其謦欬，知為故夫之魂，隔窗嗚咽語之曰：「君有遺言，非我私嫁，今夕之事，於勢不得不然，君何以為祟？」魂亦嗚咽曰：「吾自來視兒，非來祟汝，因聞汝啜泣卸妝，念貧故，使汝至於此，心脾悽動，不覺喟然耳。」某乙悚甚，急披衣而起曰：「自今以往，所不視君子如子者有如日。」靈語遂寂。後某乙耽玩豔妻，足不出戶，而婦恆惘惘如有失，某乙倍愛其子以媚之，乃稍稍笑語。七八載後，某乙病死無子，亦別無親屬，婦據其貲延師教子，竟得遊泮，又為納婦，生兩孫。至婦年四十餘，忽夢故夫曰：「我自隨汝來，未曾離此，因吾子事事得所，

---

104 《槐西雜志》卷四，前揭書，頁354。
105 《槐西雜志》卷二，前揭書，頁281-282。

汝雖日與彼狎暱，而念念不忘我，燈前月下，背人彈淚，
我見之，故不欲稍露形聲，驚爾母子。今彼已轉輪，汝壽
已盡，餘情未斷，當隨我同歸也。」數日，果微疾，以夢
告其子，不肯服藥，荏苒遂卒。其子奉棺合葬於故夫，從
其志也。程子謂「餓死事小，失節事大」，是誠千古之正理，
然為一身言之耳，此婦甘辱一身以延宗祠，所全者大，似
又當別論矣。楊媼能舉其姓氏里居，以碎璧歸趙，究非完
美。隱而不書，憫其遇，悲其志，為賢者諱也。[106]

　　不僅如此，他對一樁婚外情，並沒有以禮教的名義大加撻伐，
但是並非否認禮法對於社會秩序的必要，因此外遇者受到了冥
罰。而對外遇者的苦戀，紀昀又寄予深切的同情，為此他還寫了
一首詩：

余在烏魯木齊時，一日，報軍校王某，差運伊犁軍械，其
妻獨處。今日過午，門不啟，呼之不應，當有他故。因檄
迪化同知木金泰往勘，破扉而入，則男女二人共枕臥，裸
體相抱，皆剖裂其腹死。男子不知何自來，亦無識者。研
問鄰里，茫無端緒，擬以疑獄結矣。是夕，女屍忽呻吟，
守者驚視，已復生，越日能言。自供與是人幼相愛，既嫁
猶私會。後隨夫駐防西域，是人念之不釋，復尋訪而來，
甫至門，即引入室，故鄰里皆未覺。慮暫會終離，遂相約
同死，受刃時痛極昏迷，倐如夢覺，則魂已離體。急覓是
人，不知何往。惟獨立沙磧中，白草黃雲，四無邊際。正
彷徨間，為一鬼縛去。至一官府，甚見詰辱。云：「是雖無
恥，命尚未終。」叱杖一百，驅之返。杖乃鐵鑄，不勝楚

毒，復暈絕。及漸蘇，則回生矣。視其股，果杖痕重疊。
駐防大臣巴公曰：「是已受冥罰，姦罪可勿重科矣。」余〈烏
魯木齊雜詩〉有曰：「鴛鴦畢竟不雙飛，天上人間舊願違。
白草蕭蕭埋旅櫬，一生腸斷華山畿。」即詠此事也。[107]

　　在紀昀所處的時代，愛情是無法凌駕於禮法之上，許多人如
同故事中的外遇者，相愛卻無法相守，而必需守著沒有感情的婚
姻生活。在清代反理學的思潮中，如王夫之是從學術的角度來對
程朱理學進行了批判；如李贄是從政治的角度對程朱理學進行批
判。紀昀不像戴震聲嘶力竭地直接控訴以理殺人，他是曲折地透
過《閱微草堂筆記》中一則則的故事，來喚醒禮法中的人情，如
魯迅所說的「且於不情之論，世間習而不察者，亦每設疑難，揭
其拘迂」[108]、「他生在乾隆間法紀最嚴的時代，竟敢借文章以攻擊
社會上不通的禮法、荒謬的習俗，以當時的眼光看去，真算得很
有魄力的一個人。」[109]，紀昀不是反對禮法，他攻擊的是「不通
的禮法、荒謬的習俗」，希望在遵循禮法時，又能兼顧人情，否則
「必激而蕩於禮法外矣」[110]，如同故事中的外遇者，如果婚姻一
開始能顧及到當事人的感情，豈不是能避免日後悲劇的發生。

　　關於貞節的問題，紀昀在禮部尙書任內（1803 年），上了一
道摺子〈請敕下大學士九卿科道詳議旌表例案摺子〉[111]，是要爲
「猝遭強暴，力不能支，捆縛捵抑，竟被姦汙者」「例不旌表」不

107　《灤陽消夏錄》卷五，前揭書，頁 95-96。
108　《中國小說史略》第 22 章，魯迅，上海古籍出版社，2006，頁 139。
109　見《魯迅學術論著》之《中國小說的歷史的變遷》第六講，魯迅，浙
　　江人民出版社，1998，頁 241。
110　〈伯兄晴湖公墓誌銘〉，《紀曉嵐文集》第一冊，河北教育出版社，1991，
　　頁 379。
111　《紀曉嵐文集》第一冊，河北教育出版社，1991，頁 89。

近人情的規定翻案，因為一個孱弱女子，面對歹徒的強暴，往往無能為力。「譬如忠臣烈士，誓不從賊，而四體繫縛，眾手把持，強使跪拜，可謂之屈膝賊庭哉？」因身為禮部的長官，負有旌表的職責，「每遇此等案件，不敢不照例核辦。而揆情度理，於心終覺不安」，他提請皇上將此事交大學士九卿科道評議，對於不屈見戕的婦女「量予旌表」，這個奏議得到了嘉慶皇帝的允准。事實上這事的動機，紀昀在《閱微草堂筆記》中早已有一則藉著冤魂之口，痛訴制度不合理的故事，已經可以看見端倪：

> 許南金先生言康熙乙未，過阜城之漫河，夏雨泥濘，馬疲不進，息路旁樹下，坐而假寐。恍惚見女子拜，言曰：「妾黃保寧妻湯氏也，在此為強暴所逼，以死捍拒，卒被數刀而死。官雖捕賊駢誅，然以妾已被汙，竟不旌表。冥官哀其貞烈，俾居此地，為橫死諸魂長，今四十餘年矣。夫異鄉丐婦，踽踽獨行，猝遇三健男子執縛於樹，肆行淫毒，除罵賊求死，別無他術，其齧齒受玷，由力不敵，非節之不固也，司讞者苛責無已，不亦冤乎？公狀貌似儒者，當必明理，乞為白之。」夢中猶詢其里居，霍然已醒，後問阜城士大夫無知其事者，問諸老吏亦不得其案牘，蓋當時不以為烈婦，湮沒久矣。[112]

　　這是紀昀早年聽到師長所說的故事，雖然日深歲久，但紀昀幸能在其逝世前兩年，對不合理的制度提出糾正。這種作法雖然不能從根本上解決講學家對貞節要求過為嚴苛的問題，但可以看到紀昀內心深處細膩的人情味和寬厚仁愛的為政思想，同時也以曲折的方式，表達了他的批判。

112　《如是我聞》卷一，前揭書，頁130-131。

四、講學家假道學的形象

　　假道學一般是指假借道學之名欺世盜名之輩。理學官學化，是社會上充斥假道學的一個十分重要的原因，所以有陳澧（1810-1882）所說的「更有未讀程朱書而尊程朱者，則科舉習氣耳，豈真尊程朱哉？」[113]，由於利祿之途使然，所以講學家中才會有不能真知力行聖賢之道的假道學產生，清初顏李學派的重要傳人王源（1648-1710）就指出當時假道學普遍存在「天下無事不僞，而理學尤甚，今所號爲儒者，類皆言僞行汙，不足起人意」[114]。陳確（1604-1677）更將假道學細分爲三種：「今世所謂假道學有三種：一則外竊仁義之聲，內鮮忠信之實者，謂之外假；一則內有好善之心，外無力善之事者，謂之內假；又有一種似是而非之學，內外雖符，名義亦正，而於道日隔，雖真亦假。破此三假，然後可以語學矣。」[115]，不僅是學者對假道學進行批判，連婦孺也可以憑著感覺經驗對假道學加以譏嘲[116]，無疑反映了當時社會

113　《東塾讀書記（外一種）》，陳澧，（北京）三聯書店，1998，頁 332。
114　〈與李中孚書〉，《居業堂文集》卷 7，王源，《續修四庫全書》第 1418 冊，上海古籍出版社，2002，頁 155。連十分推崇理學的康熙也指出假道學的充斥「日用常行，無非此理，自有理學名目，而彼此辯論。朕見言行不相符者甚多。終日講理學，而所行之事，全與其言背謬，豈可謂之理學？若口雖不講，而行事皆與道理吻合，此即真理學也。」、「凡所貴道學者，必在身體力行，見諸實事，非徒托之空言。今漢官內有道學之名者甚多，考其究竟，言行皆背。如崔蔚林之好事，居鄉不善，此可云道學乎？」（《康熙政要》，章梫，北京中共中央黨校出版社，1994，頁 303。）
115　《陳確集》，陳確，（北京）中華書局，1979，頁 111。
116　清初理學家張履祥（1611-1674）就曾感慨地說：「雖窮鄉婦女、三尺童豎，熟於口，慣於耳，見夫人一言一行稍異流俗也，遂以假道學爲詬詆，一人始之，眾人相與和之，咸指而名以假云假云，曾不問其人之躬行操履，與夫存心學術之果何如，概將推而內之假之之中，於是朝

上對道學普遍的不信任感，對假道學的嘲諷成了一種社會思潮。在清代批判假道學的思潮中，紀昀無疑是其中的一員大將，紀昀在《閱微草堂筆記》中對那些虛偽矯作、口是心非和坐而論道、不務實務的講學家，往往一針見血、直指核心地揭露他們假道學的醜態，把他們虛偽的嘴臉刻畫得淋漓盡致，可以看出紀昀對假道學的深惡痛絕。

　　《閱微草堂筆記》對假道學的批判與抨擊，在清代筆記小說中，可說是無人能出其右。它不僅以廣度取勝，而且以深度取勝。紀昀抨擊那些虛偽的講學家，毫不留情且直率辛辣，在《閱微草堂筆記》中有許多則透過神鬼狐魅之口，給予辛辣的諷刺，如《灤陽消夏錄》卷四中引了一則妖怪斥責時方饑荒盛行，卻在高談民胞物與的道學家「在此講民胞物與，不知講至天明，還可作飯餐？可作藥服否？且擊汝一磚，聽汝再講邪不勝正！」[117]，把一個只會空談心性卻胸無實學的假道學形象，生動逼真地刻畫出來。而紀昀著墨最多的是揭露那些外竊仁義之聲，內鮮忠信之實的假道學真面目，透過一則則的故事，讓假道學一一現形、無所遁藏。

廷之上、鄉曲之間，盡以是爲攻正人之矛幟，而空善類之坑阱矣。吾因之益深世道人心之感矣。」〈假道學說〉，《楊園先生全集》卷18，頁30-31，清同治十年（1871）江蘇書局刻本。

117 武邑某公與戚友賞花佛寺經閣前，其地最豁敞，而閣上時有變怪，入夜，人即不敢坐閣下，某公以道學自任，夷然弗信也，酒酣耳熱，盛談西銘萬物一體之理，滿座拱聽，不覺入夜。忽閣上厲聲叱曰：「時方飢疫，百姓頗有死亡，汝爲鄉宦，既不思早倡義舉，施粥捨藥，即應趁此良夜，閉戶安眠，尚不失爲自了漢，乃虛談高論，在此講民胞物與，不知講至天明，還可作飯餐？可作藥服否？且擊汝一磚，聽汝再講邪不勝正！」忽一磚飛下，聲若霹靂，杯盤几案俱碎。某公倉皇走出曰：「不信程朱之學，此妖之所以爲妖歟！」徐步太息而去。紀昀著，孫致中等校點，《紀曉嵐文集》第二冊《閱微草堂筆記》，河北教育出版社，1991，頁73。

有的是藉妖魅之口，刻劃出假道學矯作虛僞、言行不一的形象：

> 王梅序孝廉言交河城西有古墓，林木叢雜，云藏妖魅，犯
> 之者多患寒熱，樵牧不敢近。一老儒耿直負氣，由所居至
> 縣城，其地適中，過必憩息，偃寨傲睨，竟無所見聞，如
> 是數年。一日，又坐墓袒裼納涼，歸而發狂譫語曰：「曩以
> 汝爲古君子，故任汝放誕，未敢侮汝，汝近乃作負心事，
> 知從前規言矩步，皆貌是心非，今不復畏汝矣。」其家再
> 三拜禱，昏憒數日。自是索然氣餒，每經其地，軋俛首疾
> 趨。觀此知魅不足畏，心苟無邪，雖凌之而不敢校，亦觀
> 此而知魅大可畏，行苟有玷，雖秘之而皆能窺。[118]

這位老儒的「規言矩步」讓古墓中的妖魅以爲他是位古君子，
因此「任汝放誕」，一旦老儒做了虧心事，「知從前規言矩步，皆
貌是心非，今不復畏汝矣」，就讓老儒「發狂譫語」，也揭穿了老
儒假道學的真面目。道學家講的是「邪不干正，妖不勝德」，但如
果不是真君子卻偏要對鬼怪挑釁，往往會遭致鬼怪的反擊而自取
其辱。像《灤陽消夏錄》卷五記載著一位詈狐的老學究，就遭致
狐狸精揭發他好色的面目[119]，《如是我聞》卷四中另有一則老儒自
取其辱的例子，經過狐狸精的戲弄之後，「不得已焚香拜祝」，「自
是不復相嬲，而講學之氣焰，已索然盡矣」也讓人看清楚他假道
學的面貌「古貌不古心」、「惟其不足於中，故悻悻於懷也」：

> 劉香畹言曩客山西時，聞有老儒經古塚，同行者言中有狐，
> 老儒詈之，亦無他異。老儒故善治生，冬不裘，夏不絺，

食不肴，飲不欬，妻子不宿飽，銖積錙累，得四十金，鎔為四錠，秘緘之，而對人自訴無擔石。自詈狐後，所儲金或忽置屋顛樹杪，使梯而取；或忽在淤泥淺水，使濡而求；甚或忽投圊溷，使探而濯；或移易其地，大索乃得；或失去數日，從空自墮；或與客對坐，必納於帽簷；或對人拱揖，忽鏗然脫袖，千變萬化，不可思議。一日，忽四錠躍擲空中，如蛺蝶飛翔，彈丸擊觸，漸高遠，勢將飛去，不得已焚香拜祝，始自投於懷，自是不復相覷，而講學之氣焰，已索然盡矣。說是事時，一友曰：「吾聞以德勝妖，不聞以詈勝妖也，其及也固宜。」一友曰：「使周張程朱詈妖必不興，惜其古貌不古心。」一友曰：「周張程朱必不輕詈，惟其不足於中，故悻悻於懷也」。香畹首肯曰：「斯言洞見癥結矣。」[120]

《灤陽消夏錄》卷四中也有一則老儒自取其辱的例子，透過狐女之口，責備一位耆儒的真正用心，也讓這位假道學「瑟縮不能對」，在狐女責問之下，那假道學的存心，就洞然若揭無所遁逃了：

李孝廉存其言蟲縣有凶宅，一耆儒與數客宿其中，夜聞窗外撥剌聲，耆儒叱曰：「邪不干正，妖不勝德，余講道學三十年，何畏於爾？」窗外似有女子語曰：「君講道學，聞之久矣，余雖異類，亦頗涉儒書。大學扼要在誠意，誠意扼要在慎獨。君一言一動，必循古禮，果為修己計乎？抑猶有幾微近名者在乎？君作語錄，斷斷與諸儒辯，果為明道計乎？抑猶有幾微好勝者在乎？夫修己明道天理也，近名

好勝，則人欲之私也。私欲之不能克，所講何學乎？此事
不以口舌爭，君捫心清夜先自問其何如？則邪之敢干與
否？妖之能勝與否？已了然自知矣，何必以聲色相加乎？」
耆儒汗下如雨，瑟縮不能對。徐聞窗外微哂曰：「君不敢答，
猶能不欺其本心，姑讓君寢。」又撥刺一聲，掠屋簷而去。
[121]

這位耆儒的言行必循古禮，並不是爲了「修己」而是爲了「近
名」；他作語錄，並不是爲了「明道」而是爲了「好勝」。他的作
爲只是「人欲之私」，無怪乎狐女敢現聲說「則邪之敢干與否？妖
之能勝與否？已了然自知矣，何必以聲色相加乎？」有些假道學
還能外假公義之名，做些義正辭嚴的事，若非神明揭發姦慝，差
點就讓他博得正祀典的美名，使他擴充私宅的私心得逞：

董曲江言默庵先生爲總漕時，署有土神馬神二祠，惟土神
有配，其少子恃才兀傲，謂土神于思老翁，不應擁豔婦；
馬神年少，正爲嘉耦，徑移女像於馬神祠，俄眩僕不知人。
默庵先生聞其事，親禱移還乃蘇。又聞河間學署，有土神
亦配以女像，有訓導謂黌宮不可塑婦女，乃別建一小祠遷
焉。土神憑其幼孫語曰：「汝理雖正，而心則私，正欲廣汝
宅耳，吾不服也。」訓導方侃侃談古禮，猝中其隱，大駭，
乃終任不敢居是室。二事相近，或曰：「訓導遷廟猶以禮，
董瀆神甚矣，譴當重。」余謂董少年放誕耳，訓導內挾私
心，使己有利，外假公義，使人無詞，微神發其陰謀，人
尚以爲能正祀典也。《春秋》誅心，訓導譴當重於董。[122]

紀昀諷刺寫作厲害之處，甚至連鬼狐吃吃一笑，就能揭露假

---

121 前揭書，頁81。
122 《灤陽消夏錄》卷一，前揭書，頁11。

道學口稱儉素但內心貪財的面具，在《如是我聞》卷三中有則極
為辛辣高明的白描諷刺：

> 同年項君廷模言：昔嘗館翰林某公家，相見輒講學。一日，
> 其同鄉為外吏者，有所饋贈，某公自陳平生儉素，雅不需
> 此。見其崖岸高峻，遂逡巡攜歸。某公送賓之後，徘徊廳
> 事前，悵悵惘惘，若有所失，如是者數刻。家人請進內午
> 餐，大遭詬怒，忽聞有數人吃吃竊笑之。視之無跡，尋之，
> 聲在承塵上，蓋狐魅云。[123]

有時甚至不必透過鬼狐之口，就能將假道學表裡不一的形象
刻劃出來，在紀昀家鄉河間府，有一唐生的惡作劇，就將好講無
鬼論的塾師嚇得棄館而去，可見塾師也只是嘴上說說而已，並未
篤信理學家所說的無鬼論：

> 河間唐生，好戲侮，土人至今能道之，所謂唐嘯子者是也。
> 有塾師好講無鬼，嘗曰：「阮瞻遇鬼，安有是事？僧徒妄造
> 蜚語耳。」唐夜灑土其窗，而鳴鳴擊其戶，塾師駭問為誰，
> 則曰：「我二氣之良能也。」塾師大怖，蒙首股栗，使二弟
> 子守達旦，次日委頓不起。朋友來問，但呻吟曰有鬼。既
> 而知唐所為，莫不拊掌。然自是魅大作，拋擲瓦石，搖撼
> 戶牖無虛夕。初尚以為唐再來，細察之乃真魅，不勝其嬲，
> 竟棄館而去。蓋震懼之後，益以慚恧，其氣已餒，狐乘其
> 餒而中之也。妖由人興，此之謂乎？[124]

另外在《姑妄聽之》卷二記載著講學的教書先生「好以苛禮
繩生徒」，然而卻在積雨初晴的夜晚與自稱狐女的妓女勾搭成姦，
到了天明，鴇母來接妓女，在學生面前，他道貌岸然的面具被揭

---

123 前揭書，頁 194。
124 《灤陽消夏錄》卷一，前揭書，頁 7。

穿，只好「自負衣裝，遠遁而去」：

> 董曲江前輩言有講學者，性乖僻，好以苛禮繩生徒。生徒
> 苦之，然其人頗負端方名，不能訐其非也。塾後有小圃，
> 一夕，散步月下，見花間隱隱有人影，時積雨初晴，土垣
> 微圮，疑為鄰里竊蔬者。追而覘之，則一麗人匿樹後跪答
> 曰：「身是狐女，畏公正人，不敢近，故夜來折花，不虞為
> 公所見，乞曲恕。」言詞柔婉，顧盼間百媚俱生。講學者
> 惑之，挑與語，宛轉相就。且云：「妾能隱形，往來無跡，
> 即有人在側，亦不睹，不至為生徒知也。」因相燕昵。比
> 天欲曉，講學者促之行。曰：「外有人聲，我自能從窗隙去，
> 公無慮。」俄曉日滿窗，執經者麕至，女仍垂帳偃臥。講
> 學者心搖搖，然尚冀人不見。忽外言某媼來迓女，女披衣
> 徑出，坐皋比上，理鬢訖，斂衽謝曰：「未攜粧具，且歸梳
> 沐，暇日再來訪，索昨夕纏頭錦耳。」乃里中新來角妓，諸
> 生徒賄使為此也。講學者大沮，生徒課畢歸早餐，已自負
> 衣裝遁矣。外有餘必中不足，豈不信乎？[125]

　　紀昀又記載著河間府一位騙徒的故事，諷刺的是他還將道貌
岸然的道學家與這位行騙的遊方和尚寫在一起，當然這位道學家
也是一位假道學：

> 河間有遊僧，賣藥於市，以一銅佛置案上，而盤貯藥丸，
> 佛作引手取物狀。有買者先禱於佛，而捧盤進之。病可治
> 者，則丸躍入佛手；其難治者，則丸不躍。舉國信之。後
> 有人於所寓寺內，見其閉戶研鐵屑，乃悟其盤中之丸，必
> 半有鐵屑，半無鐵屑；其佛手必磁石為之，而裝金於外。

驗之信然，其術乃敗。會有講學者，陰作訟牒，為人所訐。
到官昂然不介意，侃侃而爭。取所批《性理大全》核對，筆
跡皆相符，乃叩額伏罪。太守徐公諱景曾，通儒也，聞之笑
曰：「吾平生信佛不信僧，信聖賢不通道學，今日觀之，灼
然不謬。」[126]

　　把騙徒和假道學並列，篇末更加上徐太守的一句「信佛不信
僧，信聖賢不通道學」，假道學的形象如何？以及紀昀諷刺的意
味也就不言可喻了。除了這位「陰作訟牒」貪圖報酬的假道學外，
《灤陽消夏錄》卷二，還有一位講學家貪財之例：

族叔楘庵言：「蕭寧有塾師，講程朱之學。一日，有遊僧乞
食於塾外，木魚琅琅，自辰逮午不肯息。塾師厭之，自出
叱使去，且曰：『爾本異端，愚民或受爾惑耳。此地皆聖賢
之徒，爾何必作妄想！』僧作禮曰：『佛之流而募衣食，猶
儒之流而求富貴也。同一失其本來，先生何必定相苦？』
塾師怒，自擊以夏楚。僧振衣起曰：『太惡作劇。』遺布囊
於地而去。意必復來，暮竟不至。捫之，所貯皆散錢，諸
弟子欲探取。塾師曰：『俟其久而不來，再為計。然須數明，
庶不爭。』甫啟囊，則群蜂空湧，螫師弟面目盡腫，號呼
撲救。鄰里咸驚問，僧忽排闥入曰：『聖賢乃謀匿人財耶？』
提囊逕行。臨出，合掌向塾師曰：『異端偶觸忤聖賢，幸見
恕。』觀者粲然。」或曰幻術也，或曰塾師好闢佛，見僧
輒詆。僧故置蜂於囊以戲之。楘庵曰：「此事余目擊。如先
置多蜂於囊，必有蠕動之狀，見於囊外。爾時殊未睹也，
云幻術者為差近。」[127]

---

126 《姑妄聽之》卷三，前揭書，頁451。
127 前揭書，頁35-36。

　　講程朱之學的塾師對遊僧「擊以夏楚」，憑藉自認爲是「聖賢之徒」，而遊僧是「異端」，闢佛似乎順理成章。但塾師卻貪財而打開遊僧遺下的布囊，遭致蜂螫，遊僧「聖賢乃謀匿人財耶？」一句話就道出這位塾師假道學的面目，末了還加上一句「異端偶觸忤聖賢，幸見恕」，譏諷塾師假道學的意味十足。故事中遊僧所說的「佛之流而募衣食，猶儒之流而求富貴也。同一失其本來」，或許是紀昀有意借遊僧之口，自我嘲諷，來表達對當時僧侶以及儒者「失其本來」的不滿，倒有些李贄《續焚書·三教歸儒說》中批評假道學「陽爲道學，陰爲富貴」的意味。

　　有些假道學不僅是虛僞矯作、口是心非而已，更會裝神弄鬼來害人，在《灤陽消夏錄》卷三的故事中，紀昀父親姚安公對這位老儒的評語是「謂之真魅可矣」，讀聖賢書卻做魑魅魍魎的事，怎不令人深惡痛絕呢？

> 淮鎮在獻縣東五十五里，即《金史》所謂槐家鎮也，有馬氏者家，忽見變異，夜中或拋擲瓦石，或鬼聲嗚嗚，或無人處突出相嬲，歲餘不止，禱禳亦無驗，乃買宅遷居。有賃居者嬲如故，不久亦他徙，以是無人敢再問。有老儒不信其事，以賤賈得之，卜日遷居，竟寂然無他，頗謂其德能勝妖。既而有猾盜登門與訐爭，始知宅之變異，皆老儒賄盜夜爲之，非真魅也。先姚安公曰：「魅亦不過變幻也，老儒之變幻如是，即謂之真魅可矣。」[128]

　　描繪醜齷卑劣假道學的故事在《閱微草堂筆記》中還有許多則，《灤陽消夏錄》卷四中兩位以道學自任的塾師，講起學來「辯論性天，剖析理欲，嚴詞正色，如對聖賢」，忽然微風吹落兩人密

---

128 前揭書，頁 41-42。

謀奪取寡婦田產的信劄，被學生撿起來看到，事機才敗露，假道
學的面目也才被揭穿，和上則故事的老儒一樣，這些都是貌似忠
謹卻心懷叵測的假道學：

> 兩塾師鄰村居，皆以道學自任。一日相邀會講，生徒侍坐
> 者十餘人，方辯論性天，剖析理欲，嚴詞正色，如對聖賢。
> 忽微風颯然，吹片紙落階下，旋舞不止，生徒拾視之，則
> 二人謀奪一寡婦田，往來密商之也。此或神惡其偽，故巧
> 發其奸欤？然操此術者眾矣，固未嘗一一敗也，聞此劄既
> 露，其計不行，寡婦之田竟得保。當由熒嫠苦節，感動幽
> 冥，故示是靈異，以陰為呵護云爾。[129]

透過紀昀筆下一則則的故事，那些虛偽矯作、言行不一，口
是心非、貪財害人種種假道學的形象，一一披露在讀者的眼前。
在紀昀的眼裡，讀書講學之儒，若是位利己損人的假道學，倒還
不如一位沒有私心的村婦：

> 北村鄭蘇仙，一日夢至冥府，見閻羅王方錄囚。有鄰村一
> 媼至殿前，王改容拱手，賜以杯茗，命冥吏速送生善處。
> 鄭私叩冥吏曰：「此農家老婦，有何功德？」冥吏曰：「是
> 媼一生無利己損人心。夫利己之心，雖賢士大夫或不免。
> 然利己者必損人，種種機械，因是而生，種種冤愆，因是
> 而造，甚至貽臭萬年，流毒四海，皆此一念為害也。此一
> 村婦而能自制其私心，讀書講學之儒對之多愧色矣。何怪
> 王之加禮乎？」鄭素有心計，聞之惕然而寤。[130]

冥吏說的「此一村婦而能自制其私心，讀書講學之儒對之多
愧色矣。何怪王之加禮乎？」，就是對那些貪財害人假道學最有力

---

129 前揭書，頁 81。
130 《灤陽消夏錄》卷一，前揭書，頁 5。

的譏諷。另有一則藉鬼神之口，說出紀昀對假道學的痛惡和譏諷：

> 族姪肇先言，有書生讀書僧寺，遇放燄口，見其威儀整肅，
> 指揮號令，若可驅役鬼神。喟然曰：「冥司之敬彼教，乃逾
> 於儒。」燈影朦朧間，一叟在旁語曰：「經綸宇宙，惟賴聖
> 賢，彼仙佛特以神道補所不及耳。故冥司之重聖賢，在仙
> 佛上。然所重者真聖賢，若僞聖賢則陰幹天怒，罪亦在僞
> 仙僞佛上。古風淳樸，此類差稀；四五百年以來，累囚日
> 眾，已別增一獄矣。蓋釋道之徒，不過巧陳罪福，誘人施
> 捨，自妖黨聚徒，謀為不軌外，其僞稱我仙我佛者，千萬
> 中無一。儒則自命聖賢者，比比皆是，民聽可惑，神理難
> 誣，是以生擁皋比，歿沉阿鼻，以其貽害人心，為聖賢所
> 惡故也。」書生駭愕，問：「此地府事，公何由知？」一彈
> 指間，已無所睹矣。[131]

在《論語・述而篇》中，孔子對於別人推崇他爲聖人時的反
應是「若聖與仁，則吾豈敢？抑爲之不厭，誨人不倦，則可謂云
爾已矣！」，但是透過一位鬼神之口：「四五百年以來……儒則自
命聖賢者，比比皆是」，這些僞聖賢貽害人心，罪在僞仙僞佛之上，
因此在阿鼻地獄「累囚日眾，已別增一獄矣」，可以看出紀昀是多
麼地痛惡假道學了。

或許就是紀昀在書中對假道學的刻劃，表現出深惡痛絕，往
往毫不留情地給予辛辣的諷刺，因此學者大多認爲《閱微草堂筆
記》中充滿著反理學的思想[132]，但是從下文紀昀對真君子的讚揚
中，就算是理學家，他也會不吝給予好評，或許他反對的是道貌

---

131 《如是我聞》卷四，前揭書頁，236-237。
132 如張麗珠，紀昀反宋學的思想意義 —— 以《四庫提要》與《閱微草堂
筆記》爲觀察線索，漢學研究 20：1。

岸然、口是心非的假道學罷了。

五、德行醇然，真君子的形象

　　相對於假道學的記載，《閱微草堂筆記》中有關真君子的記錄就少多了，或許是這世上小人多而君子少吧！但是只要是真君子，「即狐不敢近」[133]，還往往能得到鬼狐的欽敬護衛，如《槐西雜志》卷三所記的老儒「一生循謹，有古君子風」[134]，所以在勢危的時候，能得到鬼神暗中的護佑：

133　《灤陽消夏錄》卷四：再從兄旭升言，村南舊有狐女，多媚少年，所謂二姑娘者是也。族人某意擬生致之，未言也。一日，於廢圃見美女，疑其即是。戲歌豔曲，欣然流盼。折草花擲其前，方俯拾，忽卻立數步外，曰：「君有惡念。」踰破垣竟去。後有二生讀書東嶽廟僧房，一居南室，與之昵；一居北室，無睹也。南室生嘗怪其晏至，戲之曰：「左挹浮邱袖，右拍洪崖肩耶？」狐女曰：「君不以異類見薄，故為悅己者容；北室生心如木石，吾安敢近？」南室生曰：「何不登牆一窺，未必即三年不許。如使改節，亦免作程伊川面向人。」狐女曰：「磁石惟可引鍼。如氣類不同，即引之不動。無多事，徒取辱也。」時同侍姚安公側，姚安公曰：「向亦聞此，其事在順治末年。居北室者，似是族祖雷陽公。雷陽一老副榜，八比以外無寸長，只心地樸誠，即狐不敢近。知為妖魅所惑者，皆邪念先萌耳。」，紀昀著，孫致中等校點，《紀曉嵐文集》第二冊《閱微草堂筆記》，河北教育出版社，1991，前揭書，頁 68。

134　從《如是我聞》卷四的記載，可以看出劉君琢臨危不懼，能據理服人的處事態度：交河老儒劉君琢名樸，素謹厚，以長者稱，在餘家設帳二十餘年，從兄懋園坦居，從弟束白義軒，皆其弟子也。嘗自河間歲試歸，中途遇雨，借宿民家，主人曰：「家惟有屋兩楹，尚可棲止，然素有魅，不知狐與鬼也。君能不畏，則請解裝。」不得已宿焉。滅燭以後，承塵上轟轟震響，如怒馬奔騰，君琢起著衣冠，長揖仰祝曰：「偃蹇寒儒，偶然宿此，欲禍我耶，我非君讎；欲戲我耶，與君素不狎昵；欲逐我耶，今夜必不能行，明朝亦必不能住。何必多此擾攘耶？」俄聞承塵上似老嫗語曰：「客言殊有理，爾輩勿太造次。」聞足音橐橐然，向西北隅去，頃刻寂然矣。君琢嘗以告門人曰：「遇意外之橫逆，平心靜氣，或有解時，當時如怒詈之，未必不拋磚擲瓦。」前揭書，頁 235。

交河老儒劉君琢，居於閻家廟，而設帳於崔莊。一日，夜深飲醉，忽自歸家，時積雨之後，道途間兩河皆暴漲，亦竟忘之，行至河干，忽又欲浴，而稍憚波浪之深。忽旁有一人曰：「此間原有可浴處，請導君往。」至則有盤石如漁磯，因共洗濯。君琢酒稍解，忽嘆曰：「此去家不十餘里，水阻迂折，當多行四五里。」某人曰：「此間亦有可涉處，再請導君。」復攝衣徑度，將至家，其人匆匆作別去。叩門入室，家人駭詫阻何以歸，君琢自憶，亦不知所以也。揣摩其人，似高川賀某，其或留不住（村名，其取義則未詳）趙某。後遣子往謝，兩家皆言無此事，尋河中盤石，亦無蹤跡，始知遇鬼。鬼多嬲醉人，此鬼獨扶導醉人，或君琢一生循謹，有古君子風，醉涉層波，勢必危，殆神陰相而遣之歟！[135]

又由於物以類聚，所以讀書知禮之狐，是樂於親近正人君子，紀父姚安公之師王德庵先生，也是一位贏得狐精欽敬的正人君子：

宋村廠（從弟東白莊名，土人省語呼廠里）倉中舊有狐。余家未析箸時，姚安公從王德庵先生讀書是莊。僕隸夜入倉院，多被瓦擊，而不見其形，惟先生得納涼其中，不遭擾戲。然時見男女往來，且木榻藤枕，俱無纖塵，若時拂拭者。一日，暗中見一人循牆走，似是一翁，呼問之曰：「吾聞狐不近正人，吾其不正乎？」翁拱手對曰：「凡興妖作祟之狐，則不敢近正人；若讀書知禮之狐，則樂近正人。先生君子，故雖少婦稚女，亦不相避，信先生無邪心也。先生何反自疑耶？」先生曰：「雖然，幽明異路，終不宜相接。

135　《槐西雜志》卷三，前揭書，頁315-316。

請勿見形可乎？」翁聲折曰：「諾。」自是不復睹矣。¹³⁶

《槐西雜志》卷四記載著另一位「篤信洛閩，而不騖講學名」因此「窮老以終，聲華闃寂」的老儒周某，但他「內行醇至，粹然古君子也」，所以拒絕了冤死鬼魂以作祟謀取賤價購屋的建議，贏得了鬼魂「君竟真道學」的讚嘆，所以住了四年也了無怪異，紀昀認為是「蓋正氣足以懾之矣」：

> 先師陳白崖先生言業師某先生，（忘其姓字，似是姓周）篤信洛閩，而不騖講學名，故窮老以終，聲華闃寂，然內行醇至，粹然古君子也。嘗稅居空屋數楹，一夜，聞窗外語曰：「有事奉白，慮君恐怖奈何！」先生曰：「第入無礙。」入則一人戴首於項，兩手扶之，首無巾而身爛衫，血漬其半。先生拱之坐，亦謙遜如禮。先生問何語？曰：「僕不幸明末戕於盜，魂滯此屋內。向有居者，雖不欲為祟，然陰氣陽光互相激博，人多驚悸，僕亦不安。今有一策，鄰家一宅，可容君眷屬，僕至彼多作變怪，彼必避去，有來居者，擾之如前，必棄為廢宅，君以賤價購之，遷居於彼，僕仍安居於此，不兩得乎？」先生曰：「吾平生不作機械事，況役鬼以病人乎？義不忍為，吾讀書此室，圖少靜耳，君既在此，即改以貯雜物，日扃鎖之可乎？」鬼愧謝曰：「徒見君案上有性理，故敢以此策進，不知君竟真道學，僕失言矣！既荷見容，即託宇下可也。」後居之四年，寂無他異，蓋正氣足以懾之矣。¹³⁷

從這則故事中，有幾點值得我們注意的：一是這位周姓老儒和前則的老儒劉君琢都是面對變怪而能處變不驚，或許是平生不

136　《槐西雜志》卷三，前揭書，頁328。
137　《槐西雜志》卷四，前揭書，頁366。

做虧心事，才能堅信「邪不干正，妖不勝德」、「知魅不足畏，心苟無邪，雖凌之而不敢校」，因此能坦然面對變怪。這是合乎「粹然古君子」、「真道學」的必要條件。其次周姓老儒更以「吾平生不作機械事，況役鬼以病人乎？義不忍為」拒絕了鬼怪的建議，對照前面提到以道學自任的塾師，卻密謀奪取寡婦田產的記載，同樣是講道學，而假道學和真道學的形象，就鮮明地呈現在我們的眼前了。三是這則冤鬼會提出這樣的建議，竟是由於看到周姓老儒「案上有性理，故敢以此策進」，一句話就把講學家多是假道學的形象說出來了，紀昀對假道學的諷刺真是一針見血、辛辣有勁。四是紀昀雖然對假道學深惡痛絕，揭露假道學的醜態不遺餘力，但不是全然的反對理學，這位周姓老儒「篤信洛閩」，還是能得到紀昀衷心的讚揚，可見他反對的是道貌岸然、口是心非的假道學罷了。另如《姑妄聽之》卷二記錄了清初理學名臣魏環極（1616-1685）與狐狸精的故事，也可以看出紀昀並非一昧的醜詆宋明理學，對講學家中的真君子，還是會給予尊重推崇：

> 相傳魏環極先生，嘗讀書山寺，凡筆墨几榻之類，不待拂拭，自然無塵，初不為意，後稍梢怪之。一日晚歸，門尚未啟，聞室中窸窣有聲，從隙竊覘，見一人方整飭書案，驟入掩之，其人瞥穿後窗去，急呼令近，其人遂拱立窗外，意甚恭謹，問：「汝何怪？」磬折對曰：「某狐之習儒者也，以公正人不敢近。然私敬公，故日日竊執僕隸役，幸公勿訝⋯⋯公剛大之氣、正直之情，實可質鬼神而不愧，所以敬公者在此」[138]

因為「公剛大之氣、正直之情，實可質鬼神而不愧」[139]，所

---

138 《姑妄聽之》卷二，前揭書，頁 410。
139 《姑妄聽之》卷四，前揭書，頁 410。

以瞽儒之狐才「竊執僕隸役」，魏環極德行醇然，真君子的形象，也在此清楚的顯現出來。

六、迂腐、頑固學究的形象

　　《閱微草堂筆記》中紀昀另一個譏諷揶揄的對象就是那些讀書不通、不明世事，迂腐的老學究。紀昀稟承庭訓[140]，講求的是「以實心勵實行，以實學求實用」[141]、「讀書以明理，明理以致用也」[142]，如在編次《四庫全書》子部諸家時，特意將「舊史多退之於末簡」的農家、醫家這兩類，緊列於「禮樂兵刑，國之大柄」的儒、兵、法三家之後，看重的就是有濟眾之實用[143]。因此對於

140　《灤陽續錄》卷三，先姚安公曰：「子弟讀書之餘，亦當使略知家事，略知世事，而後可以治家，可以涉世。明之季年，道學彌尊，科甲彌重，於是黠者坐講心學，以攀援聲氣，樸者株守課冊以求取功名，致讀書之人，十無二三能解事。崇禎壬午，厚齋公攜家居河間，避孟村土寇，厚齋公卒後聞大兵將至河間，又擬鄉居，瀕行時，比鄰一叟，顧門神嘆曰：『使今日有一人如尉遲敬德、秦瓊當不至此。』汝兩曾伯祖，一諱景星，一諱景辰，皆名諸生也。方在門外束襆被，聞之，與辯曰：『此神荼鬱壘像，非尉遲敬德、秦瓊也。』叟不服，檢邱處機《西遊記》為證。二公謂委巷小說不足據，又入室取東方朔《神異經》與爭。時已薄暮，檢尋既移時，反覆講論又移時，城門已闔，遂不能出。次日將行，而大兵已合圍矣。城破，遂全家遇難，惟汝曾祖光祿公，曾伯祖鎮番公，及叔祖雲臺公存耳。死生呼吸，間不容髮之時，尚考證古書之真偽，豈非惟知讀書，不預外事之故哉？」，前揭書，頁 532。紀昀不諱言其族祖在大兵圍城之際，尚考證古書真偽，不及逃生而遇害，意在警惕讀書不通、不明世事，迂腐的學究。或許因為紀家曾發生這樣的慘事，所以才會特別重視實學。
141　《姑妄聽之》卷二，前揭書，頁 410。
142　《姑妄聽之》卷四，前揭書，頁 488。
143　〈濟眾新編序〉，紀昀著，孫致中等校點，《紀曉嵐文集》第一冊，河北教育出版社，1991，頁 179-180。紀昀也提及會為此書作序是「偶見其書，喜其有濟眾之實心，而又有濟眾之實用」。

不明世事、食古不化的老學究，是頗為譏諷[144]和痛心。他譏諷和痛心的對象，有的是墨守制藝的老學究，如《灤陽消夏錄》卷一中的老學究讀書一生，胸中所讀之書在睡夢中「字字化為黑煙，籠罩屋上，諸生誦讀之聲，如在濃雲密霧中。實未見光芒」，透過鬼魂之口，深深地表達出紀昀對理學淪為講章時文的不滿，因此加以揶揄，而老學究讀書不通的形象也就躍然紙上了：

> 愛堂先生言：聞有老學究夜行，忽遇其亡友，學究素剛直，亦不怖畏，問君何往，曰：「吾為冥吏，至南村有所勾攝，適同路耳。」因並行。至一破屋，鬼曰：「此文士廬也。」問何以知之，曰：「凡人白晝營營，性靈汩沒，惟睡時一念不生，元神朗澈，胸中所讀之書，字字皆吐光芒自百竅而出。其狀縹緲繽紛，爛如錦繡，學如鄭孔，文如屈宋班馬者，上燭霄漢，與星月爭輝，次者數丈，次者數尺，以漸而差。極下者，亦熒熒如一燈，照映戶牖，人不能見，惟鬼神見之耳。此室上光芒高七八尺，以是而知。」學究問：「我讀書一生，睡中光芒當幾許？」鬼囁嚅良久曰：「昨過君塾，君方晝寢。見君胸中高頭講章一部，墨卷五六百篇，

---

144 如在《姑妄聽之》卷二中譏諷講學家不如老河兵之事：滄州南，一寺臨河干，山門圮於河，二石獸並沈焉。閱十餘歲，僧募金重修，求二石獸於水中，竟不可得，以為順流下矣。棹數小舟，曳鐵鈀尋十餘里無跡，一講學家設帳寺中，聞之笑曰：「爾輩不能究物理，是非木柿，豈能為暴漲攜之去？乃石性堅重，沙性鬆浮，湮於沙上，漸沉漸深耳。沿河求之，不亦顛乎？」眾服為確論。一老河兵，聞之又笑曰：「凡河中失石，當求之於上流。蓋石性堅重，沙性鬆浮，水不能衝石，其反激之力，必於石下迎水處齧沙為坎穴。漸沉漸深，至石之半，石必倒擲坎穴中。如是再齧，石又再轉，轉轉不已，遂反溯流逆上矣。求之下流固顛？求之地中，不更顛乎？」如其言，果得於數里外。然則天下之事，但知其一，不知其二者多矣，可據理臆斷歟？（前揭書，頁411。）

經文七八十篇，策略三四十篇。字字化為黑煙，籠罩屋上，
諸生誦讀之聲，如在濃雲密霧中。實未見光芒，不敢妄語。」
學究怒叱之，鬼大笑而去。[145]

有的是譏諷泥古、復古的學究，痛恨他們食古不化、昏憒害
事：

奴子溥顯喜讀書，頗知文義，亦稍知醫藥，性情迂緩，望
之如偃蹇老儒。一日步行市上，逢人輒問見魏三兄否（奴
子魏藻，行三也）？或指所在，復雅步以往。比相見，喘
息良久，問相見何意？曰適在苦水井前，遇見三嫂在樹下
作鐵鏹，倦而假寐，小兒嬉戲井旁，相距三五尺耳。似乎
可慮，男女有別，不便呼三嫂使醒，故走覓兄，魏大駭奔
往，則婦已俯井哭子矣。夫僮僕讀書，可云佳事，然讀書以
明理，明理以致用也，食而不化，至昏憒僻謬，貽害無窮，
亦何貴此儒者哉？[146]

溥顯雖然是奴僕，但紀昀已經把他視為老儒，所以才說出「何
貴此儒者哉？」的話，他既痛心溥顯食古不化的弊病，執著於男
女有別的信念，而讓悲劇發生，才令紀昀發出「昏憒僻謬，貽害
無窮」的浩歎，但也生動地描繪出一個不知變通、死守教條迂腐
老學究的形象。另如《灤陽消夏錄》卷三中，紀昀高祖厚齋公（紀
坤　1570-1642）之友的復古、泥古的形象，也是在紀昀的筆下被
生動逼真地描繪出來：

劉羽沖，佚其名，滄州人。先高祖厚齋公多與唱和，性孤
僻，好講古制，實迂闊不可行。嘗倩董天士作畫，倩厚齋
公題。內《秋林讀書》一幅云：「兀坐秋樹根，塊然無與伍。

145　前揭書，頁2。
146　《姑妄聽之》卷四，前揭書，頁487-488。

不知讀何書？但見鬚眉古。只愁手所持，或是井田譜。」
蓋規之也。偶得古兵書，伏讀經年，自謂可將十萬。會有
土寇，自練鄉兵與之角，全隊潰覆，幾為所擒。又得古水
利書，伏讀經年，自謂可使千里成沃壤。繪圖列說於州官。
州官亦好事，使試於一村。溝洫甫成，水大至，順渠灌入，
人幾為魚。由是抑鬱不自得，恒獨步庭階，搖首自語曰：「古
人豈欺我哉？」如是日千百遍，惟此六字。不久，發病死。
後風清月白之夕，每見其魂在墓前松柏下，搖首獨步。傾
耳聽之，所誦仍此六字也。或笑之，則欻隱。次日伺之，
復然。泥古者愚，何愚乃至是歟？何文勤公嘗教昀曰：「滿
腹皆書能害事，腹中竟無一卷書，亦能害事。國弈不廢舊
譜，而不執舊譜；國醫不泥古方，而不離古方。故曰：『神
而明之，存乎其人。』又曰：『能與人規矩，不能使人巧。』」
147

　　劉羽沖一生因為泥古而欲復古，但食古不化致使練兵不成、
治水也失敗，但還是執著於「古人豈欺我哉」，至死不悟，也難怪
引起紀昀發出「何愚乃至是歟？」的浩嘆。紀昀治學崇實黜虛的
態度，重視的是實學、實行、實心、實用、明理致用，當然會反
對泥古、復古，除了上兩則的引述外，《姑妄聽之》卷三所提到的
黃山二鬼148，也是譏諷講學家主張恢復井田制度的不可行。紀昀
除了反對食古不化的泥古、復古外，他對漢學流於繁瑣考據的弊
端也有所不滿，清乾隆、嘉慶年間，是漢學極盛，宋學起而抗之
的時期。紀昀雖身處於「漢學家的大本營」149的四庫館中，從往

---

147 前揭書，頁 50。
148 「周化源言：有二士遊黃山」條，前揭書，頁 453-455。
149 《清代學術概論》，梁啟超，水牛出版社，1981。

交遊也多是漢學家朋友王鳴盛、錢大昕、朱筠、盧文弨、王昶、
戴震之輩[150]。但他並不願偏廢一方，對待漢學和宋學，他持著一
種理性的態度[151]，和一般人的觀念，認爲紀昀是仇視宋學的漢學
家有些出入，在《閱微草堂筆記》中紀昀對漢學之弊，一如對宋
學之弊，同樣都給予辛辣的譏諷：

> 朱青雲言，嘗與高西園散步水次。時春冰初泮，淨綠瀲溶。
> 高曰：「憶晚唐有『魚鱗可憐紫，鴨毛自然碧』句，無一字
> 言春水而晴波滑笏之狀，如在目前。惜不記其姓名矣。」
> 朱沉思未對，聞老柳後有人語曰：「此初唐劉希夷詩，非晚
> 唐也。」趨視無一人，朱悚然曰：「白日見鬼矣！」高微笑
> 曰：「如此鬼，見亦大佳，但恐不肯相見耳。」對樹三揖而
> 行。歸檢劉詩，果有此二語。余偶以告戴東原，東原因言
> 有兩生燭下對談，爭春秋周正夏正，往復甚苦，窗外忽太
> 息言曰：「左氏周人，不容不知周正朔，二先生何必費詞
> 也？」出視窗外，惟一小僮方酣睡。觀此二事，儒者日談
> 考證，講曰若稽古，動至十四萬言，安知冥冥之中，無在
> 旁揶揄者乎？[152]

---

150 紀昀和王鳴盛、錢大昕、朱筠、王昶都是乾隆十九年同科進士，且紀
　昀居於北京虎坊橋給孤寺旁，與王鳴盛寓齋僅隔一垣，兩人往還甚歡，
　以詩相酬，傳看紀昀所編的《張爲主客圖》（王鳴盛有〈虎坊新居與紀
　起士昀隔一垣旁有給孤寺〉一詩）；又結識戴震成爲莫逆之交。戴震凡
　赴京師，總要居於紀昀家與他切磋商討學問，互訴別情「東原與昀交
　二十餘年，主昀家前後幾十年」（〈與余存吾太史書〉，紀昀著，孫致
　中等校點，《紀曉嵐文集》第一冊，河北教育出版社，1991，頁 274）。
151 〈閱微草堂筆記的理性主義〉，侯健，中外文學，8：1，頁 30-48。侯
　建認爲「紀昀的主題，恰也是一個理字，但是一個深具彈性的理，而
　無絕對與武斷的氣息」、「紀昀仍要調停兩者，不肯偏廢」、「他調停兩
　者，不趨極端的態度」，詳見該文。
152 《灤陽消夏錄》卷五，紀昀著，孫致中等校點，《紀曉嵐文集》第二冊
　《閱微草堂筆記》，河北教育出版社，1991，頁 96。

　　在乾嘉考據學風如日中天的時代，對大家趨之若鶩的考據之學，紀昀竟敢透過鬼神之口而加以揶揄，如果紀昀果真一昧反對宋學，又怎麼會有譏諷漢學「儒者日談考證，講曰若稽古，動至十四萬言，安知冥冥之中，無在旁揶揄者乎？」的記述呢？再對照前面所引紀昀對真君子劉君琢、周姓老儒、魏環極等人形象的描繪，並不會因他們講理學就醜詆他們，也是寫出鬼狐對他們的欽敬。所以紀昀應該反對的是理學的末流弊端，痛恨的是虛偽的假道學罷了。再看紀昀〈丙辰會試錄序〉一文中，他很清楚地表達出對漢宋學不偏廢的態度：

> 良以制藝主於明義理，固當以宋學為宗，而以漢學補苴其所遺。糾繩其太過耳，如竟以訂正字畫，研尋音義，務旁徵遠引以眩博，而義理不求其盡合，毋乃於聖朝造士之法稍未深思乎。夫古學，美名也；崇獎古學，亦美名也。名所集而利隨焉，故弋獲者有之；利所集而偽生焉，故割剝讖緯，掇拾蒼雅，編為分類之書，以備剿說之用者亦有之。[153]

　　在序中紀昀提出了「明義理，固當以宋學為宗，而以漢學補苴其所遺」，但也指出了漢學的流弊「以訂正字畫，研尋音義，務旁徵遠引以眩博，而義理不求其盡合……夫古學，美名也；崇獎古學，亦美名也。名所集而利隨焉，故弋獲者有之；利所集而偽生焉，故割剝讖緯，掇拾蒼雅，編為分類之書，以備剿說之用者亦有之」，可見他並不完全排斥宋學、偏頗漢學，也能指出崇獎古學（漢學）所衍生的流弊。

　　紀昀另一譏諷的學究，就是主張無鬼論的講學者。理學家以

---

153 紀昀著，孫致中等校點，《紀曉嵐文集》第一冊，河北教育出版社，1991，頁 149。

正統儒家自居，視佛道兩家為異端，以其言為諂瀆求福、妖妄滋惑，為建構儒學獨尊的格局，排擊佛老，因此標榜著無鬼論，從根本上否定釋老的鬼神之說。對於鬼神的看法，紀昀和理學家有三點大不同：

（一）確信有鬼神，紀昀以其庭訓[154]或自身見聞經驗[155]，確

154　《如是我聞》卷三：先姚安公……因誨昀曰：「儒者論無鬼，迂論也，亦強詞也」，紀昀著，孫致中等校點，《紀曉嵐文集》第二冊《閱微草堂筆記》，河北教育出版社，1991，頁191。

155　書中例子甚多，如親見回煞之事：「餘嘗於隔院窗樓中，遙見其去，如白煙一道，出於竈突之中，冉冉向西南而歿，與所推時刻方向，無一差也。又嘗兩次手自啓鑰，諦視布灰之處，手跡足跡，宛然與生時無二，所親皆能辨識之，是何說歟？」（《灤陽消夏錄》卷四，前揭書，頁79）又在《灤陽消夏錄》卷五中「然回煞形跡，余實屢目睹之，鬼神茫昧，究不知其如何也」（前揭書，頁98）、《槐西雜志》卷四中「余乞假養痾北倉……忽見綵衣女子揭簾入，甫露面，即退出。疑為趁座妓女，呼僕隸遣去，皆云外戶已閉，無一人也。主人曰：『四日前有宦家子婦宿此卒，昨移柩去，豈其回煞耶？』」（前揭書，頁358），都是記錄紀昀親見回煞的經驗。又如聽聞輪迴之事：顧非熊再生事，見段成式《酉陽雜俎》，又見孫光憲《北夢瑣言》。其父顧況集中，亦載是詩，當非誣造。近沈雲椒少宰撰其母《陸太夫人志》，稱太夫人于歸，甫匝歲，贈公即卒。遺腹生子，恒週三歲亦殤。太夫人哭之慟曰：「吾之為未亡人也，以有汝，今已矣！吾不忍吾家之宗祀自此而絕也。」於其斂，以朱志其臂，祝曰：「天不絕吾家，若再生以此為驗。」時雍正己酉十二月也。是月，族人有比鄰而居者，生一子，臂朱灼然。太夫人遂撫之，以為後即少宰也。余官禮部尚書時，與少宰同事，少宰為余口述尤詳。蓋釋氏書中，誕妄者原有，其徒張皇罪福，誘人施捨，詐偽者尤多。惟輪迴之說，則鑿然有證。司命者每因一人一事，偶示端倪，彰人道之教。少宰此事，即借轉生之驗，以昭苦節之感者也。儒者甚言無鬼，又烏乎知之？（《如是我聞》卷三，前揭書，頁186-187）、輪迴之說，鑿然有之。恆蘭臺之叔父，生數歲，即自言前身為城西萬壽寺僧。從未一至其地，取筆粗畫其殿廊門逕，莊嚴陳設，花樹行列。往驗之，一一相合。然平生不肯至此寺，不知何意。此真輪迴也。朱子所謂輪迴雖有，乃是生氣未盡，偶然與生氣湊合者，亦實有之。余崔莊佃戶商龍之子，甫死，即生於鄰家。未彌月，能言。元旦父母偶出，獨此兒在繈褓。有同村人叩門云：「賀新歲。」兒識其語音，遽應曰：「是某丈耶？父母俱出，房門未鎖，請入室小憩可也。」聞者駭笑。然不久夭逝。朱子所云，殆指此類矣。（《灤陽續錄》卷三，前揭書，

頁 524）、謂鬼無輪迴，則自古及今，鬼日日增，將大地不能容；謂鬼有輪迴，則此死彼生，旋即易形而去；又當世間無一鬼，販夫田婦，往往轉生，似無不輪迴者。荒阡廢塚，往往見鬼，又似有不輪迴者。表兄安天石，嘗臥疾，魂至冥府，以此問司籍之吏。吏曰：「有輪迴，有不輪迴。輪迴者三途：有福受報，有罪受報，有恩有怨者受報；不輪迴者亦三途：聖賢仙佛不入輪迴，無間地獄不得輪迴，無罪無福之人，聽其遊行於虛墓，餘氣未盡則存，餘氣漸消則滅。如露珠水泡，倏有倏無；如閒花野草，自榮自落，如是者無可輪迴。或有無依魂魄，附人感孕，謂之偷生。高行緇黃，轉世借形，謂之奪舍。是皆偶然變現，不在輪迴常理之中。至於神靈下降，輔佐明時；魔怪群生，縱橫殺劫。是又氣數所成，不以輪迴論矣。」天石固不信輪迴者，病痊以後，嘗舉以告人曰：「據其所言，乃鑿然成理。」（《灤陽消夏錄》卷五，前揭書，頁 91）、又有記親人臨終前異事：明器，古之葬禮也，後世復造紙車紙馬。孟雲卿〈古挽歌〉曰：「冥冥何所須，盡我生人意。」蓋姑以緩慟云耳。然長兒汝佶病革時，其女爲焚一紙馬，汝佶絕而復蘇曰：「吾魂出門，茫茫然不知所向，遇老僕王連生牽一馬來，送我歸，恨其足跛，頗顛簸不適。」焚馬之奴泫然曰：「是奴罪也，舉火時上實誤折其足。」又六從舅母常氏彌留時，喃喃自語曰：「適往看新宅頗佳，但東壁損壞，可奈何！」侍疾者往視其棺，果左側朽穿一小孔，匠與督工者尚均未覺也。（《灤陽消夏錄》卷五，前揭書，頁 94）、庚午四月，先太夫人病革時，語子孫曰：「舊聞地下眷屬，臨終時一一相見，今日果然。幸我平生尚無愧色，汝等在世，家庭骨肉，當處處留將來相見地也。」（《如是我聞》卷一，前揭書，頁 145）、又有記親人及自身聽到鬼語（哭）事：舅氏實齋安公曰：講學家例言無鬼。鬼吾未見，鬼語則吾親聞之……但不知講學家者見之，又做何遁詞耳。（《灤陽續錄》卷六，前揭書，頁 582）、余在烏魯木齊，軍吏具文牒數十紙，捧墨筆請判曰：「凡客死於此者，其棺歸籍，例給牒。否則魂不得入關。」以行於冥司，故不用朱判，其印亦以墨。視其文鄙誕殊甚。余曰：「此胥役托詞取錢耳，啓將軍除其例。」旬日後，或告城西墟墓中鬼哭，無牒不能歸故也，余斥其妄；又旬日，或告鬼哭又近城，斥之如故；越旬日，余所居牆外，飄飄有聲（《說文》曰：飄鬼聲），余尚以爲胥役所僞；越數日，聲至窗外，時月明如晝，自起尋視，實無一人。同事觀御史成曰：「公所持理正，雖將軍不能奪。然鬼哭實共聞，不得照者，實亦怨公。盍試一給之，姑間執讒慝之口。倘鬼哭如故，則公亦有詞矣。」勉從其議。是夜寂然。又軍吏宋吉祿在印房，忽眩僕，久而蘇，云見其母至。俄臺軍以官牒呈，啓視則哈密報吉祿之母來視子，卒於途也。天下事何所不有？儒生論其常耳。余嘗作《烏魯木齊雜詩》一百六十首，中一首云：「白草颼颼接冷雲，關山疆界是誰分。幽魂來往隨官牒，原鬼昌黎竟未聞。」即此二事也。（《灤陽消夏錄》卷一，前揭書，頁 17-18）都是紀昀以其親身經歷或親友見聞，以說明鬼神存在的例子。

信鬼神的存在[156]。紀昀當然也會透過故事來說明鬼神存在的事理，對理學家的誤謬加以辯駁。下面這則例子，他雖然認為故事是寓言，是因為「赫赫靈祇，豈屑與講學家爭是非哉？」，但「此言推鬼神之始末，植義甚精」，能指出「鬼神之德，遂歸諸二氣之屈伸矣」的誤謬，所以也記錄於書中：

> 姜白巖言有士人行桐柏山中，遇鹵簿前導，衣冠形狀，似是鬼形，暫避林內，輿中貴官已見之，呼出與語，意殊親洽，因拜問封秩，曰：「吾即此山之神。」又拜問神生何代，冀傳諸人世，以廣見聞，曰：「子所問者人鬼，吾則地祇也。夫元黃剖判，融結萬形，形成聚氣，氣聚藏精，精凝孕質，質立含靈，故神祇與天地並生，惟聖人通造化之原，故燔柴瘞玉，載在六經。自稗官瑣記創造鄙詞，曰曰張，謂天

---

156 雖然紀昀也會質疑鬼神情狀「鬼神茫昧，究不知其如何也」（《灤陽消夏錄》卷五，前揭書，頁 98），甚至有人認為他是「抱著矛盾和存疑的態度」（閱微草堂筆記中的觀念世界，賴芳伶，文學評論第三集，1976，頁 198），他毋寧是一種敬鬼神而遠之的表現，是講求「不知生，焉知死；不能事人，焉能事鬼」，注重人事而不要沉湎於鬼神之說，才會有這種「說鬼者多誕，然亦有理似可信者」（《槐西雜志》卷一，前揭書，頁 256）若即若離的表現，但最終還是肯定鬼神的存在，如：古者大夫祭五祀，今人家惟祭灶神，若門神，若井神，若廁神，若中霤神，或祭或不祭矣。但不識天下一灶神歟，一城一鄉一灶神歟，抑一家一灶神歟？如天下一灶神，如火神之類，必在祀典，今無此祀典也；如一城一鄉一灶神，如城隍社公之類，必有專祀，今未見處處有專祀也；然則一家一灶神耳，又不識天下人家如恆河沙數，天下灶神亦當如恆河沙數，此恆河沙數之灶神，何人為之，何人命之，神不太多耶？人家遷徙不常，興廢亦不常，灶神之閑曠者何所歸，灶神之新增者何自來，日日銓除移改，神不又太煩耶？此誠不可以理解，然而遇灶神者，乃時有之。余小時見外祖雪峰張公家，一司爨姬好以穢物掃入灶，夜夢烏衣人呵之，且批其頰，覺而頰腫成癰，數日巨如杯，膿液內潰，從口吐出，稍一呼吸輒入喉，嘔噦欲死，立誓虔禱乃愈。是又何說歟？或曰：人家立一祀必有一鬼憑之，祀在則神在，祀廢則神廢，不必一一帝所命也。是或然矣。（《槐西雜志》卷三，前揭書，頁 309。）

帝有廢興，曰呂曰馮，謂河伯有夫婦，儒者病之，紫陽崛
起，乃以理詰天，併皇神之下臨，亦斥為烏有，而鬼神之
德，遂歸諸二氣之屈伸矣。夫木石之怪，尚在夔蝄，土之
怪，尚在羵羊，豈有乾坤斡運，元氣鴻洞，反不能聚而上
升，成至尊之主宰哉？觀子衣冠，當為文士，試傳吾語，
使儒者知聖人饗帝之由。」士人再拜而退，然每以告人，
輒疑以為妄。余謂此言推鬼神之始末，植義甚精，然是白
巖寓言，託諸鬼神耳，赫赫靈祇，豈屑與講學家爭是非哉？
[157]

　　另有一則是透過秦生問鬼神情狀，對理學家所言的辯駁。「敢
問為鬼時何似？」、「果魂升魄降，還入太虛乎？」、「果有神乎？」、
「先儒稱雷神之類，皆旋生旋化，果不誣乎？」透過一句句的發
問，鬼魂也一一加以說明，末了還指出無鬼論是秦生「不察先儒
矯枉之意，生於相激，非其本心。後儒闢邪之說，壓於所畏，亦
非其本心。竟信儒者，真謂無鬼神，皇皇質問，則君之受紿久矣。」
把理學家主張無鬼神問題的癥結點出，其實可視為紀昀透過鬼魂
之口，說出自己的意見：

　　吳雲岩言有秦生者，不畏鬼，恆以未一見為慊。一夕，散
　　步別業，聞樹外朗吟唐人詩曰：「自去自來人不知，歸時
　　惟對空山月」其聲哀屬而長。隔葉窺之，一古衣冠人倚石
　　坐，確知為鬼。遽前掩至，鬼亦不避。秦生長揖曰：「與君
　　路異幽明，人殊今古，邂逅相遇，無可寒溫。所以來者，
　　欲一問鬼神情狀耳，敢問為鬼時何似？」曰：「一脫形骸，
　　即以為鬼，如繭成蝶，亦不自知。」問：「果魂升魄降，還

入太虛乎？」曰：「自我為鬼，即在此間，今我全身現與君
對，未嘗隨絪縕元氣，升降飛揚，子孫祭時始一聚，子孫
祭畢則散也。」問：「果有神乎？」曰：「鬼既不虛，神自
不妄，譬有百姓，必有官吏。」問：「先儒稱雷神之類，皆
旋生旋化，果不誣乎？」曰：「作措大時，飽聞是說，然竊
疑霹靂擊格，轟然交作，如一雷一神，則神之數，多於蚊
蚋；如雷止神沒，則神之壽，促於蜉蝣。以質先生，率遭
呵叱。為鬼之後，乃知百神奉職，如世建官，皆非頃刻之
幻影，恨不能以所聞見，再質先生，然爾時擁皋比者，計
為鬼已久，當自知之，無庸再詰矣。大抵無鬼之說，聖人
未有，諸大儒恐人諂瀆，故強造斯言。然禁沉湎可，併廢
酒醴則不可；禁淫蕩可，併廢夫婦則不可；禁貪惏可，併
廢財貨則不可；禁爭鬥可，併廢五兵則不可。故以一代盛
名，挾千萬億朋黨之助，能使人噤不敢語，而終不能愜服
其心，職是故耳。傳其教者，雖心知不然，然不持是論，
即不得稱為精義之學，亦違心而和之曰：『理必如是云爾。』
君不察先儒矯枉之意，生於相激，非其本心。後儒闢邪之
說，壓於所畏，亦非其本心。竟信儒者，真謂無鬼神，皇
皇質問，則君之受紿久矣。泉下之人，不欲久與生人接，
君亦不宜久與鬼狎。言盡於此，餘可類推。」曼聲長嘯而
去。按此謂儒者，明知有鬼，故言無鬼，與黃山二鬼謂儒
者明知井田封建不可行，故言可行，皆洞見癥結之論，僅
目以迂闊，猶墮五里霧中矣。[158]

在《槐西雜志》卷四中，紀昀甚至在記錄的故事末了，親自

---

[158] 《姑妄聽之》卷四，前揭書，頁 469-470。

提出對朱子「人秉天地之氣生，死則散還於天地」說法的質疑。由於祭祀之理「制於聖人，載於經典」，朱子「遂不得不云子孫一氣相感，復聚而受祭；受祭既畢，仍散入虛無」，如此一來，紀昀便提出「不識此氣散還以後，與元氣混合爲一歟，抑參雜於元氣之內歟？」的質疑，接著對各種情形加以剖析，認爲朱子此說還是有鬼，「不過釋氏之鬼，地下潛藏，儒者之鬼，空中旋轉；釋氏之鬼，平日常存，儒家之鬼，臨時湊合耳。又何以相勝耶？」這是在書中少見的，由紀昀自己直接提出尖銳的質疑，足見這是問題的根本所在，因此紀昀也親自加以質疑：

> 然余猶有所疑者：朱子大旨，謂人秉天地之氣生，死則散還於天地，葉賀孫錄所謂「如魚在水，外面水便是肚裡水，鱖魚肚裡水與鯉魚肚裡水，只是一般」，其理精矣；而無如祭祀之理，制於聖人，載於經典，遂不得不云子孫一氣相感，復聚而受祭；受祭既畢，仍散入虛無。不識此氣散還以後，與元氣混合為一歟，抑參雜於元氣之內歟？如混合為一，則如眾水歸海，共為一水，不能使江淮河漢復各聚一處也；如五味和羹，共成一味，不能使薑鹽醯醬各聚一處也。又安能於中犁出某某之氣，使各與子孫相通耶？如參雜於元氣之內，則如飛塵四散，不知析為幾萬億處，如遊絲亂飛，不知相去幾萬億里。遇子孫享薦，乃星星點點，條條縷縷，復合為一。於事理毋乃不近耶？即以能聚而論，此氣如無知，又安能感格？安能歆享？此氣如有知，知於何起？當必有心，心於何附？當必有身，既已有身，則仍一鬼矣。且未聚以前，此億萬微塵，億萬縷縷，塵塵縷縷，各有所知，則不止一鬼矣。不過釋氏之鬼，地下潛藏，儒者之鬼，空中旋轉；釋氏之鬼，平日常存，儒家之鬼，臨

時湊合耳。又何以相勝耶？此誠非末學所知也。[159]

（二）主張三教互補，認為理學家「或空談心性，與瞿曇老聃混而為一，或排擊二氏，如禦寇仇，皆一隅之見也」[160]。他一方面指出了儒、釋、道三教不同的學派特徵，另一方面又肯定了三教於懲惡揚善宗旨上是一致的：

> 儒之本旨，明體達用而已；文章記誦，非也；談天說性，亦非也。佛之本旨，無生無滅而已；佈施供養，非也；機鋒語錄，亦非也。道之本旨，清淨沖虛而已；章咒符籙，非也；鑪火服餌，亦非也。[161]

> 儒以修己為體，以治人為用；道以靜為體，以柔為用；佛以定為體，以慈為用。其宗旨各別，不能一也。至教人為善，則無異；於物有濟，亦無異。其歸宿則略同。[162]

又因為佛、道二教能以神道彌補儒學之不足，具有儒學所不及的特殊功用，所以紀昀反對「排擊二氏，如禦寇仇」，認為道、佛二家應並存不廢，但以儒家為本，神道輔之：

> 然儒為生民立命，而操其本於身；釋道皆自為之學，而以餘力及於物。故以明人道者為主，明神道者則輔之，亦不能專以釋道治天下，此其不一而一，一而不一者也。蓋儒如五穀，一日不食則饑，數日則必死。釋道如藥餌，死生

159　《槐西雜志》卷四，前揭書，頁 348-349。紀昀會對朱子提出質疑，原因在於紀昀欲藉神道設教之功，以陶冶人心、維持社會秩序，因此在鬼神是否存在的問題上，勢所必然提出質疑。但他還是有所迴護朱子之說，如在《槐西雜志》卷四中提出解釋主張無鬼論的是阮瞻而非朱子，更引《朱子語類》卷三中朱子論鬼神的語錄凡十二則，來駁斥講學家以為朱子主張無鬼的錯誤（前揭書，頁 346-348）。

160　《灤陽消夏錄》卷四，前揭書，頁 82-83。

161　《姑妄聽之》卷三，前揭書，頁 437。

162　《灤陽消夏錄》卷四，前揭書，頁 82-83。

得失之關，喜怒哀樂之感，用以解釋冤愆，消除拂鬱，較儒家為最捷；其禍福因果之說，用以悚動下愚，亦較儒家為易入。特中病則止，不可專服常服，致偏勝為患耳。[163]

　　紀昀生動地以五穀來比喻儒家、以藥餌來比喻釋道，說出三者主輔的關係，但紀昀並非主張三教合一，而是認爲「其宗旨各別，不能一也。至教人爲善，則無異；於物有濟，亦無異。其歸宿則略同。天固不能不並存也。」[164]、「佛自西域而來，其空虛清淨之義，可使馳騖者息營求，憂愁者得排遣；其因果報應之說，亦足警戒下愚，使回心向善，於世不爲無補，故其說得行於中國，猶挾技之食客也。」雖然宗旨各別，但二氏能以神道彌補儒學之不足，具有儒學所不及的特殊功用，有著不可替代的教化民眾的作用，因此「各修其本業可矣」：

余謂各以本教而論，譬如居家，三王以來，儒道之持世久矣，雖再有聖人弗能易，猶主人也。佛自西域而來，其空虛清淨之義，可使馳騖者息營求，憂愁者得排遣；其因果報應之說，亦足警戒下愚，使回心向善，於世不為無補。故其說得行於中國，猶挾技之食客也。食客不修其本技，而欲變更主人之家政，使主人退而受教，此佛者之過也。各以末流而論，譬如種田，儒猶耕耘者也。佛家失其初旨，不以善惡為罪福，而以施捨不施捨為罪福，於是惑眾蠹財，往往而有，猶侵越疆畔，攘竊禾稼者也。儒者捨其耒耜，荒其阡陌，而皇皇持梃荷戈，日尋侵越攘竊者與之格鬥，即格鬥全勝，不知己之稼穡如何也。是又非儒者之顛

---

163 《灤陽消夏錄》卷四，前揭書，頁 82-83。
164 《灤陽消夏錄》卷四，前揭書，頁 82。

耶？……各修其本業可矣。[165]

　　所以彼此之間的爭訐，在紀昀看來，實是多餘而無謂，因為都不可能取代對方，「然兩家相爭，千百年後，並存如故；兩家不爭，千百年後，亦並存如故也。」這都是末流所造成的流弊：

> 夫佛自漢明帝後，蔓延已二千年，雖堯、舜、周、孔復生，亦不能驅之去。儒者父子君臣兵刑禮樂，捨之則無以治天下，雖釋迦出世，亦不能行彼法於中土。本可以無爭，徒以緇徒不勝其利心，妄冀儒絀佛伸，歸佛者檀施當益富。講學者不勝其名心，著作中苟無辟佛數條，則不足見衛道之功。故兩家語錄，如水中泡影，旋生旋滅，旋滅旋生，互相詬厲而不止。然兩家相爭，千百年後，並存如故；兩家不爭，千百年後，亦並存如故也。[166]

　　（三）紀昀重視先王神道設教之用意，不同於理學家視二氏為妖妄滋惑。在《閱微草堂筆記》中紀昀對黃冠緇徒二氏的形象刻劃，一如對儒者的形象刻劃一樣，有正面的讚揚[167]，也有負面的描寫[168]。他並不是一昧地推崇釋道二氏，他也清楚二家有理學家所說的弊病「諂瀆之求福，妖妄之滋惑」[169]、「緇徒執罪福之說

165　《槐西雜志》卷四，前揭書，頁 355-356。
166　《槐西雜志》卷四，前揭書，頁 356。
167　如在《灤陽續錄》卷二所載潛心修行解人危難的道士某，前揭書，頁 510、《灤陽續錄》卷四所載老尼慧師父和住持果成之第三弟子（三師父），前揭書，頁 552-553，都是戒律精苦令人欽敬的釋道二氏之徒。
168　如在《姑妄聽之》卷一所載以符咒害人的妖尼，前揭書，頁 393、《灤陽續錄》卷二所載以詐術騙人的道士某，前揭書，頁 510、《灤陽消夏錄》卷三以蠱惑騙取香火的景城僧，前揭書，頁 45，都是妖妄熒惑的釋道二氏之徒。
169　《灤陽消夏錄》卷四，前揭書，頁 69。這和南宋理學家陳淳（1159-1223）論及佛道二氏之弊的意見相同：「原其為害有兩般，一般是說死生罪福以欺罔愚民；一般是高談性命道德以眩惑士類」（《北溪字義》卷下，（北

誘脅愚民，不以人品邪正分善惡，而以佈施有無分善惡，福田之說興，瞿曇氏之本旨晦矣」[170]，如同馬大還提出的疑問「黃冠緇徒，恣爲妖妄，不力攻之，不貽患於世道乎」，但是「此論其本原耳，若其末流，豈特釋道貽患，儒之貽患豈少哉」[171]，紀昀在《槐西雜志》卷四中就記載一則鬼魂後悔莫及的故事，一鬼以信儒而墮落，其師「日講學，凡鬼神報應之說，皆斥爲佛氏之妄語」，心想「百年之後，氣返太虛，冥冥漠漠，並毀譽不聞，何憚而不恣吾意乎？」因此「種種惟所欲爲」。另一鬼則是「以信佛誤也」，以爲「雖造惡業，功德即可以消滅；雖墮地獄，經懺即可以超度」，所以「無所不爲」，那知「所謂罪福，乃論作事之善惡，非論捨財之多少。金錢虛耗，舂煮難逃」。紀昀對此的評論是「夫六經具在，不謂無鬼神；三藏所談，非以斂財賂。自儒者沽名，佛者漁利，其流弊遂至此極」，對儒釋二者的流弊，可謂鞭辟入裏。尤其句末一句「佛本異教，緇徒藉是以謀生，是未足爲責」，但是「儒者亦何必乃爾乎？」痛心疾首之情，溢於言表：

> 北方之橋，施欄楯以防失足而已。閩中多雨，皆於橋上覆以屋，以庇行人。邱二田言，有人夜中遇雨，趨橋屋坐。有一吏攜案牘，與軍役押數人避屋下。枷鎖瑯然，知爲官府錄囚，懼不敢近，但畏縮於一隅。中一囚號哭不止，吏叱曰：「此時知懼，何如當日勿作耶？」囚泣曰：「吾爲吾

京）中華書局，1983，頁 68）。「諂瀆之求福」就是陳淳所說的「說死生罪福以欺罔愚民」，但是紀昀認爲二氏有「其禍福因果之說，用以悚動下愚，亦較儒家爲易入」的作用。「妖妄之滋惑」就是陳淳所說的「高談性命道德以眩惑士類」，但是紀昀認爲二氏有「解釋冤愆，消除拂鬱，較儒家爲最捷」的作用。

170　《如是我聞三》卷三，前揭書，頁 210。
171　《灤陽消夏錄》卷四，前揭書，頁 83。

師所誤也。吾師日講學，凡鬼神報應之說，皆斥為佛氏之妄語。吾信其言，竊以為機械能深，彌縫能巧，則種種惟所欲為，可以終身不敗露。百年之後，氣返太虛，冥冥漠漠，並毀譽不聞，何憚而不恣吾意乎？不虞地獄非誣，冥王果有，始知為其所賣，故悔而自悲也。」一囚曰：「爾之墮落由信儒，我則以信佛誤也。佛家之說，謂雖造惡業，功德即可以消滅；雖墮地獄，經懺即可以超度。吾以為生前焚香佈施，歿後延僧持誦，皆非吾力所不能，既有佛法護持，則無所不為，亦非地府所能治。不虞所謂罪福，乃論作事之善惡，非論捨財之多少。金錢虛耗，春煮難逃，向非恃佛之故，又安敢縱恣至此耶？」語訖長號。諸囚亦皆痛哭。乃知其非人也。夫六經具在，不謂無鬼神；三藏所談，非以斂財賂。自儒者沽名，佛者漁利，其流弊遂至此極。佛本異教，緇徒藉是以謀生，是未足為責。儒者亦何必乃爾乎？[172]

儒釋道三家都有末流之弊，他注重的是釋道二家「解釋冤愆，消除拂鬱，較儒家為最捷；其禍福因果之說，用以悚動下愚，亦較儒家為易入」[173]、「帝王以刑賞勸人善，聖人以褒貶勸人善，刑賞有所不及，褒貶有所弗恤者，則佛以因果勸人善，其事殊，其意同也」[174]，和儒家有互補的作用。何況他認為「然法無邪正，惟人所用，如同一戈矛，用以殺掠則劫盜，用以征討則王師耳。術無大小，亦惟人所用，如不龜手之藥，可以洴澼絖，亦可以大敗越師耳」，還引一道士以攝魂之法馴服悍婦為例，讓悍婦無子嗣

172　《槐西雜志》卷四，前揭書，頁 373。
173　《灤陽消夏錄》卷四，前揭書，頁 82。
174　《如是我聞三》卷三，前揭書，頁 210。

之夫得以娶妾，以延續香火：

> 同年龔肖夫言有人四十餘無子，婦悍妒，萬無納妾理，恒
> 鬱鬱不適。偶至道觀，有道士招之曰：「君氣色凝滯，似有
> 重憂。道家以濟物為念，盍言其實，或一效鉛刀之用乎？」
> 異其言，具以告。道士曰：「固聞之，姑問君耳。君為製鬼
> 卒衣裝十許具，當有以報命，如不能製，即假諸伶官亦可
> 也。」心益怪之，然度其誑取無所用，當必有故，姑試其
> 所為。是夕，婦夢魘，呼不醒，且呻吟號叫聲甚慘。次日，
> 兩股皆青黯。問之，秘不言，籲嗟而已。三日後復然。自
> 是每三日後皆復然。半月後，忽遣奴喚媒嫗，云將買妾。
> 人皆弗信。其夫亦慮後患，殊持疑。既而婦昏瞀累日，醒
> 而促買妾愈急，布金於案，與僮僕約，三日不得必重扶，
> 得而不佳亦重扶。觀其狀似非詭語，覓二女以應，並留之。
> 是夕即整飾衾枕，促其夫入房。舉家駭愕，莫喻其意，夫
> 亦惘惘如夢境。後復見道士，始知其有術能攝魂，夜使觀
> 中道眾為鬼裝，而道士星冠羽衣，坐堂上焚符攝婦魂，言
> 其祖宗翁姑以斬祀不孝，具牒訴冥府，用桃杖決一百，遣
> 歸，克期令納妾。婦初以為噩夢，尚未肯。俄三日一攝，
> 如徵比然。其昏瞀累日，則倒懸其魂，灌鼻以醋，約三日
> 不得好女子，即付泥犁也。攝魂小術，本非正法，然法無
> 邪正，惟人所用，如同一戈矛，用以殺掠則劫盜，用以征
> 討則王師耳。術無大小，亦惟人所用，如不龜手之藥，可
> 以洴澼絖，亦可以大敗越師耳。道士所謂善用其術歟！至
> 羈頑悍婦，情理不能喻，法令不能禁，而道士能以術制之。
> 堯牽一羊，舜從而鞭，羊不行，一牧豎驅之則群行。物各
> 有所制，藥各有所畏。神道設教，以馴天下之強梗，聖人

之意深矣。講學家烏乎識之？[175]

　　句末的「神道設教，以馴天下之強梗，聖人之意深矣。講學家烏乎識之？」正是紀昀重視神道設教之功，不排斥釋道的原因。如同他對宏恩寺明心和尚所說的冥府故事，雖然認為是「雖語頗荒誕，似出寓言」，但是「然神道設教，使人知畏；亦警世之苦心，未可繩以妄語戒也」，尤其是對官、吏、役、官之親屬、官之僕役這幾類「造福最易，造禍亦深」的人，如能發生警惕的效果，豈非是神道設教之功：

　　宏恩寺僧明心言：上天竺有老僧，嘗入冥。見猙獰鬼卒，驅數千人在一大公廨外，皆褫衣反縛。有官南面坐，吏執薄唱名，一一選擇精粗，揣量肥瘠，若屠肆之鬻羊豕。意大怪之。見一吏去官稍遠，是舊檀越，因合掌問訊：「是悉何人？」吏曰：「諸天魔眾，皆以人為糧。如來運大神力，攝伏魔王，皈依五戒。而部族繁夥，叛服不常，皆曰自無始以來，魔眾食人，如人食穀。佛能斷人食穀，我即不食人。如是嘵嘵，即彼魔王亦不能制。佛以孽海洪波，沉淪不返，無間地獄，已不能容。乃牒下閻羅，欲移此獄囚，充彼啖噬；彼腹得果，可免荼毒生靈。十王共議，以民命所關，無如守令，造福最易，造禍亦深。惟是種種冤怨，多非自作；冥司業鏡，罪有攸歸。其最為民害者，一曰吏，一曰役，一曰官之親屬，一曰官之僕隸。是四種人，無官之責，有官之權。官或自顧考成，彼則惟知牟利，依草附木，怙勢作威，足使人敲髓瀝膏，吞聲泣血。四大洲內，惟此四種惡業至多。是以清我泥犁，供其湯鼎。以白皙者、

柔脆者、膏腴者充魔王食，以粗材充眾魔食。故先為差別，然後發遣。其間業稍輕者，一經臠割烹炮，即化為烏有。業重者，拋餘殘骨，吹以業風，還其本形，再供刀俎；自二三度至千百度不一。業最重者，乃至一日化形數度，刲剔燔炙，無已時也。」僧額手曰：「誠不如削髮出塵，可無此慮。」吏曰：「不然，其權可以害人，其力即可以濟人。靈山會上，原有宰官；即此四種人，亦未嘗無逍遙蓮界者也。」語訖忽寤。僧有侄在一縣令署，急馳書促歸，勸使改業。此事即僧告其侄，而明心在寺得聞之。雖語頗荒誕，似出寓言；然神道設教，使人知畏；亦警世之苦心，未可繩以妄語戒也。[176]

紀昀還舉一能視鬼老嫗所見之事，把鬼魂眷戀妻兒、依依不捨的情狀，生動感人地描繪出來。所以後來有少寡議嫁者，聽了老嫗所述鬼魂的戚然慘狀，以死自誓曰：「吾不忍使亡者作是狀！」，紀昀認為「此里嫗之言，為動人生死之感」，正是先王神道設教之深心：

先太夫人外家曹氏，有嫗能視鬼。外祖母歸寧時，與論冥事，嫗曰：「昨於某家見一鬼，可謂癡絕。然情狀可憐，亦使人心脾淒動。鬼名某，住某村，家亦小康，死時年二十七八。初死百日後，婦邀我相伴，見其恒坐院中丁香樹下，或聞婦哭聲，或聞兒啼聲，或聞兄嫂與婦詬誶聲，雖陽氣逼爍不能近，然必側耳窗外竊聽，悽慘之色可掬。後見媒妁至婦房，愕然驚起，張手左右顧。後聞議不成，稍有喜色。既而媒妁再至，來往兄嫂與婦處，則奔走隨之，皇皇

176 《灤陽消夏錄》卷六，前揭書，頁 108-109。

如有失。送聘之日，坐樹下，目直視婦房，淚涔涔如雨。
自是婦每出入，輒隨其後，眷戀之意更篤。嫁前一夕，婦
整束奩具，復徘徊簷外，或倚柱泣，或俯首如有思。稍聞
房內嗽聲，輒從隙私窺，營營者徹夜。吾太息曰：『癡鬼何
必如是？』若弗聞也。娶者入，秉火前行，避立牆隅，仍
翹首望婦。吾偕婦出回顧，見其遠遠隨至娶者家，為門尉
所阻，稽顙哀乞，乃得入。入則匿牆隅，望婦行禮，凝立
如醉狀。婦入房，稍稍近窗，其狀一如整束奩具時。至滅
燭就寢，尚不去。為中霤神所驅，乃狼狽出。時吾以婦囑
歸視兒，亦隨之返，見其直入婦室，凡婦所坐處、眠處，
一一視到。俄聞兒索母啼，趨出環繞兒四周，以兩手相握，
作無可奈何狀。俄嫂出，撻兒一掌，便頓足拊心，遙作切
齒狀。吾視之不忍，乃遽歸，不知其後如何也。後吾私為
婦述，婦齧齒自悔。里有少寡議嫁者，聞是事，以死自誓
曰：『吾不忍使亡者作是狀！』」嗟乎！君子義不負人，不
以生死有異也；小人無往不負人，亦不以生死有異也。常
人之情，則人在而情在，人亡而情亡耳。苟一念死者之情
狀，未嘗不戚然感也。儒者見諂瀆之求福，妖妄之滋惑，
遂斷斷持無鬼之論，失先王神道設教之深心。徒使愚夫愚
婦，悍然一無所顧忌，尚不如此里嫗之言，為動人生死之
感也。[177]

　　紀昀重視神道設教的用意，雖然在鬼神之說上和宋儒相左，
但最終連一向服膺理學"一宗宋儒"的曾國藩也接受，曾國藩就
曾為徐瑝節錄《閱微草堂筆記》中鬼怪因果故事而成的《紀氏嘉

言》做序說：

> 浮屠警世之功與吾儒相同，亦未厚貶而概以不然屏之
> 者……世風日漓，無欲而為善，無畏而不為不善者，不可
> 得已。苟有術焉，可以驅民於淳樸而稍遏其無等之欲，豈
> 非士大夫有世教之責者事哉？[178]

正因爲紀昀承認鬼神的存在，所以那些堅信無鬼論的儒者，就成了紀昀筆下的頑固的學究，在書中有多則對這些頑固學究的描寫，像王德安聽到鬼語，還堅信是狐狸精，終持無鬼之論：

> 肅甯老儒王德安，康熙丙戌進士也。先姚安公從受業焉。
> 嘗夏日過友人家，愛其園亭軒爽，欲下榻於是。友人以夜
> 有鬼物辭，王因舉所見一事曰：「江南岑生，嘗借宿滄州張
> 蝶莊家，壁張鍾馗像，其高如人，前復陳一自鳴鐘，岑沉
> 醉就寢，皆未及見。夜半酒醒，月明如畫，聞機輪格格，
> 已詫甚，忽見畫像，以為奇鬼，取案上端硯仰擊之，大聲
> 砰然，震動戶牖。僮僕排闥入視，則墨瀋淋漓，頭面俱黑，
> 畫前鐘及玉瓶磁鼎，已碎裂矣。聞者無不絕倒。然則動云
> 見鬼，皆人自膽怯耳。鬼究在何處耶？」語甫脫口，牆隅
> 忽應聲曰：「鬼即在此，夜當拜謁，幸勿以硯見擊。」王默
> 然竟出，後嘗舉以告門人曰：「鬼無白晝對語理，此必狐也。
> 吾德恐不足勝妖，是以避之。」蓋終持無鬼之論也。[179]

又如紀昀家中塾師某氏篤信程朱，面對怪異仍堅信無鬼：

> 家奴宋遇病革時，必張目曰：「汝兄弟輩來耶，限在何日？」
> 既而自語曰：「十八日亦可。」時一講學者館余家，聞之哂

178　〈紀氏嘉言序〉，《曾國藩全集》第 14 冊，曾國藩，嶽麓書社，1986，頁 172。

179　《灤陽消夏錄》卷五，前揭書，頁 93。

曰：「譫語也。」屆期果死，又哂曰：「偶然耳。」申鐵蟾
方與共食，投箸太息曰：「公可謂篤信程朱矣。」[180]

甚至有見鬼了仍堅信「魂升於天，魄降於地，此理甚明。世
安有鬼？」倔強到了極點，也頑固到了極點，難怪鬼也對之無可
奈何，把一個頑固學究的形象活生生地描繪出來：

> 李匯川言有嚴先生，忘其名與字。值鄉試期近，學子散後，
> 自燈下夜讀。一館童送茶入，忽失聲僕地，碗碎錚然。嚴
> 驚起視，則一鬼披髮瞪目立燈前。嚴笑曰：「世安有鬼，爾
> 必黠盜飾此狀，欲我走避耳。我無長物，惟一枕一席，爾
> 可別往。」鬼仍不動。嚴怒曰：「尚欲紿人耶？」舉界尺擊
> 之，瞥然而滅。嚴周視無跡，沈吟曰：「竟有鬼耶？」既而
> 曰：「魂升於天，魄降於地，此理甚明。世安有鬼？殆狐魅
> 耳。」仍挑燈琅琅誦不輟。此生倔強，可謂至極，然鬼亦
> 竟避之。蓋執拗之氣，百折不回，亦足以勝之也。[181]

碰到這種堅信無鬼論的人，不只一次地，紀昀不再藉著鬼狐
之口來辯駁，而是挺身而出，加以辯駁其非，例如應該是上述那
位紀昀家中塾師某氏，就對有位死後復生者，稱死後無所見之事，
大受激勵，更加堅信無鬼論：

> 晉殺秦諜六日而蘇，或由縊殺杖殺，故能復活，但不識未
> 蘇以前，作何情狀？詁經有體，不能如小說瑣記也。佃戶
> 張天錫，嘗死七日，其母聞棺中擊觸聲，開視，已復生，
> 問其死後何所見，曰：「無所見，亦不知經七日，但倏如睡
> 去，倏如夢覺耳。」時有老儒館余家，聞之，拊髀雀躍曰：
> 「程朱聖人哉，鬼神之事，孔孟猶未敢斷其無，惟二先生

敢斷之。今死者復生，果如所論，非聖人能之哉！」余謂
天錫自氣結屍厥，兀不知人，其家誤以爲死耳，非真死也，
虢太子載於史記，此翁未見耶。[182]

紀昀發揮他博學多聞的特長，引了《史記・扁鵲倉公列傳》
扁鵲救活屍厥的虢太子之事，認爲佃戶的情形如同虢太子一樣，
並非真死。末了更丢出一句「此翁未見耶」，頗有怪老儒書沒讀通
的味道。另有位老儒，爲了證明他所堅信的無鬼論是對的，獨宿
墟墓一宿，也無所見，益發自得：

有講學者論無鬼，衆難之曰：「今方酷暑，能往墟墓中獨宿
納涼一夜乎？」是翁毅然竟往，果無所見，歸益自得，曰：
「朱文公豈欺我哉！」余曰：「重繭千里，路不逢盜，未可
云路無盜也；縱獵終日，野不遇獸，未可云野無獸也。以
一地無鬼，遂斷天下皆無鬼；以一夜無鬼，遂斷萬古皆無
鬼，舉一廢百矣。且無鬼之論，創自阮瞻，非朱子也，朱
子特謂魂升魄降爲常理，而一切靈怪，非常理耳，未言無
也。」故金去僞錄曰：『二程初不說無鬼神，但無如今世俗
所謂鬼神耳。』楊道夫錄曰：『雨風露雷，日月晝夜，此鬼
神之跡也，此是白日公平正直之鬼神。若所謂有嘯于梁、
觸於胸，此則所謂不正邪暗、或有或無、或來或去、或聚
或散者。又有所謂禱之而應，祈之而獲，此亦所謂鬼神，
同一理也。』包揚錄曰：『鬼神死生之理，定不如釋家所云、
世俗所見；然又有其事昭昭，不可以理推者，且莫要理會。』
又曰：『南軒亦只是硬不信。如禹鼎魑魅魍魎之屬，便是有
此物，深山大澤，是彼所居。人往占之，豈不爲祟。豫章

---

182 《如是我聞》卷三，前揭書，頁 209-210。

劉道人，居一山頂結庵。一日，衆蜥蜴入來，盡吃庵中水。
少頃，庵外皆堆雹。明日，山下果雹。有一妻伯劉文，人
甚樸實，不能妄語。言過一嶺，聞溪邊林中響，乃無數蜥
蜴，各抱一物如水晶，未去數里下雹。此理又不知如何。
舊有一邑，泥塑一大佛，一方尊信之。後被一無狀宗子斷
其首。民聚哭之，佛頸泥木出舍利。泥木豈有此物？只是
人心所致。」吳必大錄曰：『因論薛士龍家見鬼，曰：「世
之信鬼神者，皆謂實有在天地間；其不信者，斷然以爲無
鬼。然卻又有真個見者，鄭景望遂以薛氏所見爲實。不知
此特虹霓之類耳。」問：「虹霓只是氣，還有形質？」曰：
「既能啜水，亦必有腸肚。只才散便無，如雷部神亦此類。」』
林賜錄曰：『「世之見鬼神者甚多，不審有無如何？」曰：「世
間人見者極多，如何謂無？但非正理耳。如伯有爲厲，伊
川謂別是一理。蓋其人氣未當盡而強死，魂魄無所歸，自
是如此。昔有人在淮上夜行，見無數形象，似人非人，出
沒於兩水之間。此人明知其鬼，不得已沖之而過。詢之，
此地乃昔人戰場也。彼皆死於非命，銜冤抱恨，固宜未散。」
坐間或云：「鄉間有李三者，死而爲厲。鄉曲凡有祭祀佛事，
必設此人一分。後因爲人放爆仗，焚其所依之樹，自是遂
絕。」曰：「是他枉死氣未散，被爆仗驚散。」沈僩錄曰：
『人有不伏其死者，所以既死而此氣不散，爲妖爲怪。如
人之凶死及僧道既死多不散（原注：僧道務養精神，所以
凝聚不散）。』萬人傑錄曰：『死而氣散，泯然無跡者，是
其常道理。恁地有托生者，是偶然聚得氣不散，又恁生去
湊著那生氣便再生。』葉賀孫錄曰：『潭州一件公事：婦殺
夫，密埋之。後爲祟。事已發覺，當時便不爲祟。以是知

刑獄裏面，這般事若不與決罪，則死者之冤必不解。』李
壯祖錄曰：『或問：「世有廟食之神，綿歷數百年，又何理
也？」曰：「寖久亦散。昔守南康，久旱，不免遍禱於神。
忽到一廟，但有三間敝屋，狼藉之甚。彼人言三五十年前，
其靈如響，有人來而帷中之神與之言者。昔之靈如彼，今
之靈如此，亦自可見。」』葉賀孫錄曰：『論鬼神之事，謂
蜀中灌口二郎廟是李冰，因開離堆立廟。今來現許多靈怪，
乃是他第二兒子出來，初間封爲王；後來徽宗好道，遂改
封爲真君。張魏公用兵，禱於其廟，夜夢神語曰：「我向來
封爲王，有血食之奉，故威福得行。今號爲真君，雖尊，
人以素食祭我，無血食之養，故無威福之靈。今須復封我
爲王，當有威靈。」魏公遂乞復其封。不知魏公是有此夢，
是一時用兵，託爲此說。又有梓潼神，極靈。此二神似乎
割據兩川。大抵鬼神用生物祭者，皆是假此生氣爲靈。古
人釁鐘釁龜皆此意。漢卿云：「李通說有人射虎，見虎後數
人隨之，乃是爲虎傷死之人。生氣未散，故結成此形。」』
黃義剛錄曰：『論及請紫姑神吟詩之事，曰：「亦有請得正
身出現，其家小女子見，不知此是何物。且如衢州有一人
事一神，只開所錄事目於紙，而封之祠前。少間開封，而
紙中自有答語。此不知是如何。」』凡此諸說，黎靖德所編
語類班班具載，先生何竟誣朱子乎？」此翁索書觀之，良
久，憮然曰：「朱子尚有此書耶？」憫默而散。[183]

　　紀昀先從經驗法則來駁斥講學老儒「重齎千里，路不逢盜，
未可云路無盜也；縱獵終日，野不遇獸，未可云野無獸也。以一

地無鬼，遂斷天下皆無鬼；以一夜無鬼，遂斷萬古皆無鬼，舉一廢百矣」的錯誤，接著指出主張無鬼論的是阮瞻而非朱子，末了更是洋洋灑灑引了《朱子語類》卷三中朱子論鬼神的語錄凡十二則，來駁斥講學老儒以為朱子主張無鬼的錯誤，最後這位老儒「索書觀之，良久，憮然曰：朱子尚有此書耶？」一句話就把他的孤陋寡聞給寫出來了，然後彷彿像鬥敗的公雞一樣「憫默而散」，想必這位老儒一輩子堅持的信念竟然一下子破滅了，心中一定難受極了。由於孤陋寡聞所以才會有固執的偏見，也因此一幅頑固迂腐學者的形象，就躍然紙上。除了引經據典辯駁無鬼論之外，紀昀當然不會忘了寫幾則鬼故事，來揶揄一下這些頑固的老學究：

> 邊隨園徵君言：「有入冥者，見一老儒立廡下，意甚惶遽，一冥吏似是其故人，揖與寒溫畢，拱手對之笑曰：『先生平日持無鬼論，不知先生今日果是何物？』諸鬼皆粲然，老儒蝟縮而已。」[184]

主張無鬼論的老儒在死後成了鬼，就如同主張無鬼論的阮瞻遇到了鬼一樣[185]，本身就充滿了諷刺的味道，鬼友一句「先生平日持無鬼論，不知先生今日果是何物？」就把老儒在世時錯誤的主張，給點了出來，難怪老儒只能窘迫地「蝟縮而已」。另外一則的鬼就更有趣了，因為在黃泉之下岑寂無聊，就用宋儒的無鬼論來安撫兩位怕鬼的老儒，一夕暢談之後才具實以告，這兩位老儒剛才還在「共欽宋儒見理之真」，這下子大概非得張嘴咋舌不可

---

184 《灤陽消夏錄》卷四，前揭書，頁 83。
185 《太平廣記》卷 319 引《幽冥錄》：阮瞻素秉無鬼論。有一鬼通姓名，作客詣之，寒溫，聊談（談原作諸，據明抄本改。）名理。客甚有才情，末及鬼神事，反覆甚苦。客遂屈之，仍作色曰：「鬼神古今聖賢所共傳，君何獨言無？」即變為異形，須臾便滅。阮嘿然，意色大惡，年餘病死。（李昉，文史哲出版社，頁 2526）

了，紀昀諷刺藝術的高明處就在這裡，鬼竟然大談宋儒的無鬼論，凸顯出宋儒的無鬼論的誤謬；兩位老儒還「皆首肯」，等到真相大白，書呆子的形象也就躍然紙上了：

> 交河及孺愛青縣張文甫，皆老儒也，並授徒於獻縣。嘗同步月南村北村之間，去館稍遠荒涼闃寂，榛莽翳然，張心怖欲返，曰：「墟墓間多鬼，曷可久留？」俄一老人扶杖至，揖二人坐曰：「世間何得有鬼，不聞阮瞻之論乎？二君儒者，奈何信釋氏之妖妄。」因闡發程朱二氣屈伸之理，疏通證明，詞條流暢，二人聽之，皆首肯，共欽宋儒見理之真。遞相酬對，竟忘問姓名。適大車數輛遠遠至，牛鐸錚然，老人振衣即起曰：「泉下之人，岑寂久矣，不持無鬼之論，不能留二君作竟夕談。今將別，謹以實告，毋訝相戲侮也。」俯仰之頃，欻然已滅。是間絕少文士，惟董空如先生墓相近，或即其魂歟！[186]

七、講學家近名好勝的形象

紀昀在《閱微草堂筆記》中曾藉著狐精之口，說出一段關於同類相爭，一針見血的警言妙論：

> 天下惟同類可畏也。夫甌越之人，與奚霫不爭地；江海之人，與車馬不爭路，類不同也；凡爭產者，必同父之子；凡爭寵者，必同夫之妻；凡爭權者，必同官之士；凡爭利者，必同勢之賈，勢近則相礙，相礙則相軋耳；且射雉者，媒以雉，不媒以雞鶩，捕鹿者，由以鹿，不由以羊豕，凡反間內應，亦必以同類，非其同類，不能投其好而入，伺

---

186 《灤陽消夏錄》卷一，紀昀著，孫致中等校點，《紀曉嵐文集》第二冊《閱微草堂筆記》，河北教育出版社，1991，頁 6-7。

其隙而抵也。[187]

　　同類相爭的情形，也出現在講學者的身上，尤其是明亡的慘痛教訓，讓人痛定思痛之餘，對明末「門戶分而朋黨起，朋黨盛而公論淆，輵轕紛紜，是非蠭起，其相軋也久矣」[188]的黨爭，更是痛加惡絕。明季黨禍之烈，一直被學者認為是明亡的主要原因之一[189]。連明亡清興之際夏完淳的父親夏允彝（1596-1645），在《倖存錄・門戶大略》中就直指國是日非，東林黨人與非東林黨人之間的黨爭紛起、互相傾軋內訌，就是一個重要原因。他們囿於門戶之見而純以意氣之爭，爭意氣而不爭是非，致使坐誤國事，禍延宗社，兩方同樣都是無濟於國事：

> 自三代而下，代有朋黨。漢之黨人，皆君子也。唐之黨人，小人為多，然亦多能者。宋之黨人，君子為多。然朋黨之論一起，必與國運相終始，迄於敗亡者。以聰明偉傑之士為世所推，必以黨目之。於是，精神智術俱用之相顧相防，而國事坐誤，不暇顧也。且指人為黨者，亦必有此黨衰，彼黨興，後出者愈不如前。禍延宗社，固其所也。國朝自萬曆以前，未有黨名。及四明沈一貫為相，以才自許，不為人下，而一時賢者如顧憲成、孫丕揚、鄒元標、趙南星之流蹇諤自負，與政府每相持。附一貫者，言路亦有人。而憲成講學於東林，名流咸樂趨之。此東林浙黨之所自始

---

187 《姑妄聽之》卷一，前揭書，頁 390-391。
188 《姑妄聽之》卷三，前揭書，頁 440。此藉群狐格鬥之事，譏諷儒者同室操戈之爭。
189 不只是紀昀有這樣的看法，另如梁啟超，《中國學術思想變遷之大事》，（臺北）中華書局，1971，頁 77-91、《清代學術概論》，（臺北）啟業書局，1972，第三章；錢穆，《中國近三百年學術史》，（臺北）商務印書館，1972，第一章，都持此一說法。

也。……東林中亦多敗類，攻東林者亦間有清操獨立之人；然其領袖之人，殆天淵也。東林之持論高而於籌虜剿寇卒無實著，攻東林者自謂孤立任怨，然未嘗為朝廷振一法紀，徒以恔刻勝，可謂之聚怨而不可謂之任怨也。其無濟國事也，則兩者同譏耳。[190]

　　夏允彞致力於抗清運動，最後因為兵敗，投水自盡以身殉國，這些話是出自他未完成的文集。人之將死，其言也善，以一個親身經歷、親眼目睹這段慘痛歷史的人來說，書中對明末群臣以門戶之分，排斥異己，黨爭不休的看法，應是持平之論。明史稱「明自神宗而後，士大夫峻門戶而重意氣」[191]，這是指東林講學漸成門戶之分、朋黨之爭，明朝的江山也在這喋喋不休、重意氣而輕是非的爭鬥中走到盡頭。直到百年以後的紀昀，仍難掩對因講學而成的門戶之分、朋黨之爭的痛恨與厭惡。而爭鬥的起因，他認為是由宋儒近名而起，「蓋漢儒之學務實，宋儒則近名，不出新義，則不能聳聽；不排舊說，則不能出新義」[192]，由近名更進而好勝，紛端乃起：

　　夫漢儒以訓詁專門，宋儒以義理相尚，似漢學粗而宋學精。然不明訓詁，義理何由而知？概用詆諆，視猶土苴，未免既成大輅，追斥椎輪，得濟迷川，遽焚寶筏。於是攻宋儒者，又紛紛而起。故余撰《四庫全書·詩部總序》，有曰：「宋儒之攻漢儒，非為說經起見也，特求勝於漢儒而已。後人之攻宋儒，亦非為說經起見也，特不平宋儒之詆漢儒

---

190 〈門戶大略〉，《倖存錄》上，夏允彞著，收入《明季稗史》，新興書局，1974，頁 1033-1057。

191 《明史》卷 254 列傳第 142 贊曰，張廷玉等，鼎文書局，1979，頁 6570。

192 《槐西雜志》卷二，紀昀著，孫致中等校點，《紀曉嵐文集》第二冊《閱微草堂筆記》，河北教育出版社，1991，頁 279。

而已。」韋蘇州詩曰:「水性自云靜,石中亦無聲。如何兩相激,雷轉空山驚。」此之謂矣。[193]

紀昀更藉鬼狐之口,對宋儒「門戶交爭,遂釀為朋黨,而國隨以亡」,而「東林諸儒,不鑒覆轍,又騖虛名而受實禍」又重蹈宋儒近名好勝之弊,只能憑弔遺蹤相對嘆息,痛心疾首之情溢於言表:

> 裘文達公言嘗聞諸石東村曰:「有驍騎校,頗讀書,喜談文義。一夜,寓直宣武門城上乘涼,散步至麗譙之東,見二人倚堞相對語。心知為狐鬼,屏息伺之。其一舉手北指曰:『此故明首善書院,今為西洋天主堂矣。其推步星象,製作器物,實巧不可階;其教則變換佛經,而附會以儒理。吾曩往竊聽,每談至無歸宿處,輒以天主解結,故迄不能行,然觀其作事,心計亦殊黠。』其一曰:『君謂其黠,我則怪其太癡。彼奉其國王之命,航海而來,不過欲化中國為彼教,揆度事勢,寧有是理?而自利瑪竇以後,源源續至,不償其所願,終不止。不亦顛歟?』其一又曰:『豈但此輩癡,即彼建首善書院者,亦復大癡。奸璫柄國,方陰伺君子之隙,肆其詆排,而群聚清談,反予以鉤黨之題目,一網打盡,亦復何尤。且三千弟子,惟孔子則可,孟子揣不及孔子,所與講肄者,公孫醜、萬章等數人而已。洛閩諸儒,無孔子之道德,而亦招聚生徒,盈千累萬,梟鸞並集,門戶交爭,遂釀為朋黨,而國隨以亡。東林諸儒,不鑒覆轍,又騖虛名而受實禍。今憑弔遺蹤,能無責備於賢者哉!』方相對歎息,忽回顧見人,翳然而滅。」東村曰:

---

193 《灤陽消夏錄》卷一,前揭書,頁10。

「天下趨之如騖，而世外之狐鬼，乃竊竊不滿也。人誤耶？狐鬼誤耶？」[194]

這種門戶之爭引起朋黨禍國的看法也屢屢出現在《四庫全書總目》中，對此有許多的指責「日相激薄，黨禍遂成，是則東林諸人，負氣求勝之過，難盡委諸命數也」[195]、「然明季門戶喧呶，黨同伐異，實有牢不可破者」[196]，由於明人不能以史為鑑，才導致重蹈覆轍，甚至把亡國之因，直接指向由講學而立門戶，由門戶而生朋黨之爭，乃至亡國。雖然把明亡之因歸諸於講學門戶之爭，未免言重，但也可以看出紀昀是多麼痛恨「務彼虛名，受其實禍」的門戶之爭。不同於一般怪罪於陸王學派，紀昀還點出「東林勢眾而明又亡」、「講學則始於東林，東林始於楊時，其學不出王氏也，獨以王氏為禍本，恐宗姚江者亦有詞矣」、「決裂潰覆之後，執門戶之見者，猶從而巧為之詞，非公論也」，東林黨人同樣要負起亡國的責任：

> 總之儒者，明體達用，當務潛修，致遠通方，當求實濟，徒博衛道之名，聚徒講學，未有不水火交爭，流毒及於宗社者。東漢不鑒戰國之橫議，南北部分而東漢亡；北宋不鑒東漢之黨錮，洛蜀黨分而北宋亡；南宋不鑒元祐之敗，道學派盛而南宋亡；明不鑒慶元之失，東林勢眾而明又亡。皆務彼虛名，受其實禍。決裂潰覆之後，執門戶之見者，猶從而巧為之詞，非公論也。[197]

夫明之亡，亡於門戶，門戶始於朋黨，朋黨始於講學，講

---

194 《如是我聞》卷四，前揭書，頁 229。
195 《周中丞疏稿》提要，《四庫全書總目》卷 56，紀昀等，（北京）中華書局，1997，上冊頁 787。
196 《虐政集》提要，《四庫全書總目》卷 54，前揭書，上冊頁 755。
197 《慶元黨禁》提要，《四庫全書總目》卷 57，前揭書，上冊頁 807。

學則始於東林，東林始於楊時，其學不出王氏也，獨以王
氏爲禍本，恐宗姚江者亦有詞矣。[198]

這種爭執主要是程朱、陸王兩派學者而起，雖賢者所不免，
而且流毒無窮：

自明以來，講學者釀爲朋黨，百計相傾。王守仁作《朱子
晚年定論》，程敏政作《道一編》，欲援朱子以附陸氏，論
者譏其舞文。張烈作《王學質疑》，熊賜履作《閑道錄》，
又詆斥陸王，幾不使居於人，論者亦譏其好勝。雖各以衛
道爲名，而本意所在，天下得而窺之也。[199]

夫二家之學各有得失，及其末流之弊，議論多而是非起，
是非起而朋黨立，恩讐輾轉，毀譽糾紛，正、嘉以還，賢
者不免。宗羲此書，猶勝國門戶之餘風，非專爲講學設也。
然於諸儒源流分合之故，敍述頗詳，猶可考見其得失，知
明季黨禍所由來，是亦千古之炯鑑矣。[200]

講學者遞相標榜，務自尊大。明以來談道統者，揚己凌人，
互相排軋，卒釀門戶之禍，流毒無窮。[201]

所以明人之爭是源自於宋，宋、明人的好議論是源自於宋學
的爭門戶，最後將矛頭指向了宋學，認爲漢學就無此弊病：

漢唐儒者謹守師說而已，自南宋至明，凡說經、講學、論
文，皆各立門戶。大抵數名人為之主，而依草附木者，囂
然助之。朋黨一分，千秋吳越，漸流漸遠，並其本師之宗
旨亦失其傳，而仇隙相尋，操戈不已，名為爭是非，實則

---

198 《王學質疑》提要，《四庫全書總目》卷 97，前揭書，上冊頁 1281。
199 《雒閩源流錄》提要，《四庫全書總目》卷 63，前揭書，上冊頁 877-878。
200 《明儒學案》提要，《四庫全書總目》卷 58，前揭書，上冊頁 815-816。
201 《儒林宗派》提要，《四庫全書總目》卷 58，前揭書，上冊頁 816。

爭勝負也。[202]

蓋宋明人皆好議論，議論異則門戶分，門戶分則朋黨立，朋黨立則恩怨結，恩怨既結，得志則排擠於朝廷，不得志則以筆墨相報復，其中是非顛倒，頗亦熒聽。[203]

蓋漢學但有傳經之支派，各守師說而已，宋學既爭門戶，則不得不百計以求勝，亦勢之不得不然者歟？[204]

這樣的觀點在《閱微草堂筆記》中，紀昀刻劃出講學者近名好勝的形象。如狐狸精對魏環極提問的回答，就認為道學和聖賢各一事，用意已稍別，加上門戶之爭，更是偏離孔孟之道，魏環極雖然認為狐狸精所言是「是蓋因明季黨禍，有激而言，非篤論也」，但是「其抉摘情偽，固可警世之講學者」還是得到魏環極的認同，所以狐狸精的話還是點出講學者門戶之爭以求勝的形象：

（魏環極）一日偶問，汝視我能作聖賢乎？曰：公所講者道學，與聖賢各一事也。聖賢依乎中庸，以實心勵實行，以實學求實用；道學則務語精微，先理氣，後彝倫，尊性命，薄事功，其用意已稍別。聖賢之於人有是非心，無彼我心，有誘導心，無苛刻心；道學則各立門戶，不能不爭，既已相爭，不能不巧詆以求勝，以是意見，生種種作用，遂不盡可令孔孟見矣。公剛大之氣，正直之情，實可質鬼神而不愧，所以敬公者在此。公率其本性，為聖為賢亦在此。若公所講，則固各自一事，非下愚之所知也。公默然遣之，後以語門人曰：是蓋因明季黨禍，有激而言，非篤

202　〈卷首三凡例〉，《四庫全書總目》，前揭書，上冊頁 33。
203　〈史部總敘〉，《四庫全書總目》卷 45，前揭書，上冊頁 611。
204　《孜堂文集》提要，《四庫全書總目》卷 183，前揭書，下冊頁 2554。如果嚴格的說起來，漢代的今古文之爭未嘗不是一種門戶之爭，「各守師說而已」，不免是溢美之詞了。

論也。然其抉摘情偽，固可警世之講學者。[205]

　　另有一則藉狐狸精之口，認為一旦好名便落入下等，「洛閩諸儒，撐眉努目」又生出後世許多的紛爭，也是僅寥寥數語，就刻劃出宋儒的近名好勝的形象：

> （劉師退）臨別曰：「今日相逢，亦是天幸，君有一言贈我乎？」躊躇良久，曰：「三代以下，恐不好名，此為下等人言。自古聖賢，卻是心氣和平，無一毫做作。洛閩諸儒，撐眉怒目，便生出如許葛藤，先生其念之。」師退憮然自失。[206]

　　又有一則寫鬼魂崔寅以其對《易》學精闢的見解，讓牛公悔庵與五公山人（王餘祐 1615-1684）以為他是儒之隱者，但崔寅一句「果為隱者，方韜光晦跡之不暇，安得知名？果為儒者，方反躬克己之不暇，安得講學？世所稱儒稱隱，皆膠膠擾擾者也」，就將講學者不僅不能反躬克己，還成為膠膠擾擾紛爭的製造者，講學家近名好勝的形象，也就一筆帶了出來：

> 牛公悔庵嘗與五公山人散步城南，因坐樹下談《易》。忽聞背後語曰：「二君所論，乃術家易，非儒家易也。」怪其適自何來，曰：「已先坐此，二君未見耳。」問其姓名，曰：「江南崔寅。今日宿城外旅舍，天尚未暮，偶散悶閒行。」山人愛其文雅，因與接膝究術家儒家之說……二人謝曰：「先生其儒而隱者乎？」崔微哂曰：「果為隱者，方韜光晦跡之不暇，安得知名？果為儒者，方反躬克己之不暇，安得講學？世所稱儒稱隱，皆膠膠擾擾者也，吾方惡此而逃

205　《姑妄聽之》卷二，紀昀著，孫致中等校點，《紀曉嵐文集》第二冊《閱微草堂筆記》，河北教育出版社，1991，頁 410-411。

206　《如是我聞》卷四，前揭書，頁 229。

之。先生休矣，毋汙吾耳！」割然長嘯，木葉亂飛，已失
所在矣。方知所見非人也。[207]

紀昀又以一則他認為是老師何琇編的寓言，把講學家近名好
勝的形象生動的刻畫出來，狐仙的「惟唐以前，但有儒者。北宋
後，每聞某甲是聖賢」一句話就把講學家近名的形象點出，加上
何勵庵（何琇）「以講經立門戶，紛紜辯駁，其說愈詳而經亦愈荒」
的話，也說出了講學家好勝的形象：

> 何勵庵先生言相傳明季有書生，獨行叢莽間，聞書聲琅琅。
> 怪曠野那得有是，尋之，則一老翁坐墟墓間，旁有狐十餘，
> 各捧書蹲坐。老翁見而起迎，諸狐皆捧書人立。書生念既
> 解讀書，必不為禍。因與揖讓，席地坐。問讀書何為，老
> 翁曰：「吾輩皆修仙者也。凡狐之求仙有二途，其一采精氣，
> 拜星斗，漸至通靈變化，然後積修正果，是為由妖而求仙。
> 然或入邪僻，則干天律，其途捷而危；其一先煉形為人，
> 既得為人，然後講習內丹，是為由人而求仙。雖吐納導引，
> 非旦夕之功，而久久堅持，自然圓滿。其途紆而安。顧形
> 不自變，隨心而變。故先讀聖賢之書，明三綱五常之理，
> 心化則形亦化矣。」書生借視其書，皆五經、論語、孝經、
> 孟子之類。但有經文而無注。問經不解釋，何由講貫？老
> 翁曰：「吾輩讀書，但求明理。聖賢言語本不艱深，口相授
> 受，疏通訓詁，即可知其義旨，何以注為？」書生怪其持
> 論乖僻，憫憫莫對。姑問其壽，曰：「我都不記。但記我受
> 經之日，世尚未有印板書。」又問閱歷數朝，世事有無同
> 異？曰：「大都不甚相遠，惟唐以前，但有儒者。北宋後，

每聞某甲是聖賢，為小異耳。」書生莫測，一揖而別。後
於途間遇此翁，欲與語，掉頭徑去。案此殆先生之寓言。
先生嘗曰：「以講經求科第，支離敷衍，其詞愈美而經愈荒；
以講經立門戶，紛紜辯駁，其說愈詳而經亦愈荒。」語意
若合符節。[208]

紀昀對講學家近名好勝形象的描寫，更將這種門戶之爭，以
短短幾句話的故事，寫出講學家間的爭鬥，至死不休，甚至下徹
黃泉，深刻地刻畫出講學家近名好勝的形象來。紀昀可謂是譏諷
的能手，而《閱微草堂筆記》相較於其他諷刺小說來說，也是不
遑多讓，不僅是一部志怪小說，視之為一部上乘的諷刺小說，也
未嘗不可：

嘉祥曾英華言：一夕秋月澄明，與數友散步場圃外，忽旋
風滾滾，自東南來，中有十餘鬼，互相牽曳，且毆且詈，
尚能辨其一二語，似爭朱陸異同也。門戶之禍，乃下徹黃
泉乎？[209]

或許是紀昀對講學家近名好勝形象譏諷的太鞭辟入裏了，所
以梁啟超還曾怪罪紀昀道「學會之亡起於何也？曰：『國朝漢學家
之罪，而紀昀為之魁也』，漢學家之言曰，今人但著書，不尚講學」
[210]，理學的沒落、講學之不興，自有其內緣外因，以此相責紀昀，
除了顯示紀昀甚有影響力外，卻未必是實情。

208　《灤陽消夏錄》卷三，前揭書，頁53。
209　《槐西雜志》卷二，前揭書，頁277。
210　《中國文化史》第4冊引梁啟超《時務報十・變法通義》言，陳登原，
　　　世界書局，1971，頁251。

八、從紀昀對儒者形象的刻畫看紀昀 對漢宋學的態度與治學的趨向

　　由上述紀昀在《閱微草堂筆記》中對儒者形象種種的刻畫，可以看出紀昀治學的趨向為何，從中也可以看出他對漢宋學的態度為何，今論述於下：

　　（一）經世思潮下趨向漢學的治學方法，但不以漢學為藩籬。在明亡前後，中國學術思想界內部開始出現了一個要求"疾虛返實"和"實學救國"的經世致用的思潮，尤其當明亡之後，清初顧炎武、黃宗羲、王夫之、顏習齋等大儒，生當易代，懷陸沉之痛，憾薙髮之辱，意識到「救弊之道在實學，不在空言」[211]，垂文作範，提倡經世致用、實事求是之學，於是顧炎武編纂的《日知錄》和《天下郡國利病書》，黃宗羲撰寫的《明夷待訪錄》，都是經世救世思潮下的著作。而在"實學"思潮的湧動中，「一時才俊之士，痛矯時文之陋，薄今愛古，棄虛崇實，挽回風氣，幡然一變」[212]，就在這「推崇實學，以矯空疏」[213]的學風中，"實體、"實踐"、"實行"、"實習"、"實功"、"實心"、"實念"、"實言"、"實才"、"實政"、"實事"、"實風"等等"崇實黜虛"的言論大量地湧現。而"崇實黜虛"的時代精神，落實到經國濟世上，就是經世致用以救世濟民的思想。

　　在這種思潮的影響下，從《閱微草堂筆記》的記述中可以看到紀昀無論是辨傳聞、論藥理、說物性、談科技、決斷刑獄，都

211　〈性理評〉，《存學編》卷三，顏元，《續修四庫全書》第 946 冊，上海古籍出版社，2002，第 681-682 頁。
212　皮錫瑞，《經學歷史》，鳴宇出版社，1980，頁 309。
213　皮錫瑞，《經學歷史》，鳴宇出版社，1980，頁 306。

富有實證精神[214]，而他本人則是「三十以前，講考證之學；五十以後，領修祕籍，復折而講考證」[215]講求考證之學，並且講求「謝彼虛談，敦茲實學」、「務求爲有用之學」[216]，也一再強調「以實心勵實行，以實學求實用」[217]、「讀書以明理，明理以致用也」[218]。所以他對漢學家徵實的考證治學方法是頗爲讚賞的，「唯漢儒之學，非讀書稽古，不能下一語」[219]、「其學篤實謹嚴」、「其學徵實不誣」[220]，在《四庫全書總目》中　"通經"、"黜虛"、"用世"等類的評語措辭，也可以看出崇實的指向[221]。因此在《閱微

---

214 詳見〈姑妄言之姑聽之？──試論「閱微草堂筆記」的實證精神〉，王秋文，國文天地，20：6（2004.11），頁 61-65。另如《灤陽續錄》卷一記紀昀窮數日之力，意圖再造宋代神臂弓之事，也可見紀昀的實學精神「宋代有神臂弓，實巨弩也，立於地而踏其機，可三百步外貫鐵甲，亦曰克敵弓。洪容齋試詞科，有〈克敵弓銘〉是也。宋軍拒金，多倚此爲器。軍法不得遺失一具，或敗不能攜，則寧碎之，防敵得其機輪仿製也。元世祖滅宋，得其式，曾用　以制勝，至明乃不得其傳，惟《永樂大典》尙全載其圖說。然其機輪一事一圖，但有短長寬窄之度與其牝牡凸凹之形，無一全圖，余與鄒念喬侍郎窮數日之力，審諦逗合，訖無端緒。」（紀昀著，孫致中等校點，《紀曉嵐文集》第二冊，河北教育出版社，1991，頁 499-500。）
215 〈姑妄言之序〉，紀昀著，孫致中等校點，《紀曉嵐文集》第二冊，河北教育出版社，1991，頁 375。
216 《四庫全書總目》凡例，紀昀等，（北京）中華書局，1997，頁 33。
217 《姑妄聽之》卷二，前揭書頁 410。
218 《姑妄聽之》卷四，紀昀著，孫致中等校點，《紀曉嵐文集》第二冊《閱微草堂筆記》，河北教育出版社，1991，頁 488。
219 紀昀著，孫致中等校點，《紀曉嵐文集》第二冊，河北教育出版社，1991，頁 10。
220 此二句見《四庫全書總目‧經部總序》，紀昀等，（北京）中華書局，1997。
221 詳見《四庫全書》之纂修與清初崇實思潮之關係研究──以經史二部爲主的觀察一書附錄二，曾紀剛，花木蘭文化工作坊，2005，頁 129-148。而《四庫全書》收錄的標準之一也是「今所錄者率以考證精核、論辯明確爲主」（《四庫全書總目》凡例，紀昀等，（北京）中華書局，1997，上冊頁 33。）

草堂筆記》中，出現大量對講學家空談高論批評的形象描寫，也就不足爲奇了。

因爲認同漢學徵實的治學方法，所以講求考證的紀昀是趨向於漢學，而不滿流於空談的講學家。但是以徵實的考證方法，是要達到「讀書以明理，明理以致用也」，所以最終目的還是在於致用。如果只是沉湎於復古，導致泥古而食古不化，成爲迂腐的學究，甚至陷入「儒者日談考證，講曰若稽古，動至十四萬言」這種繁瑣的考證弊病當中，紀昀也會毫不客氣地給予辛辣的諷刺，所以在《閱微草堂筆記》中，才有譏諷挪揄那些讀書不通、不明世事，迂腐老學究的形象描寫。尤其當早期清代漢學家所提倡透過漢學治學方法，以回歸經典原義的精神逐漸被淡忘之後，導致學者沉溺於故紙堆中，窮年累月於字句的考證，經世風格逐漸淡化，清代漢學的流弊也逐漸浮現出來。以批評漢學最力的姚鼐爲例，姚鼐對漢學流弊的批評，主要集中在兩方面，一是認爲漢學「守一家之偏」[222]，二是指責漢學爲「穿鑿瑣屑」之學[223]，如果

222 姚鼐批評道：「當明時，經生惟聞宋儒之說，舉漢、唐箋注屛棄不觀，其病誠隘。近時乃好言漢學，以是爲有異於俗。夫守一家之偏，蔽而不通，亦漢之俗學也，其賢也幾何？」（〈復孔撝約論禘祭文〉，《惜抱軒文集》卷六，《續修四庫全書》第 1453 冊，上海古籍出版社，2002，第 47 頁。）、「孔子沒而大道微，漢儒承秦滅學之後，始立專門，各抱一經，師弟傳受，儕偶怨怒嫉妒，不相通曉，其於聖人之道，猶築牆垣而塞門巷也。」（〈贈錢獻之序〉，《惜抱軒文集》卷七，《續修四庫全書》第 1453 冊，上海古籍出版社，2002，第 56 頁。），這如同紀昀所說的「及其獘也拘」。

223 姚鼐批評道：「近時陽明之焰熄，而異道又興。學者稍有志於勤學法古之美，則相率而競於考證訓詁之塗，自名漢學，穿鑿瑣屑，駁難猥雜。其行曾不能望見象山、陽明之倫，其識解更卑於永嘉，而輒敢上詆程、朱，豈非今日之患哉！」（〈安慶府重修儒學記〉，《惜抱軒文集後集》卷十，《續修四庫全書》第 1453 冊，上海古籍出版社，2002，第 202 頁。）、「明末至今日，學者頗厭功令所載爲習聞，又惡陋儒不考古而蔽於近，於是專求古人名物、制度、訓詁、書數，以博爲量，以窺隙

去除因爲推崇程朱而對漢學攻擊的感情因素，平心而論，姚鼐對
漢學的某些批評也並非全然無理，如說漢學「穿鑿瑣屑」，務爲餖
飣之學，甚至「守一家之偏，蔽而不通」，確實是說到了漢學的某
些痛處。對此，紀昀其實也早已毫不避諱地指出漢學之弊「及其
獘也拘」、「及其獘也瑣」[224]，甚至也發出「早年辛苦事雕蟲」[225]的
感嘆。我們且看紀昀主持會試時，取士用心於「明理」、「考證」、
「事功」、「通經致用」，或許可以看出紀昀是欲以考據以求明理，
由明理以建事功，簡言之，縈繞在其心中的目標就是通經致用：

> 設科取士將使分治天下之事也。欲沿天下之事必折衷於
> 理，欲明天下之理必折衷於經，……今之所錄，大抵以明
> 理為主。其逞辨才、騖雜學、流於偽體者不取，貌襲先正
> 而空疏無物、割剝理學之字句而餖飣剽竊、似正體而實偽
> 體者亦不取，期無戾於通經致用之本意而已。[226]
> 周公手定《周禮》，聖人非不講事功；孔子問禮、問官，聖
> 人非不講考證，不通天下之事勢而坐談性命，不究前代之
> 成敗而臆斷是非，恐於道亦未有合。"永嘉之學"或可與
> "新安"相輔歟？[227]

攻難爲功，其甚者欲盡舍程、朱而宗漢之士。枝之獵而去其根，細之
蒐而遺其鉅，夫寧非蔽歟！」(〈贈錢獻之序〉，《惜抱軒文集》卷七，《續
修四庫全書》第 1453 冊，上海古籍出版社，2002，第 56 頁。)，這如
同紀昀所說的「及其獘也瑣」。

224　此二句見《四庫全書總目・經部總序》，紀昀等，(北京)中華書局，
　　　1997。
225　〈小憩三間房見壁上詩意互牴戲題二絕句〉，紀昀著，孫致中等校點，
　　　《紀曉嵐文集》第一冊，河北教育出版社，1991，頁 532。
226　〈甲辰會試錄序〉，紀昀著，孫致中等校點，《紀曉嵐文集》第一冊，
　　　河北教育出版社，1991，頁 148。
227　〈丙辰會試策問〉，紀昀著，孫致中等校點，《紀曉嵐文集》第一冊，
　　　河北教育出版社，1991，頁 270。

　　由此可知紀昀雖然認同漢學的治學方法，但也不以考據爲限，因此也才會毫不客氣地指出漢學的流弊[228]，一如對宋學之弊，同樣都給予辛辣的譏諷。而在「通經致用」的思維下，讓他不再囿限於漢宋學的藩籬之中，轉而重視傳統儒學中"濟世"的一面，在講求"內聖"的理學家眼中，總帶有異端氣味的永嘉事功學派，紀昀卻頗有爲之平反之辭：

> 永嘉之學，倡自呂祖謙，和以葉適及傅良，遂於南宋諸儒別爲一派。朱子頗以涉於事功爲疑。然事功主於經世，功利主於自私，二者似一而實二。未可盡斥永嘉爲霸術。且聖人之道，有體有用；天下之勢，有緩有急。陳亮上孝宗疏所謂風痹不知痛癢者，未嘗不中薄視事功之病。亦未可盡斥永嘉爲俗學也。[229]

228　如在乾嘉樸學大師惠棟的《左傳補注》提要中即揭示出惠棟考據學無法通經致用的弊端「蓋其長在博，其短亦在於嗜博。其長在古，其短亦在於泥古也。」(《四庫全書總目》卷 29，紀昀等，中華書局，1997，上冊頁 380。)，又在《四庫全書總目》卷首三（凡例）也對顧炎武音學表達出不滿「聖賢之學，主於明體以達用，凡不可見諸實事者，皆屬卮言。儒生著書，務爲高論，陰陽太極，累牘連篇，斯已不切人事矣。至於論九河則欲修禹跡，考六典則欲復周官，封建井田，動稱三代，而不揆時勢之不可行。至黃諫之流，欲使天下筆劄皆改篆體；顧炎武之流，欲使天下言語皆作古音，迂謬抑更甚焉。又如明之曲士，人喜言兵，《二麓正議》欲掘坑藏錐以刺敵，《武備新書》欲雕木爲虎以臨陣，陳禹謨至欲使九邊將士人人皆讀《左傳》。凡斯之類，並闢其異說，黜彼空言，庶讀者知致遠經方，務求爲有用之學。」(《四庫全書總目》凡例，紀昀等，（北京）中華書局，1997，上冊頁 33)，另如《槐西雜志》卷一稱「故餘於漢儒之學，最不信春秋繁露、洪範五行傳論」，《紀曉嵐文集》第二冊《閱微草堂筆記》，河北教育出版社，1991，頁 251。

229　《永嘉八面鋒》提要，《四庫全書總目》卷 135，紀昀等，中華書局，1997，下冊頁 1781。陳亮上孝宗疏所言是「今世之儒士，自謂得正心誠意之學者，皆風痹不知痛癢之人也。舉一世安於君父之仇，而方低

　　在紀昀看來「聖人非不講事功」，講求外王經世之學，並不同
於出於自私之心的功利主義，紀昀並非輕視道德，而是不認同心
性派學者的輕視事功「夫儒者之學，明體達用。道德事業，本無
二源，歧而兩之，殊爲偏見」[230]，所以人品事業卓絕一時的范仲
淹，就備受紀昀的推崇：

> 蓋行求無愧於聖賢，學求有濟於天下，古之所謂大儒者有
> 體有用，不過如此，初不必說太極、衍先天，而後謂之能
> 聞聖道，亦不必講封建、議井田，而後謂之不愧王佐也。
> 觀仲淹之人與仲淹之文，可以知空言、實效之分矣。[231]

《閱微草堂筆記》中黃山二鬼的質疑，其實也是紀昀對理學
家薄視事功的質疑，尤其是身處乾隆盛世的紀昀，應該是深刻地
體驗到治理一個龐大的帝國，這樣一件包羅萬象巨大的工程，需
要許多非道德性的知識和技術，也就是「體國經野之政、捍災禦
變之方」的「治法」、「政典」，光靠誠正修齊這一內聖經世連鎖推
理法的道德訴求，恐怕會如費正清所說的「在希臘學者的眼裡，
不過是一連串的如意算盤而已」[232]，這也是紀昀爲何會重視事功，
而對理學家熱衷於性理空談頗有微辭[233]的原因所在：

> 《西銘》論萬物一體，理原如是。然豈徒心知此理，即道

頭拱手以談性命，不知何者謂之性命乎。」（《龍川文集》提要引陳亮
　　言，前揭書卷 162，紀昀等，中華書局，1997，下冊頁 2157。）
230　《宋令懿範》提要，前揭書卷 61，上冊頁 858。
231　《文正集》提要，前揭書卷 152，下冊頁 2041。
232　《美國與中國》，費正清，商務印書館，1987，頁 58。
233　早在紀昀 25 歲（1748）尙未登第時，便有〈瓦橋關〉憑臨弔古之詩，
　　「積水通瀛海，雄關記瓦橋。當年爭洛閩，此外付金遼。世暗邊功賤，
　　儒多戰氣銷。北盟誰載筆，猶忍話三朝」表達出對理學家議論多而事
　　功少的不滿。（紀昀著，孫致中等校點，《紀曉嵐文集》第一冊，河北
　　教育出版社，1991，頁 492）

濟天下乎？父母之於子，可云愛之深矣，子有疾病，何以
不能療？子有患難，何以不能救？無術焉而已。此猶非一
身也。人之一身，慮無不深自愛者，己之疾病，何以不能
療？己之患難，何以不能救？亦無術焉而已。今不講體國
經野之政、捍災禦變之方，而曰吾仁愛之心同於天地之生
物，果此心一舉，萬物即可以生乎？吾不知之矣。至《大
學》條目，自格致以至治平，節節相因，而節節各有其功
力。譬如土生苗，苗成禾，禾成穀，穀成米，米成飯，本
節節相因。然土不耕則不生苗，苗不灌則不得禾，禾不刈
則不得穀，穀不舂則不得米，米不炊則不得飯，亦節節各
有其功力。西山作《大學衍義》，列目至齊家而止，謂治國
平天下可舉而措之。不知虞舜之時，果瞽瞍允若，而洪水
即平、三苗即格乎？抑猶有治法在乎？又不知周文之世，
果太姒徽音而江漢即化、崇侯即服乎？抑別有政典存乎？
今一切棄置，而歸本於齊家，毋亦如土可生苗，即炊土為
飯乎？[234]

　　當然紀昀也才會不滿於漢學家泥古、瑣碎之弊，故而寫出泥
古的劉羽沖，和譏諷漢學「儒者日談考證，講曰若稽古，動至十
四萬言，安知冥冥之中，無在旁揶揄者乎？」的記述。

　　雖然紀昀治學重視著通經致用，但遺憾的是，仕宦一生可謂
榮崇達於極至[235]的紀昀，位高官顯卻少顯赫的政績，以致自己也

---

234 《姑妄聽之》卷三，紀昀著，孫致中等校點，《紀曉嵐文集》第二冊《閱
　　微草堂筆記》，河北教育出版社，1991，頁 453-455。
235 紀昀除了在乾隆三十三年（1768）到乾隆三十五年（1770）被謫戍烏魯木
　　齊外，從乾隆四十四年（1779）出翰林入中樞，直到嘉慶十年（1804）病
　　卒，紀昀曾三遷禦史，三入禮部，兩次執掌兵符，最後以禮部尚書、協辦
　　大學士加太子少保加國子監事，並賜紫禁城騎馬，襄贊政事達二十餘年。

不免發出「餘今老矣，叨列六卿，久無建白，平生恆內愧」[236]的
長嘆。但細究其宦途之中，仍多致意於國計民生之舉，如甫成進
士之時即留意於律法、吏治[237]，在謫居烏魯木齊時，爲終身戍役
之單丁請命，消彌禍患於未然[238]，當仕途漸居高位說話有份量時，
自乾隆四十九年至嘉慶七年，共計有十六本替各地因闕緩積欠稅
賦的謝恩摺子[239]，可以看到紀昀爲民請命的一面。紀昀最爲人稱
著的政績是「壬子（乾隆五十七年），以畿輔水災奏請截留宦糧
萬石，設十廠賑饑。得旨，六月開廠，自夏季至明年四月，全活
無算」[240]。而紀昀之所以會少有建樹，主要關鍵在於乾隆、嘉慶

236　〈尹太夫人八十序〉，紀昀著，孫致中等校點，《紀曉嵐文集》第一冊，
　　　河北教育出版社，1991，頁225。
237　乾隆十九年有〈擬修定科律詔〉「滌濫除煩，法歸簡約。使民不易犯，
　　　吏不爲奸」留心於律令、〈擬請重親民之官疏〉「且夫吏治易弛而難張，
　　　官方易淆而難澄。一不經心，其弊百出。方今清公守法，約己愛人者，
　　　守令之中，豈曰無人；然南山之竹，不揉自直，器車之材，不規自圓，
　　　此千百之一二耳。其橫者毛鷙搏噬，其貪者溪壑不盈，其譎者巧詐售
　　　欺，其儒者昏憒敗事，而貴族權門依勢作威者又錯出於其中，一二良
　　　吏，恐不能補千百人之患也。況此一二人者，無所激勸，亦將隨而波
　　　靡哉。良由視之太輕，核之不力，而蠹政害民，勢遂至此也。」關注
　　　於吏治。（《紀曉嵐文集》第一冊，河北教育出版社，1991，頁127。）
238　汪德鉞（1748-1808）稱「舊例，摯妻子謫遣於烏魯木齊者，五年後釋
　　　爲民；單丁則終身戍役。乾隆庚寅（三十五年）夏，積多至六千人，
　　　頗相扇動。吾師具奏稿，請將軍巴彥弼上之，六千人同日脫籍。著爲
　　　令，與摯眷者同限」，〈紀曉嵐師八十序〉，《四一居士文抄》卷四，《稀
　　　見清人別集叢刊》第12冊，廣西師範大學出版社，2007，頁332-333。
239　《紀曉嵐文集》第一冊，河北教育出版社，1991，頁95-107。
240　《碑傳集》卷三十八，錢儀吉纂，（北京）中華書局，1993，頁1090，
　　　引朱珪〈協辦大學士禮部尚書文達紀公昀墓誌銘〉。清史稿本傳稱「故
　　　事，五城設飯廠，自十月至三月。昀疏請自六月中旬始，廠日煮米三
　　　石，十月加煮米二石，仍以三月止，從之」（清史稿267卷列傳107），
　　　「賑期向無在夏月者，此特恩也。後復增五廠，至癸醜四月始停止，
　　　所全活者無數」（〈紀曉嵐師八十序〉，《四一居士文抄》卷四，汪德鉞，
　　　《稀見清人別集叢刊》第12冊，廣西師範大學出版社，2007），頁

兩位皇帝對紀昀的看法，「學問素優」[241]、「文學侚優」[242]、「其派出之紀昀，本係無用之腐儒，原不足具數，況伊於刑名事件素非諳悉」[243]是乾隆對紀昀的看法，「紀昀讀書多不明理」[244]，則是嘉慶對紀昀的評語。從這些評語中可以確信紀昀的文學、學問是被乾、嘉二帝所肯定，但或許正因爲紀昀在文學、學問方面傑出的表現，使得乾、嘉二帝不以幹吏視之，而讓他失去了「通經致用」在政事上表現的機會，徒生「叨列六卿，久無建白」之慨。

（二）攻訐程朱理學末流之弊，是對程朱理學的修正，而非反對程朱理學。與程朱理學是治學方法上的差異，但在維護社會、

332-333。此事被稱爲「特恩」是因爲有異於舊例，賑期加長、賑饑粥廠加多、加煮賑米，所以受惠災民也更多，應該是乾隆對紀昀的恩准。

241 乾隆三十三年（1768），紀昀授貴州都勻府知府，乾隆立即下諭以四品銜，仍留庶子任。理由就如嘉慶〈御賜碑文〉中所說的「遂荷先帝特達之知，獨蒙學問素優之譽。一麾出守，劇任恐掩佳才，四品加銜，殊恩特邀破格」（紀昀著，孫致中等校點，《紀曉嵐文集》第三冊，河北教育出版社，1991，頁 723），在此可以看出乾隆對紀昀學問的賞識。

242 紀昀曾向乾隆提出軍國大政的建言時，遭乾隆斥曰「朕以汝文學侚優，故使領四庫書，實不過以倡優蓄之，汝何敢妄談國事！」（天嘏，《清代外史》，收入《滿清稗史》上冊，（北京：中國書店，1987），頁 20。）

243 乾隆五十年（1785）紀昀時任左都御史，因覆檢海升毆死其妻吳雅氏一案遭致乾隆呵斥「其派出之紀昀，本係無用之腐儒，原不足具數，況伊於刑名事件素非諳悉，且目系短視，於檢驗時未能詳悉閱看，即以刑部堂官所言隨同附和，其咎尚有可原，著交部嚴加議處」（《東華續錄》乾隆朝卷 101，王先謙編，《續修四庫全書》第 373 冊，上海古籍出版社，1995，頁 772），此案因當事兩造具爲權貴之姻，引起風波甚大，罰俸、革職者不少，乾隆於此雖明爲呵斥，但仍有「其咎尚有可原」維護之意，但也可知紀昀「於刑名事件素非諳悉」。

244 《東華續錄》嘉慶朝卷一，十月己卯上諭（王先謙編，《續修四庫全書》第 374 冊，上海古籍出版社，1995，頁 384）。嘉慶元年大學士出缺，嘉慶帝就想擢升劉墉、紀曉嵐二人爲大學士，但與太上皇乾隆一商量，太上皇卻不應允，可能是因爲二人在內禪大禮時，貿然苦諫乾隆把傳國玉璽傳給嘉慶，因此得罪太上皇。嘉慶帝當時未能親政，只好按父皇的意願行事，因此才在上諭中這樣曉諭。

安定人心的倫常教化上，並非是反對程朱理學的。在《閱微草堂筆記》中紀昀對講學家極盡諷刺、挪揄之能事，尤其是紀昀生動逼真地刻畫出講學家苛刻不近人情的形象、虛偽矯作假道學的形象，貶抑批判的意味相當地明顯，所以長久以來大家總是認為紀昀是反對程朱理學的一員大將[245]，也因此激起了理學衛道之士的憤慨與反擊。自《閱微草堂筆記》流傳以後，便陸續有人對其提出質疑與批判，如道光、咸豐年間人林昌彝（1803～?）就質疑道：「其托狐鬼以勸世則可，而托狐鬼以譏刺宋儒則不可，宋儒雖不無可議，不妨直言其弊，托狐鬼以譏刺之，近於狎侮前人，豈君子所出此乎？」[246]，光緒年間人施山（駢枲道人）也直斥紀昀「好虛構萬一或然之事，鬼魅無稽之言，執為確據，以仇視習常守理之講學家，譏謗笑侮，不遺餘力」[247]，民初狄葆賢（1872-?）更稱「紀氏……對於宋儒頗多微詞，數百年風氣之衰，紀氏之過也」[248]，康有為（1858-1927）也持相同看法「案古今總校書之任者，皆有大權主張學術之移易，是非竄亂古書……所以攻宋儒者無不至，後生多為所惑。近世氣節壞、學術蕪，大抵紀昀之罪也。校書者心術若壞，何所不至」[249]，這些都是認為紀昀此書之作，其意是在反對宋學，甚至直斥紀氏為世衰道微的罪魁禍首。

---

245 如余英時即稱紀昀為「乾、嘉時代反程、朱的第一員猛將」，《論戴震與章學誠》，華世書局，1980，頁 106。
246 《小說舊聞鈔》引《射鷹樓詩話》卷二語，魯迅，齊魯書社，1997，頁 85。
247 《小說考證》卷七引《蘦露庵雜記》語，蔣瑞藻，上海古籍出版社，1984，頁 224。
248 《紀昀評傳》引平等閣主人（狄葆賢）加批《閱微草堂筆記》評語，周積明，南京大學出版社，1997，頁 168。狄氏所批有正書局於 1922 出版，筆者惜未見。
249 《新學偽經考》三上，康有為，《續修四庫全書》179 冊，上海古籍出版社，1995，頁 497-498。

　　但是細究之，在《閱微草堂筆記》中記載的真君子多是理學家，紀昀對真君子劉君琢、周姓老儒、魏環極等人形象的描繪，並不會因他們講理學就醜詆他們，也寫出鬼狐對他們的欽敬，所以紀昀對理學主敬立誠、躬行自修的功夫還是相當地敬佩，因此才有這樣對講學家正面形象的描寫，而紀昀在治學和立身處世的態度，倒頗有「治經宗漢儒，立身宗宋儒」、「六經尊服鄭，百行法程朱」[250]的意味。再看紀昀所譏諷的講學家，有的是苛刻不近人情、動輒以禮苛責；有的是矯作虛僞、言行不一、口是心非、貪財害人的假道學，這些末流之弊，難道就因爲講理學就不能被批評嗎？所以邱煒菱（菽園）才說「《齊諧》攻宋儒，每每肆意作謔，殊不足服理學家之心。《五種》攻宋儒，架空設難，實足以平道學家之氣」[251]，指的就是紀昀所針砭的的確是理學的末流之弊，講學家豈能以汙衊視之。因此從他對講學家正反兩面的形象描寫看來，紀昀反對的是理學的末流弊端，痛恨的是虛僞的假道學罷了，對德行醇然、躬行自修的理學家，仍然是心折的。而紀昀在針砭宋學末流之弊時，無疑地也是在對程朱理學的修正，例如在對假道學形象的刻畫時，就寫出真君子的形象以作爲典範；在對講學家苛刻不近人情形象的刻畫時，就提出較寬容的意見「飲食男女，人生之欲存焉。干名義、瀆倫常、敗風俗，皆王法之所必禁也，若癡兒騃女，情有所鍾，實非大悖於禮，似不必苛以深文」

250 《經解入門》卷三〈漢宋門戶異同〉節，江藩著，天津市古籍書店，1990，頁 74。江藩治學雖宗漢學，但對宋儒修身的功夫卻頗推服「學者治經宗漢儒，立身宗宋儒，則兩得矣」、「本朝爲漢學者，始于元和惠氏，紅豆山房半農人手書楹帖云：『六經尊服鄭，百行法程朱』，不以爲非，且以爲法，爲漢學者背其師承何哉！藩爲是記，實本師說。」
251 《客雲廬小說話》卷一〈菽園贅談〉，邱煒菱，光緒二十三年刊本。

252、「程子謂『餓死事小，失節事大』，是誠千古之正理，然爲一身言之耳，此婦甘辱一身以延宗祀，所全者大，似又當別論矣」253 等意見，以修正逐漸僵化而不近人情的禮教。以守節爲例，紀昀一方面對貞節烈婦倍加推崇254，但又因他深知守節的不易與艱辛，所以能較寬容地看待改嫁之事，而不堅持如程頤所說的「餓死事小，失節事大」255，紀昀不是反對禮法，他攻擊的是不通的禮法、荒謬的習俗，希望在遵循禮法時，又能兼顧人情，否則「必激而蕩於禮法外矣」256，紀昀不像戴震激動地直接控訴以理殺人

252　《灤陽續錄》卷五，紀昀著，孫致中等校點，《紀曉嵐文集》第二冊《閱微草堂筆記》，河北教育出版社，1991，頁 555。

253　《灤陽續錄》卷一，前揭書，頁 505。

254　紀昀在逝世前兩年的禮部尙書任內（1803），上一道摺子〈請敕下大學士九卿科道詳議旌表例案摺子〉，爲烈婦「猝遭強暴，力不能支，捆縛捺抑，竟被姦汙者」「例不旌表」不近人情的規定翻案，《槐西雜志》卷四「倪媼，武清人，年未三十而寡。舅姑欲嫁之，以死自誓。舅姑怒，逐諸門外，使自謀生。流離艱苦，撫二子一女，皆婚嫁，而皆不才。煢煢無倚，惟一女孫度爲尼，乃寄食佛寺，僅以自存，今七十八歲矣。所謂青年矢志白首完貞者歟！餘憫其節，時亦周之。馬夫人嘗從容謂曰：「君爲宗伯，主天下節烈之旌典，而此媼失諸目睫前，其故何歟？」餘曰：「國家典制，具有條格。節婦烈女，學校同舉於州郡，州郡條上於臺司，乃具奏請旨，下禮曹議，從公論也。禮曹得察核之、進退之，而不得自搜羅之，防私防濫也。譬司文柄者，棘闈墨牘，得握權衡，而不能取未試遺材，登諸榜上。此媼久去其鄉，既無舉者；京師人海，又誰知流寓之內，有此孤嫠？滄海遺珠，蓋由於此。豈餘能爲而不爲歟？念古來潛德，往往借稗官小說，以發幽光。因撮厥大凡，附諸瑣錄。雖書原志怪，未免爲例不純；於表章風教之旨，則未始不一耳。」（前揭書，頁 373-374），則是不忘爲於律無法襃揚的節婦傳名。

255　《晦庵集》卷 26 引程頤言「昔伊川先生嘗論此事，以爲餓死事小，失節事大」，朱熹，臺灣商務印書館，1986。

256　〈伯兄晴湖公墓誌銘〉，《紀曉嵐文集》第一冊，河北教育出版社，1991，頁 379。

257，不像吳虞聲嘶力竭地喊出吃人的禮教[258]，他是曲折地透過《閱微草堂筆記》中一則則的故事，來喚醒日趨苛刻禮法中的人情。從《閱微草堂筆記》中紀昀對三綱五常、忠孝節義等倫理道德，仍是不餘遺力地提倡與遵守，全書中忠臣、孝子、節婦獲得鬼神欽敬、呵護的例子比比皆是[259]，在維護社會秩序與行為規範的目

257 〈與某書〉「嗚呼！今之人其亦弗思矣！聖人之道，使天下無不達之情，求遂其欲，而天下治。後儒不知「情之至於纖微無憾」是謂理，而其所謂理者，同於酷吏之所謂法。酷吏以法殺人，後儒以理殺人，浸浸乎舍法而論理。死矣，更無可救矣！」，《戴震全書》第六冊《戴震文集》，黃山書社，1995，頁496。

258 吳虞〈吃人與禮教〉：「孔二先生的禮教講到極點，就非殺人吃人不成功，這真是殘酷極了！一部歷史裏面，講道德、說仁義的人，時機一到，他就直接間接地都會吃起人肉來。就是現在的人，或者也有沒做過吃人的事，但他們想吃人，想咬你幾口出氣的心，總未必打掃得乾乾淨淨。……我們應該明白了：吃人的就是講禮教的，講禮教的就是吃人的呀！」，《新青年》6：6（1919）。

259 忠臣之例如《灤陽消夏錄》卷三「有廝養曰巴拉，從征時遇賊，每力戰，後流矢貫左頰，鏃出於右耳之後，猶奮刀砍一賊，與之俱僕。後因事至孤穆第（在烏魯木齊、特納格爾之間），夢巴拉拜謁，衣冠修整，頗不類賤役。夢中忘其已死，問向在何處？今將何往？對曰：「因差遣過此，偶遇主人，一展積戀耳。」問何以得官？曰：「忠孝節義，上帝所重，凡為國捐生者，雖下至僕隸，生前苟無過惡，幽冥必與一職事；原有過惡者，亦消除前罪，向人道轉生。奴今為博克達山神部將，秩如驍騎校也」（前揭書，頁47），孝子之例如《灤陽消夏錄》卷三「去餘家十餘里，有瞽者姓衛，戊午除夕，偏詣常呼彈唱家辭歲，各與以食物，自負以歸。半途失足，墮枯井中。既在曠野僻徑，又家家守歲，路無行人，呼號嗌乾，無應者。幸井底氣溫，又有餅餌可食，渴甚則咀水果，竟數日不死。會屠者王以勝驅豕歸，距井有半里許，忽繩斷，豕逸狂奔野田中，亦失足墮井，持鉤出豕，乃見瞽者，已氣息僅屬矣。井不當屠者所行路，殆若或使之也。先兄晴湖問以井中情狀，瞽者曰：「是時萬念皆空，心已如死。惟念老母臥病，待瞽子以養。今並瞽子亦不得，計此時恐已餓莩，覺酸徹肝脾，不可忍耳。」先兄曰：非此一念，王以勝所驅豕必不斷繩」（前揭書，頁55），節婦之例如《灤陽消夏錄》卷二記「一日，喧傳節婦至，冥王改容，皆振衣佇迓。見一老婦纍然來，其行步步漸高，如躡階級，比到，竟從殿脊上過，莫知所適。冥王憮然曰：『此已升天，不在吾鬼籙中矣。』」（前揭書，頁35）。

標上，和程朱學說所提倡的並無二致，可謂殊途而同歸，他只是遵循著儒家的中庸之道，去修正理學極端化的弊病，以「深具彈性的理」[260]，更貼近人情常理，以避免流於苛刻不近人情的弊病。所以如同紀昀八十大壽時，他的門生汪德鉞所說的「意旨不若合符節歟」：

> 平生講學。不空持心性之談，人以為異于宋儒，不知其牖民於善，訪民於淫，拳拳救世之心，實導源洙泗。即偶為筆記也，以為中人以下，不可與莊語，於是以卮言之出，代木鐸之聲。乍視之，若言奇言怪；細核之，無非寓懲勸以發人深省者。柳子厚云：「即末以操其本，可十七八」，此與濂洛關閩拯人心沉溺者，意旨不若合符節歟？[261]

也難怪章太炎《釋戴》篇會記載著，當紀昀看到一向與之交好的戴震所著的《孟子字義疏證》後，竟「攘臂而扔之」，可見他憤怒的程度，認為該書「以誹清淨潔身之士，而長流汙之行」[262]，原因或許就在紀昀並不是反對程朱理學的[263]，而是藉著批判、譏

260　〈閱微草堂筆記的理性主義〉，侯健，中外文學，8：1，頁30-48。

261　〈紀曉嵐師八十序〉，《四一居士文抄》卷四，汪德鉞，《稀見清人別集叢刊》第12冊，廣西師範大學出版社，2007，頁332-333。

262　「夫言欲不可絕，欲當則為理者，斯固沴政之言，非飭身之典矣。辭有枝葉，乃往往軼出閫外，以詆洛、閩。紀昀攘臂扔之，以非清淨潔身之士，而長流汙之行，雖焦循亦時惑。」《章太炎全集》第四冊〈釋戴〉，上海人民出版社，1985，頁123。

263　劉聲木（1878-1959）認為紀昀批判陸王之說更是不遺餘力「程朱與陸王二派，若水火之不相容，習程朱者無不攻陸王，習陸王者亦然。紀文達公昀為昭代大儒，學問淵雅，志識高卓，未聞以程朱、陸王之學自囿也。其撰《四庫提要》，於程朱之學，雖有微詞，不過不服膺而已，未至於如陸王之學，則攻擊不遺餘力，雖未明言禁人學習，極言其流弊所至，不知底止。可見公道自在人心，非區區口舌所能強爭也」〈四庫提要推重程朱〉，《萇楚齋續筆》卷一，（北京）中華書局，1998，頁232。

諷末流之弊來修正程朱理學，以達到他心中理想的境地。

如果以宋儒的標準來看紀昀，如同朱熹所說的「十年浮海一身輕，歸對黎渦卻有情。世路無如人欲險，幾人到此誤平生」[264]，視人欲如洪水猛獸，紀昀一定會遭致不矜細行貪戀美色的批評，因爲「昀頗蓄妾媵」[265]，無法達到禁慾的標準。但細究之，這在當時「妾媵猶在禮法中」[266]，或許這就是紀昀會主張用寬容的態度來看待情慾的原因，畢竟能達到不起心動念的人少，能「禮不

---

264 南宋紹興八年（1138），宋金和議垂成之際，胡銓上了一篇動天地、泣鬼神的〈戊午上高宗書〉，極力反對向金人屈膝投降，請斬王倫、秦檜、孫近之頭，並羈留金使，以興師問罪。卻因此得罪秦檜等，遭朝廷「十年貶海外」，先貶謫威武軍判官，十三年謫新州，十八年謫儋州（今屬海南省），後來獲准北還，起程那天在胡氏園置酒，在侍妓黎倩伴酒下，題詩一首說「君恩許還此一醉，傍有黎頰生微渦」。後朱熹見此詩，就寫下〈宿故氏館觀壁間題詩首警二絕〉「十年浮海一身輕，歸對黎渦卻有情。世路無如人欲險，幾人到此誤平生」，來諷刺胡銓不矜細行貪戀美色，也強調人欲的可怕。紀昀對此也有所辯白「然銓孤忠勁節照映千秋，乃以偶遇歌筵，不能作陳烈逾牆之遁，遂坐以自誤平生，其操之爲已蹙矣。平心而論，是固不足以爲銓病也」（《澹庵文集》提要，《欽定四庫全書總目》卷158，紀昀等，中華書局，1997，下冊頁2114。）

265 〈伯兄晴湖公墓誌銘〉，《紀曉嵐文集》第一冊，河北教育出版社，1991，頁379。清人的筆記中更有令人難以置信的記載「飲食男女，大欲存焉……紀文達日必五度，否則病。」（《蟲鳴漫錄》卷二，采蘅子纂，廣文書局，1969，頁46）。孫靜庵的《棲霞閣野乘》也講述紀曉嵐好色的故事：「河間紀文達公，爲一代巨儒。幼時能於夜中見物，蓋其稟賦有獨絕常人者。一日不御女，則膚欲裂，筋欲抽。嘗以編輯《四庫全書》，值宿內庭，數日未御女，兩睛暴赤，顴紅如火。純廟偶見之，大驚，詢問何疾，公以實對。上大笑，遂命宮女二名伴宿。編輯既竟，返宅休沐，上即以二宮女賜之。文達欣然，輒以此誇人，謂爲"奉旨納妾"云」。采蘅子的《蟲鳴漫錄》卷二說："紀文達公自言乃野怪轉身，以肉爲飯，無粒米入口，日御數女。五鼓如朝一次，歸寓一次，午間一次，薄暮一次，臨臥一次。不可缺者。此外乘興而幸者，亦往往而有。

266 〈伯兄晴湖公墓誌銘〉，《紀曉嵐文集》第一冊，河北教育出版社，1991，頁379。

可逾，義不可負，能自製不行」[267]，就難能可貴了，嚴格的禁止恐怕只會「必激而蕩於禮法外矣」[268]，產生更多的假道學罷了。除了「頗蓄妾媵」外這樣的「小德出入」外，紀昀一生的行止並無愧於宋儒，並未見紀昀有追逐聲色、犬馬、貨利、喪行敗德的記載，稱他「大德不踰閒」，也無不可。他唯一的嗜好只有多蓄硯台這項文人雅趣，如同他在劉墉的贈硯上鐫道「余與石庵（劉墉）皆好蓄硯，每互相贈送，亦互相攘奪，雖至愛不能割，然彼此均恬不為意也。太平卿相，不以聲色貨利相矜，而惟以此事為笑樂」[269]，話中除了展現出文人雅趣外，「太平卿相，不以聲色貨利相矜」也可看出紀昀自豪於身居卿相，卻清廉自守的一面。他的門生汪德鉞曾說出紀昀清白節儉的情形：「吾師居台憲之首，據宗伯、司馬之尊，登其堂蕭然如寒素，察其輿馬、衣服、飲食備數而已，其儉也若此」[270]。筆者曾於 1999 年 7 月造訪紀昀閱微草堂故居，真的就如同汪德鉞所說的「登其堂蕭然如寒素」，如果不看門口的告示，這棟尋常人家的建築，讓人很難相信是「居台憲之首，據宗伯、司馬之尊」紀昀的故居[271]。（下兩幅照片，左邊是筆者造訪時留影，右邊是裝修後樣貌）

---

267 《槐西雜志》卷一，紀昀著，孫致中等校點，《紀曉嵐文集》第二冊《閱微草堂筆記》，河北教育出版社，1991，頁 247。

268 〈伯兄晴湖公墓誌銘〉，《紀曉嵐文集》第一冊，河北教育出版社，1991，頁 379。

269 《閱微草堂硯譜》，紀昀著，湖北美術出版社，2002，頁 62。

270 〈紀曉嵐師八十序〉，《四一居士文抄》卷四，汪德鉞，《稀見清人別集叢刊》第 12 冊，廣西師範大學出版社，2007，頁 332。

271 筆者造訪時，連續劇《鐵齒銅牙紀曉嵐》尚未播映，該戲後來大受歡迎，紀昀故居也裝修成為觀光景點，原貌盡失。

　　當時不僅是他自稱清廉，連朝鮮使臣回還書狀官沈興永，在乾隆六十年（1795）向國內報告中國政治情形時，也曾提到紀昀「尚書紀昀，文藝超倫，清白節儉」[272]，這在和珅當權時，導致吏治腐敗的清代官場上，確屬難得，也難怪會引起朝鮮外交官的

<hr />

272　《紀昀評傳》引《東華續錄》乾隆朝卷 120 語，周積明，南京大學出版社，1997，頁 88。

注意。紀昀除了廉潔值得敬佩外，不依附權貴、同流合污的操守
更是令人敬佩，嘉慶四年（1799）朝鮮書狀官徐有聞報告說「和
珅專政數十年，內外諸臣，無不趨走，惟王傑、劉墉、董誥、朱
珪、紀昀、鐵保、玉保等諸人，終不依附」[273]，紀昀雖然不以道
學自居，但這種儒家道德的實踐功夫，比起道學家來也是不遑多
讓的[274]，或許紀昀無法做到「學求有濟於天下」，但至少他做到了
「行求無愧於聖賢」了。也難怪在民間傳說、戲劇中，常把紀昀、
劉墉說成是和珅的死對頭，可見紀昀清廉剛正的形象早已深植人
心。

　　（三）主張消融門戶之見，持公允之論。在《閱微草堂筆記》
中，紀昀刻劃出講學者近名好勝的形象，可以看到紀昀對門戶之
爭的惋惜與痛恨。因此紀昀對漢、宋二學門戶之分，或是唐、宋
詩之爭[275]，多持平之論，奇怪的是，人們對此卻多忽視之。紀昀

---

273 《紀昀評傳》引《東華續錄》嘉慶朝卷 7 語，周積明，南京大學出版
　　社，1997，頁 88-89。
274 如果依照滿清貴冑禮親王昭槤的看法，理學之衰和和珅有莫大的關係
　　「自乾隆中，傅、和二相擅權，正人與人梗者，多置九卿閑曹，終身
　　不遷，所超擢者，皆急功近名之士。故習理學者日少，至書賈不售理
　　學諸書。」（《嘯亭雜錄·續錄·理學盛衰》條，（北京）中華書局，1997，
　　頁 503）、「自於、和當權後，朝士習為奔競，棄置正道。黠者訴詈正人，
　　以文己過，迂者株守考訂，訾議宋儒，遂將濂、洛、關、閩之書，束
　　之高閣，無讀之者。」（《嘯亭雜錄·書賈語》條，（北京）中華書局，1997，
　　頁 317），紀昀能堅守正道，身體力行聖賢之教，見諸實事而非徒托空
　　言，環視當時「習理學者日少」、「朝士習為奔競，棄置正道」，更是難
　　能可貴。
275 紀昀用了很多的精力，要去矯正祖唐祧宋兩派詩論的偏頗，希望能於
　　兩派之中取其所長而棄其所短。我們看他評點整理過的書，便可以知
　　道為何他喜歡對一些有爭議的詩集加以評點和圈閱。如方回的《瀛奎
　　律髓》、李商隱的《玉谿生詩集》，馮舒、馮班批閱的《才調集》等，
　　又有評點校正《玉臺新詠》，這些詩集，前人都有爭議和不同評價，於
　　是他也通過評點來提出自己的看法。主要評點著作有《瀛奎律髓刊

對漢學、宋學的長短、得失的評論，可說是實事求是，無所偏向。在《灤陽消夏錄》卷一經香閣的故事中，紀昀曾就漢、宋二學關係作過辯論，表示了自己的持平看法：

> 平心而論，《易》自王弼始變舊說，爲宋學之萌芽，宋儒不攻；《孝經》詞義明顯，宋儒所爭，只今文古字句，亦無關宏旨，均姑置勿議；至《尚書》、三禮、三傳、《毛詩》、《爾雅》諸注疏，皆根據古義，斷非宋儒所能；《論語》《孟子》，宋儒積一生精力，字斟句酌，亦斷非漢儒所及。蓋漢儒重師傳，淵源有自；宋儒尚心悟，研索易深。漢儒或執舊文，過於信傳；宋儒或憑臆斷，勇於改經。計其得失，亦復相當。[276]

由這段話可以看出紀昀對漢學之短並不迴護，對宋學也不一味排斥。所以有人評論這段文字說：「此論出，雖起鄭、孔、程、朱於九泉間之，當亦心折也」[277]。又如「夫漢學具有根柢，講學

誤》、《玉谿生詩說》、《刪正二馮先生評閱才調集》、《唐人試律說》、《紀曉嵐墨評唐詩鼓吹》等。此外，他對杜甫、蘇軾、陳師道、黃庭堅等人的詩作也曾作過評點。可見紀昀對這些書的評點，正是有意圍繞對此兩派的評價而開展的。這些大規模的評點，雖然在評點中沒有明確、集中地提出自己的論詩主張，但通過他對這幾種詩集評本的選擇和再評點，是可以看出他的論詩態度是：不要像方回那樣以江西詩派爲尊，也不要像錢謙益、二馮那樣以晚唐詩歌爲尊，而應該相容並蓄，博采各家之長。詳參〈紀昀詩論的時代背景與特色〉一文，王鵬凱、黃瓊誼，東海大學圖書館館訊 70 期（2007.7）。又如〈槐西雜志〉卷四記鬼魂惋惜前後七子所引起的門戶之爭一事（《紀曉嵐文集》第二冊《閱微草堂筆記》，河北教育出版社，1991，頁 344-345）、〈灤陽消夏錄〉卷三鬼魂調停趙執信和王漁洋兩家詩說（前揭書，頁 57）都是紀昀對消弭文學門戶之爭的意見表達。

276　《灤陽消夏錄》卷一，紀昀著，孫致中等校點，《紀曉嵐文集》第二冊《閱微草堂筆記》，河北教育出版社，1991，頁 10。

277　《蕉軒隨錄》卷七，方濬師，（北京）中華書局，1997，頁 279。

者以淺陋輕之，不足服漢儒也；宋學具有精微，讀書者以空疎薄之，亦不足服宋儒也。消融門戶之見，而各取所長，則私心袪而公理出，公理出而經義明矣」[278]，也是紀昀能持平地指出兩者的長短處，力主消弭門戶之爭的意見。又例如他在〈周易義象合纂序〉中稱「古今說五經者，惟《易》最夥，亦惟《易》最多歧論甘者忌辛，是丹者非素，齗齗相爭，各立門戶，垂五六百年於茲」，對這種門戶之爭，紀昀以水做一個生動的比喻：

> 余嘗與戴東原、周書昌言：「譬一水也，農家以為宜灌溉，舟子以為宜往來，形家以為宜砂穴，兵家以為宜扼拒，遊覽者以為宜眺賞，品泉者以為宜茶荈，洴澼絖者以為利浣濯：各得所求，各適其用，而水則一也。譬一都會也，可自南門入，可自北門入，可自東門入，可自西門入，各從其所近之途，各以為便，而都會則一也。《易》之理何獨不然。東坡《廬山》詩曰：『橫看成嶺側成峰，遠近高低各不同。不識廬山真面目，只緣身在此山中。』通此意以解《易》，則《易》無門戶矣。紛紛互詰，非仁智自生妄見乎。」[279]

《易》學主象，主理、主事三派的紛爭，在紀昀看來實在是「仁智自生妄見」，因此他欣賞的是李東圃於「漢學、宋學兩無所偏好，亦無所偏惡」這種持平之論，甚至發出「余向纂《四庫全書》，作經部詩類小序曰：『攻漢學者，意不盡在於經義，務勝漢儒而已；伸漢學者，意亦不盡在於經義，憤宋儒之詆漢儒而已。出爾反爾，勢于何極。』安得如君者數十輩與校定四庫之籍也」

278　《四庫全書總目》經部總敘，紀昀等，（北京）中華書局，1997，上冊頁 42。

279　〈周易義象合纂序〉，紀昀著，孫致中等校點，《紀曉嵐文集》第一冊，河北教育出版社，1991，頁 153-154。

的感慨，由此也可以看出紀昀致力於平息漢宋學門戶之爭，力求公允之論的用心。相同的意見又見於〈黎君易注序〉：

> 漢《易》言數象，不能離存亡進退，非理而何；宋《易》言理，不能離乘承比應，非象數而何。而顧曰：言理則棄象數，言象數即棄理，豈通論哉！余校定秘書二十餘年，所見經解，惟《易》最多，亦惟《易》最濫，大抵漢《易》一派，其善者必由象數以求理；或捨理者，必流為雜學。宋《易》一派，其善者必由理以知象數，或捨象數者，必流為異學。其弊一由爭門戶，一由鶩新奇，一由一知半解，沾沾自喜，而不知《易》道之廣大，紛紜轇轕，遂曼衍而日增，殊不知《易》之作也，本推天道以明人事，故六十四卦之大象，皆有君子以字，而三百八十四爻，亦皆吉凶悔吝為言，是為百姓日用作，非為一二上智密傳微妙也；是為明是非決疑惑作，非為讖緯機祥預使前知也。故其書至繁至賾，至精至深，而一一皆切於事。既切於事，即一一皆可推以理。理之自然者明，則數之必然、象之當然，剨然解矣。又何必曰此彼法、此我法、此古義、此新義哉！[280]

在紀昀看來，漢宋《易》學象、數、理三派之爭的由來「一由爭門戶，一由鶩新奇，一由一知半解」，但「漢《易》言數象，不能離存亡進退，非理而何；宋《易》言理，不能離乘承比應，非象數而何」，因此「言理則棄象數，言象數即棄理，豈通論哉！」，又何必堅持「此彼法、此我法、此古義、此新義」的門戶之見呢！在此不難看出紀昀辨二學之長短，並未袒護任何一方，主張的是

---

280 〈黎君易注序〉，前揭書，頁155。

消融門戶之見，以學術之是非為準，持論務得其平，因此阮元才
會說紀昀「考古必衷諸是，持論務得其平……蓋公之學在於辨漢
宋儒術之是非，析詩文流派之正偽」[281]。就是由於這種力主消弭
門戶之見的信念，讓紀昀和好友戴震有一次意見相左不愉快的經
驗，以博學如戴震者，竟也不免有「不使外國之學勝中國，不使
後人之學勝古人」的成見，讓紀昀徒生「通人之一蔽」的遺憾：

> 東原與昀交二十餘年，主昀家前後幾十年，凡所撰錄，不
> 以昀為陋，頗相質證，無不犁然有當於心者。獨《聲韻考》
> 一編，東原計昀必異論，竟不謀而付刻。刻成，昀乃見之，
> 遂為平生之遺憾。蓋東原研究古義，務求精核，於諸家無
> 所偏主。其堅持成見者，則在不使外國之學勝中國，不使
> 後人之學勝古人。故於等韻之學，以孫炎反切為鼻祖，而
> 排斥神珙反紐為元和以後之說。夫神珙為元和中人，固無
> 疑義，然《隋書·經籍志志》明載梵書以十四字貫一切音，
> 漢明帝時與佛經同入中國，實在孫炎以前百餘年。且《志》
> 為唐人所撰，遠有端緒，非宋以後臆揣者比。安得以等韻
> 之學歸諸孫炎，神珙反謂為孫炎之末派旁支哉？東原博極
> 群書，此條不應不見。昀嘗舉此條詰東原，東原亦不應不
> 記，而刻是書時仍諱而不言，務伸己說，遂類西河毛氏之
> 所為，是亦通人之一蔽也。[282]

　　紀昀治學理念是力主消弭門戶之見，以求公允之論，甚至在
臨死前還囑託其孫樹馨，念念不忘於對杜預和劉炫經說的「平心

281　《紀曉嵐遺集》序，阮元，《紀曉嵐文集》第三冊，河北教育出版社，
　　　1991，頁 727。
282　〈與余存吾太史書〉，紀昀著，孫致中等校點，《紀曉嵐文集》第一冊，
　　　河北教育出版社，1991，頁 274。

持衡，各還是處」：

> 吾老矣，欲成三書，恐天不假年，今語汝大略。汝其識之。一曰《規杜持平》，劉炫一部書，豈無是處，孔疏意主伸杜，凡劉說盡駁之，此冤獄也。平心持衡，各還是處，則杜之失無損於杜，而孔之駁不足為劉病矣。[283]

紀昀這樣破除門戶之見的治學理念，一來是和他的性格有關，從其自稱「余性耽孤寂，而不能自閒，卷軸筆硯，自束髮至今，無數十日相離也」[284]，或者是門生的描述「性耽闃寂，不樂與名流相爭逐，公退後，閉門獨坐，沖然自得，平靜也又若此」[285]、「河間先生典校秘書廿餘年，學問文章，名滿天下。而天性孤峭，不甚喜交遊。退食之餘，焚香掃地，杜門著述而已」[286]、「河間先生以學問文章負天下重望，而天性孤直，不喜以心性空談，標榜門戶；亦不喜才人放誕，詩社酒社，誇名士風流。是以退食之餘，惟耽懷典籍」[287]，無論是「性耽孤寂」、「性耽闃寂」或是「天性孤峭」、「天性孤直」，都有厭倦結黨營派的傾向，自然會厭惡門戶之爭。而這種個性讓他能轉而杜門讀書，沈潛於學問之中，進而

---

283 〈紀文達公傳略〉，李宗昉，《聞妙香室文集》卷14，（臺北）中央研究院歷史語言研究所傅斯年圖書館所藏，清道光十五年（1835）刊本。隋劉炫曾作《春秋規過》一書以糾正杜預所著《左傳集解》諸疑義，而唐孔穎達所作《正義》則又左祖杜氏，對劉說每加駁辨。後紀昀弟子邵瑛，長於經學，尤深于《左傳》，根據其師所言，著《劉炫規杜持平》六卷（清嘉慶22年桂隱書屋刻本），考其得失，以釋兩家之紛爭。

284 《姑妄聽之》自題，紀昀著，孫致中等校點，《紀曉嵐文集》第二冊，河北教育出版社，1991，頁375。

285 〈紀曉嵐師八十序〉，《四一居士文抄》卷四，汪德鉞，《稀見清人別集叢刊》第12冊，廣西師範大學出版社，2007。

286 《姑妄聽之》盛時彥跋，紀昀著，孫致中等校點，《紀曉嵐文集》第二冊，河北教育出版社，1991，頁491。

287 《閱微草堂筆記》盛時彥序，前揭書第一冊，頁1。

開闊了學術的眼界。除了主張破除門戶之見，紀昀更要能提出公允之論，靠的是他淵博的學問，他有幸參與《四庫全書》的編纂，對他學問的增長絕對是有莫大的幫助。現代人透過電腦資料庫，彈指之間億萬言唾手可得，比較難體會書籍的得之不易。我們看到紀昀曾向其座師錢茶山（錢維城）借閱《後山集》，然後才能刪定《後山集》[288]，就可以知道參與《四庫全書》的編纂，能夠大量閱讀到私人無法聚集到的各種秘笈罕本，對學問的增長、視野的開拓，是多麼有幫助啊！所以紀昀自稱「自校理秘書，縱觀古今著作」[289]、「余校定《四庫》所見不下數千家」[290]，他也在〈自題校勘《四庫全書》硯〉一詩中吟哦道：

> 檢校牙籤十萬餘，濡毫滴渴玉蟾蜍。汗青頭白休相笑，曾讀人間未見書。[291]

正因為這番歷練，為他搏得博學的聲譽「北方之士，罕以博雅見稱於世者，惟曉嵐宗伯無書不讀，博覽一時」[292]、「我師河間紀文達以學問文章著聲公卿間四十餘年」[293]、「紀文達公昀學問浩博」、「紀文達公昀為昭代大儒，學問淵雅」[294]、「公貫徹儒籍，旁通百家」[295]，這些讚語都說明紀昀的學問受到推崇。「凡操千曲而

288　〈後山集鈔序〉，前揭書第一冊，頁184。

289　陳鶴《紀文達公遺集》序，紀昀著，孫致中等校點，《紀曉嵐文集》第三冊，河北教育出版社，1991，頁729。

290　〈四百三十二峰草堂詩鈔序〉，紀昀著，孫致中等校點，《紀曉嵐文集》第一冊，河北教育出版社，1991，頁207。

291　〈自題校勘《四庫全書》硯〉，前揭書，頁509。

292　《嘯亭雜錄》卷十，昭槤，（北京）中華書局，1997，頁353。

293　陳鶴《紀文達公遺集》序，《紀曉嵐文集》第三冊，729頁。

294　此二言前出自〈論紀昀撰述〉，《萇楚齋隨筆》卷三；後出自〈四庫提要推重程朱〉，《萇楚齋續筆》卷一，劉聲木，（北京）中華書局，1998，頁65及頁232。

295　〈紀文達公事略〉，《國朝先正事略》，李元度，文海書局，1967，頁992。

後曉聲，觀千劍而後識器」[296]，淹貫古今的博學通才，使他對中國學術的發展過程，分合流變、優劣長短等都了然於胸，也因此才有能力言公允持平之論，這樣的理念也實踐於編纂《四庫全書》上[297]，故而徐世昌在《清儒學案》中評論紀昀，除了點出了《四庫全書總目》「創自古簿錄家所未有」在學術上的成就，也說出紀昀「持論屏除門戶，一洗糾紛」、「欲矯宋明末流之弊」的用心，可謂是瞭解紀昀學術成就與思想內涵的評語：

> 獻縣（紀昀）以通儒遭際明盛，綜覽四部，考證詳明，創自古簿錄家所未有。其持論屏除門戶，一洗糾紛，而欲矯宋明末流之弊，頗有所抑揚。[298]

九、結　語

由於紀昀所處的時代正是漢學、宋學相爭的時代，所以從紀昀對儒者形象的描述，看到了紀昀對當時儒者讚許與厭惡為何；從愛憎之中，得知紀昀對漢宋學的態度為何。於是透過這些故事的描繪，大致可以探索出紀昀內心中一些未曾言明的想法，瞭解他的意圖究竟為何。現在根據前面幾項紀昀儒者形象描述的探討，就其得失略說如下：

（一）就儒者形象的描寫而言，無疑地是當相成功，以致於

---

296 《文心雕龍・知音》，劉勰，天龍出版社，1981，頁 655。

297 如於〈經部總敘〉「今綜稽眾說，務取持平，各明去取之故」、〈卷首三凡例〉「儒者著書，往往各明一義，或相反而適相成，或相攻而實相救，所謂言豈一端，各有當也。考古者無所別裁，則多岐而太雜，有所專主，又膠執而過偏，左右佩劍，均未協中……至於闡明學術，各擷所長，品騭文章，不名一格，兼收並蓄」即揭櫫此一理念。（《四庫全書總目》，（北京）中華書局，1997，上冊頁 42、33）

298 〈獻縣學案〉，《清儒學案》第 4 冊卷 80，徐世昌，世界書局，1962，頁 1。

有"功魁罪首"般兩極化的評論。尤其是紀昀對理學末流之弊，種種的諷刺、揶揄深入人心，所以有視其爲漢學陣營「乾、嘉時代反程、朱的第一員猛將」——這樣功魁般的評價，和「近世氣節壞、學術蕪，大抵紀昀之罪也」、「數百年風氣之衰，紀氏之過也」——這樣罪首般的評價，都是因爲形象刻畫成功所致。

（二）就主張消融門戶之見，持公允之論的用心而言是失敗的。就漢宋兩陣營"功魁罪首"的評論來看，紀昀此一用心顯而易見地是失敗了。事實上，在《閱微草堂筆記》中，紀昀對漢學之弊也有觸及，並非光一昧地指責理學之弊。劉羽沖泥古的描寫、紀昀稱漢學「儒者日談考證，講曰若稽古，動至十四萬言，安知冥冥之中，無在旁揶揄者乎？」這樣譏諷瑣碎之弊的話，未嘗不是針對著「凡古必真，凡漢皆好」[299]的吳派，以及那些只埋首於求真，陷於瑣碎之弊而不講求致用的漢學家有感而發的描寫，又如前文所引紀昀諸多持平之論，可惜竟不能引起眾人的注意，遂致使紀昀有"功魁罪首"般的評價。推究其失敗之因有二：其一是對漢宋學之弊，描寫的比例失衡。寫宋學之弊的篇數甚多，而寫漢學之弊的篇數則太少；寫假道學的篇章多，寫真君子的篇章少，於是讓人產生錯覺。其二是紀昀未有學術專論以闡述其理念，著述又未刻意保留，散佚甚多[300]，其孫樹馨搜輯而成的《紀文達

---

299 梁啓超認爲吳派的宗旨是「凡古必真，凡漢皆好」，《清代學術概論》，梁啓超，水牛出版社，1981，頁53。紀昀也曾明白指出吳派泥古的積弊「蓋其長在博，其短亦在於嗜博。其長在古，其短亦在於泥古也。」（惠棟《左傳補注》提要，《四庫全書總目》卷29，紀昀等，中華書局，1997，上冊頁380。）

300 紀昀不願從事學術著作的心態應是「自校理秘書，縱觀古今著作，知作者固已大備，後之人竭盡其心思才力，不出古人之範圍」（陳鶴《紀文達公遺集》序，《紀曉嵐文集》第三冊，頁729）和「說者謂公才學絕倫，而著書無多，蓋其生平精力，已畢萃於此書（《四庫全書總目》）

公遺集》，又以晚年之作爲多，且偏重於應酬皇帝詩文，讓我們無法一探紀昀學術理念的全貌[301]。關於第一點，或許因爲當時正是漢學昌盛時期，漢學的流弊尙未顯露，紀昀雖然已看出些端倪，但畢竟和盛行數百年的理學所產生的弊端要少些，尤其是社會上假道學遠遠地比眞君子要來得多，例子俯拾皆是，自然在篇章數量上會有懸殊的差距。關於第二點，只能有賴日後更加辛勤地整理文獻資料，以期有更多的資料來加以佐證。

（三）就學術思想而言，紀昀有些見解雖非首創，但仍不失爲同時代中較先進的意見。以前面提到紀昀指出漢學泥古、瑣碎之弊，這樣的批評其實也曾出現在理學陣營中。但以被漢學陣營視爲同路人的紀昀[302]有此言論，自然不同於漢宋兩陣營相訾時，會被視爲攻擊挑釁的言論，對漢學陣營而言，產生自我反思的作

矣」（《紀曉嵐文集》第三冊，頁 513 附錄引陸敬安《冷廬雜識》卷 1
言）；而文稿又不甚保留「生平未嘗著書，間爲人做序記碑表之屬，亦
隨即棄擲，未嘗存稿」（陳鶴《紀文達公遺集》序，《紀曉嵐文集》第
三冊，頁 729）。

301 孫致中等校點《紀曉嵐文集》前言「收在《遺集》中的詩文，大約十
不足一，這由他同時代人的記述，尤其是朋友和門人的回憶中可以得
到證實。《遺集》所收，晚年之作居多，而壯年尤其是青年時代的作品
卻甚少。這固然是因爲後人搜集先人的作品，晚年之作易見而青壯年
之作難得，也可能因爲紀樹馨以爲那些應酬上層人物尤其是應酬皇帝
的詩文，乃是自家先人的最高榮寵，故《遺集》收之甚多，而那些戀
人思友、抒情喻志、贊花月之美好、抒胸中之忿懣的眞情之作，尤其
是描寫世態、諷刺社會醜惡的篇章，則收之甚少。譬如，不少的同代
人都說他曾作《京官詩》數十首，而只存一首諷刺詩《小軍機》賴清
人筆記以存，《遺集》則不一見。由於紀樹馨的去取標準所致，給讀《遺
集》的讀者一個印象，似乎紀曉嵐只會寫那些拍皇帝老子馬屁的詩文。
公允地說，據此描繪紀曉嵐的形象，是不完整、不全面的。」（《紀曉
嵐文集》第一冊，頁 1）

302 江藩《漢學師承記》其中卷 6 即爲紀昀立傳。

用較大。一些治學廣博的漢學家如淩廷堪（1755-1809）[303]、焦循（1763-1820）、王引之（1766-1834）、段玉裁（1735-1815）等人都對漢學積弊有所反思，而意見也和紀昀大略相同，雖然沒有證據說明紀昀的意見影響過這些比他年少稍微後期的漢學家，但紀昀的意見，仍不失爲同時代中較爲先進的意見。以紀昀對惠棟泥古積習的不滿「其長在古，其短亦在於泥古」，王引之也有相同的意見，其論惠棟治學泥古的積習「考古雖勤……見異於今者則從之，大都不論是非」[304]，焦循也指出「惟漢是求，而不求其是，於是拘於傳注，往往扞格於經文。是所述者，漢儒也，非孔子也。而究之漢人之言，亦晦而不能明」[305]。紀昀所譏諷「儒者日談考證，講曰若稽古，動至十四萬言，安知冥冥之中，無在旁揶揄者乎？」漢學的瑣碎之弊，段玉裁晚年自稱：「喜言訓詁考核，尋其枝葉，略其根本，老大無成，追悔已晚」[306]除了是自謙外，也未嘗不是對漢學瑣碎之弊的反思。

　　紀昀另一通經致用的學術思想，雖然是前有所承並非獨創，但是在乾嘉「家家許鄭，人人賈馬」東漢古文經學如日中天時，

303　淩廷堪指出漢學末流之弊爲「浮慕之者襲其名而忘其實，得其似而遺其真。讀《易》未終，即謂王、韓可廢；誦《詩》未竟，即以毛、鄭爲宗；《左氏》之句讀未分，已言服虔勝杜預；《尚書》之篇次未悉，已云梅賾僞《古文》，甚至挾許慎一編，置九經而不習；憶《說文》數字，改六籍而不疑。不明千古學術之源流，而但以譏彈宋儒爲能事。所謂天下不見學術之異，其弊將有不可勝言者」（〈與胡敬仲書〉，《校禮堂文集》卷 23，《續修四庫全書》1480 冊，上海古籍出版社，2002，頁 262。），未嘗不是紀昀所諷刺讀書不通的學究。

304　〈與焦里堂先生書〉，《王文簡公文集》卷四，王引之，《續修四庫全書》1490 冊，上海古籍出版社，2002，頁 392。

305　〈述難四〉，《雕菰樓集》卷 7，焦循，《續修四庫全書》1489 冊，上海古籍出版社，2002，頁 175。

306　〈博陵尹師所賜朱子小學恭跋〉，《經韻樓集》卷 8，段玉裁，《續修四庫全書》1435 冊，上海古籍出版社，2002，頁 76。

經世取向已逐漸爲士人所淡忘，尤其是時爲乾隆盛世，西洋外患未至，太平天國內憂未顯，仍念茲在茲於經世思想，仍能將眼光看向訓詁考證之外，當屬不易。和紀昀同時代的今文學家莊存與（1719-1788）主張專明大義以求致用、章學誠（1738-1801）提倡經世致用的治學風尙、陸燿（字青來，1723-1785）編纂《切問齋文鈔》宣導經世學風[307]，同樣都有重視經世的言論，雖無證據說明彼此間有無互相影響，但都能有超脫時代風潮的意見，可說是英雄所見略同。而能知漢學之弊又爲求通經致用，自不能以漢學爲藩籬，紀昀乃有破除門戶之見，各取所長的主張。在當時有這樣的見解也不是紀昀一人而已[308]，乾嘉之後，學術思潮逐漸有漢宋調和、漢宋兼采、漢宋會通、漢宋相容等等主張，紀昀所言未嘗不是走在風氣之先，同時他的主張也是有助於推動這樣的趨勢，而這項工作的進行，則落在紀昀的門生阮元（1764-1849）身上。阮元自稱「元以科名出公門生門下，初入都，公見元所撰書，稱許之。自入詞館，聞公議論益詳。蓋公之學在於辨漢宋儒術之是非，析詩文流派之正僞」[309]，在「聞公議論益詳」的耳濡目染

---

307 陸燿和紀昀少年時都受教於董邦達（1699-1769），兩人甚有交情。陸燿輯錄清初至乾隆年間有關「風俗之盛衰、吏治之得失、民生之疾苦」的言論而成《切問齋文鈔》一書，該書上承晚明陳子龍等人的《皇明經世文編》，下啓晚清魏源等《皇清經世文編》，所秉持崇實黜虛的宗旨，與《四庫全書總目》"以實學求實用"遙相呼應。因此周積明認爲從歷史記載來看，紀昀"刪定"《四庫全書總目》與陸青來編纂《切問齋文鈔》是兩項並未發生任何關聯的文化活動，然而在"崇實黜虛"的經世意趣上，兩者卻表現出不謀而合的共通性。（周積明，〈紀曉嵐與陸青來 —— 兼論十八世紀經世思潮〉，《清史研究》1993 年第 4 期）
308 如小紀昀四十多歲的王引之也曾說「熟於漢學之門戶，而不囿於漢學之藩籬」（〈經義述聞序〉，《王文簡公文集》卷 3，《續修四庫全書》1490 冊，上海古籍出版社，2002，頁 383。）
309 《紀曉嵐遺集》序，阮元，《紀曉嵐文集》第三冊，河北教育出版社，1991，頁 727。

薰陶下，日後成爲政壇高官、學界領袖的阮元，也曾主張「兩漢名教得儒經之功，宋明講學得師道之益，皆于周孔之道得其分合，未可偏護而互詆也」[310]這樣的持平之論，他主持編纂的《國史儒林傳》對漢、宋學者較能兼收並重，其幕府也是相容漢、宋學者的場所，他的幕下江藩（1761-1831）寫成《漢學師承記》，而方東樹（1772-1851）則將深詆漢學的《漢學商兌》獻給他，有點希望他在漢、宋學的問題上主持公道的意味，這也說明瞭阮元兼采漢宋寬容的學術態度，已得宋學家的認可。所以龔自珍才下這樣一個綜論，認爲其學「匯漢宋之全，拓天人之韜，泯華實之辨，總才學之歸」[311]。而阮元利用自身的名位和財力編印了大量的書籍，在編《皇清經解》時，就未將戴震立異於程、朱的代表作《孟子字義疏證》收入其中，除了不欲激起漢宋對立的用意外，其師紀昀當年將該書「攘臂而扔之」背後的思想內涵，是否因此影響到阮元此舉呢？讓人不禁有如此的聯想。

　　（四）雖講求實用之學，但屬"穴結"時代的代表人物，仍未能突破專注於儒學的時代圍限，僅有限度地吸納西學。自從明代萬曆年間耶穌會教士來華，西學隨即傳入中土，至乾隆時已歷時百餘年，《四庫全書》中即收錄西人著作 24 種，紀昀在《閱微草堂筆記》中也屢屢提及洋人事蹟與西學[312]，對西學有相當程度的認知。紀昀對西學的認知是「製作器物，實巧不可階」，但是教

310　〈國史儒林傳序〉，《揅經室一集》卷 2，阮元，《續修四庫全書》1478冊，上海古籍出版社，2002，頁 548。
311　〈阮尚書年譜序〉，《阮元年譜》，張鑒等撰、黃愛平點校，（北京）中華書局，1995，頁 274。
312　提到的傳教士如利瑪竇、南懷仁、艾儒略等，也提到《坤輿圖說》、《職方外紀》、《西學凡》等西人著作，其中更以千餘字篇幅論述艾儒略之《西學凡》一書（《槐西雜老》卷二，《紀曉嵐文集》第二冊《閱微草堂筆記》，河北教育出版社，1991，頁 293-294）。

義「迄不能行」，而對西洋人的印象是「然觀其作事，心計亦殊黠」：

> 其推步星象，製作器物，實巧不可階；其教則變換佛經，
> 而附會以儒理。吾嘗往竊聽，每談至無歸宿處，輒以天主
> 解結，故迄不能行，然觀其作事，心計亦殊黠。[313]

　　紀昀體認到西學「其制器之巧，實為甲於古今」因此「寸有
所長，自宜節取」[314]，雖然還有著天朝老大的心態，不過仍能正
視西學所長，願意「節取」。紀昀認知的西學之長以「測量步算
為第一，而奇器次之。奇器之中，水法尤切於民用，視他器之徒
矜工巧為耳目之玩者又殊，固講水利者所必資也」[315]，讓紀昀願
意「節取」主要是著眼於國計民生，和他重視致用以利民生的主
張是相符的。至於西學所傳的洋教，紀昀則是認為「其教則變換
佛經，而附會以儒理」，以「傳天主之教者執國命」是「炫惑人心」、
「悖亂綱常，莫斯為甚」，透露出對西人以教領政的深拒：

> 西學所長在於測算，其短則在於崇拜天主以炫惑人心。所
> 謂自天地之大，以至蠕動之細，無一非天主所手造，悠謬
> 姑不深辨，即欲人捨其父母，而以天主為至親；後其君長，
> 而以傳天主之教者執國命，悖亂綱常，莫斯為甚。[316]

　　因此總而言之，當時朝廷對西學「節取其技能而禁傳其學術」
的態度，紀昀是贊同的，「歐羅巴人天文推算之密，工匠製作之巧，
實逾前古。其議論誇詐迂怪，亦為異端之尤。國朝節取其技能而

313　《如是我聞》卷四，《紀曉嵐文集》第二冊《閱微草堂筆記》，河北教
　　育出版社，1991，頁 229。
314　《奇器圖說》提要，《四庫全書總目》卷 115，紀昀等，（北京）中華書
　　局，1997，上冊頁 1529。
315　《泰西水法》提要，《四庫全書總目》卷 102，前揭書，上冊頁 1325。
316　《天學初函》提要，《四庫全書總目》卷 134，前揭書，下冊頁 1762。

禁傳其學術，具存深意」[317]，這也是身處十八世紀的中國，在中西文化交流中所提出的一個因應的方案，是在西方列強侵略中國前夕，作出最初的反應。這一主張可算是李鴻章、張之洞等洋務派和馮桂芬、鄭觀應等早期改良派所提出的「中體西用」論的先聲。

　　紀昀也觀察到西方科技勝於中土，是由於講求實證、重測驗。「其國俗好語精微，凡事皆刻意研究」[318]、「其言皆驗諸實測，其法皆具得變通」[319]、「測驗增修，愈推愈密」[320]、「分曹測驗，具有實證」[321]，可見紀昀所觀察到西人這種講實證、重測驗，是已經掌握了科學中求真、求善的精神內涵。可惜的是，紀昀未能將西人這種講實證、重測驗的精神，倡導於當時的中國，畢竟紀昀的思慮盡瘁於儒學之中，且無法超越於時代的囿限。其次，紀昀雖富有實證的精神，但可惜的是因為對洋人的疑慮與防範，讓他錯失了一次交流的機會。《灤陽續錄》卷一記紀昀曾窮數日之力，意圖依照《永樂大典》所載，再造宋代神臂弓不成，欲「使西洋人料理之」，但為其師劉統勳（1700-1773）所止：

　　　先師劉文正公曰：「西洋人用意至深，如算術借根法，本中法流入西域，故彼國謂之東來法。今從學算，反秘密不肯盡言。此弩既相傳利器，安知不陰圖以去，而以不解謝我乎？《永樂大典》貯在翰苑，未必後來無解者，何必求之

317　〈子部雜家類存目〉案語，《四庫全書總目》卷 125，前揭書，上冊頁 1674。

318　《西儒耳目資》提要，《四庫全書總目》卷 44，前揭書，上冊頁 598。

319　《乾坤體義》提要，《四庫全書總目》卷 106，前揭書，下冊頁 1390。

320　《周髀算經》提要，《四庫全書總目》卷 106，前揭書，下冊頁 1386。

321　〈天文演算法類〉序言，《四庫全書總目》卷 106，前揭書，下冊頁 1385。

於異國？」余與念喬乃止。[322]

　　如果有一次「使西洋人料理之」的經驗，是愉快而且成功的，或許曾任兵部侍郎、兵部尙書的紀昀，會爲中國武器的發展，做出重大的貢獻也未爲可知[323]。當然這只是臆測之詞，可以肯定的是「他一生重要的業績，乃是立足於古典文化的"穴結"點，以睿智、深徹的眼力掃視中國滾淌千年的學術文化長流，進而作出涵蓋經學、哲學、文學、史學各科領域的規模恢宏的理論總結」[324]，綜觀紀昀在《閱微草堂筆記》對儒者形象的刻畫，背後有著對儒學傳統進行修正以達到完善的用意，有著對漢宋學之爭作總結的意味。雖然在思想上他不是一個開創時代風潮的人物，但他對傳統文化有全面反省和總結的用心，因此稱之爲"古典文化穴結時代的代表性人物"[325]是當之無愧的。

322　《紀曉嵐文集》第二冊，河北教育出版社，1991，頁 500。
323　雖然紀昀對殺人利器還存著有傷陰德的觀念，《灤陽續錄》卷一中有一則這樣的記載「戴遂堂先生諱亨，姚安公癸巳同年也。罷齊河令歸，嘗館餘家。言其先德本浙江人，心思巧密，好與西洋人爭勝，在欽天監與南懷仁杵（懷仁，西洋人，官欽天監正），遂徙鐵嶺，故先生爲鐵嶺人。言少時見先人造一鳥銑，形若琵琶，凡火藥鉛丸，皆貯於銑脊，以機輪開閉，其機有二，相銜如牡牝，扳一機則火藥鉛丸自落筒中，第二機隨之並動，石激火出而銑發矣。計二十八發，火藥鉛丸乃盡，始需重貯，擬獻於軍營，夜夢一訶責曰：『上帝好生，汝如獻此器，使流布人間，汝子孫無噍類矣。』乃懼而不獻。說此事時，顧其姪秉瑛（乾隆乙丑進士，官甘肅高臺知縣）曰：『今尙在汝家乎？可取來一觀。』其姪曰：『在戶部學習時，五弟之子竊以質錢，已莫可究詰矣。』其爲實已亡失，或愛惜不出，蓋不可知，然此器亦奇矣。」（《紀曉嵐文集》第二冊，河北教育出版社，1991，頁 499）不過從他研究宋代神臂弓來看，他對兵器也不是全然排斥。
324　《紀昀評傳》導論，周積明，南京大學出版社，1994，頁 9-10。
325　《紀昀評傳》導論，周積明，南京大學出版社，1994，頁 1。

主要參考文獻
（以引用先後排次）

1.《紀曉嵐文集》，紀昀，孫致中等校點，河北教育出版社，1991。

2.《中國小說史略》，魯迅，上海古籍出版社，2006。

3.《國史大綱》，錢穆，（北京）商務印書館，1996 年

4.《碑傳集》，錢儀吉纂，（北京）中華書局，1993。

5.《四庫全書總目》，紀昀等，（北京）中華書局，1997。

6.《四庫全書簡明目錄》，紀昀，上海古籍出版社，1985。

7.《四庫提要辨證》，余嘉錫，（北京）中華書局，1974。

8.《新譯韓非子》，賴炎元，三民書局，1997。

9.《禮記今註今譯》上冊，王夢鷗，台灣商務印書館，1984。

10.《宋史》，脫脫等，鼎文書局，1980。

11.《苕溪漁隱叢話後集》，胡仔，木鐸出版社，1982。

12.《魯迅學術論著》，魯迅，浙江人民出版社，1998。

13.〈紀昀反宋學的思想意義 —— 以《四庫提要》與《閱微草堂筆記》爲觀察線索〉，張麗珠，漢學研究，20：1。

14.《東塾讀書記》，陳澧，（北京）三聯書店，1998。

15.《居業堂文集》，王源，（臺北）藝文印書館，1971。

16.《康熙政要》，章梫，北京中共中央黨校出版社，1994。

17.《陳確集》，陳確，（北京）中華書局，1979。

18.《楊園先生全集》，張履祥，清同治十年（1871）江蘇書局刻本。

19.《清代學術概論》，梁啓超，水牛出版社，1981。

20.〈閱微草堂筆記的理性主義〉，侯健，中外文學，8：1。

21.《北溪字義》，陳淳，（北京）中華書局，1983。

22.《曾國藩全集》，曾國藩，嶽麓書社，1986，頁172。

23.《太平廣記》，李昉，文史哲出版社，1987。

24.《中國學術思想變遷之大事》，梁啟超，（臺北）中華書局，1971。

25.《中國近三百年學術史》，錢穆，（臺北）商務印書館，1972。

26.《明季稗史》，明末遺民撰，新興書局，1974，

27.《明史》，張廷玉等，鼎文書局，1979。

28.《中國文化史》，陳登原，世界書局，1971。

29.《存學編》，顏元，《續修四庫全書》第946冊，上海古籍出版
社，2002。

30.《經學歷史》，皮錫瑞，鳴宇出版社，1980。

31.〈姑妄言之姑聽之？試論「閱微草堂筆記」的實證精神〉，王
秋文，國文天地，20：6。

32.《四庫全書》之纂修與清初崇實思潮之關係研究 —— 以經史二
部爲主的觀察一書，曾紀剛，花木蘭文化工作坊，2005。

33.《惜抱軒文集》，姚鼐，《續修四庫全書》第1453冊，上海古
籍出版社，2002。

34.《美國與中國》，費正清，商務印書館，1987。

35.《四一居士文抄》，汪德鉞，《稀見清人別集叢刊》第12冊，
廣西師範大學出版社，2007。

36.《清代外史》，笑跛，《清代野史》第一輯，巴蜀書社，1988。

30.《東華續錄》，王先謙編，《續修四庫全書》第373、374冊，
上海古籍出版社，1995。

37.《論戴震與章學誠》，余英時，華世書局，1980。

38.《小說舊聞鈔》，魯迅，齊魯書社，1997。

39.《小說考證》，蔣瑞藻，上海古籍出版社，1984。

40.《紀昀評傳》，周積明，南京大學出版社，1994。

41.《新學偽經考》，康有為，《續修四庫全書》179 冊，上海古籍出版社，1995。

42.《經解入門》，江藩，天津市古籍書店，1990。

43.《晦庵集》，朱熹，臺灣商務印書館，1986。

44.《戴震全書》，戴震，黃山書社，1995。

45.〈吃人與禮教〉，吳虞，《新青年》，6：6。

46.《章太炎全集》，章太炎，上海人民出版社，1985。

47.《萇楚齋隨筆、續筆》，劉聲木，（北京）中華書局，1998。

48.《蟲鳴漫錄》，采蘅子纂，廣文書局，1969。

49.《閱微草堂硯譜》，紀昀，湖北美術出版社，2002。

50.〈紀昀詩論的時代背景與特色〉，王鵬凱、黃瓊誼，東海大學圖書館館訊 70 期。

51.《蕉軒隨錄》，方濬師，（北京）中華書局，1997。

52.《聞妙香室文集》，李宗昉，（臺北）中央研究院歷史語言研究所傅斯年圖書館所藏，清道光十五年（1835）刊本。

53.《嘯亭雜錄》，昭槤，（北京）中華書局，1997。

54.《國朝先正事略》，李元度，文海書局，1967。

55.《文心雕龍》，劉勰，天龍出版社，1981。

56.《清儒學案》，徐世昌，世界書局，1962。

57.《校禮堂文集》，凌廷堪，《續修四庫全書》1480 冊，上海古籍出版社，2002。

58.《王文簡公文集》，王引之，《續修四庫全書》1490 冊，上海古籍出版社，2002。

59.《雕菰樓集》，焦循，《續修四庫全書》1489 冊，上海古籍出

版社，2002。

60.《經韻樓集》，段玉裁，《續修四庫全書》1435 冊，上海古籍
出版社，2002。

61.〈紀曉嵐與陸青來 —— 兼論十八世紀經世思潮〉，周積明，《清
史研究》1993 年第 4 期。

62.《揅經室一集》，阮元，《續修四庫全書》1478 冊，上海古籍
出版社，2002。

63.《阮元年譜》，張鑒等撰、黃愛平點校，（北京）中華書局，1995。